집필 최인수 · 공미라 · 김수옥
김애경 · 김지수 · 노정희
감수 강석화(경인교대 사회교육과 교수)
정재정(서울 시립대 국사교육과 교수)
차미희(이화여대 역사교육과 교수)

집필하신 분

최인수
이화여자대학교에서 역사 교육과 지리 교육을 전공했으며, 구리 인창중학교에 재직했습니다. 지은 책으로는 〈드라마보다 재미있는 우리 왕조 이야기〉, 〈교과서 개념 한자어〉, 〈꼬마 기차 뿌요의 모험-지형〉, 〈놀자! 놀자! 날씨놀이-기후〉, 〈팔도 농산물 특별 세일-우리나라 지형〉 등이 있습니다.

김수옥
이화여자대학교에서 역사 교육을 전공하고 교육대학원에서 석사 학위를 받았습니다. 구리여중에 재직했으며, 지은 책으로는 〈창의적인 국사 수업을 위한 수행평가〉가 있습니다.

노정희
이화여자대학교에서 역사 교육을 전공하고 교육대학원에서 석사 학위를 받았습니다. 현재 성남외국어고등학교에 재직하고 있습니다.

공미라
이화여자대학교에서 역사 교육을 전공하고 교육대학원에서 석사 학위를 받았습니다. 현재 남양주시 주곡중학교에 재직하고 있습니다. 지은 책으로는 〈세계사 개념사전〉이 있고, 조선일보 〈숨어 있는 세계사〉 코너를 2012년부터 집필하고 있습니다.

김애경
서울시립대학교에서 국사학을 전공하고, 경희대학교 교육대학원에서 역사 교육으로 석사 학위를 받았습니다.

김지수
이화여자대학교에서 역사 교육을 전공하고 교육대학원에서 석사 학위를 받았습니다. 현재 성남 하탑중학교에 재직하고 있습니다.

감수 및 추천하신 분

강석화
서울대학교 인문대학 국사학과를 졸업하고 같은 대학에서 박사학위를 받았습니다. 육군사관학교 교수부 사학과 전임강사와 서울대학교 규장각 한국학 연구소 학예연구사를 거쳐 지금은 경인교육대학교 사회교육과 교수로 재직하고 있습니다.
저서는 〈조선후기 함경도와 북방영토의식〉이 있고, 주로 조선후기 영토 의식과 변경 지역민들의 삶과 생각을 밝히는 것을 연구의 주요 주제로 삼고 있습니다. 근래에는 교사들과 초등학생들에 대한 역사 교육에 관심을 가지고 다양한 방식으로 노력하고 있다.

정재정
서울대학교에서 역사교육을 전공하고, 일본 도쿄대학교에서 석사 학위를, 서울대에서 박사 학위를 받았습니다. 현재 서울시립대 국사학과 교수로 재직하고 있습니다. 저서로는 〈서울 근현대 역사기행〉, 〈역사교과서 속의 한국과 일본〉, 〈일제침략과 한국철도〉 등이 있습니다. 서울시민대학 등에서 한국에 거주하는 일본인에게 한국의 문화와 역사를 제대로 알리고 있습니다.

차미희
이화여자대학교에서 사회생활학을 전공하고, 같은 대학에서 석사 학위를 받았습니다. 고려대학교 사학과와 역사교육과에서 각각 한국사와 역사교육으로 문학 박사와 교육학 박사 학위를 받았습니다. 현재는 이화여자대학교 사회생활학과 역사교육 전공 교수로 재직하고 있고, 공저로는 〈조선시대 사람들은 어떻게 살았을까〉, 〈역사, 길을 품다〉 등이 있습니다.

교과서 옆 필수구비서 한국사 개념사전

저자 | 최인수, 공미라, 김애경, 노정희, 김수옥, 김지수 **감수** | 강석화, 정재정, 차미희 **삽화** | 함정선, 다우
사진제공 | 국립중앙박물관, 연합뉴스, 이미지투데이, 국립공주박물관

펴낸이 | 김영곤 **펴낸곳** | ㈜북이십일 아울북 **발행일** | 개정판 1쇄 2015. 2. 24 개정판 9쇄 2023. 8. 1
키즈사업본부장 | 김수경 **에듀1팀** | 김지혜 김현정 김지수
아동마케팅영업본부장 | 변유경 **아동마케팅1팀** | 김영남 황혜선 이규림 정성은 **아동마케팅2팀** | 임동렬 이해림 최윤아 손용우
아동영업팀 | 한충희 오은희 강경남 김규희 황성진
표지 디자인 | 북이십일 디자인팀 **본문 디자인 및 편집** | 다우
주소 | (우 10881) 경기도 파주시 문발동 회동길 201 **연락처** | 031-955-2100(대표), 031-955-2445 (내용문의), 031-955-2177(팩스)
홈페이지 | www.book21.com **등록번호** | 제10-1965호
copyright ⓒ 2015 by Book21 아울북 All rights reserved.
ISBN 978-89-509-5692-9 74400

이 책의 내용의 일부 또는 전부를 재사용하시려면 반드시 ㈜북이십일의 동의를 얻어야 합니다.
잘못 만들어진 책은 구입하신 서점에서 교환해 드립니다.

- 제조자명 : ㈜북이십일
- 주소 및 전화번호 : 경기도 파주시 회동길 201(문발동) / 031-955-2100
- 제조연월 : 2023. 8.
- 제조국명 : 대한민국
- 사용연령 : 3세 이상 어린이 제품

교과서 옆 필수구비서

한국사 개념사전

선사시대 · 삼국시대 · 통일신라발해 · 고려 · 조선 · 근대사회 · 현대사회

한 권으로 배우는 초등 교과서의 모든 개념

집필 최인수 · 공미라 · 김수옥
김애경 · 김지수 · 노정희
감수 강석화(경인교대 사회교육과 교수)
정재정(서울 시립대 국사교육과 교수)
차미희(이화여대 역사교육과 교수)

아울북

저자의 글

한국사 개념과 재미! 두 마리 토끼를 잡으세요

어린이들과 한국사 이야기를 하다 보면, 두 부류로 나뉘는 것을 볼 수 있습니다. 옛날 사람들의 이야기가 정말 재미있고, 사건과 사건이 연결되는 것이 신기하다며 한국사가 참 재미있다고 이야기하는 어린이들과, 외울게 너무 많아 싫다는 어린이들로 나뉩니다. 두 의견 모두 맞는 말입니다. 잘 모르던 이야기가 많아 재미있는가 하면 어려운 개념들이 나와서 외우려니 마음이 답답한 것도 사실이기 때문입니다.

결국, 역사적인 재미와 공부를 위해 반드시 알아야 할 개념을 모두 잡는 것이 한국사 공부를 할 때 정말 중요한 셈입니다. 《한국사 개념사전》은 이 두 가지를 동시에 담기 위해 노력했습니다. 우선 한국사에서 시대 순으로 중요한 개념을 선정하고 이를 사전식으로 자세히 설명했습니다. 그 위에 재미있는 이야기로 살을 붙여 어려운 개념을 재미있게 공부할 수 있도록 했습니다.

《한국사 개념사전》은 '역사란 무엇인가' 라는 주제에서 시작해 현대사까지의 중요한 개념들을 시간의 순서에 따라 묶어 초등학생들이 바른 역사의식을 갖을 수 있도록 세심하게 신경 썼습니다. 물론 중학교 교과서와의 연계를 고려하여 새롭게 바뀐 교육 과정과 중학교 국사의 선행 학습용으로 큰 도움이 되리라 생각합니다.

《한국사 개념사전》은 사전식 서술이기 때문에 반드시 처음부터 읽을 필요는 없습니다. 하지만 이 책에는 화랑도라는 역사적 핵심 개념과 원술이라는 재미있는 이야기가 동시에 있는 형식으로, 한편의 역사 소설 같아 지루하지 않을 것입니다. 지금 이 책의 아무 곳이나 한번 펼쳐보세요. 흥미와 공부 두 마리 토끼를 동시에 잡을 수 있을 것입니다.

이 책을 읽는 여러분 모두가 한국사를 좋아하는 어린이, 한국사 수업이 신나는 학생이 되길 바랍니다. 그리고 더 행복한 오늘과 내일을 만들어 나가는 역사의 주인공으로 우뚝 서길 바랍니다.

최인수 공미라 김수옥 김애경 김지수 노정희

감수자의 글

강화된 한국사 교육을 위한 맞춤형 사전

근래에 역사 교육이 중요시되고 국가적으로 적극적인 한국사 교육 강화책이 제시되고 추진되고 있다.
대한민국 건국 이래 오랫동안 꾸준히 한국사 교육이 강조되었으나 많은 내용과 사건, 인물, 제도에 대한 암기가 필요하다는 선입견 때문에 오랜 시간을 배웠으나 학생들이 흥미를 갖기 어려웠고, 학교를 마친 성인들은 한국사에 대한 관심은 높으나 그리 좋은 기억을 갖지 못하였다.

이런 점을 반성하여 한국사 교과서를 비롯한 여러 책들이 초등학생이나 중학생의 수준에 맞추어 가급적 쉽게 내용을 설명하려는 것이 오늘날 추세이기도 하다.
그러나 대부분의 역사서는 통사식으로 서술해야 한다는 관념을 벗어나지 못하여 체제나 서술 방식이 연대순으로 사건을 나열하는 형식을 그대로 따르고 있다. 용어는 쉬워졌다 해도 내용이나 형식은 변하지 않은 것이다.

이에 비해 《한국사 개념사전》은 사전 형식이면서도 가나다 순으로 항목이 나열된 것이 아니라 한국사의 중요한 사건과 인물을 시대순으로 배치하였다. 또 이야기 형식을 취하고 있으나 흥미만을 강조한 것이 아니며 개념과 인물, 사건에 따라서는 상세한 설명을 붙여 깊이 있는 이해가 가능하다. 이 때문에 세분된 개념, 많은 항목이 선정되어 있음에도 불구하고 한편의 이야기처럼 자연스럽고 쉽게 술술 읽히도록 편집되어 있다.
이 책은 평소 한국사를 좋아하는 학생들은 더 깊이 있는 이해를 할 수 있도록 할 것이며, 한국사에 대한 관심을 가지려 하지 않는 학생들에게도 흥미를 불러 일으켜 한국사 공부에 많은 도움이 될 것이다.

경인교대 사회교육과 교수 강석화

추천의 글

〈한국사 개념사전〉으로 여러분의 '역사'를 만들어 보세요

요즘 우리나라에서는 역사 이야기가 인기입니다. 대통령을 비롯하여 사회를 이끌어가는 많은 분들은, '우리나라가 지금 아무리 어려운 처지에 놓여 있을지라도, 유구한 역사와 훌륭한 문화를 지니고 있기 때문에 힘든 상황을 충분히 이겨내고 발전을 계속할 수 있다.'라고 말합니다. 텔레비전이나 라디오는 고구려, 고려, 조선 등 각 왕조의 시조(始祖)나 성군(聖君) 등을 주인공으로 내세운 드라마를 만들어 방송하거나, '역사 저널, 그날'과 같은 전문적인 프로그램을 제작하여 방송함으로써 시청자들이 역사 지식을 넓히고 역사 이해를 깊게 하는 데 도움을 주고 있습니다. 그 뿐만 아니라 여러분은 매일 신문과 잡지 등의 지면에서도 역사를 화제로 삼은 기사를 얼마든지 읽을 수 있습니다. 그리고 대형 서점의 베스트셀러 코너에도 역사책이 수북이 쌓여 있는 것을 볼 수 있습니다.

왜 사람들은 이렇게 '역사'를 좋아할까요? '역사'는 사람이 살아온 모든 자취, 곧 인간생활의 내력을 기록한 이야기이기 때문입니다. 사람은 다른 사람과 어울려 살 수밖에 없는 사회적 동물입니다. 그 뿐만 아니라, 사람은 항상 과거의 연장선상에서 현재를 살고, 현재를 기반으로 하여 미래를 창조해 사는 역사적 동물이기도 합니다. 그렇기 때문에 사람은 늘 역사의 흐름 속에서 자신의 처지를 생각하고 또 생활을 설계하는 본능을 가지고 있습니다. 이러한 습관을 '역사인식' 또는 '역사의식'이라고 부릅니다.
'역사인식'이나 '역사의식'이 강한 사람은 자신의 삶을 잘 꾸려갈 수 있을 뿐만 아니라, 자신이 속한 집단이나 조직에서 지도자가 될 수 있습니다. '역사인식'이나 '역사의식'이 강한 사람은 바로 이 '역사' 속에서 현재와 미래를 살아가는 교훈을 얻을 수 있는 능력이 탁월한 사람입니다.

우리가 '역사인식'이나 '역사의식'을 기르기 위해서는 어떻게 해야 할까요? 어렸을 때부터 역사에 관련된 사실을 많이 공부하고, 그러한 사실들이 얽혀 만들어진 개념을 정확히 이해하는 것이 중요합니다. 이번에 간행된 《한국사 개념사전》은 역사를 구성하는 사실과 개념을 학습하는 데 아주 좋은 길잡이입니다. 그림과 사진이 풍부하고 용어 해설도 자세합니다. 한국사에 관한 지식과 개념을 넓고 깊게 파악할 수 있도록 하기 위해, 역사 현장을 답사하는 코너가 있는가 하면, 사료나 설화를 소개하는 특집도 많습니다. 여러분! 나는 여러분이 《한국사 개념사전》을 꼼꼼히 학습하면 '역사인식'이나 '역사의식'이 높아 질 것이라고 믿습니다. 그리고 이것을 바탕으로 하여 여러분이 후세에 남을 만한 자신의 역사를 만들어갈 수 있기를 기원합니다. 인류의 역사는 결국 여러분과 같은 개개인의 삶이 어울려서 만들어진 오케스트라라고 할 수 있습니다. 지금부터 《한국사 개념사전》을 공부하여 자신의 역사를 써 갑시다.

서울시립대학교 인문대학 국사학과 교수 정재정

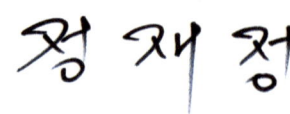

나열식 한국사는 이제 끝, 개념 중심의 한국사 공부 시작!

지난 몇 해 동안 우리나라 주요 신문들이 한국과 일본, 중국 사이에 전개되는 '역사 전쟁'을 이야기했던 것을 기억하나요? 일본은 과거에 한국의 조선 왕조를 자기네 식민지로 삼아 정신적으로나 물질적으로 큰 피해를 입혔던 것이 옳은 것이었고, 어쩔 수 없었다는 입장에서 한국사 전체를 왜곡시키고 있습니다. 중국도 마찬가지입니다. '태왕사신기'라는 TV 드라마 주인공 담덕 광개토 대왕의 고구려 역사를 자기 나라의 역사로 만들려고 하고 있습니다. 한국의 역사를 일본과 중국이 멋대로 해석하고, 자기네 역사로 빼앗아가려고 하는 이 상황을 '역사 전쟁'이라고 표현했던 것입니다. 이런 상황 속에서 우리들은 여러 측면에서 대처 방안을 찾아야 합니다. 가장 우선적으로 해야 할 일은 '우리는 과연 한국사를 얼마나 제대로 알고 있는가?'라는 반성입니다.

《한국사 개념사전》은 그동안 한국사를 교육하면서 나타났던 문제들을 해결하는 데 큰 도움을 주고 있습니다. 한국사에 대한 많은 역사적 사실들을 나열하고 있는 학교 교과서나 다른 책들과 달리, 역사적 사실들을 설명하고 의미를 부여하는 개념을 중심으로 내용을 구성하고 있다는 점이 이 책의 가장 큰 장점이라고 할 수 있습니다. 한국사를 이웃 다른 나라, 저 멀리 서양의 여러 나라 역사와 비교하지도 않은 가운데, 만들어진 것은 무조건 가장 오래되었고, 가장 훌륭하다는 다분히 국수주의적, 자민족 중심의 해석이 이루어진 점도 기존 한국사 교육의 큰 문제였습니다. 그런데 이 책에서는 한국사를 세계사 속에서 이해시키려는 다양한 노력이 돋보이고 있습니다.

《한국사 개념사전》은 본문을 개념 중심으로 구성하는 가운데에서도, 개념 자체를 재미있고 깊이 있게 이해시키기 위해서 다양한 코너들을 마련하였습니다. 본문 서술을 한눈에 정리할 수 있는 만화식 구성, 본문을 보완하여 서술하는 '더 알고 싶어요', 본문의 용어를 풀어주는 '용어 해설', 중단원이 끝날 때마다 본문의 내용을 집약하면서도 보완해주는 '한눈에 들여다보기', 대단원이 끝나면서 공부한 것을 재미있게 확인해 볼 수 있게 하는 개념 퀴즈 '스물네 고개' 등이 그것들입니다. 또한 이 책을 읽고 공부하는 학생들의 눈높이에 맞추어 의문점을 제기하고, 그 의문점을 풀어줄 수 있는 코너들을 별도로 마련한 것도 이 책의 장점입니다. 자 이제, 여러분 이 책에 한 번 빠져 보시렵니까? 결코 후회하지 않으실 겁니다.

이화여자대학교 사범대학 역사교육학과 교수 차미희

차 미 희

한국사 개념사전 차례

- 저자의 글 4
- 감수자의 글 5
- 추천의 글 6
- 차례 8
- 이렇게 보세요! 10

선사 시대

01	역사	14
02	구석기 시대	15
03	신석기 시대	16
04	청동기 시대	17
05	단군 신화	18
06	고조선	19
07	철기 시대	20
08	연맹 왕국	21
09	부족 국가	22
10	삼한	23
●	한눈에 들여다보기	24

삼국 시대

11	고구려의 성립	28
12	소수림왕	29
13	광개토 대왕	30
14	장수왕	31
15	살수 대첩	32
16	연개소문	33
17	고구려의 무덤	34
18	고구려의 고분 벽화	35
19	백제의 성립	36
20	근초고왕	37
21	웅진 천도	38
22	나제 동맹	39
23	무령왕릉	40
24	사비 천도	41
25	성왕	42
26	의자왕과 계백	43
27	가야의 성립	44
28	가야의 성장	45
29	신라의 성립	46
30	법흥왕	47
31	골품제	48
32	진흥왕	49
33	화랑도	50
34	화백 회의	51
35	신라의 무덤	52
36	일본의 삼국 문화	53
●	한눈에 들여다보기	54

통일 신라와 발해

37	선덕 여왕	58
38	무열왕 김춘추	59
39	삼국 통일	60
40	문무왕	62
41	신문왕	63
42	원효	64
43	첨성대	65
44	불국사	66
45	석굴암	67
46	장보고	68
47	농민 봉기	69
48	호족, 선종, 6두품	70
49	대조영	71
50	발해의 발전	72
51	해동성국	73
●	한눈에 들여다보기	74

고려

52	후삼국	78
53	견훤	79
54	궁예	80
55	왕건	81
56	후삼국의 통일	82
57	왕건의 정책	83
58	광종	84
59	고려의 과거제	85
60	음서제와 공음전	86
61	성종	87
62	시무 28조	88
63	서희와 강동 6주	89
64	강감찬과 귀주 대첩	90
65	윤관	91
66	이자겸의 난	92
67	묘청의 서경 천도 운동	93
68	무신 정변	94
69	만적의 난	95
70	몽골의 침입	96
71	삼별초	97
72	권문세족	98
73	성리학	99
74	신진 사대부	100
75	신흥 무인 세력	101
76	공민왕	102
77	고려청자	104
78	고려의 대외 관계	105
79	벽란도와 개경	106
80	고려의 불교	107
81	팔만대장경	108
82	직지심체요절	109
83	삼국사기, 삼국유사	110
84	최영, 최무선	111
●	한눈에 들여다보기	112

조선 전기

85	위화도 회군	116
86	과전법	117
87	조선의 건국	118
88	이성계	119
89	정몽주	120
90	정도전	121
91	한양	122
92	유교	123
93	태종	124

94	호패	125
95	세종	126
96	사대	127
97	교린	128
98	훈민정음	129
99	해시계, 물시계	130
100	장영실	131
101	세조와 계유정난	132
102	성종	133
103	경국대전	134
104	훈구파와 사림파	136
105	사화	137
106	붕당	138
107	이황과 이이	139
108	양반과 중인	140
109	상민과 천민	141
110	행정 제도	142
111	교육 기관	143
112	과거제	144
113	임진왜란	145
114	이순신	146
115	의병	148
116	행주 대첩, 진주 대첩	149
117	정유재란	150
118	광해군의 중립 외교	151
119	통신사	152
120	인조반정	153
121	정묘호란, 병자호란	154
122	효종의 북벌 정책	155
●	한눈에 들여다보기	156

조선 후기

123	비변사	160
124	대동법	161
125	영조	162
126	정조	163
127	수원 화성	164
128	모내기법	165
129	상품 작물 재배	166
130	민간 수공업의 발달	167
131	상평통보	168
132	세도 정치	169
133	공명첩	170
134	서민 문화	171
135	민화와 풍속화	172
136	김홍도와 신윤복	173
137	실학	174
138	농업 중심 개혁론	175
139	상공업 중심 개혁론	176
140	국학	177
141	민간 신앙의 발달	178
142	서학과 동학	179
143	홍경래의 난	180
144	임술 농민 봉기	181
●	한눈에 들여다보기	182

근대 사회

145	흥선 대원군	186
146	병인양요	188
147	신미양요	189
148	운요호 사건	190
149	강화도 조약	191
150	개화파	192
151	위정척사파	193
152	임오군란	194
153	갑신정변	195
154	고부 민란과 전봉준	196
155	동학 농민 운동	197
156	청일 전쟁	198
157	갑오개혁	199
158	근대 문물	200
159	근대 기관	201
160	을미사변	202
161	을미개혁과 을미의병	203
162	아관파천	204
163	독립 협회	205
164	만민공동회	206
165	대한 제국	207
166	러일 전쟁	208
167	을사조약	209
168	을사의병	210
169	헤이그 특사	211
170	정미의병	212
171	애국 계몽 운동	213
172	신민회, 국채 보상 운동	214
173	간도와 독도	215
174	한일 병합	216
175	무단 통치	217
176	3·1 운동	218
177	유관순	220
178	민족 분열 통치	221
179	친일파	222
180	신간회	223
181	대한민국 임시 정부	224
182	김구	225
183	대표 독립운동가	226
184	봉오동 전투	227
185	청산리 대첩	228
186	민족 말살 정책	229
187	한국 광복군	230
188	일본군 '위안부'	231
●	한눈에 들여다보기	232

현대 사회

189	광복	236
190	신탁 통치	237
191	통일 정부 수립 노력	238
192	대한민국 정부 수립	239
193	6·25 전쟁	240
194	3·15 부정 선거	242
195	4·19 혁명	243
196	5·18 민주화 운동	244
197	6월 민주 항쟁	245
198	한강의 기적	246
199	통일	247
●	한눈에 들여다보기	248
●	이름순 찾아보기	250

교과서 옆 필수구비서
한국사 개념사전 이렇게 보세요!

표제어
《한국사 개념사전》의 표제어는 초·중·고 역사 전체에서 다루는 가장 중심적이고 뼈대가 되는 개념어 199개를 뽑아 선정하였습니다.

표제어의 정의
선정한 표제어에 대한 개념의 사전적인 뜻과 개념의 핵심을 쉽게 풀어 설명합니다.

개념도
선정한 표제어가 사회(한국사) 교과과정에서 차지하는 위치, 해당 표제어의 상·하위 개념을 표시합니다.

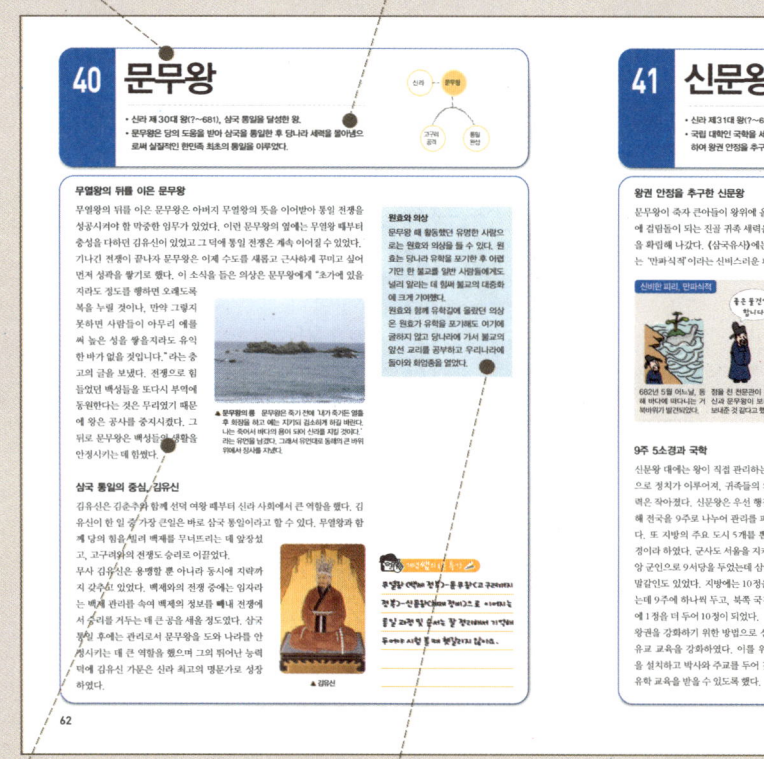

본문
표제어와 관련된 개념을 교과에서 다루는 내용을 바탕으로 다양한 예를 첨가해, 술술 읽혀 내려가도록 쉽게 풀어 썼습니다. 개념의 이해를 돕는 풍부한 일러스트로 구성되어 있습니다.

읽을거리
개념과 관련되는 기초적인 질문이나 다양한 지식을 소개합니다. 본문의 내용에서 심화된 내용을 다루기도 하고, 유적이나 유물 및 재미있는 설화와 함께 한국사의 개념을 한 번 더 익히고, 이해의 폭을 넓힙니다.

개념쌤의 1분 특강
친근한 설명으로 한국사 개념을 쉽게 기억할 수 있는 한마디 코너입니다.

한눈에 들여다보기

한국사를 이해하기 위해서는 종합적인 정보가 필요합니다. 유적이나 유물, 사료 등이 바로 그것입니다. 《한국사 개념사전》은 역사에 관한 지식과 개념을 넓고 깊게 파악할 수 있도록, 역사 현장을 답사하는 페이지를 구성하였습니다.

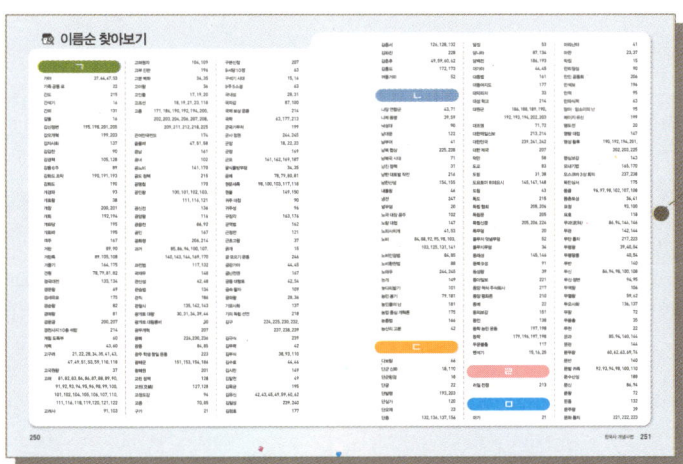

이름순으로 찾아보기

학습 효과를 높이기 위해 시대별로 구성한 《한국사 개념사전》을 찾아보기 쉽게 가나다 순으로 정리하였습니다.

일러두기

표제어 선정

《한국사 개념사전》의 표제어를 선정하기 위해 먼저 초·중등학교 사회 과목 중 한국사 영역에서 다루고 있는 모든 개념어를 뽑아 정리한 뒤, 시대의 흐름에 맞게 배치하였습니다.

표제어 배열 및 표기

한국사 교과의 내용을 선사 시대, 삼국 시대, 통일 신라와 발해, 고려 시대, 조선 전기, 조선 후기, 근대 사회, 현대 사회 8개로 나누어 총 199개의 주제별 표제어 순으로 서술하였습니다.

선사 시대

01 역사	**04** 청동기 시대
02 구석기 시대	**05** 단군 신화
03 신석기 시대	**06** 고조선

- **07** 철기 시대
- **08** 연맹 왕국
- **09** 부족 국가
- **10** 삼한
- ● 한눈에 들여다보기

01 역사

- 과거에 일어난 사건이나 인물의 기록.
- 기록을 통해 과거의 사건이나 인물들에 대해 아는 것이 역사이다. 역사를 공부하면 현재와 미래를 더 튼튼하게 만들 수 있다.

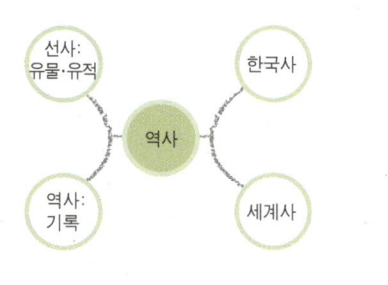

사람들이 살아온 이야기, 역사

《안네의 일기》라는 책이 있다. 안네라는 소녀가 쓴 일기로, 제2차 세계대전의 잔인함을 우리에게 알려 주는 역사책과 같은 구실을 한다. 《안네의 일기》가 역사가 되는 것처럼 '역사'라는 것은 어렵고 지루한 것이 아니다.
잊어버리지 않고 기억하기 위해 일기라는 흔적을 남기듯 역사에서는 유물이나 유적 같은 흔적과 기록이 중요한 역할을 한다. 증거가 있어야 과거에 있었던 일이 사실인지 아닌지를 판단할 수 있기 때문이다. 지난 일들에 대해 주장이 다르고 옥신각신 다투는 원인도 역사적인 증거가 불확실하거나 찾기 힘들기 때문이다. 따라서 역사를 공부할 때는 여러 사료(史料)들을 자세히 확인하고 비교하면서 비판적인 시각을 갖는 것이 매우 중요하다.

이웃과의 이야기, 한국사와 세계사

외국인에게 '대한민국'을 어떻게 소개하면 좋을까? 아마도 다른 나라, 다른 민족과 구별되는 우리만의 고유한 전통과 의식주, 생각 등을 설명하면 좋을 것이다. 우리 민족은 한반도를 무대로 반만년 이상 이어져 내려오는 고유한 역사를 가지고 있는데, 이런 우리의 역사를 특별히 한국사라고 부른다.
세계 각국도 저마다의 역사가 있다. 특히 가까운 나라끼리는 역사가 아주 밀접하게 얽혀 있다. 우리나라와 중국, 일본의 관계는 좋은 예가 될 것이다. 세 나라는 옛날부터 서로 많은 영향을 주고받았다. 이 과정에서 문화의 교류나 전파처럼 좋은 관계도 있었지만, 전쟁과 침략 같은 불편한 관계도 있었다. 이런 역사를 특별히 세계사라고 부른다. 세계사를 잘 파악하면 우리 역사를 더 잘 알 수 있게 된다.

역사의 의미

과거에 일어났던 모든 일이 역사는 아닐 뿐더러 그 수많은 일들을 일일이 다 알기도 힘들다. 이때 역사가의 힘이 작용한다. 역사가는 수많은 사실들 중에서 우리가 꼭 배우고 알아야 할 필요가 있다고 생각하는 일들을 선택하여 연구하고 자신의 관점에 따라 역사를 서술하는 역할을 한다. 그 가운데 우리가 배우고 알아야 할 필요가 있는 사실이 교과서나 역사서로 정리된다. 그렇기 때문에 역사가의 역할은 매우 중요하다고 할 수 있다.

역사의 올바른 이해

개념쌤의 1분 특강

과거에 대한 이야기가 역사이고, 그걸 찾아 기록하는 사람이 역사가예요. 한 사건을 놓고도 역사가에 따라 긍정적으로 평가하는 사람이 있는가 하면 부정적으로 평가하는 사람도 있어요.

02 구석기 시대

- 인류가 돌을 깨뜨려 도구를 만들어 사용하기 시작하는 시대.
- 구석기 시대에는 뗀석기를 사용하였으며, 평등한 공동체 사회를 이루고 살았다.

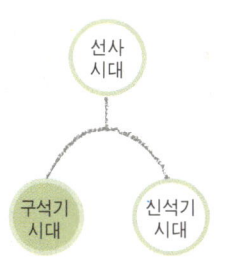

역사 이전의 시대, 선사 시대

350만 년 전에 아프리카에서 인류가 처음 등장했다고 하지만 기록을 위한 문자가 발명된 것은 고작해야 5,000년 전이다. 따라서 문자 발명 이전의 시기를 연구하는 방법은 인류가 남긴 유적지나 유물을 통해 예측하는 수밖에 없다. 이런 시기를 역사 이전의 시대, 즉 선사 시대(先史時代)라 한다.

구석기 시대

선사 시대에서 가장 원시적인 도구를 사용한 시기를 '구석기 시대'라 한다. 인간이 처음 사용한 도구는 돌이다. 처음에는 단단한 돌을 그대로 이용해 작은 동물을 잡거나 덩치가 큰 동물에게 던져 무기로 사용했을 것이다. 그러다 돌과 돌이 부딪혔을 때 날카로운 자국을 남기며 부서지는 것을 보고, 도구로 쓰기 시작했다. 이러한 초기 석기를 뗀석기라 한다. 뗀석기는 생각보다 큰 효과를 발휘해 뗀석기를 이용하기 전보다 더 많은 식량을 얻을 수 있게 되었다. 게다가 사냥한 짐승의 가죽을 벗겨 손질하는 데에도 큰 역할을 하였다.
구석기 시대 사람들은 동물들의 습격에 대비해 3~10명 정도 무리를 지어 다녔다. 이 시기의 사람들은 뗀석기, 동물의 뼈, 나무 등의 도구를 이용해 동물을 사냥하거나, 들판의 열매와 뿌리를 채집해서 먹고 살았으며, 강가에서 물고기를 잡아먹기도 했다. 또 식량을 찾아 떠돌아다녀야 했기 때문에 동굴이나 강가에 막집을 짓고 살았다. 이때 나이가 많고 경험 있는 사람이 무리를 이끌며 과일이나 사냥할 동물, 머물 수 있는 동굴 등이 있는 곳으로 안내했다.

다양한 뗀석기

▲ 주먹도끼 손에 쥐고 쓸 수 있는 도끼의 형태로, 짐승을 사냥하거나 털과 가죽을 분리할 때 사용했다.

▲ 긁개 사냥한 짐승의 가죽을 벗겨 손질하는 데에 사용했다.

▲ 찍개 나무를 자르거나 사냥할 때에 사용했다.

구석기 시대의 생활

구석기 시대 사람들은 사냥과 채집 생활을 하며 동굴이나 강가의 막집에서 살았다. 또한 신분 차별 없이 무리지어 살면서 평등한 공동체를 이루었다.

> **개념쌤의 1분 특강**
>
> 석기의 이름은 무척 중요해요. 구석기 시대의 뗀석기는 떼어내서 만들었으니까 뗀석기, 다음에 배울 신석기 시대의 간석기는 갈아서 만들었으니까 간석기라고 외우세요.

03 신석기 시대

- 인류가 돌을 갈아서 좀 더 정교한 도구를 만들어 사용하기 시작한 시대.
- 간석기를 사용한 신석기 시대에는 최초로 농경이 시작되었으며, 평등한 공동체 사회를 이루었다.

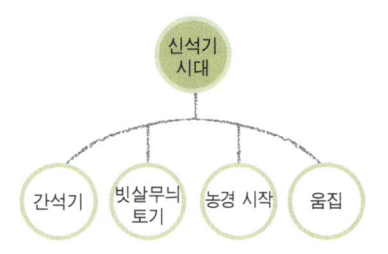

신석기 시대의 타임캡슐, 조개더미

큰 강 유역이나 바닷가 근처에서는 선사 시대의 유적인 커다란 조개더미가 종종 발견된다. 그런데 그 안에서 신석기 시대의 유물들이 발견되었다. 그중 돌로 만든 도구는 구석기 시대의 것과 다른 새로운 모양이었다. 돌을 갈아서 사용하기 시작한 것이다. 이렇게 돌을 갈아서 만든 도구를 '간석기'라고 한다. 뗀석기에 비해 더욱 날카롭고 정교해진 간석기 덕분에 사람들은 먹이를 좀 더 쉽게 구하고 손질할 수 있게 되었다.

신석기 시대 사람들의 생활

신석기 시대 사람들이 살았던 움집은 적게는 2~3명, 많게는 6~8명이 살 수 있게 만들어진 주거 공간이다. 가운데 화덕자리가 있는 것으로 보아 본격적으로 불을 사용했다는 사실을 알 수 있다.

신석기 시대 사람들은 음식을 요리하거나 보관하기 위해 흙으로 그릇을 만들었다. 또 뼈바늘로 옷도 지어 입었고, 조개껍데기로 장신구도 만들었다. 이 시기의 가장 큰 변화는 농사를 짓기 시작했다는 점이다. 이는 예전처럼 식량을 구하기 위해 떠돌지 않고 정착 생활을 시작했음을 의미한다. 이제 한 곳에 집을 짓고 살게 되면서 같은 핏줄의 씨족들이 모여 마을을 이루고, 점차 규모가 커지면서 부족이 생겨나게 되었다.

또 신석기 시대 사람들은 인간 생활에 영향을 끼치는 해, 달, 산, 강, 동물 등에 영혼이 깃들어 있다고 믿었으며, 특정 동물을 자기 부족의 수호신으로 생각하여 숭배하였는데 이런 신앙을 바탕으로 하여 예술 활동도 했다.

신석기 시대의 유물

▲ **갈돌과 갈판** 곡식을 갈거나 도토리와 같은 열매의 껍질을 깔 때 사용했던 도구이다.

▲ **빗살무늬 토기** 겉면에 사선이나 빗살 같은 기하학적 무늬를 새겨 넣은 토기이다.

▲ **조개껍데기 가면** 조개껍데기로 만든 일종의 장신구이다.

신석기 시대의 생활

▲ 혈연 중심의 부족 사회

▲ 애니미즘 자연 현상이나 자연물을 믿었다.

▲ 샤머니즘 하늘과 인간을 연결해 주는 무당과 그 주술을 믿었다.

▲ 토테미즘 자기 부족을 특정 동식물과 연결시켰다.

04 청동기 시대

- 인류가 처음으로 금속인 청동을 이용해 도구를 만들던 시대.
- 청동기 시대에는 청동 무기를 바탕으로 정복 전쟁이 활발하게 일어났으며 벼농사가 시작되었다. 또한 신분과 계급이 생겨났다.

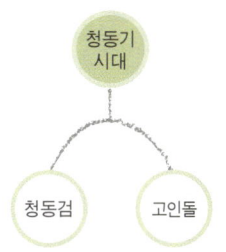

새로운 도구, 청동

사람들은 화산이 폭발할 때 흐르던 용암이 굳으면 아주 단단한 현무암이 된다는 사실을 우연히 알게 되었다. 이때 현무암 속에서 구리를 발견했는데, 이 구리 성분에 주석이나 아연을 섞으면 청동이 되는 것 또한 알게 되었다. 청동은 석기와 달리 원하는 모양을 쉽게 만들 수 있었다.

청동으로 도구를 만드는 것은 단순하게 돌을 깨뜨리거나 다듬어 쓰는 것보다 시간과 노력이 많이 드는 일이었다. 불의 온도를 높이기 위해 고도의 기술이 필요했고, 거푸집을 만들어서 모양을 만들어 내는 일도 쉽지 않기 때문이다. 그래서 청동기는 아무나 만들 수도, 아무나 가질 수도 없었다.

청동기 시대 사람들의 생활

돌로 만든 무기보다 훨씬 날카롭고 강력한 청동검과 같은 청동 무기를 가질 수 있는 사람은 그만큼 힘을 인정받은 권력자였다. 그들은 무리의 우두머리로서 다른 사람들을 지배하기 시작했다. 이로 인해 청동기 시대에 들어서면 이전의 평등 사회는 끝이 나고, 신분에 따라 차별이 생기는 '계급 사회'가 나타나기 시작한다.

청동기 시대에는 농사 기술이 더 발달하면서 생산량도 많아졌다. 먹고도 남는 식량이 생기면 권력을 가진 사람이 차지했다. 즉 지배 계급은 점점 재산과 권력을 많이 가지게 되었고, 반대로 지배를 받는 사람들은 차별 대우를 받고 시키는 대로 해야 하는 사회가 되었다. 거대한 고인돌을 보면 당시 지배 계급의 권위와 권력이 어느 정도였는지 짐작할 수 있다.

청동기 시대의 유물

▲ **세형동검** 한국식 청동검인 세형동검이 등장했다.

▲ **청동 거울** 청동 거울은 뒷면에 얼굴을 비춰 보도록 되어 있다.

▲ **다양한 석기** 청동기 시대에도 여러 석기들을 같이 사용했다. 이 중 반달 돌칼은 두 구멍에 끈을 꿰어서 벼를 수확할 때 사용한 농기구이다.

▲ **고인돌** 청동기 시대에 만들어진 무덤으로 작은 돌에서부터 어마어마하게 큰 바위까지 그 크기와 종류가 다양하다.

청동기 시대의 생활

▲ 농경의 발달

▲ 사유 재산의 발생

05 단군 신화

- 우리 민족 최초의 국가인 고조선을 세운 단군에 얽힌 신화.
- 단군왕검이 고조선을 세우는 과정에 대한 이야기로, 우리 민족의 구심점 역할을 하고 있다.

건국 신화에 숨겨진 이야기들

고조선의 건국 신화에는 우리 민족이 처음 나라를 세울 때의 상황을 짐작하게 하는 여러 가지 이야기가 숨어 있다.

우선 곰이 사람으로 변했다는 이야기는 실제로 곰을 숭배하는 부족이 호랑이를 숭배하는 부족을 이긴 상황을 간접적으로 알려 준다. 또 환웅이 바람, 구름, 비를 다스리는 사람들을 데리고 왔다는 내용은 고조선이 농사를 중요하게 생각하는 사회였음을 알려 준다. 농사에서는 기후가 무엇보다도 중요하기 때문에 날씨와 관련된 일을 주관하는 사람이 필요했을 것이고, 이를 이야기 속에 녹여 전해 주는 것이 바로 단군 신화이다.

단군왕검의 의미

청동기 시대에 부족의 우두머리는 전쟁에서 큰 역할을 했다. 전쟁은 곧 정치를 의미하기 때문이다. 그런데 우두머리에게는 역할이 하나 더 있었다. 바로 제사를 지내는 것이었다.

당시의 제사는 지금의 제사처럼 돌아가신 조상을 기억하는 의식과는 성격이 많이 달랐다. 부족 전체가 모여 부족의 수호신께 감사하는 의식을 치르는 것이었다. 결국 군장이 지내는 제사는 종교를 의미한다. 이처럼 우두머리가 정치와 종교를 같이 지배했던 사회를 '제정일치 사회'라고 한다.

제정일치 사회인 고조선을 연 사람이 바로 단군왕검이다. 단군은 제사장을 뜻하고, 왕검은 정치적인 역할을 하는 사람을 말한다. 단군왕검이라는 이름에 제정일치 사회의 특징이 고스란히 녹아 있음을 알 수 있다.

고조선과 조선

고조선의 원래 국호는 조선(朝鮮)이었지만, 14세기에 조선의 태조 이성계가 과거의 조선과 같은 이름의 나라를 새로 세웠다. 그래서 두 나라를 구분하기 위해 단군왕검이 세운 조선을 더 오래된 조선이라는 뜻으로 '고(古)조선' 이라 부르게 되었다.

▲ 이성계

그림으로 보는 단군 신화

환웅은 아버지(환인)에게 지상 세계에 살고 싶다고 말했고, 결국 지상 세계로 내려왔다.

어느 날, 환웅에게 곰과 호랑이가 찾아와 사람이 되고 싶다고 말했다.

곰은 마늘과 쑥을 계속 먹었지만, 호랑이는 참지 못하고 중간에 뛰쳐나갔다.

곰은 여자가 되어 환웅과 결혼해 아들인 단군왕검을 낳았다.

훗날 단군왕검은 우리 민족 최초의 나라인 고조선을 세웠다.

06 고조선

- 우리 민족 최초의 국가.
- 청동기를 바탕으로 성립된 고조선은 삼한과 중국 사이의 중계 무역으로 번성하였다.

고조선의 성장

고조선은 지금의 북한과 만주 지방을 중심으로 세워지고 발전한 국가로, 국가의 모습을 갖추어 가면서 기원전 4세기 무렵 큰 세력을 형성했다. 고조선은 원래 청동기 문화를 기반으로 건국되었지만 나중에 철기를 받아들이면서 더욱 강해졌다. 고조선을 대표하는 청동기 유물로는 비파 모양의 칼(비파형 동검)과 미송리식 토기, 탁자식 고인돌 등이 있다.

▲ **고조선의 영역** 고조선은 요령 지방과 대동강 유역을 중심으로 발전했다.

▲ **고조선 관련 문화 범위** 비파형 동검과 탁자식 고인돌, 미송리식 토기가 출토되는 지역은 고조선의 힘이 미치던 지역이라고 할 수 있다.

고조선의 확대

기원전 2세기에 중국 연나라에서 위만이라는 사람이 한반도 일대로 넘어와 고조선의 준왕에게 국경 수비를 맡겨달라고 했다. 준왕은 위만에게 국경을 맡겼는데, 그만 위만에게 배신을 당해 왕위를 빼앗기고 쫓겨나게 되었다. 그런데 위만은 '조선'이라는 국호를 계속 사용했고, 우리 민족처럼 상투를 틀고 있었다는 것으로 미루어 보아 비록 중국에서 오기는 했지만 우리와 같은 계통의 민족이었던 것으로 보인다.

고조선의 새로운 지배자가 된 위만은 중국으로부터 철기 문화를 받아들여 나라를 더욱 발전시켰다. 강력해진 위만 조선은 중국 한나라와 한반도 남부의 진나라 사이에서 중계 무역을 하면서 부강해졌다. 그런데 위만 조선을 두고 볼 수 없었던 한나라가 쳐들어와 전쟁이 벌어졌다. 위만 조선은 1년 동안 잘 버텼지만 기원전 108년에 멸망하면서 단군이 세운 고조선은 막을 내리게 되었다.

고조선의 8조법

고조선에는 사회 질서를 유지하기 위한 8조법이 있었다. 지금은 8개 중 3개의 조항만 전해지고 있는데, 이 법의 내용을 보면 고조선에서는 사람들의 생명과 노동력, 그리고 재산을 매우 중요하게 생각했다는 사실을 알 수 있다.

사람을 죽인 자는 사형에 처한다.

남을 다치게 한 자는 곡식으로 갚는다.

남의 물건을 훔친 자는 종으로 삼되, 만약 용서를 받으려면 돈을 내야 한다.

07 철기 시대

- 철제 무기와 철제 농기구를 사용한 시대.
- 철기 시대에는 철제 무기와 철제 농기구를 바탕으로 사회가 급격히 발전하였다.

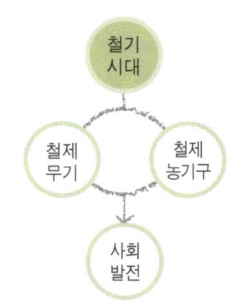

더욱 강력해진 도구들

기원전 4세기가 되면 중국으로부터 철기라는 새로운 도구가 들어온다. 철은 청동기보다 훨씬 단단하고 쓸모가 많았기 때문에 사람들은 철로 여러 가지 도구를 만들어 사용하기 시작했다. 이전까지 사용됐던 청동기는 강력한 청동 무기도 있었지만 주로 장식용이나 제사, 지배자의 권위를 나타내기 위한 도구로 쓰여 실용성이 떨어졌지만 철기는 무기는 물론, 생활 도구로도 널리 사용되었다. 이 시기에 농업이 발달하게 된 데는 철로 만든 농기구의 역할이 컸다. 덕분에 철기 시대에는 농업뿐 아니라 물건을 만들어 내는 수공업, 물건을 사고파는 상업이 발전했고, 외국과의 무역까지 이루어졌다.

철기 시대 사람들의 생활

철기 시대 사람들의 생활은 이전 시대에 비해 훨씬 윤택해졌다. 부자들은 집에 곡식 창고까지 따로 만들 정도였다. 하루하루 채집이나 수렵을 해서 겨우 끼니를 때우던 때와는 상황이 많이 달라진 것이다. 하지만 대부분의 사람들은 여전히 가난했다.

특히 철로 만든 강력한 무기를 이용해 전쟁이 자주 일어나면서 만주와 한반도에는 강력한 힘을 가진 국가들이 생겨나기 시작했다. 토기를 만드는 기술도 한층 더 발달해 초기에는 흙으로 모양을 만들어 햇빛에 말려 사용했지만, 점차 뜨거운 열로 구워 잘 깨지지 않고 실용적인 토기를 만들게 되었다.

철기 시대가 되면서 더 이상 거대한 규모의 고인돌은 만들지 않고, 대신 흙구덩이를 파서 돌이나 나무로 된 널을 놓고 시체를 묻는 널무덤이나 두세 개의 항아리를 옆으로 이어 관으로 사용하는 독무덤과 같은 무덤 형태가 등장했다. 널무덤은 한반도 서북 지역에서 먼저 만들어지다가 남부 지역으로 퍼졌는데, 특히 낙동강 유역에서 많이 발견되고 있다. 독무덤은 철기 시대 초기에는 작았지만 점차 커졌는데, 영산강 유역에서는 대형 독무덤이 발견되고 있다.

중국과의 교류

우리나라의 철기 유적지에서 명도전, 반량전 등과 같은 중국 화폐가 같이 발견되고 있다. 이를 통해 오래전부터 중국과의 교류가 활발했음을 알 수 있다.

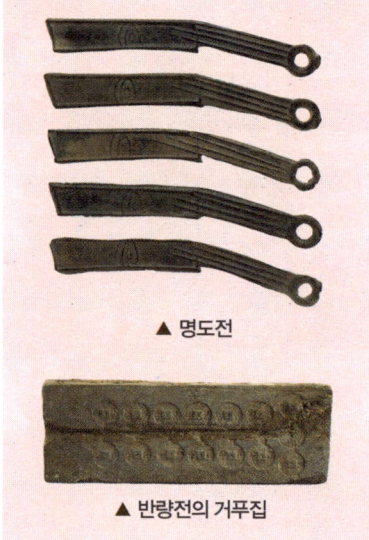

▲ 명도전

▲ 반량전의 거푸집

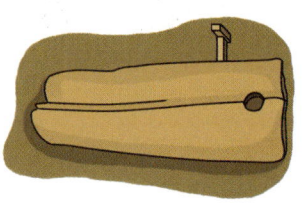

▲ 널무덤

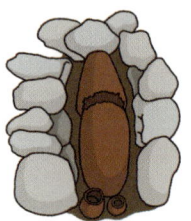

▲ 독무덤

개념쌤의 1분 특강

널무덤은 기다란 널판지, 독무덤은 독(항아리)으로 연상해서 외우세요. 의외로 쉽게 외워진답니다.

08 연맹 왕국

- 여러 부족이 힘을 합쳐 하나의 국가를 형성한 모습.
- 철제 무기를 이용해 힘을 키운 부족은 주변 부족을 정복하거나 연합하면서 국가로 발전하였는데, 이를 연맹 왕국이라 한다.

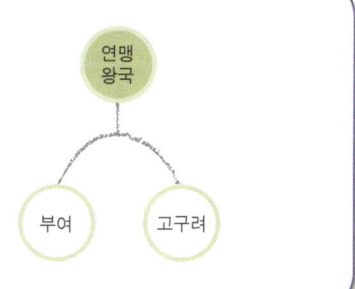

5부족 연맹 국가, 부여

부여에는 대표적인 다섯 개의 부족이 있었는데, 가장 큰 부족에서 왕이 나왔고, 그 아래 네 부족에는 각각 제가라는 통치자가 있었다. 네 명의 제가는 가축의 이름을 따라 마가, 우가, 저가, 구가라고 불렀는데 각각 말, 소, 돼지, 개를 의미하는 명칭이다. 당시 큰 부족은 수천 개의 집으로, 작은 부족은 수백 개의 집으로 이루어져 있었고, 적이 침입하면 부족의 우두머리인 제가들이 몸소 앞장서 싸웠다고 한다.

한편, 부여는 가뭄이나 장마가 계속되어 곡식이 익지 않으면 왕을 바꾸거나 죽였다. 이를 통해 부여의 왕은 고려나 조선의 왕과는 그 의미가 다르다는 것을 짐작할 수 있다. 신하들에 의해 죽을 수도 있는 왕이기 때문이다. 왕의 권력이 강하지 못해 왕이 되어도 편하게 그 자리를 유지할 수 없었던 것이다.

부여는 겨울이 다가오는 12월 무렵, 전 부족이 모두 즐기는 '영고'라는 제천 행사를 열었는데, 일종의 추수 감사절과 같은 의미의 축제였다.

부여의 법

부여에도 고조선의 8조법과 비슷한 법이 있었다. 이 법을 통해 사회 질서를 바로잡고, 나라를 운영할 수 있었다.

무예를 중요하게 생각한 고구려

고구려도 부여와 마찬가지로 다섯 개의 부족이 연합하여 나라를 세웠고, 가장 강력한 부족에서 왕이 나왔다. 처음에는 고구려도 부여처럼 왕의 권력이 강하지는 못했다. 다만 왕 아래에 여러 관리들이 있어서 왕의 명령을 따랐다.

고구려는 부여와 대결하고 한 군현과 싸우며 나라를 키워야 했다. 이 때문에 무예를 중요하게 생각해서 백성들이 활쏘기와 말타기를 잘했고, 나라에서는 수렵 대회나 씨름 대회를 자주 열었다.

고구려에서는 서옥제(데릴사위제)라는 풍습이 있어서 혼인할 사람을 정한 뒤 신랑이 신부 집 뒤에 조그만 집을 짓고 살다 자식이 크면 신랑의 집으로 돌아갔다. 또 추수의 계절인 10월에 '동맹'이라는 제천 행사를 크게 열어 온 나라 사람들이 같이 먹고 마시며 즐겼다.

▲ 여러 나라의 성장

개념쌤의 1분 특강

나라 별 제천 행사 외우기는 항상 헷갈리지요? 힌트 하나 드릴게요. 부여의 영고는 두 단어의 첫 글자를 따서 '부엉이', 고구려의 동맹은 '고동'으로 외우면 절대 잊어버리지 않아요.

09 부족 국가

- 왕 없이 족장들이 자신의 부족을 지배하는 국가.
- 세력이 비슷한 부족들이 모인 옥저와 동예는 연맹 왕국처럼 왕을 세우지 못하고 부족 국가로 있다가 결국 강력한 고구려에 정복되었다.

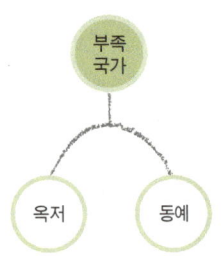

부족 국가

옥저와 동예는 오늘날 함경도와 강원도 북부의 동해안 지역에 자리를 잡았다. 왕이 존재했던 부여나 고구려와는 달리 옥저와 동예에는 왕이 없었다. 대신 '읍군'이나 '삼로'라고 불리는 족장(군장)이 있어서 자기가 속한 부족을 다스렸기 때문에 강력한 나라로 성장한 고구려에 멸망하고 말았다.

옥저와 동예

옥저는 고구려의 동쪽에 위치한 나라로 땅이 기름져서 곡식이 잘 자랐다. 그래서 식량이 부족했던 고구려는 옥저에게 항상 곡식을 요구했다. 옥저는 억울했지만 백성을 보호해 줄 강한 왕이 없었기 때문에 곡식은 물론 삼베, 소금, 생선 등의 특산물까지 바쳐야 했다. 옥저에는 가족 공동 묘가 있었는데, 일단 시체를 땅에 얕게 묻었다가 가죽과 살이 다 썩으면 뼈만 골라 가족 공동 무덤인 나무곽에 넣어 다시 땅에 묻었다. 이렇게 해서 한 가족이 한 무덤에 함께 묻혔고, 목곽 입구에는 죽은 사람의 양식으로 쌀을 담은 항아리를 매달아 놓았다.

동예도 왕이 없고 군장들이 각 부족을 다스렸기 때문에 고구려의 간섭을 많이 받았다. 동예에는 산과 강을 경계로 구분을 지어 놓고 함부로 남의 땅에 들어가지 못하게 하는 법이 있었는데, 이를 '책화'라 부른다. 이를 어기면 노비와 소, 말 등으로 갚아야 했다. 법률도 엄해서 살인자는 사형에 처했는데, 무서운 벌 때문에 도둑질하는 사람이 적었을 정도였다. 또 같은 씨족의 사람끼리는 결혼을 하지 않는 '족외혼'이라는 풍속이 있었으며, '무천'이라는 제천 행사 때에는 모든 사람이 축제를 즐겼다. 동예는 삼베와 단궁(박달나무로 만든 활), 반어피(바다 표범의 가죽) 등이 유명했는데, 이 특산물을 때마다 고구려에 바쳐야 했다.

고구려와 옥저의 결혼 풍습

고구려에는 서옥제(데릴사위제)라고 해서 혼인할 때 신부집 뒤에 사위집(서옥)을 지어서 신랑을 살게 하다가 아들을 낳아 어느 정도 자라면 남편이 아내를 데리고 자기 집으로 돌아가는 풍속이 있었다.

옥저에는 민며느리제가 있었다. 10세 정도의 어린 여자아이를 데려다 민며느리로 삼고, 어느 정도 크면 일단 여자집으로 돌려보냈다가 여자 집에서 요구하는 재물을 지불한 후 다시 데려와 정식으로 혼인하는 풍속이다.

여러 나라의 풍속

▲ 부여의 순장 풍습

▲ 옥저의 가족 공동 묘

▲ 동예의 족외혼

개념쌤의 1분 특강

제천 행사를 외워 볼까요? 동예의 무천은 '동무'로 외우세요.

10 삼한

- 한반도 남쪽의 여러 개의 작은 국가로 이루어진 나라들.
- 삼한은 제정 분리 사회로, 천군이 다스리는 '소도'라는 특별 구역이 있었다. 또한 농업이 발달했는데 변한은 특히 철이 많이 생산되었다.

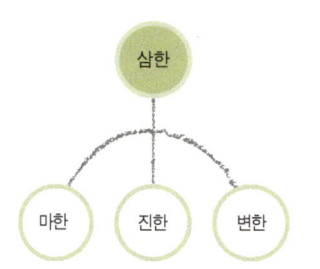

마한, 진한, 변한의 삼한

한반도 북쪽에서 고조선이 발전하고 있을 때, 한강 남쪽에는 진나라가 있었다. 고조선이 한나라와의 사이에서 중계 무역을 주선했던 나라가 바로 이 진나라이다. 진나라는 오늘날 충청도, 전라도, 경상도 지역을 중심으로 마한, 진한, 변한의 삼한을 형성했는데, 마한은 54개의 작은 국가로 이루어졌고, 진한과 변한은 각각 12개의 나라로 이루어졌다. 삼한 중에서는 마한이 가장 크고 강했기 때문에 삼한의 대표자는 항상 마한에서 나왔다.

삼한 사람들의 생활

삼한의 땅은 기름지고 넓어서 농업이 발달했다. 지금도 이 지역은 우리나라 최고의 곡창 지대로 많은 사람들이 농사를 짓고 있다. 삼한의 백성은 마를 심어 베를 만들었을 뿐 아니라 뽕나무를 심고 누에를 쳐 비단옷을 지어 입었다. 삼한 중 경상도 쪽에 위치한 변한에서는 철이 많이 생산되었다. 마한이나 한나라의 군현, 일본 등지에서도 변한의 철을 사갈 정도로 인기가 높았고, 시장에서는 철을 사용하여 물건을 사고팔 수 있을 정도였다.

삼한에서는 해마다 5월에 씨뿌리기를 마치고 제사를 지냈다. 이 전통이 이어져 요즘에도 5월 단오제라고 하여 해마다 여러 지역에서 축제가 크게 열리고 있다. 10월에도 추수를 마치고 나면 온 나라가 큰 축제를 벌였다. 이때 제사를 주관하는 제사장을 '천군'이라고 불렀다. 천군은 일반 사람과 귀신을 이어준다고 믿었다. 옛날에는 모든 사람들이 귀신을 두려워했기 때문에 삼한에서 천군의 위치는 상당히 높았다. 삼한의 각 지역에는 여러 명의 천군이 있었는데, 이들은 각각 '소도'라고 하는 특별 구역에 머물렀다. 소도는 군장이라 해도 함부로 할 수 없는 신성한 곳이었다.

소도

제사와 정치가 분리되어 있던 삼한에서는 제사장인 천군이 일정한 장소에서 제사를 지내며 질병과 재앙이 없기를 빌었다. 이 제사를 지내는 장소를 소도라고 한다. 마을 입구에 큰 나무(솟대)를 세우고 방울과 북을 매달아서 이곳이 신성한 지역임을 알렸다. 소도는 신성한 지역이므로 죄인이 도망가서 숨더라도 잡아가지 못했다. 또 소도는 정치적 지배자인 왕이나 군장이 마음대로 다스리지 못하는 곳이어서 도둑이 많았다고 한다.

삼한에서는 두레를 조직하여 공동 작업을 하였다.

삼한에서는 1년에 두 번 제천 행사를 열었다.

개념쌤의 1분 특강

위만이 고조선의 준왕을 내쫓았을 때 준왕이 내려와 정착한 곳이 삼한이에요. 고조선과 삼한이 아무 상관없을 것 같지만 이렇게 이어진답니다.

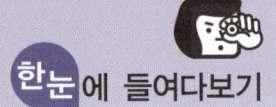

한눈에 들여다보기 : 선사 시대의 유물 지도

우리나라에서 선사 시대와 관련된 유물들은 어디서 나왔을까? 70만 년 전부터 시작된 구석기 시대의 유물들은 주로 뗀석기가 많은데 전국에서 고르게 출토되고 있다. 당시 사람들은 주로 떠돌아다니는 생활을 했기 때문에 주로 야트막한 산의 동굴에서 유적이 발견되고 있다. 한편, 신석기 시대 유적지는 강가나 바닷가 주변에 많이 있다.

조개껍데기 가면

선사 시대에도 신앙과 관련된 활동들이 있었다. 각종 동물들을 신성시하면서 섬겼을 것으로 보인다. 또 먹을거리를 해결하는 것이 가장 힘들었으므로, 풍성한 수확을 비는 것도 중요했다. 조개껍데기 가면은 이 두 가지 성격을 동시에 가지고 있는 것으로 보인다.

암사동 선사 유적지

한강 주변은 물을 구하기 쉽고 평야가 넓어 농사를 짓기에 유리했다. 그 대표적인 유적이 암사동에 있는 선사 유적지이다. 움막을 짓고 살던 모습을 그대로 재현해 놓았다.

조개무지

부산은 바다와 접해 있어 조개를 구하기가 쉬웠다. 먹고 난 조개껍데기를 한꺼번에 모아 놓은 것이 조개무지이다. 일종의 음식물 쓰레기였던 것이다. 이곳에서 당시의 생활을 알 수 있는 유물들도 나오고 있어 선사 시대 연구에 큰 도움이 되고 있다.

주먹도끼

주먹도끼는 짐승을 사냥하고 가죽을 벗기거나 나무뿌리를 캐는 등 여러 용도로 사용되었다.

빗살무늬 토기

그릇의 표면에 동물 뼈나 생선 뼈 등을 이용하여 선을 긋거나 눌러서 장식한 것이 특징인 토기이다. 주로 곡식을 보관하는 데 사용하였다.

덧무늬 토기

신석기 시대에 빗살무늬 토기만 제작된 것은 아니다. 덧무늬 토기라고 해서 띠모양의 흙을 덧붙여 무늬를 만든 토기도 제작되었다.

한국사 개념사전 25

삼국 시대

- 11 고구려의 성립
- 12 소수림왕
- 13 광개토 대왕
- 14 장수왕
- 15 살수 대첩
- 16 연개소문
- 17 고구려의 무덤
- 18 고구려의 고분 벽화
- 19 백제의 성립
- 20 근초고왕
- 21 웅진 천도
- 22 나제 동맹
- 23 무령왕릉
- 24 사비 천도

25	성왕	**31**	골품제
26	의자왕과 계백	**32**	진흥왕
27	가야의 성립	**33**	화랑도
28	가야의 성장	**34**	화백 회의
29	신라의 성립	**35**	신라의 무덤
30	법흥왕	**36**	일본의 삼국 문화
		●	한눈에 들여다보기

11 고구려의 성립

- 고구려는 부여 출신의 주몽이 압록강 유역에 건국함.
- 태조왕은 동해안에 위치한 옥저를 정복하고 왕권을 튼튼히 하여 나라의 기틀을 마련했다.

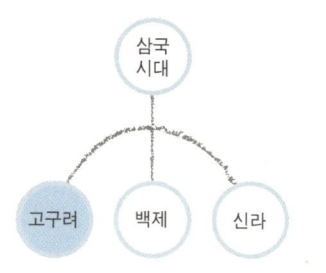

고구려를 세운 주몽

주몽의 아버지는 하늘의 자손인 해모수, 어머니는 물의 신 하백의 딸인 유화였다. 어느 날 동부여의 금와왕이 우연히 길가에 버려진 유화를 궁궐로 데려왔는데 유화는 얼마 뒤 알을 하나 낳았다. 금와왕은 그 알을 불길하게 여겨서 들에 버렸다. 그러나 짐승들이 알을 보호해 주는 것을 보고 유화 부인에게 돌려주었다. 며칠이 지나자 알에서 남자아이가 태어났고, 일곱 살이 되자 스스로 활과 화살을 만들어 쏘기 시작했는데 백발백중이었다. 그래서 사람들은 그 아이를 부여 말로 '활을 잘 쏘는 사람'이라는 뜻인 '주몽'이라고 불렀다. 영리한 주몽은 금와왕의 일곱 아들에게 미움을 사서 남쪽의 졸본 땅으로 도망을 쳐야만 했다. 주몽은 그곳에 나라를 세우고 나라 이름을 '고구려(기원전 37)'라고 했으며, 자신의 성을 고씨로 정했다. 졸본은 지형이 험해 방어에는 유리했으나 농사짓기에 불리하여 곧 국내성으로 도읍을 옮겼다.

부여, 고구려, 백제의 관계

부여, 고구려, 백제가 한 계통이라는 사실은 고구려와 백제의 건국 신화에서도 알 수 있지만, 유적을 통해서도 확인할 수 있다. 만주에 있는 고구려의 장군총 같은 무덤은 서울 석촌동에 있는 백제 초기 무덤과 모양이 거의 비슷하다. 이러한 사실을 통해 백제와 고구려의 무덤 주인이 같은 계통임을 짐작할 수 있다.

▲ 장군총

▲ 환도 산성 평지에 있는 국내성을 방어하기 위해 환도산에 쌓은 산성이 환도산성이다. 성 안에 식량을 쌓아 두었다가 적이 쳐들어오면 이곳으로 들어와 싸웠다.

고구려를 튼튼하게 한 태조왕

고구려는 여전히 부족장들의 권력이 큰 나라였다. 왕의 자리도 아들에게만 물려주는 것이 아니라 형제에게도 물려주기도 할 만큼 왕의 힘이 약했다. 그러나 태조왕의 노력으로 고구려는 1세기 후반부터 차츰 중앙 집권 국가의 모습을 갖추어 갔다. 태조왕은 힘을 자신에게 집중시킬 수 있는 방법으로 전쟁을 택했다. 주변으로 눈을 돌려 정복 활동을 활발하게 벌여 나간 것이다. 우선 동해안에 자리 잡은 힘이 약한 옥저를 정복하고, 요동(요강, 즉 랴오허 강의 동쪽) 지방으로 진출하여 고구려의 힘을 과시하였다.

개념쌤의 1분 특강

태조왕이라는 이름은 아무에게나 붙이는 게 아니에요. 나라를 처음 세우거나 굳건히 한 임금에게만 붙이지요. 고구려 태조왕의 업적이 짐작이 되지요?

12 소수림왕

- 고구려 제 17대 왕(?~384), 고구려 발전의 발판을 마련한 왕.
- 소수림왕은 불교를 도입하고, 태학을 설립하였으며, 율령을 반포하는 등 국가 체제를 정비하였다.

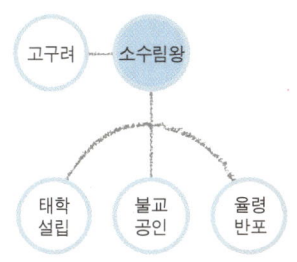

나라의 기본인 태학, 율령, 불교

소수림왕은 고구려의 수도에 국립 대학인 '태학'을 세웠다. 태학은 우리 역사상 최초의 교육 기관이다. 태학의 교육 목표는 유교 정치 이념에 충실한 사람을 기르는 것이었다. 유교 정치 이념이 임금에 대한 충성을 강조하기 때문에 사회 질서를 유지하고 왕권을 강화하는 데 적합했기 때문이다. 그리고 태학은 국가의 권력이 왕에게 집중되도록 하는 정치 체제인 '중앙 집권적 정치 체제'를 만드는 데에도 도움이 되었다. 즉 태학은 왕의 명령을 잘 듣는 관리를 양성하는 곳이었다. 태학은 상류 계급의 자제들만 입학할 수 있는 특별한 귀족 학교였기 때문에 일반 농민이나 노비처럼 신분이 낮은 사람들은 입학할 수 없었다. 태학에서는 훌륭한 학자가 박사로 임명되어 학생들을 가르쳤는데, 유교 사상이 들어있는 여러 가지 책이 교재로 사용되었다. 오경과 중국의 역사서 등이 이러한 교재였다.

법은 중앙 집권 국가에게는 중요한 항목이다. 과거에는 왕이 귀족들에게 휘둘려 일정한 법 체계를 갖추기 힘들었다. 이런 방법으로는 큰 나라를 다스릴 수 없었다. 같은 죄를 지으면 같은 벌을 받도록 하여 온 국민이 이해할 수 있어야 했다. 형벌과 제도를 옛날에는 '율령'이라고 불렀는데, 소수림왕은 국가 통치와 사회 질서 유지를 위해 율령을 반포하는 업적을 남겼다.

소수림왕 때 중국에서 한 스님이 불상과 불경을 가지고 고구려에 들어왔다. 소수림왕은 불교가 고구려를 통치하는 데 도움이 될 것이라는 생각에 적극적으로 받아들였다. 이전에 고구려 사람들은 토테미즘, 애니미즘, 샤머니즘 등 다양한 종교와 신을 믿었기 때문에 모두가 하나라는 의식이 부족했다. 그래서 소수림왕은 불교를 중심으로 백성의 정신을 통일하려고 했다. 동시에 왕과 부처를 똑같이 여기게 해서 왕실의 권위도 높이려 했다.

삼국 시대의 불교

우리가 삼국 시대에 접어들 무렵 중국은 이미 세계적인 제국을 이루고 있었다. 한나라 멸망 후 분열되기는 했지만, 한마디로 중국은 모든 면에서 우리보다 앞서 있었다. 그런 중국에서 불교가 들어왔다는 것은 단지 종교 면에서만 생각하면 안 된다. 부처의 이야기를 적은 한자, 건축의 발달을 가져온 절, 앞선 문화를 담은 각종 불교 관련 도구들이 들어오면서 당시 세계적인 최첨단 문화도 같이 들어왔다. 불교 유입으로 인해 우리의 문화는 한층 더 발전하게 된 것이다.

소수림왕의 업적

▲ 태학 설립

▲ 율령 반포   ▲ 불교 공인

소수림왕의 업적 덕에 고구려는 힘을 쌓을 수 있었고, 이 힘을 바탕으로 후일 광개토 대왕과 장수왕 시기에 전성기를 맞을 수 있었다.

13 광개토 대왕

- 고구려 제19대 왕(374~412). 고구려 최대의 영토를 차지한 왕.
- 광개토 대왕은 왜의 침입으로 고생하는 신라를 도와 나라의 힘을 과시했으며, 고구려의 영토를 남북으로 크게 넓혔다.

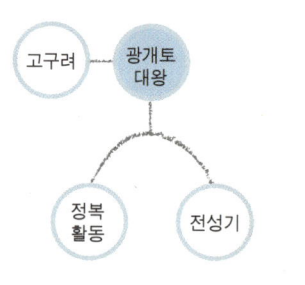

고구려의 영토 확장

광개토 대왕이 임금으로 있던 5세기에 고구려는 만주에서 한반도 중부에 이르는 거대한 땅을 차지하게 된다. 북으로는 요동 지방을 포함한 만주 대부분이 고구려 땅이 되었고, 남쪽으로는 한강 위쪽까지 점령해서 백제를 잔뜩 긴장시켰다. 18세의 나이로 왕위에 오른 광개토 대왕은 뛰어난 용맹함으로 주변 여러 나라들과의 전투에서 크게 승리하여 영토를 넓혔고, 고구려를 동북아시아의 최강국으로 만들기에 이르렀다.

광개토 대왕은 고구려를 침략했던 백제를 공격하기도 했다. 한강을 건너 막강한 군사력으로 백제의 성을 향해 나아갔고, 광개토 대왕의 힘에 무너진 백제는 결국 항복할 수밖에 없었다. 광개토 대왕은 전투에서 승리한 후 백제의 왕족과 대신을 볼모로 삼아 당당하게 돌아왔다.

광개토 대왕릉비에 새겨진 내용

광개토 대왕릉비의 비문을 살펴보면 고구려는 백제와 사이가 좋지 않았다는 사실을 알 수 있다. 예를 들어 신라는 '신라'라고 그대로 부른 반면, 백제는 '백잔'이라고 나라 이름을 일부러 낮춰서 부르고 있다.

신라와의 관계는 좋았던 듯하다. 신라의 내물왕 때, 광개토 대왕이 군사 5만을 보내 신라에 침입한 왜군을 낙동강 유역에서 물리쳤다는 비문의 내용을 통해 이를 짐작할 수 있다. 또 신라 시대의 무덤인 호우총에서 뚜껑 달린 청동 그릇이 출토되었는데, 그 밑바닥에는 고구려에서 광개토 대왕을 기념하여 415년에 만들었다는 글씨가 새겨져 있다. 이런 여러 가지 증거들을 통해 당시 고구려와 신라의 우호적인 관계를 알 수 있다.

광개토 대왕릉비의 발견

광개토 대왕릉비는 어떻게 발견되었을까? 광개토 대왕의 아들 장수왕이 아버지의 업적을 기리기 위해 세운 광개토 대왕릉비는 세월이 흐르면서 서서히 잊혀져 갔다. 그러던 중 1880년에 밭을 일구던 농부는 자신의 땅 밑에 큰 돌덩이가 서 있는 것을 알게 되었다. 당연히 농사를 짓기 위해 이 돌을 없애려고 했지만 너무 커서 자신의 힘으로는 어떻게 할 수 없었다. 어떻게든 돌을 없애려 노력하던 농부는 돌에 새겨진 글씨를 보고 보통 돌이 아님을 바로 느끼고 관청에 신고하였다. 이 돌이 바로 광개토 대왕릉비이다.

광개토 대왕과 관련된 유물들

▲ 광개토 대왕릉비(복제품)

▲ 호우명 그릇

개념쌤의 1분 특강

광개토 대왕의 이름에서도 우리는 광개토 대왕의 업적을 읽을 수 있어요. '광개토(廣開土)'는 넓게(廣-넓을 광) 토지(土-흙 토)를 열었다(開-열 개)는 의미를 담고 있기 때문이랍니다.

14 장수왕

- 고구려 제20대 왕(394~491). 고구려의 전성기를 연 왕.
- 장수왕은 도읍을 국내성에서 평양성으로 옮기며 남진 정책을 펼쳤고, 이를 바탕으로 고구려의 최전성기를 열었다.

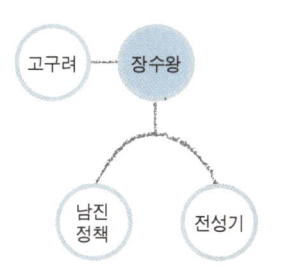

고구려의 남진 정책

광개토 대왕의 뒤를 이은 아들 장수왕도 아버지만큼 유능한 임금이었다. 외교 관계에도 능수능란했던 장수왕은 남조와 북조로 나뉜 중국과 사이좋게 지내며 중국의 침략 위협으로부터 벗어난 다음 차근차근 한반도에서 고구려의 힘을 키워 나갔다. 아버지인 광개토 대왕이 북쪽으로 영토를 넓혔다면 장수왕은 남쪽으로 눈을 돌렸다.

드디어 427년 도읍을 국내성에서 대동강 유역의 평양성으로 옮기고 새로운 궁성인 안학궁도 지었다. 예전의 도읍인 국내성이 너무 북쪽에 치우쳐 있어서 남쪽의 백제와 신라를 공격하기에 불리하다고 생각했기 때문이다. 반면, 평양은 고조선 이래로 역사적·문화적으로 발전된 지역이었고 경제적으로도 풍요로웠기 때문에 수도로 적합했다. 이러한 장수왕의 정책을 '남진 정책'이라고 한다.

남진 정책의 추진으로 장수왕은 국내성에 뿌리를 둔 귀족들의 세력을 약화시켜 왕권도 강화할 수 있었다. 이후 고구려는 475년에 3만의 군대를 보내 백제를 밀어내고 한강을 차지함으로써 삼국 항쟁의 주도권을 잡았다. 당시 장수왕의 업적을 알 수 있는 유물이 충주에 세워진 중원 고구려비이다.

장수왕의 첩자 도림

안정된 국내 정치를 바탕으로 장수왕은 중국과 좋은 관계를 유지하기 위해 애썼다. 호시탐탐 백제를 무너뜨릴 방법을 궁리하던 장수왕은 북쪽의 중국을 적으로 돌릴 수는 없었기 때문이었다. 이렇게 한숨 돌린 장수왕은 백제의 상황을 알아보기 위해 스파이, 즉 첩자를 백제로 보냈다. 장수왕이 보낸 첩자는 승려 도림이었다. 고구려에 대한 충성심이 남달랐던 도림은 스스로 첩자가 되겠다고 나섰고, 거짓으로 죄를 지은 척하여 쫓기는 신세로 위장한 후 백제 땅으로 도망쳤다. 결국 도림은 백제의 개로왕을 꼬드겨 고구려군이 백제를 격파하는데 결정적인 역할을 하였다.

장수왕의 업적

▲ 전성기의 고구려 영토

▲ 중원 고구려비

전성기의 고구려는 우리 역사상 보기 드물게 넓은 영토를 차지했다. 또한 남쪽으로도 영토를 넓히며 그 힘을 과시하기 위해 지금의 충주인 중원 지방에 비석을 세웠는데, 이를 중원 고구려비라고 한다.

개념쌤의 1분 특강

장수왕은 오래 살았기 때문에 장수왕이란 이름이 붙었어요. 왕 이름도 쉽게 외워지겠지요?

15 살수 대첩

- 고구려와 중국 수나라 사이에 벌어진 전쟁(612).
- 살수 대첩은 고구려의 힘을 인정할 수 없었던 중국 수나라의 침입을 물리친 전쟁으로, 우리 민족의 저력을 보여 준 역사적 사건이다.

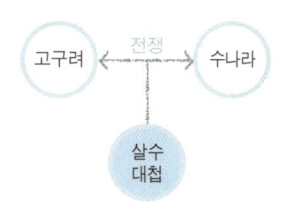

6세기 후반 삼국을 둘러싼 대외 관계

6세기 후반에 들어선 중국의 통일 왕조는 고구려와 대립하게 되었다. 여기에 주변의 국가들은 자기 나라의 이익과 세력 균형을 위해 서로 힘을 보태면서 동북아시아는 동서 세력(수·당-신라)과 남북 세력(돌궐-고구려-백제-왜)으로 나뉘어 대립하게 되었다.

▲ 6세기 말 동북아시아의 정세

을지문덕의 시

원래 제목은 '여수장우중문시(與隋將于仲文詩)'로, 을지문덕 장군이 거짓 패배에 속은 수나라의 장수 우중문을 조롱하는 시였다. 이 시를 읽고 유도 작전에 말려 너무 깊숙이 들어왔음을 깨달은 우중문이 뒤늦게 후퇴했으나, 결국 을지문덕은 살수에서 수나라 군대를 크게 물리쳐버렸다. 을지문덕 장군의 지략(뛰어난 슬기)이 빛나는 대목이다.

> 그대의 뛰어난 책략은 천문을 꿰뚫고 기묘한 작전은 지리를 달하였소. 싸워 이긴 공이 이미 크니, 이제 그만 돌아가는 것이 어떠하오…

살수 대첩

수나라 양제는 113만 대군을 직접 이끌고 고구려에 쳐들어왔다. 수나라 군대는 견고한 요동성을 4개월이 넘도록 무너뜨리지 못하자 회의를 거듭해 요동성을 놔두고 압록강을 건너 평양성을 공격하기로 결정했다. 대군이 모두 이동하기에는 쌀이나 물 등을 대기가 힘들어 30만 명만 선발해 특별 군대를 만들어 출동했다. 이때 을지문덕 장군은 영양왕의 비밀스런 명령을 받고 거짓 항복하여 수나라 군대가 쌀이 모자라 고생한다는 것을 간파한 후 탈출했다. 수나라 군대의 우두머리인 우중문은 뒤늦게 이를 눈치 채고 뒤쫓았으나 소용없는 일이었다.

치밀한 계획을 세운 을지문덕 장군은 수나라 군대의 침입로 곳곳에 군사를 머물게 한 다음 거짓으로 지는 척하여 수나라 군대가 우쭐하도록 만들었다. 7번의 전투를 모두 이긴 줄 알고 자신만만하던 수나라 군대는 청천강을 건너게 되었고, 반쯤 건넜을 때 을지문덕 장군은 총공격 명령을 내렸다. 고구려군은 도망칠 곳조차 남겨두지 않고 거세게 공격하였고, 30만 중 살아서 돌아간 사람은 겨우 2,700여 명이었다. 을지문덕 장군의 유도 작전에 말려 수나라 군대가 살수(청천강)에서 전멸한 전투가 바로 그 유명한 '살수 대첩'이다.

▲ 살수 대첩

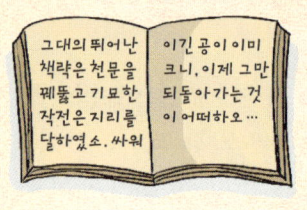

살수 대첩이 어느 나라와의 전쟁인지 헷갈릴 때가 있어요. 살수의 수에 주목하면 수나라와의 전쟁임을 금방 떠올릴 수 있답니다.

16 연개소문

- 고구려 말기의 최고 권력자(?~665?).
- 국내 정치가 혼란한 틈을 타 권력을 장악한 연개소문은 밖으로는 중국에 맞서고, 안으로는 고구려를 위기로부터 지키려 애썼다.

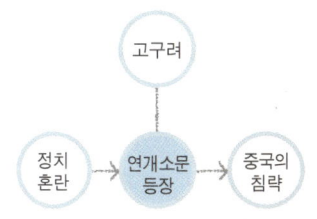

연개소문의 등장

고구려를 무리하게 침략하느라 국력이 약해진 수나라는 결국 멸망했다. 수나라가 멸망한 뒤 들어선 당나라는 세계 제국을 건설하려는 야심을 가지고 고구려에 쳐들어오려고 했다. 이를 눈치챈 고구려는 중국과 맞닿은 국경선에 천리장성을 쌓고 이에 대비했다.

당시 고구려는 왕족과 귀족들 사이에 갈등이 생기면서 정치가 혼란스러웠다. 그 틈을 타 연개소문은 당시 임금이었던 영류왕 대신 보장왕을 세우고 스스로 대막리지(고구려 말기의 최고 관리)가 되어 정치를 장악했다. 연개소문은 강한 대외 정책을 써서 신라와 당나라에 맞섰다. 백제와 힘을 합해 신라를 공격했고, 신라에 대한 공격을 중지하라는 당나라의 요구도 거절했다. 그러자 당나라는 연개소문의 잘못된 정치를 구실 삼아 고구려에 쳐들어왔다.

당나라와의 안시성 싸움

당 태종은 육군과 수군을 이끌고 고구려를 공격했다. 당나라는 무려 10만 명의 군사를 동원해 안시성 맞은편에 두 달 동안 높은 흙산을 쌓고 성을 공격하려고 했지만 안시성 성주 양만춘과 백성들은 당 태종의 공격을 막아냈다. 수나라와 당나라는 고구려를 정복해 중국이 최강이라는 것을 보여 주려고 했지만 실패한 것이다. 이로써 고구려뿐 아니라 백제, 신라의 고유 문화도 지킬 수 있었다. 이를 기려 고구려를 우리 민족의 방파제라 한다.

안시성 싸움

안시성이 당나라의 공격을 받았을 때 고구려는 중요한 성을 거의 잃은 상태였다. 안시성은 적에게 둘러싸인 채 사방에서 공격을 받고 있었다. 당 태종은 온힘을 다해 공격했지만 안시성 성주 양만춘의 저항도 만만치 않았다. 오히려 당의 군사들이 지칠 정도였다. 생각다 못해 당 태종은 안시성보다 더 높은 토성을 쌓아 공격했지만 양만춘은 이마저도 기습 공격으로 차지해 버렸다. 이러던 참에 겨울 추위까지 닥쳐오자 당 태종은 물러날 수밖에 없었다. 후퇴를 결정한 당 태종은 양만춘에게 비단 100필을 선물로 주며, 적이지만 그 용맹함을 인정해 주었다고 한다.

고구려의 천리장성

▲ 고구려의 천리장성

▲ 고구려의 천리장성 일부인 석성

천리장성은 당나라의 침입에 대비하여 랴오허 강을 따라 쌓은 성이다. 남쪽의 비사성에서 시작하여 북쪽의 부여성까지 16년에 걸쳐 완성되었다.

개념쌤의 1분 특강

고구려와 당나라와의 전쟁은 안시성 싸움 하나만 확실히 기억하세요.

17 고구려의 무덤

- 돌을 쌓아올린 돌무지무덤과 고분 벽화를 볼 수 있는 굴식돌방무덤.
- 고구려에는 돌을 층층이 쌓아 올린 돌무지무덤과 돌로 동굴 같은 방을 만들어 벽에 벽화를 그린 굴식돌방무덤이 있었다.

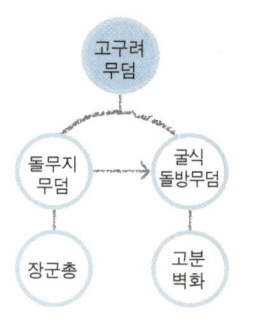

고구려의 거대한 피라미드, 돌무지무덤

중국의 지린 성 지안에 가면 7층으로 쌓아올린 돌무지무덤이 있다. '돌무지무덤'은 시신이나 시신을 넣은 돌로 만든 관 위에 흙을 덮는 대신 돌을 쌓아올린 무덤 양식을 말한다. 이 무덤은 광개토 대왕의 무덤일 것이라고 추정하는데, 피라미드처럼 생겼으며 가로 길이만 31.5미터, 높이가 11미터에 이른다. 네 번째 단에는 돌로 된 방을 따로 만들어 시신을 보관하였다.

이런 형태의 돌무지무덤은 주로 만주와 대동강 유역에 넓게 분포하는데 양평, 춘천 등 한강 유역에서도 비슷한 형태를 찾아볼 수 있다. 특히 서울 석촌동의 돌무지무덤은 고구려의 돌무지무덤과 형태가 매우 비슷해, 백제 건국의 주도 세력이 고구려 계통이라는 온조 설화가 사실임을 뒷받침해 준다.

벽화에서 알 수 있는 사실

고구려 고분 벽화에 표현된 인물 그림을 보면 귀족은 항상 크게 그려져 있고, 하층 신분의 사람들은 훨씬 작게 그려져 있는 공통적인 특징이 있다. 이는 당시 고구려 사회가 신분에 따라 차별이 있었다는 것을 보여 주는 증거가 된다.

장군총과 피라미드

▲ 장군총

▲ 이집트의 피라미드

이집트의 피라미드와 우리 민족의 장군총은 비슷한 무덤 양식에 속한다. 우리나라 외에도 이런 형태의 무덤 양식은 수단, 에티오피아, 멕시코 등지에서도 볼 수 있다.

고분 벽화가 인상적인 굴식돌방무덤

시간이 지나면서 고구려의 고분 양식도 변화한다. 위로 무겁고 많은 돌을 쌓는 방법 대신 돌로 굴과 같은 방을 만드는 방법으로 변화한 것이다. 그래서 이 무덤 양식을 굴식돌방무덤이라고 한다. 고구려 사람들은 굴 형태의 방을 허전하게 남겨 놓지 않았다. 벽에다 고구려 사회를 짐작할 수 있는 다양한 그림을 빼곡하게 그려 놓은 것이다.

고구려 무덤에서 발견되는 고분 벽화는 무용하는 모습, 고구려 하늘에서 보이는 별자리, 고구려의 부엌 등을 그대로 재현해 놓고 있어 고구려 사회를 엿볼 수 있는 사진과 같은 역할을 하고 있다. 또한 당시 고구려인의 뛰어난 예술 세계도 알 수 있는 귀중한 자료가 되고 있다.

'무지'는 무더기를 말해요. 돌무지무덤은 돌을 무더기로 쌓아올린 무덤이라는 의미지요. 한편, 굴식돌방무덤은 동굴처럼 '굴'을 파서 돌로 된 '방'처럼 만든 무덤을 뜻해요.

18 고구려의 고분 벽화

- 무덤 안의 천장이나 벽면에 그려 놓은 벽화.
- 고구려의 굴식돌방무덤에는 천장이나 벽에 다양한 벽화가 있어서 당시의 생활상과 예술을 가늠할 수 있다.

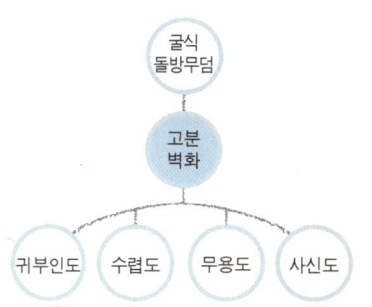

고구려의 사진, 고분 벽화

고구려 영토였던 지역에서는 여러 무덤이 발견되었는데, 동굴처럼 생긴 무덤 안으로 들어가 보면 벽에 많은 그림이 그려져 있다. 이런 그림을 '고분 벽화'라고 한다. 이 벽화를 보면 당시 고구려 사람들이 무슨 생각을 하고, 어떻게 살았는지를 짐작할 수 있다.

신분제

▲ 수산리 고분의 귀부인도

- 치마를 입은 주인은 크게 그려져 있고, 그 뒤에 양산을 받쳐 주는 사람은 아주 작게 그려져 있다.
- 사람들의 크기를 다르게 그려서 귀족과 평민의 차별을 나타냈다.

일상생활

▲ 덕흥리 고분의 견우와 직녀

- 남자는 농사를 짓고, 여자는 베를 짜는 모습이 보인다.
- 이미 농사에 소를 이용했다는 사실을 알 수 있다.

고구려의 남자

▲ 무용총의 수렵도

- 말을 타고 날쌘 동작으로 짐승을 쫓는 모습이 생동감 넘친다.
- 산악 지대였던 고구려는 말을 타고 사냥을 하는 일이 많았음을 알 수 있다.
- 고구려 사회는 말을 타고 활을 쏘는 것은 기본이기 때문에 어려서부터 마을에 있는 학교에서 훈련을 받았다.

여가 활동

▲ 무용총의 무용도

- 여러 명의 남녀가 열을 맞추어서 의상을 갖춰 입고 춤추는 모습이나 씨름하는 모습 등은 고구려 사람들이 즐겼던 놀이 문화를 그대로 나타내고 있다.
- 당시의 의식과 사람들의 생활 모습을 알 수 있다.

고구려의 사상

▲ 강서대묘의 사신도 중 현무

- 강서대묘에 그려져 있는 벽화인 사신도는 도교의 영향을 받은 그림이다.
- 사신은 동·서·남·북의 네 방위를 지켜주는 신을 말하는데, 청룡(푸른 용), 주작(붉은 새), 백호(하얀 호랑이), 현무(검은 거북이)에 해당한다.

한국사 개념사전 35

19 백제의 성립

- 고구려에서 내려온 계루부 일족이 한강 근처의 위례에 세운 나라.
- 주몽이 전 부인의 아들에게 왕위를 물려주자 온조가 한강 주변에 자리 잡은 후 나라를 세우고 이름을 백제라 하였다.

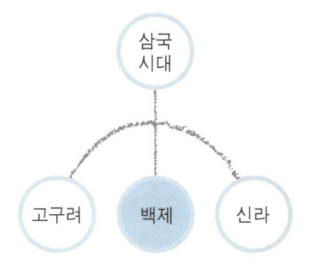

비류와 온조

부여를 탈출한 주몽은 소서노의 도움을 받아 고구려를 건국할 수 있었다. 하지만 왕자를 세워야 할 때가 오자 주몽은 소서노의 아들인 비류나 온조에게 왕위를 물려주지 않고 부여에 있던 전 부인이 낳은 아들에게 물려주었다. 고구려 건국에 큰 역할을 했던 소서노와 비록 주몽의 친아들은 아니지만 최선을 다했던 비류와 온조는 실망이 컸다. 결국 소서노는 아들들과 그녀를 따르는 무리들을 이끌고 고구려를 떠나기로 결심했다.

백제의 유적

▲ 몽촌토성

▲ 풍납토성

한강 유역에 자리 잡은 백제는 초기 성의 형태인 토성을 유적으로 남겼다. 서울의 송파구에 있는 몽촌토성과 풍납토성에서는 초기 백제와 관련된 유적을 볼 수 있다.

백제의 온조 설화

금와왕이 있던 동부여를 탈출해 졸본부여로 온 주몽은 졸본부여 부족장의 딸인 소서노와 결혼했다. 당시 소서노는 전 남편이 죽은 후 비류와 온조 두 아들을 혼자 키우고 있었다. 남편과 양아버지인 주몽을 도와 헌신적으로 노력했던 이들에게 주몽의 친아들인 유리의 등장은 충격이었다. 결국 소서노는 고구려를 버리고 한강 유역으로 이동할 것을 결심했다.
처음 온조를 중심으로 한 세력은 한강 하류의 위례 지역에 자리 잡았다. 그런데 형 비류가 정착한 곳은 지금의 인천으로 땅이 습하고 물이 짜 생활하기에 힘들었다. 결국 비류의 백성들은 온조가 있는 위례성으로 돌아왔다.

고이왕

한강을 가장 먼저 차지한 나라는 바로 백제다. 한강 유역은 한강이라는 편리한 교통로를 바탕으로 일찍부터 철기 문화를 받아들였고, 넓은 평야를 이용해 농경문화가 크게 발달한 곳이었다. 또 황해를 건너 중국의 앞선 문화를 받아들이기에 쉬워서 빨리 발전할 수 있었다. 그래서 백제는 고구려보다 건국은 늦었지만 나라의 모습은 먼저 갖출 수 있었고, 발전도 빠르게 할 수 있었다.
백제가 나라의 모습을 갖추기 시작한 시기는 3세기 중엽 고이왕 때의 일이다. 초기에 백제는 고구려와 마찬가지로 여러 귀족 가문이 왕과 함께 나라를 이끌어 나가는 귀족 중심의 정치가 이루어졌다. 또한 관리들의 체계도 고구려의 것을 따랐다. 그러나 고이왕 대에 이르러서는 영토도 넓어지고 백성들도 많아져 예전의 관직만으로는 다스리기 어려워졌다. 그래서 관리를 16개 등급으로 나누고, 등급에 따라 관복의 색깔을 다르게 정했으며, 법령도 만들었다. 그 결과 왕에게 권력이 모이는 중앙 집권 국가의 모습을 갖출 수 있었다.

개념쌤의 1분 특강

어느 나라나 중앙집권 국가의 기틀을 마련한 왕은 중요해요. 그러니 백제의 고이왕도 반드시 기억해 두세요.

20 근초고왕

- 백제 제13대 왕(?~375), 백제의 전성기를 연 왕.
- 근초고왕은 고구려를 공격해 영토를 북쪽으로 넓혔으며, 다양한 외교 관계를 통해 백제의 힘을 사방에 과시하였다.

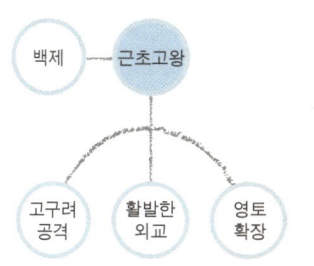

근초고왕의 활약

근초고왕은 체격이 크고 식견이 넓었다는 기록이 남아 있는 것으로 보아 매우 유능했던 정복 군주였음을 짐작할 수 있다. 실제로 근초고왕은 남쪽으로는 영산강 유역에 진출하여 마한 세력을 통합하고, 가야 지역까지 세력권으로 끌어들여 백제의 힘을 키웠다. 이 시기의 백제는 넓은 영토를 차지하면서 고구려, 신라에 대항해 삼국 간의 세력 다툼에서 우위를 지켰다.

백제의 전성기

근초고왕은 4세기에 백제의 전성기를 이끈 임금으로, 이때 백제는 한강을 중심으로 국력을 떨치며 강력한 해상 왕국을 건설했다. 근초고왕은 남쪽으로는 비옥한 땅을 차지해 식량을 확보하고, 서남 해안의 해상력을 장악했다. 이로써 백제는 황해를 중심으로 한 동북아시아 해상 교역의 중심 국가로 우뚝 서게 되었다. 중국과 가야는 물론 왜까지 외교 관계를 맺었고, 요서·산둥·규슈 지방에까지 영향력을 뻗쳤다. 근초고왕 때의 백제는 국제적으로도 인정받는 강력한 나라였던 것이다.

또 북쪽으로 진출해서 고구려군을 크게 무찔렀다. 근초고왕은 평양성 전투에서 고구려의 고국원왕까지 전사시키는 등 여러 전투에서 승리했고, 이길 때마다 황색 깃발을 휘날리며 승리를 과시했다. 이때 쓰인 황색 깃발은 중국의 황제가 쓰는 것으로, 그만큼 백제가 자부심을 가지고 있었음을 보여 준다.

칠지도

칠지도는 칼 주변에 일곱 개의 가지가 붙어 있어 붙여진 이름이다. 칼의 뒷부분에는 백제 왕세자가 일본 왜왕을 위해 만들었으니 후세에 전하라고 쓰여 있다. 칠지도는 백제와 일본 사이에 문화 교류가 활발했음을 보여 주는 유물로, 근초고왕 때 보낸 것으로 추정하고 있다. 하지만 일본은 일본에서 제작해 백제에 전달해 준 것으로, 일본이 한반도 남부를 지배했음을 보여 주는 증거라고 억지 주장을 하고 있다.

번성하는 백제

▲ 백제의 바닷길

▲ 칠지도

백제는 중국의 요서·산둥 지방, 일본의 규슈 지방에 진출하여 활동 무대를 해외로 넓혔다. 또한 일본에 칠지도를 전해 줄 만큼 번성하였다.

개념쌤의 1분 특강

백제를 우리는 해상 왕국이라고 부르고 있어요. 신라의 통일로 백제의 실력을 과소 평가하는 경우가 종종 있는데, 절대 약한 나라가 아니었답니다.

21 웅진 천도

- 백제가 수도를 위례에서 웅진으로 옮김(475).
- 백제는 고구려의 성장으로 국력이 위축되면서 한강 유역을 빼앗긴 후 수비에 유리한 웅진(공주)으로 수도를 옮기게 되었다.

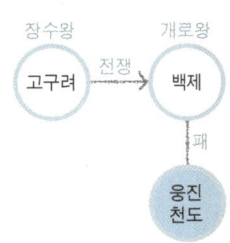

웅진으로 도읍지를 옮기다

근초고왕 이후 백제는 왕위 계승을 둘러싼 권력 다툼으로 왕권도 하락하고 국력도 약해졌다. 결국 힘들게 넓힌 영토마저 제대로 지배할 수 없게 되었다. 마침내 475년 고구려의 장수왕은 백제가 차지하고 있던 한강 유역을 빼앗기 위해 위례성으로 쳐들어왔다. 이에 맞서던 개로왕이 전쟁터에서 죽자 백제는 할 수 없이 남쪽의 웅진성으로 수도를 옮기며 새로운 시대를 맞아야 했다.

한성 시대 마지막 임금, 개로왕

장수왕과의 전투에서 전사한 개로왕은 어떤 사람이었을까? 《삼국사기》의 '도림 이야기'에는 백제를 위기에 빠트린 개로왕에 대한 이야기가 실려 있다. 《삼국사기》에 개로왕은 남의 부인을 탐내고 한가롭게 바둑 놀음을 하는 무능한 임금으로 표현되어 있다. 그런데 《삼국사기》를 쓴 김부식은 신라 사람으로, 백제에 대해 좋지 않은 생각을 가지고 있었기 때문에 개로왕에 대한 기록이 어디까지가 사실인지는 정확히 알 수 없다. 이처럼 역사를 이해할 때는 어느 부분이 사실이고, 어느 부분이 꾸며진 이야기인지를 잘 생각해야 한다.

개로왕의 최후

도림에게 속아 백제를 망친 개로왕은 뒤늦게 아우를 신라로 보내 도움을 청하려 했다. 또 정신을 차리고 본격적으로 고구려에 대항하고자 했지만 장수왕의 힘은 너무도 막강해 개로왕이 지키던 성마저 무너지고 말았다. 위기를 피해 개로왕은 도망쳤지만 결국 잡히고 만다. 개로왕을 잡은 사람은 다름 아닌 백제 사람이었던 재증걸루였다. 개로왕이 왕이 될 때 있었던 다툼으로 목숨을 건지고자 고구려로 도망쳤던 재증걸루는 먼저 공손히 예를 갖춘 후 게으른 왕을 원망하며 침을 세 번 뱉고는 죽여버렸다.

도림 이야기

① 장수왕은 바둑을 잘 두는 승려 도림을 백제에 첩자로 보냈다.

② 바둑을 몹시 좋아한 개로왕은 도림과 매일 바둑을 두며 나랏일을 게을리하기 시작했다.

③ 도림은 개로왕을 부추겨 궁궐을 새로 짓는 등 대공사를 하게 하여 백성들의 원성을 샀다.

④ 도림은 고구려로 도망갔고, 장수왕은 그 틈을 타서 백제를 공격했다.

개념쌤의 노트 특강

웅진의 현재 이름은 공주예요. 웅진의 '웅'자를 '곰 웅'자로 외우세요. 곰과 공은 발음이 비슷하기 때문에 금방 떠올릴 수 있답니다.

22 나제 동맹

- 고구려의 성장에 맞서기 위한 백제와 신라의 동맹 관계(433~553).
- 광개토 대왕과 장수왕을 거치며 고구려가 동아시아의 강대국으로 성장하자 백제와 신라는 함께 저항하기 위해 나제 동맹을 체결하였다.

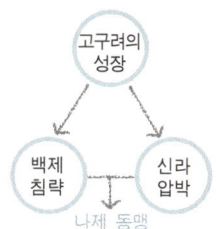

신라와 손잡은 백제

한강 유역을 빼앗긴 백제는 중앙 귀족들 간에 권력 싸움이 벌어져 큰 어려움을 겪었다. 웅진으로 수도를 옮긴 문주왕에 이어 여러 왕들이 차례로 귀족 세력에게 죽임을 당할 정도였다. 당연히 왕권이 약해지면서 국력도 크게 떨어졌다. 이런 어려움 속에서도 백제를 다시 일으키려고 애썼던 임금이 바로 동성왕이다. 동성왕은 신라 왕실의 딸과 결혼하여 신라와 친밀한 관계를 맺었다. 이는 신라의 도움을 받아 고구려의 침략에 맞서기 위함이었다.

동성왕의 노력은 무령왕으로 이어졌다. 백제가 가장 힘든 시기에 왕이 된 무령왕은 어린 시절 개로왕의 죽음과 수도 한성의 함락이라는 비극적인 현실을 경험했기 때문에 무엇보다도 국력을 키워야 한다고 결심했다. 이를 위해 중국과 국교를 맺고 문화 교류에 힘써 외교적으로 안정을 되찾아갔다.

무령왕은 지방에 특수 행정 구역인 '22 담로'를 설치하여 지방에 대한 중앙의 통제를 강화했다. '담로'는 왕자나 왕족을 중요한 지역에 보내 다스리게 했던 제도로, 흩어진 정치권력을 다시 임금에게 집중시키는 것이 목적이었다. 이로써 국내 정치가 차츰 안정을 되찾았고, 무령왕은 거듭되는 고구려의 침입도 적극적인 방어로 물리쳐 점차 국력도 되찾을 수 있었다.

동성왕의 어린 시절

개로왕 이후 처참했던 백제의 상황, 귀족들 간의 다툼으로 왕이 귀족들에게 살해당하는 상황에서 동성왕은 어떻게 안전을 지킬 수 있었을까? 바로 동성왕의 어린 시절에 있다. 동성왕은 백제에서 자라지 않았다. 개로왕이 일본인 왜와 좋은 관계를 맺기 위해 자신의 동생이자 동성왕의 아버지를 일본에 사절로 보냈던 탓에 동성왕은 유년 시절을 일본에서 보냈기 때문에 불안한 정치 상황에서도 목숨을 건질 수 있었고 드디어는 왕위에 오를 수 있었다.

나제 동맹

고구려의 막강한 영토 확장과 강력한 정복 정책으로 위기에 몰린 신라와 백제는 더 이상 가만히 있을 수가 없었다. 결국 433년 백제의 비유왕과 신라의 눌지왕은 고구려 장수왕을 함께 막아내자고 약속하며 '나제 동맹'을 맺었다.

나제 동맹 이후 신라와 백제

- 장수왕이 한성을 침략했다. 우리 신라가 백제를 돕자.
- 고구려가 신라를 공격하니 백제도 돕자.
- 동성왕이 신라 왕족과 결혼했어.
- 신라, 백제 연합군은 고구려를 공격해 한강 유역을 되찾았어.

개념쌤의 1분 특강

동맹은 보통 동맹을 맺는 나라 이름에서 따와요. 나제 동맹도 마찬가지예요. 신라의 '나', 백제의 '제' 두 글자를 따서 나제 동맹이라고 한답니다.

23 무령왕릉

- 백제 제 25대 왕인 무령왕(462~523)의 능.
- 백제 웅진 시대의 무덤으로, 무덤의 주인을 정확히 알 수 있는 무덤이며 백제의 예술을 한눈에 느낄 수 있는 다양한 유물이 출토되었다.

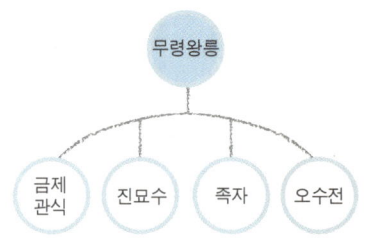

아름다운 벽돌 무덤

충남 공주에 있는 무령왕릉은 이미 발굴된 다른 무덤의 물빼기 공사를 하다가 우연히 발견된 백제 웅진 시대의 무덤이다. 무덤 안에서는 무덤의 주인이 누구인지를 알 수 있도록 정확하게 써 놓은 돌판인 지석이 발견되었다. 이를 통해 무덤의 주인이 바로 백제 25번째 임금인 무령왕과 그 왕비임을 알 수 있었다. 무령왕릉은 입구가 있는 돌로 된 방 형태여서 다른 무덤에 비해 도굴되기 쉬운 구조였음에도 유물들이 하나도 훼손되지 않아 큰 화제가 됐다. 무덤 입구에는 왕과 왕비의 이름이 새겨진 지석 2매가 있었고, 그 위에는 죽은 왕과 왕비가 저승에 갈 때 노잣돈으로 사용하라고 올려놓은 돈인 오수전이 있었다. 지석 뒤에는 무덤을 지키는 상징적인 동물인 진묘수가 서 있었고, 무덤의 방안으로 들어서면 관을 올려놓을 수 있는 대 위에 왕과 왕비의 시신을 넣은 나무관이 두 개 있었다. 세월이 오래되어 썩고 부스러진 나무관 밑에서는 왕과 왕비가 사용했던 유물인 금관 장식, 금귀고리, 금동 신발, 금팔찌 등과 같은 장신구들이 출토되었다. 또 왕과 왕비가 편하게 머리와 발을 괼 수 있도록 두침(주검의 머리 부분을 받쳐 놓았던 받침대)과 족좌(나무로 만든 발받침 장신구)가 목관 안에 있었고, 그 밖에도 청동 거울과 은잔도 출토되었다.

일본의 상황에 밝았던 무령왕

무령왕은 일본에서 태어나서 자랐기 때문에 일본의 속사정을 누구보다 잘 알고 있었다. 당시 일본은 백성들을 괴롭히는 무열천황이 다스리고 있었는데, 무령왕은 그 반대편에 서 있는 남대적이라는 사람의 뒤를 봐주기도 했다. 후일 남대적은 무열천황을 물리치고 계체천황이 되었고 백제를 더 열심히 도와주었다. 무령왕의 앞선 판단력을 알 수 있는 대목이다.

▲ 무령왕릉 무덤방 안쪽에서 발굴된 유물들

개념쌤의 1분 특강

무령왕의 아들이 성왕이에요. 백제의 발전을 위해 애쓴 무령왕과 한강 유역을 차지하기 위해 애쓴 성왕에 의해 백제는 큰 발전을 이루었음을 짐작할 수 있겠지요?

24 사비 천도

- 웅진을 떠나 교통이 편리한 사비(부여)로 수도를 옮김(538).
- 백제는 수비에 유리한 웅진으로 수도를 옮겼으나 정치적 안정을 찾은 후 교통이 편리하고 더 넓은 사비로 수도를 옮겨 힘을 기르고자 하였다.

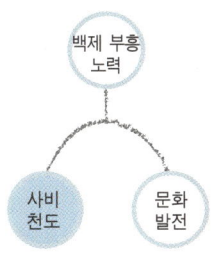

웅진에서 사비로

성왕은 백제가 큰 나라로 발전하기에는 웅진성이 부족하다고 느껴서 다시 한 번 도읍을 옮기기로 결정했다. 비좁은 웅진성에서 넓은 벌판인 사비성(지금의 부여)으로 도읍을 옮기고 나라 이름도 남부여로 고쳤다. 국호를 남부여로 고친 것은 백제인의 의식 속에 부여와 한 줄기라는 생각이 남아 있었기 때문이다. 백제는 고구려에서 남쪽으로 내려온 소서노와 비류, 온조가 세웠고, 또 고구려는 부여에서 내려온 세력이 세운 나라였기 때문이다.

성왕은 사비에서 나라를 새롭게 꾸미려고 노력했다. 우선 중앙에 22개의 관청을 만들어서 각 부서가 맡은 일을 책임지고 처리하도록 했다. 또 수도는 5부로 나누고, 지방은 5방으로 나누어서 왕의 명령이 지방에까지 잘 전달되도록 체계적인 행정 체제를 만들었다. 모두 왕권을 강화하기 위한 노력이라고 할 수 있다.

문화 발전에 힘을 쏟는 백제

백제는 중국, 특히 남조와 교류하면서 문화 수용에 힘썼다. 이미 침류왕 때 중국으로부터 불교가 들어와 백제의 문화 발전에 큰 힘이 되었다. 당시 중국 동진에 살던 인도의 승려 마라난타가 직접 백제에 들어와 불교를 전파했다. 백제의 왕은 백성들이 불교를 믿도록 적극적으로 후원했다. 성왕 때에는 발전된 백제의 불교문화를 일본에 전해 주었는데 552년에 승려 노리사치계는 성왕의 명령으로 일본에 불상과 불경을 전해 주었다.

재주가 뛰어났던 성왕

성왕은 무령왕의 둘째 아들이다. 원래 큰아들이 왕이 되는 것이 맞지만 큰아들이 일찍 죽는 바람에 둘째 아들이었던 성왕이 왕의 자리를 이을 수 있었다. 전해 오는 책에 실려 있는 성왕의 내용을 보면 성왕은 지혜가 뛰어났으며 빠르고도 정확한 결단을 내렸다고 한다. 또 천문과 지리에 통달해 그 이름이 사방에 알려졌다는 내용도 나온다. 이를 통해 성왕은 매우 능력 있는 임금이었음을 알 수 있다.

▲ 백제의 수도 이전

수도	시기	유물 및 유적
위례성	건국~개로왕	석촌동 돌무지무덤, 풍납토성, 몽촌토성
웅진성	문주왕~성왕	무령왕릉, 공산성
사비성	성왕~의자왕	부소산성, 궁남지, 능산리 고분

▲ 백제의 수도 변천과 관련 유적

25 성왕

- 백제 제26대 왕(?~554), 백제의 중흥을 위해 노력한 왕.
- 성왕은 사비성으로 도읍을 옮기고 백제의 중흥을 위해 노력하였으나 신라 진흥왕에게 한강 유역을 빼앗긴 후 관산성 싸움에서 전사하였다.

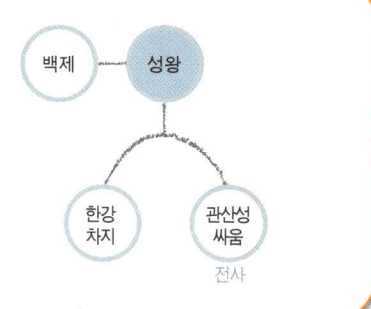

성왕의 전사

사비에서 백제를 다시 일으키며 부활의 발판을 다진 성왕은 드디어 한강을 되찾을 때가 되었다고 생각했다. 그래서 동맹을 맺은 신라와 힘을 합쳐 과거 고구려 장수왕에게 빼앗겼던 한강 유역을 되찾게 되었다.

하지만 성왕이 옛 영토를 회복했다는 기쁨을 누릴 틈도 없이 한강 유역을 탐내고 있던 신라의 진흥왕은 동맹을 맺은 성왕을 배신하고 한강을 독차지했다. 이에 화가 난 성왕은 군사를 이끌고 신라를 공격했지만 관산성(지금의 옥천)에서 전사하고 말았다.

성왕이 이끈 백제군을 격파한 신라의 장군은 김유신의 할아버지인 김무력이었다. 이 전투에서 백제군은 성왕이 전사했음은 물론 3만에 가까운 군사를 잃을 정도로 크게 패했다. 이 일로 이제 더 이상 신라와 백제는 동맹 관계를 유지할 수 없게 되었다. 어제의 동지가 오늘의 적이 된 셈이다.

반대로 어제까지만 해도 서로 적이었던 고구려와 백제가 새롭게 손을 맞잡고 공동으로 신라에 대항하는 상황이 전개되었다. 결국 한강을 차지한 신라는 백제와 고구려의 적이 되어버렸고, 성왕을 잃은 백제는 고구려와 함께 신라를 상대로 치열한 싸움을 계속했다.

화려했던 부여 시대

수비에 유리했던 공주에 비해 주변에 넓은 땅이 많았던 부여에서 백제는 다시 한 번 힘을 키우기 시작했다. 국력이 쌓이자 자연스럽게 문화도 크게 발전해 부여에는 아직도 화려했던 부여 시대를 짐작할 수 있게 해 주는 많은 문화재들이 남아 있다.

백제 금동 대향로

부여 능산리 고분에서 출토되었으며 발굴 당시의 이름은 '백제금동용봉봉래산향로'이다. 제사를 지낼 때 향을 피우는 도구로 쓰였는데 봉황과 봉래산, 연꽃, 용과 같은 무늬들이 빼곡하게 들어차 있어 빈 공간을 찾을 수 없을 정도이다. 이런 무늬들을 보면 백제 사람들이 도교와 신선 사상의 영향을 받았음을 알 수 있다. 또한 다양한 인물과 동물을 잘 묘사하고 있어 백제인의 예술적 독창성을 제대로 보여 주는 대표적인 백제의 유물이다.

부여 시대의 백제 문화재

▲ 정림사지 5층 석탑

▲ 궁남지

▲ 백제 금동 대향로

개념쌤의 1분 특강

백제의 도읍지를 줄줄 외울 필요는 없지만 왜 도읍을 옮겼는지, 옮기고 난 후 백제는 어떻게 변했는지를 생각해 보면 역사 공부에 도움이 될 거예요.

26 의자왕과 계백

- 백제 제31대 왕이자 마지막 왕인 의자왕(?~660)과 백제의 명장 계백.
- 당과 신라의 공격을 받은 백제는 전쟁에서 패했고, 의자왕을 끝으로 역사에서 사라졌다. 이때 계백은 목숨을 바쳐 백제를 구하려 했다.

의자왕

백제의 마지막 임금인 의자왕이 즉위하면서부터 백제와 신라의 싸움은 더욱 치열해졌다. 백제는 고구려와 손잡고 신라와 중국의 연결을 끊기 위해 한강 하류 부근의 당항성을 공격했다. 하지만 궁지에 몰린 신라가 우여곡절 끝에 당나라와 동맹을 맺게 되자, 백제는 김유신의 신라군과 소정방의 당나라 군대에게 공격을 받아야 했다.

역사에 기록된 의자왕은 삼천 궁녀를 거느린 무능력한 왕이지만 이것은 백제를 무너뜨린 신라의 입장에서 쓴 이야기이다. 신라가 삼국 통일을 이룩한 정당성을 높이고 백제가 무너질 수밖에 없었음을 알려 주기 위한 이야기일 뿐이다. 왕위에 오른 의자왕은 주변 여러 나라에서 현명한 왕이 나타났다고 칭찬이 자자할 정도로 유능했다. 하지만 왕권을 강화하는 과정에서 귀족들과 자주 부딪혔다. 또 점점 화려한 잔치나 사냥 등을 즐기면서 향락과 사치에 빠져들었는데 그 틈을 타 나당 연합군이 침략했던 것이다.

의자왕의 죽음

우리는 의자왕이 삼천 궁녀와 더불어 낙화암에서 떨어져 죽은 것으로 알고 있다. 하지만 역사적 증거들은 의자왕에 대해 달리 말하고 있다. 역사서에 의하면 의자왕은 예식이라는 신하에 의해 끌려 나와 항복을 했다고 한다. 결국 의자왕은 신라와 당 연합군의 공격으로 무너져가는 사비성에서 좀 더 안전한 성으로 옮겨 계속 저항하려 했던 것으로 보인다. 하지만 신하인 예식의 배신으로 항복했음을 짐작할 수 있다. 승자가 기록한 역사는 이렇게 다를 수 있다.

계백 장군

▲ 백제의 부흥 운동

백제의 계백 장군은 결사대 5천 명을 데리고 황산벌(충청남도 논산)에서 신라군을 맞아 결사적으로 저항했으나 결국 전사하고 말았다.

백제가 멸망한 후 당나라가 백제 땅에 웅진 도독부를 두고 직접 다스리려고 하자 백제 유민들은 다시 백제를 일으키고 침략자들을 몰아내기 위해 백제 부흥 운동을 펼쳤다. 일본에 가 있던 왕자 풍을 백제의 새로운 임금으로 세우고, 왕족 출신인 복신, 승려 도침, 흑치상지 같은 사람들이 군사를 일으켰지만 결국 실패로 돌아갔다.

개념쌤의 1분 특강

백제의 부흥 운동을 주도했던 사람들은 지도에 보이는 고구려의 부흥 운동을 주도했던 사람들과 헷갈립니다. 두 나라 중 한 나라의 부흥 운동을 확실히 정리하는 것이 문제를 풀 때 유리해요.

27 가야의 성립

- 낙동강 하류의 변한 땅에서 여러 작은 나라들이 모여 이루어진 나라.
- 김수로왕의 건국으로 성립된 가야는 6개의 왕국이 연맹 왕국을 이루며 발전하였다.

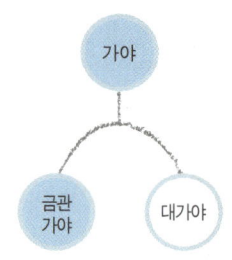

가야를 세운 김수로왕

고구려, 백제, 신라가 서로 대립하며 성장하고 있을 무렵 낙동강 주변의 평야 지역에도 여러 작은 나라들이 세워지고 있었다. 그런데 이 나라들에는 아직 왕이 없었다. 어느 날 낯선 소리가 들려 그곳으로 올라가 보니 사람은 보이지 않고, "하늘이 내게 이곳에 나라를 세워 왕이 되라고 하셨다. 산꼭대기를 파면서 '거북아 거북아 머리를 내밀어라. 내밀지 않으면 구워먹겠다.'라고 노래하며 춤추면 너희는 왕을 얻게 될 것이다."라는 소리만 들렸다.

시키는 대로 따라 하자 하늘에서 자주색 줄이 내려오기 시작했다. 그 끝을 따라가 보니 붉은색 보자기에 싸인 황금 상자가 있었고 상자 안에는 여섯 개의 황금 알이 들어 있었다. 그중 한 알에서 12일 만에 어린아이가 태어났는데 그가 바로 가야의 첫 번째 임금인 '수로왕'이다.

금관가야

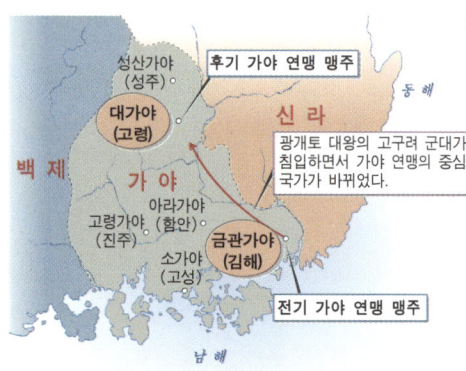

▲ 가야의 발전

가야는 6개 부족이 모여 연맹 왕국을 이루었는데, 연맹 왕국 가야를 초기에 주도했던 나라는 금관가야이다. 금관가야는 질 좋은 철을 바탕으로 철제 무기를 만들었고 철제 농기구를 이용해 농업 생산량도 많았다. 또한 당시에는 철을 몹시 귀중하게 여겼기 때문에 화폐로도 사용하였다. 금관가야는 풍부한 철과 낙동강을 따라 연결되는 해상 교통로를 이용해 중국의 군현, 왜 등과 교류하며 크게 힘을 키웠다. 김수로왕이 인도 아유타국에서 배를 타고 온 외국인 공주 허황옥과 결혼하고 왕비로 삼았다는 전설이 전해지는데, 이를 통해서도 가야가 얼마나 많은 나라들과 교류했는지 알 수 있다. 하지만 고구려의 광개토 대왕이 신라에 침입한 왜를 물리치는 과정에서 금관가야도 공격해 힘을 잃고 말았다.

▲ 가야의 금동관

금관가야는 어떤 나라일까?

건국 설화에 의하면, 시조인 김수로왕은 부족장 9명의 추대를 받아 왕이 되었다고 한다. 금관가야는 이 지역에서 생산되는 풍부한 철을 중국과 왜에 수출하여 교역의 중심지 역할을 했다. 이 때문에 해상 왕국으로 번영을 누려 낙동강 하류의 여러 가야를 대표하게 되었다. 김해 대성동 유적이나 부산 복천동 유적 등에서 나온 많은 유물들은 당시 가야의 국력과 왕권이 강했음을 보여 주고 있다.

개념쌤의 1분 특강

가야는 점점 중요성이 커지고 있는 추세예요. 몇몇 역사학자들은 삼국 시대가 아니라 사국 시대라 주장할 정도거든요. 시험에도 한 문제는 꼭 나오니 꼼꼼하게 읽어 보세요.

28 가야의 성장

- 대가야를 중심으로 가야 연맹 왕국 발달.
- 금관가야의 뒤를 이은 대가야는 신라와 동맹을 맺으며 문화를 발전시켰으나 결국 신라에 의해 멸망하였다.

가야가 삼국 경쟁에서 패배한 이유

6개의 연맹 왕국으로 이루어진 가야는 처음에는 김해의 금관가야가, 나중에는 고령의 대가야가 각각 가야 연맹을 이끌어 갔다. 그런데 가야는 백제와 신라의 가운데에 위치하여 어느 곳으로도 뻗어 나갈 수가 없었다. 백제는 고구려의 장수왕에게 한강을 빼앗기고 난 후 남쪽에 위치했던 가야를 계속 압박했고, 신라 역시 영토 확장을 위해 주변의 가야를 수시로 넘보았기 때문이다. 당시 백제와 신라는 중앙 집권 체제를 마련해 국가의 힘을 집중시킬 수 있었던 데 비해, 가야는 여전히 연맹 왕국 단계로, 강력한 왕권을 바탕으로 국력을 모으지 못해 두 나라에 대항하기가 어려웠다.

전기 가야 연맹	후기 가야 연맹
• 금관가야 중심 • 농경문화 발달 • 철 무역 발달	• 대가야 중심 • 신라와의 동맹 관계가 중요해짐

가야를 상징하는 사람들

가야금을 만든 우륵은 대가야의 음악가로, 대가야가 멸망하기 직전에 신라로 가서 가야의 음악을 전해 주었다. 가야금도 '가야에서 탄생한 금'이란 뜻을 담고 있다. 금이란 국악에 쓰이는 줄로 된 악기들을 통틀어 이르는 말이다.
그리고 가야 왕족의 후손이었던 김유신 장군은 신라의 삼국 통일에 기여했던 일등 공신으로, 신라 귀족들의 텃세를 뚫고 성공한 인물이다.

가야의 멸망

신라 법흥왕 때 가야 연맹체의 중심이었던 금관가야가 무너졌고, 그로부터 30년 후에는 신라 진흥왕에게 대가야까지 멸망하게 되었다. 이렇게 해서 500여 년 동안 지속된 가야는 역사에서 영원히 사라지게 된다. 비록 가야는 멸망했지만 가야의 우수한 문화는 신라에 흡수되었다. 신라의 유명한 인물 중에는 가야 사람이 많은데 대표적인 인물로 김유신, 우륵 등이 있다.

가야가 위치한 곳은 품질 좋은 철이 많이 나기로 유명한 곳이었다. 금관가야는 뱃길을 이용해 중국과 일본에 철을 수출했는데 제주도에 무역 기지를 건설하고 일본 규슈까지 배를 타고 가서 철을 팔만큼 인기가 많았다. 철 수출로 부유해진 가야는 높은 수준의 문화를 이룰 수 있었다. 당시 가야 연맹 왕국의 문화 수준은 신라보다도 훨씬 높았다.

가야의 토기들

개념쌤의 1분 특강

가야의 중심 국가를 알고 있어야 해요. 초기에는 금관가야, 후기에는 대가야가 연맹의 중심 국가였어요. 둘의 순서가 바뀌지 않도록 주의하세요.

29 신라의 성립

- 고구려, 백제와 함께 삼국의 한 축을 형성한 나라(기원전 57~935).
- 신라는 박혁거세가 지금의 경상도 지방을 중심으로 세운 나라로, 고구려와 백제를 멸망시키고 삼국을 통일하였다.

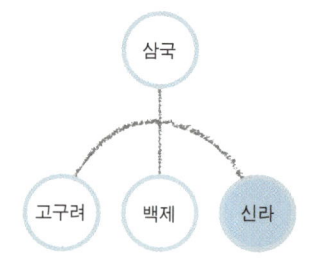

박혁거세와 내물왕

신라는 금성(경주)에서 시작한 나라로 한반도의 동남쪽에 치우쳐 있었고 큰 산맥으로 둘러싸여 외부와의 접촉이 어려웠다. 또 왜의 침략을 자주 받아 삼국 중 가장 늦게 국가의 모습을 갖추었고 한참 동안 세력을 키우지 못해 왜군이 침입했을 때에는 광개토 대왕이 지원병을 보내 도와준 적도 있었다. 《삼국사기》에는 알에서 나온 박혁거세가 세운 나라가 신라라고 쓰여 있다. 왕위에 오른 혁거세는 알영을 부인으로 맞았는데, 아마 알영이 속한 부족과 힘을 합치기 위해서였을 것이다. 혁거세의 노력으로 신라는 정치적으로 안정되어 국력이 커 나갈 수 있었다. 신라는 4세기 내물왕 대에 이르러 김씨가 왕위를 계승하면서 중앙 집권 국가의 모습을 갖추기 시작했다. 내물왕 전에는 박씨, 석씨, 김씨가 번갈아 가면서 왕위를 차지했는데 그만큼 왕의 권력이 약했음을 뜻한다. 하지만 힘을 키운 내물왕은 정복 전쟁을 활발하게 벌여 낙동강 동쪽 지역을 완전히 차지하였고, 왕위를 아들에게 물려줄 수 있었다.

> **알에서 태어난 시조들**
>
> 고구려의 주몽, 신라의 박혁거세, 가야의 김수로 모두 알에서 태어났다는 건국 신화의 공통점이 있다. 고대 사람들은 알의 둥근 모양이 태양을 상징한다고 생각했다. 각국의 건국 신화에 알이 등장하는 것은 옛날 사람들이 하늘과 함께 태양을 숭배했다는 사실을 알려 준다. 단군 신화에 등장하는 환인의 아들 환웅이 하늘신의 아들이라는 점도 하늘을 숭배하는 옛 조상들의 생각을 엿보게 한다.

지증왕

신라는 지증왕 때부터 본격적으로 발전하기 시작했다. 나라가 발전하려면 경제가 중요하기 때문에 지증왕은 농업 발전을 위해 소를 농사에 이용하기 시작했다. 이어서 정치 제도를 갖추어 나갔는데 지방 제도인 주·군 제도를 정비하고 관리를 파견했다. 이것은 신라가 중앙 집권을 강화했다는 뜻이다. 이제 신라는 밖으로 진출했다. 낙동강 유역까지 영토를 넓히고, 우산국(지금의 울릉도)도 정복했다. 이렇게 신라의 힘을 하나로 모은 후 왕호를 중국식 호칭인 '왕'으로 바꾸고, 나라 이름을 '신라'로 부르게 되었다.

30 법흥왕

- 신라 제23대 왕(?~540), 신라의 왕권 강화에 힘쓴 왕.
- 법흥왕은 새로운 정치 제도를 만들고, 왕권을 강화하여 신라가 중앙 집권 국가로서의 모습을 갖출 수 있도록 애썼다.

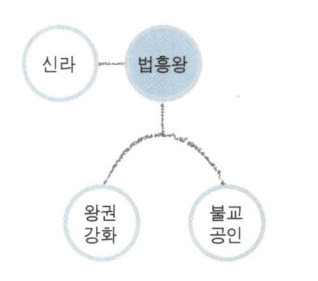

왕권 강화

지증왕의 뒤를 이은 법흥왕은 새로운 정치 제도를 만들어 국력을 더욱 강화해 나갔다. 군사 지휘권을 장악하기 위해 병부를 두었고, 귀족 회의를 왕 밑에 둠으로써 나라의 힘을 왕에게 집중시켰다. 또한 17관등과 관리들이 입는 공복을 정하고 신분 제도인 골품제를 정비하는 한편, 나라의 법령인 율령을 정하는 등 왕의 권력을 강화하여 중앙 집권 국가로서의 모습을 갖추어 나갔다.

불교 수용

신라는 전통 종교가 강해 나라의 힘을 하나로 모으기 어려웠다. 어느 부족은 호랑이를 숭배하고, 어느 부족은 곰을 숭배하는 식이었다. 법흥왕은 여러 신앙을 불교로 집중시키면 왕권 강화에 유리할 것이라고 생각했다. 이미 불교가 유행하고 있던 중국, 고구려, 백제에서는 "왕은 곧 부처다."라며 왕의 권위를 높여주는 데 잘 이용되고 있었기 때문이다. 하지만 귀족들의 반대가 심해 결국 이차돈의 순교를 계기로 불교를 공인할 수 있었다.

불교를 중심으로 모아진 힘은 밖으로 뻗어 나갔다. 가야를 계속 압박해 금관가야를 정복하고 김해 지역까지 영토를 확장해 낙동강 유역으로 진출하는 발판을 마련하였다. 이때 '건원'이라는 독자적인 연호를 사용했는데, 이것은 중국과 대등한 나라라는 자주 의식의 표현이다.

이차돈의 순교

이차돈은 법흥왕이 믿었던 신하 중 한 명이었으며 불심이 강한 사람이었다. 법흥왕이 불교를 받아들이기 위해 애쓰는 모습이 안타까웠던 이차돈은 법흥왕을 찾아가 자신의 목숨을 내놓겠다고 말했다. 법흥왕은 단번에 거절했다. 하지만 이차돈은 자신의 주장을 굽히지 않았다.
결국 법흥왕과 이차돈은 계획을 세우고 이를 실행했다. 이차돈은 평소보다 더 강하게 불교를 받아들이기를 주장했고, 신하들은 이차돈을 죽일 것을 요구했다. 법흥왕은 마지못해 이를 허락하는 척했다. 이차돈의 목을 베자 우윳빛 피가 솟구치고 하늘이 깜깜해지고 땅이 진동했다고 한다. 이를 계기로 신라는 불교를 받아들일 수 있었다.

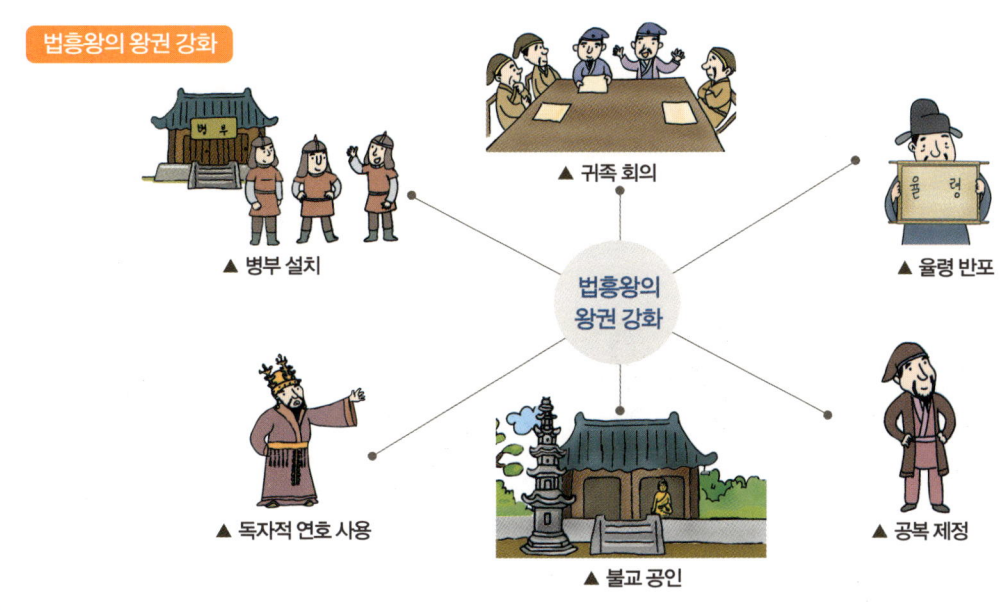

법흥왕의 왕권 강화
▲ 병부 설치 ▲ 귀족 회의 ▲ 율령 반포 ▲ 독자적 연호 사용 ▲ 불교 공인 ▲ 공복 제정

31 골품제

- 신라 사회 전반을 지배했던 신라 특유의 신분제.
- 신라는 아버지와 어머니의 신분에 따라 골(骨)과 품(品)으로 등급을 나누는 독특한 신분 제도를 유지했는데, 이를 골품제라 한다.

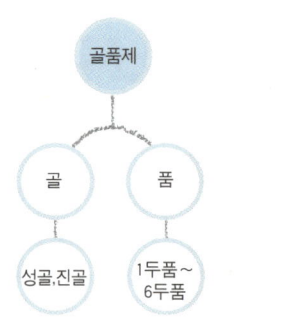

골품제

신라의 골품제는 중앙 집권 국가로 발전하는 과정에서 각 지방의 부족장들을 세력의 크기에 따라 등급을 두어 중앙 귀족에 편입시키면서 생겨난 제도이다. 세력이 큰 부족장과 세력이 작은 부족장을 같이 대접할 수 없기 때문에 등급을 정한 것이다.

골품제에는 성골과 진골이라는 '골' 신분과 6두품부터 1두품까지 여섯 등급의 '두품' 신분, 두품 아래에는 평민이 있었다. 두품은 6두품이 가장 높고, 숫자가 작아질수록 신분이 낮아진다. 성골은 가장 높은 신분으로 왕족 중에서도 일부만 해당한다. 왕은 성골에서만 나올 수 있었기 때문에 순수 혈통을 지키기 위해 성골끼리 결혼했다. 진골은 신라의 제2신분으로, 부모 중 한쪽은 왕족, 한쪽은 귀족인 경우로 최고 관등까지 올라갈 수 있어서 중요 관직을 차지했다. 4~6두품은 관리를 담당했고, 1~3두품은 평민처럼 변했다.

골품제의 제한

골품이 결정되면 그 신분은 대대로 이어지며 웬만해서는 바뀌지 않았다. 아무리 뛰어난 재능이 있다고 해도 신분이 낮으면 높은 벼슬을 할 수 없었다. 골품제는 신라인들의 생활 구석구석까지 파고들어 영향을 미쳤다. 결혼도 같은 신분끼리 했고, 옷차림과 사용하는 그릇, 집의 규모까지 기준이 정해져 있었다. 심지어 여자들은 겉치마, 속치마, 비녀, 빗의 색깔과 재료까지 정해져 있었는데 신분이 높으면 높을수록 더 화려하고 질 좋은 것을 쓸 수 있었다.

높은 신분으로 태어나지 못한 사람은 자연히 골품제에 불만을 가지게 되었다. 특히 6두품은 진골에게 많은 불만을 느꼈다. 실력으로는 진골에게 뒤질 것이 없는데 신분 때문에 항상 뒷전으로 밀려야 했기 때문이다.

텃세가 심했던 신라

신라에서는 경주(서라벌) 출신과 지방 소국 출신과의 차별이 심했다. 지방 출신이 받는 관등은 이름부터 달랐고, 그들이 받은 두품은 아무리 높아도 6두품보다 낮았으며 관복도 붉은색만 입을 수 있었다. 반면 고급스러운 자주색 관복을 입고 '이벌찬'까지 올라가 재상이 될 수 있는 사람들은 경주에서 태어난 진골 귀족뿐이었다. 경주 출신의 진골 귀족이 아니면 아무리 똑똑해도 엘리트 신라인이 될 수 없었던 셈이다.

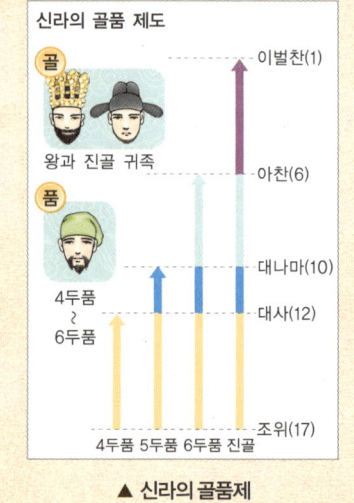

▲ 신라의 골품제

골품제의 제한

올라갈 수 있는 관직의 등급이 정해져 있었다.

입을 수 있는 옷이 달랐다.

같은 신분끼리만 결혼할 수 있었다.

진골만 금·은 그릇을 사용하고 그 아래 계층은 사용하지 못했다.

집의 크기도 정해져 있었다.

32 진흥왕

- 신라 제24대 왕(534~576), 신라의 전성기를 연 왕.
- 진흥왕은 한강 하류 지역을 정복해 신라의 전성기를 열었으며, 화랑도를 통해 많은 인재를 길러 삼국 통일의 기반을 마련하였다.

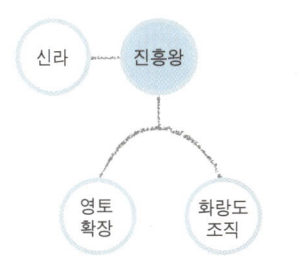

화랑도 조직

지증왕, 법흥왕을 거치면서 왕권을 강화하고 힘을 모은 신라는 진흥왕 때 눈부신 발전을 이루었다. 진흥왕은 우선 유능한 청소년을 양성하는 단체인 화랑도를 국가적인 조직으로 바꿔 많은 인재를 길러내도록 했다. 후일 이 인재들은 삼국 통일에 크게 기여하였다.

영토 확장

진흥왕은 고구려의 장수왕이 점령한 한강 상류 지역을 차지하기 위해 백제의 성왕과 힘을 합쳤다. 고구려를 몰아낸 후 신라는 한강 상류 지역을, 백제는 한강 하류 지역을 차지하기로 했다. 그런데 진흥왕은 백제가 되찾은 한강 하류 지역이 탐났다. 동남쪽에 치우쳐 있던 신라는 중국과 직접 통하는 게 불가능해서 백제의 도움을 받아야만 중국의 선진 문물을 받아들일 수 있었다. 그런데 만약 신라가 한강 하류 지역을 얻는다면 중국과 직접 교역이 가능해져 나라의 힘을 키우는 데 유리해지는 셈이었다.

결국 진흥왕은 기습 작전으로 백제를 공격해 단번에 한강 하류 지역을 신라의 영토로 만들었다. 배신을 당한 백제의 성왕은 자신이 직접 군사를 이끌고 신라로 쳐들어갔지만 관산성에서 전투를 벌이다 전사하고 말았다. 이로써 나제 동맹은 끝이 났다.

진흥왕과 황룡사

진흥왕은 황룡사라는 큰 절을 짓고 대규모 불교 집회를 열어 국가의 평안과 발전을 빌었다. 그럼 황룡사는 얼마나 큰 절이었을까? 황룡사는 경주에서 가장 큰 절이었다고 하지만 안타깝게도 고려 때 몽골의 침입으로 불에 타서 지금은 터만 남아 있다. 황룡사에는 황룡사 9층 목탑이 있었는데, 높이가 약 80m에 이르렀다고 한다. 아파트 20층 정도 높이의 탑으로, 주변의 9개국을 정복하려는 뜻을 담아 만든 탑이었다. 이런 탑을 절 안에 둘 정도의 규모였다면 황룡사의 크기도 어마어마했을 것이라 짐작이 갈 것이다. 복원 과정에서 나타난 황룡사의 면적은 동서 288m, 남북 281m로 총 면적 2만 여평으로 당시 동양 최대의 사찰이었다.

▲ 6세기의 한반도

▲ 북한산 진흥왕 순수비

▲ 단양의 신라 적성비

 개념쌤의 1분 특강

'순수비'에서 순수의 뜻은 임금이 나라 안을 두루 돌아다니는 것을 말해요. 자신이 정복한 영토를 돌아다니며 진흥왕은 얼마나 뿌듯했겠어요. 순수비, 뜻을 아니 쉽게 외울 수 있겠죠?

진흥왕은 신라 최대의 영토를 확보했다. 한강을 차지하였고 함경도 지방까지 진출했으며 가야도 정복하였다. 이런 업적을 기념하기 위해 한강 주변의 북한산과 단양(적성) 지방에 비석을 세웠다.

한국사 개념사전

33 화랑도

- 신라에 있었던 청소년 수련 단체.
- 진흥왕이 인재를 키우기 위해 과거부터 있던 화랑도를 국가적인 조직으로 만들었으며, 화랑도는 후일 삼국 통일에 크게 기여하였다.

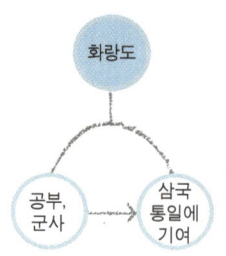

화랑도

화랑도는 신라 시대의 청소년 수련 단체로, 옛날 씨족 사회의 청소년 집단에서 시작되었다. 진흥왕은 널리 인재를 구하고 싶었으나, 누가 좋은 관리가 될 사람인지 알 수 없어서 이전부터 있던 화랑도를 국가 조직으로 만들었다. 그리고 젊은 청소년들을 뽑아 자유롭게 놀고 수련을 하면서 그 행동을 관찰하여 인재를 뽑았다. 화랑도에게는 효와 충을 가르치고, 도를 닦고, 음악으로 즐겁게 하며, 좋은 산과 들을 찾아다니게 했다. 체계적인 교육을 꾸준히 한 후 그중에 사람을 가려서 관리를 뽑으려고 했던 것이다. 또한 이들에게 무사의 능력도 갖추게 하여 삼국 통일을 위한 기반으로 활용했다.

화랑도의 우두머리를 화랑이라고 하는데, 귀족 출신의 잘생기고 품행이 곧은 남자를 뽑아 화랑으로 삼자, 따르는 무리가 구름같이 모여들었다. 화랑도가 국가 조직으로 성장하여 체계를 갖추게 되자 총 지도자인 국선 1명 밑에 화랑은 3~8명, 화랑이 거느린 낭도는 수천 명이었다고 하니, 규모가 어느 정도였을지 짐작할 수 있을 것이다.

화랑도의 생활

화랑도는 일상생활의 규범, 전통, 각종 의식에 관한 교육은 물론, 군사 훈련까지 받아 삼국 통일에 큰 역할을 했다. 화랑도들은 삼국 통일을 위한 전쟁이 자주 있던 어려운 시기에 강한 무사도 정신으로 전쟁에서 큰 공을 세웠다. 그러나 통일 후 나라가 평화로워지면서 화랑도는 점차 쇠퇴했다. 신라가 멸망할 때까지 계속되긴 했지만 왕권이 약해지고 귀족들의 세력이 강해지자 귀족들의 사병 집단으로 변해 갔다.

김유신과 그의 아들 원술

원술은 김유신의 둘째 아들로, 당나라와의 전쟁에서 지고 돌아왔다. 김유신은 아들에게 "왕명을 욕되게 했고, 전장에 나아가 물러서지 않는다는 가훈을 어겼으니, 목을 베어야 한다."고 말했다. 왕은 용서해 주라고 명령했지만, 김유신은 주장을 굽히지 않았다. 원술은 부끄러워 산속으로 들어가 버렸고, 아버지의 임종조차 볼 수 없었다.

그러나 죽음으로써 지난날의 치욕을 씻기로 다짐하고 다시 화랑들의 잔심부름을 하며 전쟁에 참여했다. 이 싸움에서 원술은 당나라 장수의 목을 베고 신라에게 승리를 안겨 주었다. 문무왕은 원술에게 상을 내리려 했으나 원술은 계율을 어긴 죄가 얼마나 무서운가를 후세에 전해 달라는 말만 남기고 떠나버렸다.

화랑이 꼭 지켜야 할 다섯 가지 계율, 세속 오계

사군이충(事君以忠)
충성으로써 임금을 섬긴다.

사친이효(事親以孝)
효도로써 어버이를 섬긴다.

교우이신(交友以信)
믿음으로써 친구를 사귄다.

임전무퇴(臨戰無退)
싸움에 임해서는 물러남이 없다.

살생유택(殺生有擇)
죽이고 살리는 것을 가려한다.

34 화백 회의

- 귀족들이 왕권을 견제하기 위해 마련한 회의.
- 왕권이 약했던 시기에는 귀족 회의의 힘이 강했고, 반대로 왕권이 강하면 귀족 회의의 힘은 약해졌다.

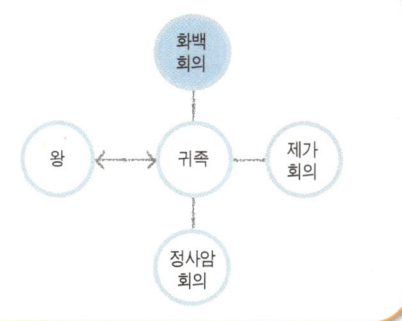

신라의 화백 회의

화백 회의는 귀족들의 회의 기구로, 상대등이 귀족 세력의 대표자로서 수상 역할을 하며 회의를 진행했다. 이 회의에서는 여러 명의 귀족 대표가 한 자리에 모여 국가의 중대사를 의논했다. 화백 회의의 의장인 상대등은 귀족 세력과 왕권 사이에서 권력을 조절하는 기능을 했다. 화백 회의를 통해 귀족의 영향력이 여전히 강했음을 알 수 있다.

화백 회의와 왕권은 서로 견제하는 관계였다. 즉 화백 회의의 기능이 강해지면 왕권은 약해졌고, 왕권이 강해지면 화백 회의의 기능은 약해졌다. 이러한 관계는 김알천과 김춘추 이야기를 보면 잘 알 수 있다. 진덕 여왕의 뒤를 이을 왕이 없자, 화백 회의에서는 당시 상대등이었던 김알천을 왕으로 뽑았다. 그런데 새로운 세력으로 성장하던 김춘추가 김유신의 도움을 받아 왕위에 오르자 이 시기부터 화백 회의의 힘은 약해지는 반면, 왕권은 강해진다.

고구려의 제가 회의와 백제의 정사암 회의

고구려에는 제가 회의라는 귀족 회의가 있었다. 부여와 고구려에서는 부족장이나 높은 벼슬을 '가'라고 불렀는데, 제가 회의는 모든 가들이 참가하는 회의라는 뜻이다. 중앙 집권적 고대 국가로 발전하면서 부족장들인 '가'들은 세력에 따라 중앙 귀족으로 편입되었고, '가'들이 모이던 회의가 귀족 회의로 변한 것이 바로 제가 회의이다. 고구려에서 수상인 대대로를 국왕이 임명한 것이 아니라 귀족들이 선출한 것만 보아도 귀족들의 힘이 얼마나 강했는지 알 수 있다.

국가의 일을 의논했던 바위란 뜻의 정사암은 부여의 백마강 절벽 위에 있는 큰 바위이다. 고구려와 마찬가지로 백제도 수상인 상좌평을 왕이 임명한 것이 아니라 귀족 회의에서 뽑았다.

왕과 귀족 회의의 관계

화백 회의와 왕권은 서로 견제하는 관계였다. 즉 화백 회의의 기능이 강해지면 왕권은 약해졌고, 왕권이 강해지면 화백 회의의 기능은 약해졌다.

'도, 개, 걸, 윷, 모'의 유래

윷놀이는 삼국 시대 이전부터 했던 놀이이다. 윷놀이를 할 때 도, 개, 걸, 윷, 모라고 하는데, 그 말은 부여의 대가들, 즉 마가, 우가, 구가, 저가의 관직 이름에서 유래하여 도(돼지), 개(개), 윷(소), 모(말)의 명칭으로 사용되었다. 걸은 정확히는 밝혀지지 않았지만 양이나 닭일 것이라고 추측하고 있다.

마가 → 마(馬) → 말 → 모

우가 → 우(牛) → 소 → 슟 → 윷

대가 → 대(大) → 크다 → 컬 → 걸

구가 → 구(拘) → 개

저가 → 저(猪) → 돼지 → 도

개념쌤의 1분 특강

신라의 화백회의는 '신화', 백제의 정사암 회의는 '백정'으로 외우세요.

35 신라의 무덤

- 돌무지 덧널무덤은 신라를 대표하는 무덤 양식임.
- 거대한 산과 같은 느낌의 돌무지 덧널무덤은 그 양식 덕에 수많은 부장품을 간직하고 있다.

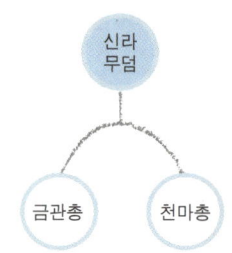

돌무지 덧널무덤

경주에 가 보면 많은 능이 있다. 대부분 모양새는 산과 같은 형태인데 이러한 무덤 양식을 '돌무지 덧널무덤'이라고 한다. 돌무지 덧널무덤이란 나무로 덧널을 만들고 그 안에 시신을 담은 널과 껴묻거리(시체와 함께 묻는 물건) 상자를 넣은 후 그 위를 돌덩이로 메우고 흙으로 덮은 무덤 양식을 말한다.

돌무지, 즉 돌덩이들을 쌓았기 때문에 시간이 지나면 나무로 된 널과 덧널은 썩어서 무너지고, 돌도 살짝 내려앉는다. 대신 그 안에 넣은 화려한 껴묻거리들은 도굴을 당하지 않고 그대로 남을 수 있었다.

세월이 흘러 신라 곳곳에 있는 거대한 돌무지 덧널무덤을 동네 주민들은 그냥 작은 동산이라고 생각했다고 한다. 심지어 그곳에서 소를 메어 놓고 풀을 뜯게도 했다. 하지만 그 덕에 천 년의 세월이 지난 현대에 신라의 화려했던 문명이 고스란히 되살아나고 있다.

▲ 금관총에서 발굴된 금관

하늘을 나는 말, 천마도

천마도가 그려져 있는 판은 자작나무 껍질을 여러 겹 겹치고 맨 위에 고운 껍질로 누빈 것이다. 가장자리에는 가죽을 빙 둘렀다. 중앙에 흰색의 천마가 그려져 있으며, 테두리는 덩굴무늬로 장식되어 있다. 천마는 꼬리를 세우고 하늘을 달리는 모습으로, 다리 앞뒤에 고리모양의 돌기가 나와 있고 혀를 내민 듯한 입의 모습은 신의 기운을 보여 준다. 신라 회화로서 현재까지 남아 있는 거의 유일한 작품이다.

신라의 무덤들

신라의 돌무지 덧널무덤은 대부분 주인을 알 수 없다. 하지만 그렇게 거대한 무덤을 지을 수 있는 사람들은 아마도 왕이거나 신분이 높은 귀족이었을 것이다. 보통 왕과 왕비의 무덤을 선릉, 광릉처럼 능이라고 하는데, 그중에 왕족의 무덤인 것은 확실하지만 실제 무덤의 주인을 알 수 없는 능을 총이라고 한다.

신라의 대표적인 무덤이 금관총과 천마총인데, 주인을 알 수 없으므로 이곳에서 출토된 대표적인 유물의 이름을 무덤의 이름으로 했다. 금관총에서는 금관이, 천마총에서는 천마도가 출토되었다.

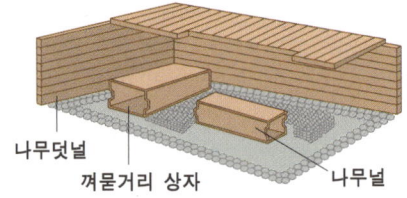

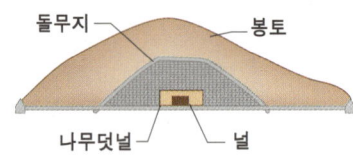

개념쌤의 1분 특강

돌무지 덧널무덤은 '돌무지'가 쌓여 있는 '나무 널(시체를 넣는 관)'이 있는 무덤이라고 생각하면 암기가 쉬워요.

36 일본의 삼국 문화

- 삼국은 선진 문물을 일본에 전해 줌.
- 중국의 선진 문물을 받아들여 빠르게 성장한 삼국은 일본에 다양한 문화와 기술을 전달해 주었다.

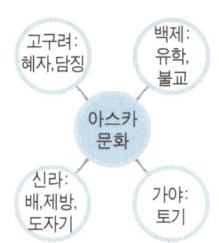

아스카 문화
- 고구려: 혜자, 담징
- 백제: 유학, 불교
- 신라: 배, 제방, 도자기
- 가야: 토기

동아시아의 문화 교류

고구려, 백제, 신라는 주변에 있는 중국, 일본과 교류하면서 문화를 발전시켰다. 심지어 멀리 아라비아 상인들과 교류했던 흔적도 곳곳에서 나타나고 있다. 더불어 중국의 수나라와 당나라 문화를 수입해 우리 것으로 만든 후 이것을 다시 일본에 전해주는 일이 꾸준히 일어났다.

삼국 문화의 전파

삼국 중 특히 백제는 일본의 문화 발전에 큰 영향을 끼쳤다. 백제는 5경 박사(유교의 다섯 경전에 능통한 전문가), 의박사, 천문박사 등을 일본에 보내 일본에서 한문학과 유학이 발전할 수 있는 기초를 닦아 주었다. 그리고 화가, 공예 기술자들을 보내 일본의 문화 발전에 이바지하였으며, 노리사치계는 불교를 전해 주었다.

고구려는 승려 혜자를 보내 일본 태자의 스승이 되게 하였다. 또 담징은 일본에 종이와 먹 만드는 법을 알려주었을 뿐 아니라 일본 호류사에 벽화를 그리기도 했다.

일본과 가까운 위치에 있던 신라는 배와 도자기를 만드는 기술, 제방 쌓는 기술 등을 전해 주었다. 가야도 질 좋은 철을 일본에 수출하였고 일본의 토기에도 영향을 끼쳤다. 이 당시 일본의 수도가 아스카였기 때문에 우리나라 삼국의 문화를 받아들여 발전시킨 일본의 문화를 '아스카 문화'라고 한다.

위대한 화가 담징

일본에서 활동한 승려 담징은 일본에서 먼저 나서서 초청할 정도로 유학 경전에도 밝고 그림에도 뛰어났다. 일본에 도착한 담징은 쇼토쿠 태자의 절대적인 지지를 받으며 호류사에 머물면서 금당 벽화를 그렸다. 당시 절을 지은 지 얼마 안 되 부처님 그림이 없어 안타까워하는 호류사 스님들을 위해 금당 벽에 부처님을 그려 준 것이다. 담징은 수나라가 조국인 고구려에 침입했다는 소식에 그림을 그리지 못하다가 을지문덕 장군이 살수 대첩에서 승리했다는 소식을 듣고는 그리기 시작했다고 한다.

담징의 그림은 중국의 윈강 석불, 석굴암의 본존 불상과 더불어 동양의 3대 미술품이라 불렸다.

▲ 다카마스 고분 벽화

- 배 만드는 기술
- 제방 쌓는 기술
- 도자기 만드는 기술

토기에 영향 → 가야 토기의 영향으로 일본에서 스에키 토기 제작

▲ 고류사 미륵보살 반가사유 상

▲ 아스카 문화

'아스카 문화'는 단답식 문제로도 종종 나오니 꼭 알아두세요.

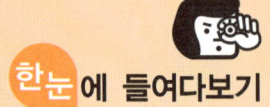 ## 삼국 시대의 문화재 지도

삼국 시대에는 중국에서 들어온 문화를 바탕으로 우리 고유의 문화가 결합되어 화려한 유적과 유물이 많이 만들어졌다. 지금도 감탄을 자아내게 하는 금관이나 불탑들이 당시의 국토를 아름답게 수놓았을 것이다. 또 삼국의 문화는 일본에도 전해져 일본이 발전하는 데 큰 영향을 끼치기도 했다.

고구려

장군총
고구려 초기의 무덤으로, 돌을 쌓아올려 만들었다.

광개토 대왕릉비
광개토 대왕의 업적을 기리기 위해 장수왕이 세운 비석으로, 당시의 시대상을 짐작할 수 있는 1,775자의 한자가 새겨져 있다.

연가 7년명 금동 여래 입상
고구려의 앞선 문화를 볼 수 있는 유물로, 뒷면에 고구려와 관련된 글이 새겨져 있다.

백제

무령왕릉
중국 남조의 영향을 받아 건축된 벽돌무덤이다. 방이 있는 무덤 구조라 도굴이 쉬움에도 불구하고 무사히 발굴되어 수많은 백제 유물이 쏟아져 나왔다. 묘지석도 나와 무덤의 주인이 무령왕이라는 것도 알 수 있는데 고대 무덤에서는 드문 경우에 해당한다.

공산성
위례에서 웅진(공주)로 수도를 옮기면서 도읍지를 보호하기 위해 수도 주변에 쌓은 성이다.

미륵사지 석탑
목탑에서 석탑으로 변화하는 양식을 알게 해 주는 석탑이다.

마애 삼존불
바위에 조각한 불상으로 온 얼굴에 해맑은 미소를 짓고 있어 '백제의 미소'라고 불린다.

백제 금동 대향로
부여 능산리 절터에서 나온 유물로 불교와 도교가 혼합된 아름답고도 독특한 향로이다.

통일 신라와 발해

- **37** 선덕 여왕
- **38** 무열왕 김춘추
- **39** 삼국 통일
- **40** 문무왕
- **41** 신문왕
- **42** 원효
- **43** 첨성대

- 44 불국사
- 45 석굴암
- 46 장보고
- 47 농민 봉기
- 48 호족, 선종, 6두품
- 49 대조영
- 50 발해의 발전
- 51 해동성국
- ● 한눈에 들여다보기

37 선덕 여왕

- 신라 제27대 왕(?~647), 신라의 문화 발전에 크게 이바지한 왕.
- 선덕 여왕은 분황사와 황룡사 대탑을 건설하는 등 통일 신라의 문화 발전을 위해 노력했으며 이를 통해 정치적 안정을 이룰 수 있었다.

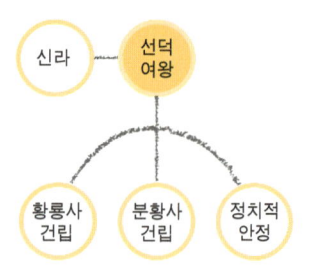

신라에만 여왕이 있는 이유

서양에만 여왕이 있는 것은 아니다. 우리나라 역사에도 세 명의 여왕이 있다. 선덕 여왕, 진덕 여왕, 진성 여왕인데 모두 신라의 왕이다. 왜 신라에만 독특하게 여왕이 있었을까? 바로 신라만이 가지고 있던 골품제라는 신분 제도 때문이다. 골품제에서는 특별하게 한정된 신분만이 왕이 될 수 있기 때문에 그 신분이 여자만 남게 되면 여자가 왕이 될 수밖에 없었던 것이다.

선덕 여왕

선덕 여왕은 아버지 진평왕의 뒤를 이어 신라 최초로 여왕이 되었다. 이전까지는 왕에게 아들이 없는 경우 동생이나 사위가 왕위를 이어받았기 때문에 딸이 왕위에 오른 것은 매우 특별한 경우였다.

아들이 없던 진평왕은 왕이 되어도 손색이 없을 정도로 똑똑한 큰딸 덕만에게 왕위를 물려주고 싶었다. 물론 덕만은 성골이었으므로 왕위에 오를 수 있는 자격을 갖추고 있었지만 귀족과 관리들은 덕만이 여성이라는 점을 들어 탐탁치 않게 생각했다. 하지만 진평왕이 결국 덕만에게 왕위를 물려준 것으로 보아 진평왕의 권력이 그만큼 강했음을 알 수 있다.

선덕 여왕은 여왕답게 나라를 다스리는 동안 황룡사 대탑과 첨성대 등을 세우고, 분황사를 건립하는 등 신라의 문화 발전에 큰 역할을 하였으며 이를 통해 정치적 안정을 이루려고 애썼다.

비담의 난

선덕 여왕은 백제의 침입이 계속되는 와중에 황룡사 대탑을 건축하려 했고 백성들의 불만은 높아만 갔다. 이 시기를 이용해 선덕 여왕이 아끼던 신하였던 비담은 선덕 여왕을 내쫓고 왕이 되고자 반란을 일으켰다. 이때 여왕 옆에 서서 비담과 싸운 사람은 김유신이었다.
전쟁이 길어지자 비담은 한밤중에 큰 연에 불을 붙여 궁궐로 떨어지게 했다. 백성들은 큰 별이 궁궐로 떨어졌다며 불길하다고 웅성거리기 시작했다. 이를 본 김유신은 큰 연에 불을 붙여 하늘로 띄웠다. 하늘이 여왕과 함께 한다는 해석이 가능한 일이었다. 이를 계기로 김유신은 비담의 난을 진압할 수 있었다.

당나라 임금인 태종이 보낸 모란꽃 그림과 그 씨앗을 보고 선덕 여왕은 향기가 없는 꽃일 거라고 말했다. 실제로 씨앗을 뜰에 심었는데, 꽃이 피어서 질 때까지 향기가 나지 않았다. 어떻게 그것을 알았는지 신하들이 묻자, 그림에 나비가 없는 것을 보고 알았다고 했다.

영모사 옥문지라는 곳에 겨울철인데도 개구리가 잔뜩 모여서 며칠 동안 우는 것을 보고 선덕 여왕은 여근곡에 백제 군사 500명이 숨어 있는 것을 미리 알아냈다.

선덕 여왕은 자기가 죽을 날을 미리 알았다고 한다. 자기가 언제 죽을 것이라는 이야기를 하고서 그날 죽었다.

▲ 선덕 여왕의 세 가지 예언

38 무열왕 김춘추

- 신라 제29대 왕(603~611), 삼국 통일의 기반을 닦은 왕.
- 무열왕 김춘추는 당나라와 외교 관계를 맺어 삼국 통일의 기초를 닦았으며 왕권 강화에 힘을 쏟았다.

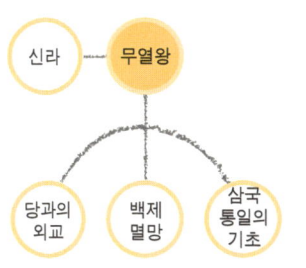

김춘추의 외교

김춘추는 신라 왕족인 경주 김씨였고, 김유신은 가야 왕족인 김해 김씨로 신라의 진골이 되었다. 진골에 들어간 김유신 집안은 다른 귀족들로부터 따돌림을 당했다. 상황을 살피던 김유신은 왕족인 김춘추와 손을 잡아 가문의 위상을 높이려 했다. 그래서 여동생인 문희를 김춘추에게 소개시켜 결혼에 이르게 했고, 둘의 결속은 더 강해졌다.

한편, 의자왕이 즉위하면서부터 백제는 신라를 더 강하게 공격했다. 이 과정에서 김춘추는 딸과 사위를 잃고 엄청난 충격을 받아 지나가는 사람도 알아보지 못할 정도였다. 정신을 차린 김춘추는 백제에게 복수하기 위해 고구려와 협상을 맺어 함께 백제를 압박하고자 했지만 실패하고 말았다. 그러자 이번에는 당에 도움을 청했다. 고구려를 꺾을 생각에 골머리를 앓던 당 태종은 김춘추의 제의를 받아들였다. 고구려와 백제의 협공으로부터 벗어나려는 신라와 고구려를 쓰러뜨리고 동북아시아의 권력을 장악하려는 당의 이해관계가 맞아떨어지는 순간이었다. 결국 고구려와 백제를 멸망시킨 후 대동강 이북의 땅은 당에게 넘겨준다는 비밀 약속을 하고 나당 동맹이 성사되었다.

진골 출신의 왕

진덕 여왕을 마지막으로 신라 사회에서 성골은 사라졌다. 진골 귀족들은 화백 회의를 열어 자신들 중에서 유능한 자를 임금으로 뽑기로 했다. 그때 가장 왕이 될 만한 진골은 '알천'이었지만, 그는 군사력이 없었다. 반면, 나당 동맹을 성사시킨 김춘추는 군권을 장악하고 있던 김유신의 지원을 받아 왕이 될 수 있었다. 드디어 진골 출신의 첫 왕인 태종 무열왕이 탄생한 것이다.

고구려와 협상을 시도한 김춘추

위기에 빠진 신라를 구하기 위해 김춘추는 위험을 무릅쓰고 고구려로 달려가 군사 지원을 요청했다. 연개소문은 고구려의 옛 땅인 한강 유역을 내어 주어야 도울 수 있다고 했지만, 신라로서는 받아들일 수 없었다. 김춘추가 안 된다고 하자 연개소문은 김춘추를 감옥에 가두어버렸다. 김춘추는 곧바로 '내가 귀국하면 선덕 여왕에게 한강 유역을 고구려에게 되돌려 주라고 요청하겠다.'는 글을 고구려 왕에게 올렸다. 연개소문은 약속을 명분 삼아 김춘추를 풀어 주었다.

▲ 김춘추

신라의 뛰어난 외교술

▲ 4세기 왜구가 침입했을 때, 고구려 광개토 대왕의 도움을 받았다.

▲ 5세기 고구려 공격을 받았을 때, 나제 동맹으로 위기를 넘겼다.

▲ 6세기 한강 유역을 차지하기 위해 백제와 연합해 고구려가 차지하고 있던 한강 유역을 빼앗았다.

▲ 7세기 백제를 공격할 때, 당나라와 동맹을 맺어서 위기를 극복했다.

39 삼국 통일

- 고구려, 백제, 신라로 분열되어 있는 삼국 시대를 신라가 통일한 사건.
- 김춘추와 김유신은 당과 외교를 맺은 후 백제를 함께 공격하여 무너뜨렸고, 문무왕은 고구려를 공격하여 결국 삼국 통일을 이루어 냈다.

백제와 고구려의 멸망

660년 당의 13만 대군이 백제를 향해 출발하고, 신라의 김유신이 5만의 병력을 이끌고 백제의 동쪽 국경을 넘었다. 이때 백제 의자왕은 쉴 새 없는 전쟁을 계속함으로써 백성들을 지치게 했고, 귀족들은 강력한 왕권 강화 정책에 반발하고 있었다. 의자왕과 신하들이 대책을 세우지 못하고 허둥대는 가운데 백제군은 황산벌을 빼앗겼고 수도 사비성도 함락되고 말았다.

661년 신라와 당은 남북에서 고구려를 공격했다. 그런데 백제 부흥군이 당과 신라의 연결을 끊고 백제 지역에 주둔하고 있는 당군을 위협하자 신라군은 백제 부흥군과 싸우고, 당군은 혼자서 고구려와 싸웠다. 해를 넘기고 반년 간 평양성을 포위했던 당군은 고구려의 굳센 방어에 밀려 물러서지 않을 수 없었다. 그러나 거듭되는 전쟁으로 고구려의 국력은 약해졌고, 권력 다툼이 일어나 내분이 심해졌다. 이 와중에 당과 신라의 공격을 받자 더 이상 버티지 못하고 668년 멸망하고 말았다.

계백 장군

황산벌 전투는 백제의 마지막 희망이었고, 계백은 최선을 다해 싸우다 죽었다. 계백은 신라의 관창을 나이가 어리다며 살려 보내 줄 정도로, 용기 있는 장수를 존중할 줄 아는 멋진 장수였다. 그리고 지금은 당당한 백제인으로 역사에 남아 이름을 빛내고 있다.

당 세력 몰아내기

백제와 고구려가 멸망하자 당나라는 그 땅에 도독부를 설치하여 직접 지배하려 들었다. 신라에도 계림 도독부를 두고 문무왕을 계림 도독이라 불렀다. 대동강 이북의 땅만 당나라가 차지한다는 비밀 약속과는 다른 것이었다.

때마침 고구려 각지에서 부흥 운동이 빗발치자 신라는 이를 지원하면서 당군을 몰아내기 위한 전쟁을 벌였다. 당나라는 더 많은 군대를 파견하여 신라를 공격했지만, 신라는 굴하지 않고 끈질기게 싸워 마침내 당군을 물리치고 통일을 완성했다(676). 이로써 신라는 한반도 중남부를 통일하게 되었다.

죽을 각오로 싸운 계백 장군

나당 연합군이 쳐들어오자 의자왕은 계백에게 정예병 5천 명을 주고 공격을 막으라고 했다.

계백은 전쟁터에 나가기 전에 처자식을 모두 죽인 후 죽기를 각오하고 5만의 신라군에 맞섰다.

계백의 군대는 신라군을 맞아 네 번을 싸워 네 번을 모두 이겼지만, 결국은 패했다.

위대한 장군 계백이 이끄는 백제 군대는 이탈자 없이 끝까지 싸우다 전원 전사했다.

39 삼국 통일

신라가 삼국을 통일할 수 있었던 이유

첫 번째 이유로는 신라가 고대 국가로 성장하는 데 성공했다는 점이다. 역사에서는 시기가 중요하다. 신라의 발전이 다른 나라에 비해 늦었던 점이 오히려 큰 도움이 되었다. 신라가 고대 국가 체제를 갖추었다고는 하지만 여전히 부족 단위의 단결력이 강했다. 또 전투가 벌어졌을 때 부족마다 서로 앞서려는 용감함이 강조되는 등 부족적 전통과 단결력이 유지되었다. 결국 이런 측면들이 신라의 통일에 큰 힘이 되었다.

중국 세력을 효과적으로 이용한 것이 두 번째 이유이다. 신라가 통일을 이룰 수 있었던 결정적인 원인은 중국의 통일이었다. 수·당이 중국을 통일하고 나서 고구려와 백제를 적극적으로 공격하려 할 때, 신라는 그 속에 끼어들어가 중국 세력을 효과적으로 이용해 이익을 얻었던 것이다.

세 번째 이유는 세속 5계를 들 수 있다. 세속 5계는 화랑뿐 아니라 당시 신라인들에게 널리 받아들여졌다. 이를 통해 신라인들의 단결이 이루어졌고, 무예를 중요하게 여기는 정신이 널리 퍼졌다.

> **당과 신라의 생각**
>
> 통일을 위해 당과 손잡은 신라는 일단 당에게 도움을 청한 뒤 당에 대한 태도는 백제를 멸망시킨 후 결정하자는 마음이었다. 한편, 당은 천하의 중심은 오로지 중국, 즉 당뿐이며 고구려가 독자적인 세력을 만드는 것을 결코 두고 볼 수 없다는 생각으로 신라와 손을 잡았다. 그만큼 고구려의 힘은 당시 동아시아를 호령하고 있었던 것이다.

최선을 다한 신라

신라는 왕권이 가장 약한 나라였다. 태백산맥과 소백산맥으로 둘러싸여 한반도에서는 중국의 앞선 문물을 받아들이기에 가장 불리했고, 대신 각 지역의 부족장 세력이 강해 왕권을 위협할 정도였다. 하지만 신라는 최선을 다해 성장하였고, 그 결과 통일까지 이루어 냈다.

다른 시각에서 볼 때, 고구려가 삼국을 통일하지 않아 넓은 만주 지방을 다 잃게 되었다거나, 당나라를 끌어들인 것을 비겁하다고 생각하는 사람들도 있지만 그건 신라의 노력을 너무 과소평가한 것이다. 잘 나가는 고구려와 백제를 물리치고 살아남기 위해서는 중국과 손을 잡아야만 하는 상황이었고, 당나라와의 외교 관계 성립도 만만치 않은 일이어서 온갖 노력을 통해 이를 획득한 것이다. 그러므로 신라에 의한 삼국 통일을 아쉬워하지 말자.

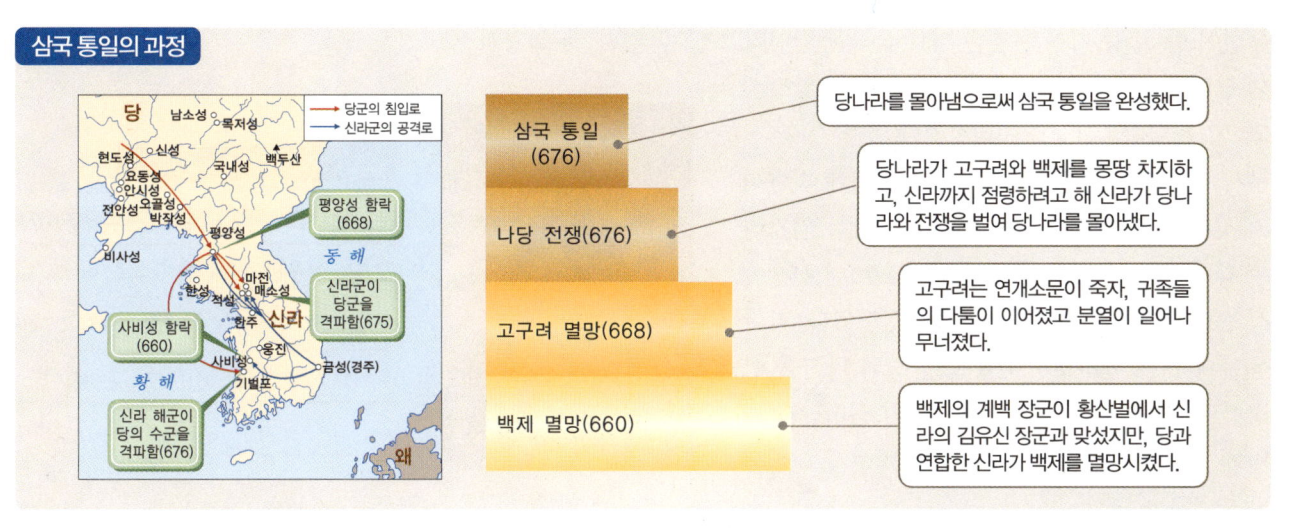

삼국 통일의 과정

- 삼국 통일 (676): 당나라를 몰아냄으로써 삼국 통일을 완성했다.
- 나당 전쟁 (676): 당나라가 고구려와 백제를 몽땅 차지하고, 신라까지 점령하려고 해 신라가 당나라와 전쟁을 벌여 당나라를 몰아냈다.
- 고구려 멸망 (668): 고구려는 연개소문이 죽자, 귀족들의 다툼이 이어졌고 분열이 일어나 무너졌다.
- 백제 멸망 (660): 백제의 계백 장군이 황산벌에서 신라의 김유신 장군과 맞섰지만, 당과 연합한 신라가 백제를 멸망시켰다.

40 문무왕

- 신라 제30대 왕(?~681), 삼국 통일을 달성한 왕.
- 문무왕은 당의 도움을 받아 삼국을 통일한 후 당나라 세력을 몰아냄으로써 실질적인 한민족 최초의 통일을 이루었다.

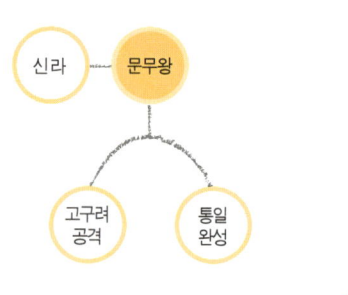

무열왕의 뒤를 이은 문무왕

무열왕의 뒤를 이은 문무왕은 아버지 무열왕의 뜻을 이어받아 통일 전쟁을 성공시켜야 할 막중한 임무가 있었다. 이런 문무왕의 옆에는 무열왕 때부터 충성을 다하던 김유신이 있었고 그 덕에 통일 전쟁은 계속 이어질 수 있었다. 기나긴 전쟁이 끝나자 문무왕은 이제 수도를 새롭고 근사하게 꾸미고 싶어 먼저 성곽을 쌓기로 했다. 이 소식을 들은 의상은 문무왕에게 "초가에 있을지라도 정도를 행하면 오래도록 복을 누릴 것이나, 만약 그렇지 못하면 사람들이 아무리 애를 써 높은 성을 쌓을지라도 유익한 바가 없을 것입니다."라는 충고의 글을 보냈다. 전쟁으로 힘들었던 백성들을 또다시 부역에 동원한다는 것은 무리였기 때문에 왕은 공사를 중지시켰다. 그 뒤로 문무왕은 백성들의 생활을 안정시키는 데 힘썼다.

원효와 의상

문무왕 때 활동했던 유명한 사람으로는 원효와 의상을 들 수 있다. 원효는 당나라 유학을 포기한 후 어렵기만 한 불교를 일반 사람들에게도 널리 알리는 데 힘써 불교의 대중화에 크게 기여했다.
원효와 함께 유학길에 올랐던 의상은 원효가 유학을 포기해도 여기에 굴하지 않고 당나라에 가서 불교의 앞선 교리를 공부하고 우리나라에 돌아와 화엄종을 열었다.

▲ 문무왕의 릉 문무왕은 죽기 전에 '내가 죽거든 열흘 후 화장을 하고 예는 지키되 검소하게 하길 바란다. 나는 죽어서 바다의 용이 되어 신라를 지킬 것이다.'라는 유언을 남겼다. 그래서 유언대로 동해의 큰 바위 위에서 장사를 지냈다.

삼국 통일의 중심, 김유신

김유신은 김춘추와 함께 선덕 여왕 때부터 신라 사회에서 큰 역할을 했다. 김유신이 한 일 중 가장 큰일은 바로 삼국 통일이라고 할 수 있다. 무열왕과 함께 당의 힘을 빌려 백제를 무너뜨리는 데 앞장섰고, 고구려와의 전쟁도 승리로 이끌었다.

무사 김유신은 용맹할 뿐 아니라 동시에 지략까지 갖추고 있었다. 백제와의 전쟁 중에는 임자라는 백제 관리를 속여 백제의 정보를 빼내 전쟁에서 승리를 거두는 데 큰 공을 세울 정도였다. 삼국 통일 후에는 관리로서 문무왕을 도와 나라를 안정시키는 데 큰 역할을 했으며 그의 뛰어난 능력 덕에 김유신 가문은 신라 최고의 명문가로 성장하였다.

▲ 김유신

개념쌤의 1분 특강

무열왕(백제 정복)-문무왕(고구려까지 정복)-신문왕(체제 정비)으로 이어지는 통일 과정 및 순서는 잘 정리해서 기억해 두어야 시험 볼 때 헷갈리지 않아요.

41 신문왕

- 신라 제31대 왕(?~692), 신라의 발전에 이바지한 왕.
- 국립 대학인 국학을 세워 인재를 교육하였으며, 귀족들의 힘을 약하게 하여 왕권 안정을 추구하였다.

왕권 안정을 추구한 신문왕

문무왕이 죽자 큰아들이 왕위에 올라 신문왕이 되었다. 신문왕은 왕권 강화에 걸림돌이 되는 진골 귀족 세력을 철저하게 탄압하여 통일 후 국가의 기틀을 확립해 나갔다. 《삼국유사》에는 통일 신라 시대의 안정된 모습을 반영하는 '만파식적'이라는 신비스러운 피리에 관한 전설이 전해오고 있다.

신비한 피리, 만파식적

682년 5월 어느날, 동해 바다에 떠다니는 거북바위가 발견되었다.

점을 친 천문관이 김유신과 문무왕이 보배를 보내준 것 같다고 했다.

또 바위 위로 솟은 대나무로 피리를 만들어 불면 평화로워진다고 했다.

그렇게 하자 적군이 물러나고, 태풍이 멈추며 파도가 잔잔해졌다.

신문왕의 총애를 받은 설총

신문왕은 무척 똑똑한 왕이었지만 이름난 사람들을 불러 이야기를 듣는 것을 게을리하지 않았다. 그중 대표적인 사람이 설총이다. 학식이 높았던 설총은 중국의 고사나 신문왕이 정치를 하는데 도움이 될 만한 이야기를 많이 들려주었고, 재미있는 이야기도 들려주었다.
한편, 설총은 특별한 부모를 두고 있었다. 어머니는 신라의 공주인 요석 공주였고 아버지는 원효 스님이었다. 이 사이에서 태어난 설총은 신라를 대표하는 열 명의 인물 중 하나로 이름을 날렸다.

9주 5소경과 국학

신문왕 대에는 왕이 직접 관리하는 부서인 집사부와 그 장관인 시중을 중심으로 정치가 이루어져, 귀족들의 의견을 담아내는 화백 회의와 상대등의 세력은 작아졌다. 신문왕은 우선 행정 제도를 정비해 전국을 9주로 나누어 관리를 파견하였다. 또 지방의 주요 도시 5개를 뽑아 5소경이라 하였다. 군사도 서울을 지키는 중앙 군인으로 9서당을 두었는데 삼국인과 말갈인도 있었다. 지방에는 10정을 두었는데 9주에 하나씩 두고, 북쪽 국경 지역에 1정을 더 두어 10정이 되었다.
왕권을 강화하기 위한 방법으로 신문왕은 유교 교육을 강화하였다. 이를 위해 국학을 설치하고 박사와 주교를 두어 깊이 있는 유학 교육을 받을 수 있도록 했다.

▲ 9주 5소경

개념쌤의 1분 특강

통일 신라의 지방 행정 조직인 9주 5소경과 군사 제도인 9서당 10정, 집사부와 시중은 꼭 외우세요.

한국사 개념사전 **63**

42 원효

- 신라를 대표하는 불교 사상가(617~686).
- 귀족 중심의 불교를 일반 대중들에게 알리기 위해 노력한 인물로, 신라의 불교문화 발전에 크게 이바지하였다.

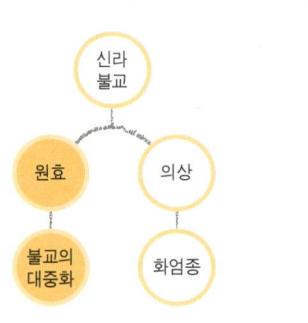

당나라 유학길에 오른 원효

661년 신라가 당과 연합하여 백제를 멸망시키고 고구려마저 점령하기 위해 한창 통일 전쟁을 치르고 있던 때 배움에 목말라 있던 신라의 승려 원효와 의상은 부푼 꿈을 안고 앞선 불교를 배우기 위해 당나라 유학길에 올랐다. 당시 당나라에는 현장 법사가 불교의 전성기를 열고 있었다. 당나라 불교계의 새로운 바람은 신라에도 전해져 신라의 승려들은 당나라 유학을 원했고, 원효와 의상 또한 현장 법사 밑에서 공부하기를 간절히 원했다.

원효의 깨달음

원효와 의상이 불교를 공부하기 위해 당나라로 가던 중이었다.

어느 날 밤이 깊어 둘은 동굴에서 잠을 자기로 했다.

잠결에 원효는 목이 말라 더듬거리며 물을 찾아 시원하게 마셨다.

아침에 일어나 보니, 어제 먹은 물이 해골바가지의 썩은 물임을 알게 되었다.

원효는 어제 마신 시원한 물과 오늘 본 썩은 물이 같다는 것을 알고 깨달음을 얻었다.

모든 것이 마음먹기에 달렸다는 것을 깨달은 원효는 신라로 돌아왔다.

원효와 의상

의상과 원효는 여덟 살이라는 나이 차에도 불구하고 친구처럼 친하게 지냈다. 나이가 위인 원효는 원래 설씨로 6두품 출신이었고, 의상은 진골 출신이었다. 성격도 달라서 원효는 자유분방하고 천재적 기질이 있었지만, 의상은 자기 자신에게 엄격했고 계율을 지키는 데 철저했다. 그럼에도 불구하고 서로가 존경하는 단계를 넘어 거의 형제처럼 지냈다. 두 사람 모두 상대의 진면목을 알아보는 눈을 가지고 있었던 셈이다. 이러한 인물들이 신라 불교를 이끌었기에 신라 불교가 세계적으로 발전할 수 있었다.

불교를 대중에게

신라로 돌아와 활발하게 불교 전파 활동을 하던 원효는 요석 공주와의 사이에서 설총을 낳은 후 스스로 계율을 어겼다고 하여 승려복을 벗고 바가지를 만들어 '무애가'를 부르며 불교를 전하러 곳곳을 돌아다녔다. 백성들 속으로 깊이 들어가 백성들과 함께 생활했던 것이다.

그는 '나무아미타불(부처님께로 돌아간다)'만 외우면 누구나 극락에서 새로 태어날 수 있다고 설교하며 불교를 일반 백성들에게까지 확산시켜 나갔다. 그래서 오두막집 아이들까지도 모두 부처의 이름을 알고, 나무아미타불 같은 염불 한마디는 할 줄 알게 되었다.

개념샘의 1분 특강

원효와 의상은 확실하게 구분해서 정리해야 해요. '원효=대중화', '의상=화엄종'으로 알아두세요.

43 첨성대

- 신라의 천문학 수준을 가늠할 수 있는 문화재.
- 과학 기술과 문화가 모두 발전했던 신라는 우주의 움직임을 관찰하기 위해 천문대를 건설했는데, 이것이 현재 경주에 남아 있는 첨성대이다.

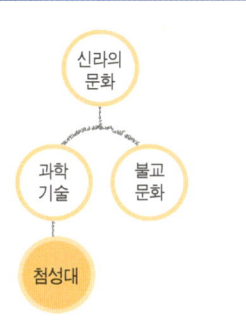

첨성대와 관련된 숫자의 비밀

첨성대를 만든 돌의 숫자는 360개 안팎이다. 또 첨성대 몸통은 27단인데 이는 첨성대를 쌓은 선덕 여왕이 27대 왕이라는 것과 관계가 있다. 여기에 꼭대기의 '정(井, 우물)' 자 모양의 돌을 합치면 28단인데 이것은 '28수'라는 별자리와 관련 있다. 또 2층까지 합치면 29단과 30단이 되는데, 이것은 음력 한 달의 날 수와 같다. 가운데 창문을 기준으로 위쪽 12단과 아래쪽 12단으로 나뉘는데, 이는 각각 1년의 열두 달, 합치면 24절기와 같다. 또한 첨성대로 들어온 빛이 바닥에 비추는 것으로 춘분·하지·추분을 측정할 수 있다.

첨성대 중간에 튀어나온 돌

첨성대와 관련된 옛 기록에 의하면 "사람이 가운데 올라가게 되어 있다."라고 했다. 이 기록을 바탕으로 첨성대 중간에 뾰족하게 튀어나온 돌의 기능을 생각해 보면 이 돌은 사다리를 놓을 때 편하라고 튀어나오게 한 건 아닐까 짐작해 볼 수 있다. 아마도 바깥쪽에 사다리를 놓고 창을 통해 안으로 들어간 후 다시 안쪽에서 사다리를 이용해 꼭대기까지 올라가 하늘을 관찰했던 것으로 보인다.

- 돌의 숫자는 365개 정도(1년 365일)
- 각 12단(1년 12달) 총 24단(24절기)
- 29~30단 =음력 한 달은 29~30일

▲ 첨성대의 구조

농사지을 시기를 정하기 위한 천문대

신라인은 별을 관측하는 첨성대를 만든 것 외에도 천문박사와 사천박사(신라에서 천문의 관측을 맡아보던 기술직 벼슬) 같은 천문 담당 부서와 관리를 두고 하늘을 연구하도록 했다. 신라는 일식을 29번이나 관찰하여 기록할 정도의 높은 천문학 실력을 갖추고 있었다. 이 정도의 일식 관측은 중국을 빼고는 찾아볼 수 없는 놀라운 수준이다. 신라인들이 천문에 관심이 많았던 이유는 뭘까? 아마도 하늘의 움직임에 따라 농사지을 시기를 결정할 수 있었기 때문일 것이다. 농사는 당시 국가 경제의 기초였고, 농민을 안정시켜야 나라가 안정되는 당시로서는 천문이 정말 중요했다는 것을 알 수 있다.

신라는 과학 기술의 발전도 눈부셨어요. 건축술 외에도 천문학도 발달했는데 그 증거가 첨성대라는 건 꼭 기억해야 해요.

44 불국사

- 경상북도 경주시 토함산 기슭에 있는 통일 신라의 대표적 사찰.
- 불국사를 통해 통일 이후 달라진 신라의 높은 문화 수준과 뛰어난 건축술을 엿볼 수 있다.

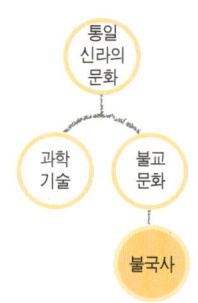

백운교, 청운교

불국사에 가면 제일 먼저 볼 수 있는 것이 청운교와 백운교이다. 지금은 물이 흐르지 않아 다리처럼 안 보이지만, 예전에는 아래쪽에 연못이 있었다. 이곳에서 물이 떨어지면 폭포처럼 부서지는 물보라에 의해 무지개가 떴다고 한다. 이 다리를 지나면 부처의 세계로 들어서게 된다. 부처의 세계로 들어가기 위한 서른세 단계를 의미하기 위해 계단도 33개이다. 아래의 청운교는 푸른 청년의 모습을, 위의 백운교는 흰머리 노인의 모습을 빗대어 만든 것이다.

아름다운 탑들과 건물들

청운교와 백운교를 딛고 올라서면 '붉은 노을'이란 뜻의 자하문을 만나고 그 너머에 대웅전 앞뜰이 보인다. 이곳에는 아사달과 아사녀의 슬픈 사랑 이야기를 간직하고 있는 석가탑과 화려한 다보탑이 있다. 탑 사이로 곧장 올라서면 대웅전이 있고, 그 안에는 불상이 있다.

청운교와 백운교의 왼쪽에는 연화교와 칠보교가 있고 칠보교 위에 올라서면 안양문이 있다. 그 문을 열고 들어서면 바로 극락전 앞뜰에 도달하게 된다. 앞뜰 가운데에는 석등이 하나 있고 석등 앞에 돌이 있는데, 이 돌은 향로를 얹고 향을 피우던 받침대이다. 석등을 지나면 극락전인데 여러 번 새로 고친 건물이지만 안에 앉아 있는 불상을 통일 신라 시대에 만들어진 것이다.

안양문과 자하문 사이에는 범영루가 솟아있다. 범영루 아래의 돌기둥은 8개의 다른 돌로 쌓았는데 밑은 넓게, 중간은 가늘고 좁게 하였다가 윗부분은 다시 넓게 쌓았다. 완성하기까지 30년이 넘게 걸린 불국사는 백제의 솜씨, 고구려의 기상, 신라의 정성이 모인 작품으로 세계적인 문화유산이 되었다.

그림자가 없는 석가탑

불국사를 만들던 김대성은 백제 출신 석공인 아사달의 기술이 뛰어나다는 소문을 들었다. 아사달은 아내인 아사녀를 고향에 남겨 두고 경주로 가게 되었다. 아사달이 석가탑을 짓느라 몇 해가 지나도 돌아오지 않자 아사녀는 남편을 찾아 경주로 갔지만 만날 수 없었다. 불국사의 스님은 아사녀에게 탑 공사가 끝나면 연못에 탑의 그림자가 비칠 것이니 그때 남편을 만날 수 있을 것이라고 말해 주었다. 아사녀는 슬픔에 젖어 연못에 석가탑의 그림자가 비치기만을 기다렸지만 한 달이 지나도 그림자가 나타나지 않자 연못에 뛰어 들어 죽고 말았다. 아사달은 탑을 완성하고 달려갔지만 아내는 없었다. 그래서 석가탑을 그림자가 없다는 뜻의 '무영탑'이라고 부른다.

아름다운 불국사

▲ 백운교와 청운교

▲ 석가탑

▲ 다보탑

개념쌤의 1분 특강

석가탑과 다보탑의 이름이 헷갈릴 때가 있어요. 석가탑은 단순미의 대명사이고 다보탑은 화려하고 아름답죠. 다보탑의 '다(多)'가 모양이 많다는 의미로 생각하세요. 다보탑은 모양이 많아 화려하답니다.

45 석굴암

- 인공 석굴을 만들어 부처님을 모신 통일 신라의 문화재.
- 석굴암은 본존불을 중심으로 인간 세상에 존재하지 않는 완벽한 조화의 세계를 구축한 아름다운 사찰이다.

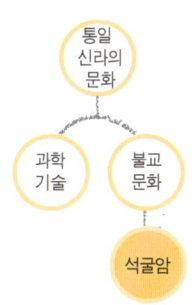

석굴암

석굴암은 사각형의 앞방과 부처님이 앉아 있는 원형의 뒷방으로 이루어져 있다. 사각형의 앞방은 부처님께 공양을 드리기 위한 장소로 불법을 지키는 신이 4명씩 서 있고, 옆에는 부처를 지키는 인왕상이 얼굴에 힘을 주고 서 있다. 사각형의 앞방을 지나 원형의 뒷방으로 가는 통로에는 동서남북을 지키는 사천왕이 자리 잡고 있다. 원형의 뒷방에는 벽면에 여러 불상들이 좌우 대칭으로 새겨져 있고 방 가운데를 보면 연꽃자리 위에 앉아 있는 본존불을 만날 수 있다.

본존불이 앉아 있는 방향은 정확하게 동남쪽 30도 방향이어서 동해에 떠오르는 해가 불상의 이마를 비추면 석실 전체가 환하게 밝아졌다고 한다. 천장은 360여 개의 돌판을 둥글게 쌓아 만들었는데 사각 돌판으로 쌓아 올라가다가 천장의 중앙은 20톤 무게의 연꽃이 조각된 덮개돌로 마무리했다. 접착제도 없이 돌판과 돌판을 둥글게 쌓은 기술은 세계 어느 곳에서도 볼 수 없는 대단한 기술이다.

인공 석굴을 만든 이유

석굴 사원은 인도에서 만들어지기 시작해 중국을 거쳐 우리 땅에 전해졌다. 인도나 중국에서는 비교적 무른 재질의 돌이 많아 돌을 파서 그 안에 부처를 모시는 게 쉬웠다.

김대성은 인도나 중국처럼 석굴을 만들고 싶었지만, 우리나라 산은 단단한 화강암이 많아 굴을 뚫기 힘들었다. 그래서 돌을 쌓아 올려 인공적으로 석굴을 만든 것이다. 이로써 세계에서 유일한 인공 석굴이 탄생했다. 김대성은 석굴을 만들고 그 안을 부처의 세계로 꾸민 후 절 이름을 '석불사'라고 했다. 하지만 임진왜란 때 불국사가 크게 훼손되면서 석불사도 큰 피해를 입었고, 이후에는 불국사의 작은 암자가 되어 '석굴암'이 되었다. 현재는 일제의 무분별한 개발로 습기 문제가 심각해 유리로 막은 후 일 년 내내 에어컨을 가동하고 있다.

▲ 석굴암

에밀레종인가, 성덕 대왕 신종인가?

신라 경덕왕이 아버지 성덕왕을 기리기 위해 만든 성덕 대왕 신종은 봉덕사에 있었기 때문에 봉덕사종이라고도 하고, 에밀레종이라고도 한다. 여기에는 슬픈 이야기가 전해지고 있다. 이 종을 만들기 위해 스님들은 전국을 누비며 집집마다 쇠를 모았다. 그런데 어느 집에서 너무 가난해 쇠가 없다며 아이를 바쳐 끓는 쇳물 속에 아이를 함께 넣었다고 전해진다.

하지만 이 이야기는 전설일 뿐이다. 당시는 불국사나 석굴암처럼 모두 수십 년이 걸린 큰 사업을 진행하고 있었기 때문에 백성들은 공사장에서 일하며 아이를 제대로 돌보지 못했다. 이런 어려움 끝에 만들어진 종소리를 들으며 백성들은 엄마, 아빠를 찾는 아이의 울음소리를 떠올렸을 것이다.

▲ 성덕 대왕 신종

한국사 개념사전 67

46 장보고

- 통일 신라 시대에 아시아의 바다를 평정한 장군(?~846).
- 장보고는 당과 통일 신라가 혼란한 틈을 타 해적들이 들끓기 시작한 바다를 평정하여 해상 무역의 발달과 문화 교류에 크게 이바지하였다.

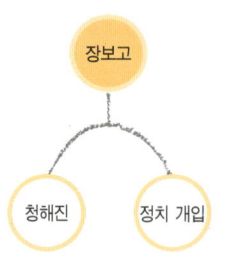

해상왕 장보고

평민 출신인 장보고는 골품제 사회인 신라에서는 출세가 불가능했다. 또 당시 신라는 왕위 다툼으로 국력이 약해져 백성들의 생활이 말이 아니었다. 이런 상황에서 벗어나기 위해 장보고는 당나라로 건너갔지만 당나라도 혼란하기는 마찬가지였다. 그곳에서 장보고는 장교가 되었지만 외국인이라 승진에 한계가 있음을 알고 통일 신라로 돌아왔다. 장보고는 흥덕왕을 만나 해적 근절과 주민 보호를 위해 청해(완도)에 해상 기지를 세우자고 건의했다. 흥덕왕은 이를 받아들이고 장보고를 청해진 대사로 임명했다.

청해는 큰 배를 대기 쉬울 뿐 아니라 태풍을 피하기에 좋았다. 또 신라에서 당의 산둥 반도로 가는 바닷길을 감시하기에도 적합했다. 장보고는 군대를 조직하여 무역선을 보호하면서 날로 번창했다. 몇 년이 되지 않아 청해진은 당-통일 신라-일본을 연결하는 국제 무역 센터이자, 해군 기지로 이름을 날리게 되었다. 장보고는 당의 산둥 반도도 근거지로 활용해 동아시아 바다를 장악하고 국제 무역을 주도해 나갔다.

장보고의 죽음

장보고는 차츰 자신의 세력을 키웠고 신무왕이 왕위에 오르는 데 결정적인 역할을 하였다. 이 일로 진골에게만 주어지던 장군으로 승진했다. 이제 장보고는 중앙 정치에 큰 영향을 행사하는 세력으로 성장한 것이다. 장보고에게 잘 보이고 싶었던 일부 신하들이 장보고의 딸을 문성왕의 후궁으로 추천하는 일까지 벌어졌다.

하지만 신라의 중앙 귀족들이 장보고를 보는 시선은 곱지만은 않았다. 이들은 장보고가 자신의 권력에 도전해 올 것이 두려워 결국 장보고를 죽이고 청해진까지 해체시켰다. 9세기 중엽 세계를 무대로 무역을 펼치던 청해진이 사라진 것은 곧 통일 신라 경제의 기둥 하나가 무너진 것을 의미했다.

▲ 장보고의 해상 무역

장보고의 죽음

진골 귀족들은 장보고가 자신의 딸을 왕의 후궁으로 들이려던 일이 없던 일이 된 데 앙심을 품고 자신들을 공격해 올 것이 두려워 그를 제거할 방법을 찾기 시작했다. 직접 공격을 하자니 자신이 없어 장보고의 부하였던 염장을 암살자로 보냈다. 장보고는 아무 의심 없이 염장을 귀한 손님으로 우대하여 실컷 마시고 즐겼다. 눈치를 살피던 염장은 장보고가 취해 있을 때 갑자기 장보고의 목을 베어 죽였다. 많은 활약을 했음에도 불구하고 결국은 반역자로 암살당했기 때문에 장보고에 대한 기록들은 대부분 없어진 것으로 보인다.

개념쌤의 1분 특강

해상왕 장보고는 요즘 새롭게 주목을 받는 인물이라 점점 더 중요하게 다루고 있답니다. 그러니 시험에 잘 나오겠죠?

47 농민 봉기

- 통일 신라 말 부패한 국가와 관리들에 대항해 일어난 백성들의 항쟁.
- 정치 혼란과 귀족들의 횡포로 토지를 잃은 농민들은 결국 무리를 지어 일어났는데 통일 신라 왕실을 위협할 정도였다.

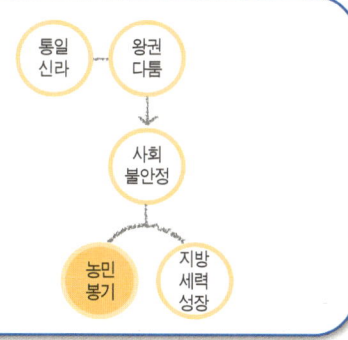

통일 신라 말의 상황

780년 혜공왕이 피살당한 후 155년간 20명의 왕이 교체될 정도로 진골 귀족들은 나라 운영보다는 왕위를 차지하는 데만 관심이 있었다. 이들의 평균 재위 기간은 7.7년으로 매우 짧았다. 내일 바뀔지도 모르는 왕에게 누구도 충성하지 않았고, 동아시아 해상을 주름잡던 통일 신라의 힘도 옛일이 되었다.

농민 봉기

통일 신라 말기에 귀족들이 끝없이 토지를 늘리는 사이, 농민들은 토지를 잃고 몰락했다. 노비를 3천 명이나 거느리는 귀족이 나타나는가 하면, 남의 집 노비가 되고 심지어 자식을 팔아 생계를 유지하는 농민도 생겼다. 결국 자기 땅에서 농사를 짓고 나라에 세금을 바치는 농민의 수는 더욱 줄어들었다.

수입이 줄어든 정부는 남은 사람들에게 더욱 많은 세금을 매겼다. 게다가 귀족들까지 농민에게 세금을 매겨 빼앗아갔다. 이중 삼중으로 수탈을 당하던 농민들은 결국 정든 고향을 떠나 산속으로 숨거나 곳곳에서 무리를 지어 도적이 되었다. 이제 농민들도 당하지만은 않았다. 세금 납부를 거부하며 반란을 일으킨 것이다. 그중 가장 규모가 큰 것이 원종과 애노가 상주에서 일으킨 반란이었다. 여기저기서 농민들의 반란은 계속되었고, 더 나아가 신라 왕조를 위협하는 단계로까지 발전했다.

임금님 귀는 당나귀 귀

경문왕 때에는 흉년이 계속되고, 유행병까지 돌았다. 게다가 귀족들의 반란도 이어졌다. 이런 상황에서도 왕은 황룡사 탑을 고치고 궁전을 단장해 백성들의 불만은 높아만 갔다. 그래서인지 임금님 귀는 당나귀 귀라는 이상한 소문이 백성들 사이에 퍼졌다.

이 소문은 백성들의 말에 귀를 기울이지 않는 경문왕을 빗대어 만들어낸 것이라 생각된다. 왕실에 등을 돌린 민심을 읽지 못하는 경문왕에게 '임금님 귀는 당나귀 귀'라는 이야기가 붙은 것이다.

신라의 화려한 귀족 문화

▲ 안압지 신라 문무왕 때 만든 커다란 연못이다. 궁 안에 못을 파고 산을 만들어 화초를 심고 귀한 새와 진귀한 짐승을 길렀다. 신라 왕들은 이곳에서 화려한 잔치를 열었다. 원래 이름은 '월지'로, 안압지는 원래 이름이 아니다. 신라가 망한 뒤 폐허로 변한 이 연못에 기러기와 오리가 날아드는 것을 보고 '안압지'라는 이름이 붙었다. 현대에 들어 화려한 유물들이 이곳에서 발굴되었다.

▲ 포석정 63개의 돌로 만든 도랑으로 물이 흐르는 정원이다. 우리는 927년(경애왕 4) 11월에 왕이 술을 마시며 즐기다가 후백제의 견훤에게 잡힌 뒤 스스로 목숨을 끊은 곳으로 알고 있다. 하지만 원래 포석정은 제사를 지내는 사당이었으므로 이 이야기는 사실이 아닐 것이다. 아마도 경애왕은 이곳에서 나라를 위한 기도를 하다 견훤이 쳐들어오자 자살한 것으로 보인다.

개념쌤의 1분 특강

농민 봉기가 일어나면 그만큼 사회가 혼란스러워졌다고 바로 이해할 수 있어야 해요. 어느 나라나 농민 봉기가 일어난 후에는 힘을 잃거든요.

48 호족, 선종, 6두품

- 통일 신라 말의 상황을 짐작하게 해 주는 세력들의 성장.
- 통일 신라 말에는 지방의 호족들이 독자적 행동을 했으며, 선종이 유행했고, 골품제에 불만을 가진 6두품도 힘을 모으기 시작했다.

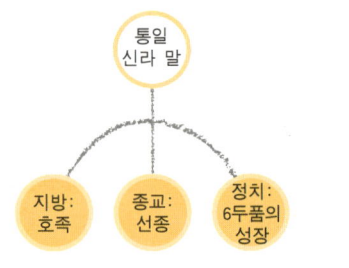

호족

통일 신라 말, 중앙에서 진골 귀족들이 왕위 다툼을 하는 동안, 지방에서 세력을 키운 호족들이 진골 귀족 중심 사회를 무너뜨리고자 나섰다. 호족 중에는 왕건처럼 지방을 기반으로 성장한 세력, 궁예처럼 신라 왕족 출신이면서 지방에 내려온 세력, 장보고와 같은 해상 세력, 견훤과 같은 군사 세력도 있었다.

선종

'달을 가리키는데 왜 손가락 끝을 보는가?'라는 유명한 말이 있다. 달은 진리를, 손가락은 글자를 의미한다고 생각하면 좋다. 본래 보려고 하던 것은 달이기 때문에 이미 달을 본 사람에게는 손가락이 깨끗한가 더러운가는 생각할 필요가 없다는 뜻이다. 이런 뜻을 강하게 품고 있는 것이 선종이다. 선종은 문자나 경전이 아닌 마음에서 마음으로 가르침을 주었던 불교의 새로운 종파이다. 호족들은 스스로의 깨달음을 강조하는 선종의 가르침이 스스로의 힘으로 세력을 넓혀가는 자신들의 입장과 통한다고 생각해 선종을 적극 지원하였다.

6두품

6두품 세력은 진골 위주의 사회 체제에 특히 반발을 보였다. 이들은 골품제의 모순을 비판하면서 새로운 정치 감각을 가지고 새로운 사회 건설을 준비했다. 대표적인 6두품 세력으로는 최치원을 들 수 있다. 당나라에 유학했던 최치원은 당에서 뛰어난 실력을 인정받고 통일 신라로 돌아왔지만 자신의 뜻을 실천에 옮길 수 있는 벼슬자리에 오를 수 없었다. 결국 한창 일할 나이인 마흔에 경주를 등지고 산속에 파묻혀 글이나 쓰며 세월을 보내야 했다.

6두품 설계두

실력 있는 6두품들은 국학에서 지식을 쌓고도 출세를 할 수 없다 보니, 당나라로 유학을 많이 떠났다. 6두품 청년 설계두는 친구들과 술을 마시는 자리에서 "신라에서는 사람을 쓰는데 골품을 따져서 만약 그 골품에 속한 자가 아니면 아무리 큰 재주와 훌륭한 공로가 있더라도 승진할 수 없으니 나는 차라리 중국으로 유학 가 재주를 발휘하고 공을 세워 칼을 차고 천자 곁에 드나들겠다."라고 말했다. 설계두는 훗날 당 태종이 고구려를 치는 데 공을 세우고 전사하여 당나라의 공신이 되었다. 남의 나라에서라도, 그리고 죽어서라도 이름을 날릴 각오를 했던 이런 청년을 신라는 받아들이지 못했던 것이다.

▲ 통일 신라 말의 새로운 세력 — 지방 호족 (왕건, 궁예, 견훤, 장보고) / 선종 / 6두품

49 대조영

- 발해를 건국한 제1대 왕(?~719), 고구려 유민을 모아 발해를 세운 왕.
- 고구려 귀족 출신인 대조영은 고구려 유민들과 말갈인 등을 모아 발해를 건국해 통일 신라와 더불어 남북국 시대를 열었다.

대조영

고구려가 나당 연합군에 의해 멸망한 후 대동강 이북의 땅은 당나라의 지배 아래 들어갔다. 그런데 만주와 한반도 북부에서는 고구려 부흥 운동이 끊임없이 일어나자 당나라는 고구려의 맥을 끊으려고 옛 고구려의 중심 세력을 요서의 영주 지방으로 옮겨 살게 했다. 발해의 역사는 이렇게 끌려간 고구려인들에 의해 시작된다.

고구려의 장군이었던 걸걸중상이 영주에서 군사를 일으켰고, 그의 아들 대조영은 당나라의 대군을 무찌르고 옛 고구려 땅인 동모산 근처에 발해를 세운 것이다(698).

▲ 발해의 전성기 때 영토

발해의 민족 구성

발해의 주민은 소수의 고구려인이 지배층을 형성하였고, 다수의 말갈인이 피지배층을 구성하였다. 발해가 있었던 기간은 698년에서 926년까지 229년간이며, 15명의 왕이 나라를 다스렸다. 이후 발해가 멸망하자 고려의 태조 왕건은 민족을 하나로 끌어안는 차원에서 발해의 유민들을 적극적으로 받아들였다.

남북국 시대

발해가 우리 교과서에 본격적으로 등장하기 시작한 시기는 1997년부터이다. 이때부터 남쪽의 신라와 북쪽의 발해를 합쳐 '남북국 시대'라는 표현을 사용했다. 그 전에는 '통일 신라 시대'라는 용어를 썼는데, 그 용어 안에는 발해가 빠질 수밖에 없었다. 이미 신라의 최치원이 발해를 북국이라고 쓴 기록이 나온다. 또한 조선 후기 실학자인 유득공도 남북국이라는 용어를 사용하였다.

고구려의 기상이 느껴지는 발해의 문화재

▲ 발해의 석등

▲ 이불 병좌상

▲ 돌사자상

개념쌤의 1분 특강

발해와 통일 신라가 있었던 시대를 남북국 시대라고 해요.

50 발해의 발전

- 발해의 기틀을 마련하고 체제를 갖춘 무왕, 문왕, 선왕의 업적.
- 대조영 이후 발해는 무왕과 문왕을 거치며 안정을 이루고 선왕 때 크게 문물이 발전하였다.

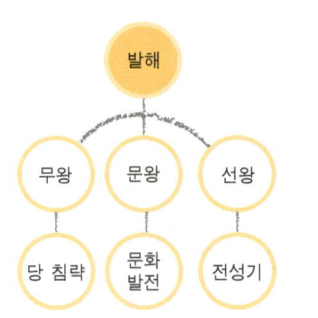

무왕

대조영의 아들 무왕은 주변 세력을 정복해 나갔으며 당나라를 직접 공격하기까지 했다. 발해군은 거란과 손잡고 육로로 공격했고, 장문휴가 이끈 수군은 산둥 반도의 덩저우를 공격하여 당나라를 긴장하게 만들었다. 당시 세계적 제국이었던 당나라를 먼저 침략해 당의 군대가 오기 전에 쑥대밭을 만들고 유유히 도망친 것은 무왕의 실력을 말해 준다고 할 수 있다.

문왕

무왕의 아들인 문왕은 넓어진 영토와 훨씬 나아진 경제력을 바탕으로 문화 정책을 펴고 국가 운영의 기틀을 마련했다. 786년, 오랜 고민 끝에 문왕은 도읍을 상경으로 옮겼다. 상경은 만주에 있는 여러 세력들의 주된 이동로이자 무역의 중심지였으며, 농사짓기에 유리했기 때문이다. 상경에 자리 잡은 뒤 발해는 농업이 더 발전하고 인구도 크게 늘었다. 또 대외 무역에 힘을 쏟음으로써 거친 자연 조건이 주는 어려움을 극복해 나갔다.

선왕

날로 발전해가던 발해는 9세기 선왕 때 최대 영토와 국력을 자랑하며 전성기를 이루었다. 당시 중국인들은 넓은 영토, 활발한 대외 무역을 바탕으로 동아시아의 강국으로 부상한 발해를 '해동성국'이라 부를 정도였다. 영토는 15개의 부로 나누고, 부 밑에는 여러 개의 현을 두었다. 부 중에서도 특히 중요한 5개의 부에는 경을 두었는데, 5경은 발해의 정치, 경제, 문화의 중심지였다.

> **고왕 대조영**
> 보통 새로운 왕조의 첫 번째 왕은 '태조'라고 한다. 태조 왕건은 고려의 첫 임금이고, 태조 이성계는 조선의 첫 임금이다. 그런데 발해는 첫 임금인 대조영을 태조라 하지 않고 고왕이라고 한다. 고구려를 이었다는 것을 강조하기 위해서 고구려 왕족의 성인 '고'를 선택한 것이다.

▲ 발해의 길

▲ 발해의 대외 무역

개념쌤의 1분 특강

무왕 = 무력이 강했던 왕
문왕 = 문화가 발달했던 왕
선왕 = 좋은 정치를 베푼 (베풀 선) 왕
이렇게 정리하면 발해의 왕 정리는 끝!!

51 해동성국

- 전성기 때의 발해를 일컫는 말.
- 당나라, 신라와 교류하며 발전하던 발해는 선왕 무렵 최대의 전성기를 맞았으며, 이때의 발해를 중국에서는 해동성국이라 불렀다.

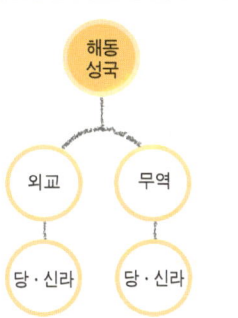

해동성국 발해

처음 신라와 발해는 남과 북으로 갈라져서 200년 이상 대립했다. 8세기 전반에는 당의 이간질로 인해 서로 전쟁도 했다. 당나라는 발해와 신라의 관계를 적절히 이용하여 자기 나라의 이익만을 취했던 것이다. 또한 발해와 신라는 당나라가 외국인을 위해 만든 과거인 빈공과에서 서로 1등으로 삼아 달라거나 사신이 앉는 자리를 놓고 다툼을 벌이는 등 치열한 외교전을 펼쳤다. 그렇다고 해서 양국이 전혀 교류가 없었던 것은 아니다. 발해에서 신라로 가는 무역로가 있었고, 양국 간에 사절이 오가기도 했다.

발해는 당나라뿐 아니라 거란·일본과의 무역에도 힘을 기울였다. 발해의 무역선이 수시로 당나라를 드나들었고 많은 당나라 상인들이 머물게 되자 당 문화도 발해에 소개되었다. 일본과의 무역도 활발했다. 초기에는 신라를 견제하기 위해 일본과 외교 관계를 맺었지만, 교류가 계속되면서 경제적 목적이 앞서게 되었다.

▲ 남북국 시대의 대외 교류

무역왕 선왕

정치를 잘해 나라의 안정을 이루어 발해에게 해동성국이란 칭호를 안긴 선왕은 무역을 몹시 중시했다. 당시 발해가 일본에 수출한 품목 중 하나가 담비털이었다. 일본의 왕은 여름에 담비털 옷을 8개나 겹쳐 입고 땀을 흘릴 정도였다. 발해와의 무역에서 번번히 손해만 보았던 일본은 발해의 사신단이 오는 것을 꺼릴 정도였다.

발해의 몰락

우리 역사상 가장 넓은 영토를 개척했던 해동성국 발해는 9세기 후반에 국력이 기울지더니, 당나라가 멸망한 후 급속히 세력을 확대시켜 나가던 거란에 의해 멸망했다(926). 그렇지만 발해에 대한 자료가 충분하지 않아 발해가 어떻게 멸망했는지는 정확히 알 수가 없다.

그런데 발해의 멸망과 관련해 거란인들이 기록한 간단한 내용이 전해지고 있다. 여기에는 "우리 시조는 발해가 내부에서 서로 뜻이 맞지 않는 틈을 타 싸우지도 않고 이겼다."는 내용이 있다. 이 기록을 보면 지배층인 고구려인과 피지배층인 말갈인 사이에 문제가 있었고 이 점이 거란에 의해 쉽게 멸망하는 원인으로 작용했을 것으로 짐작할 뿐이다. 이로써 만주 땅은 발해의 멸망과 더불어 우리 역사에서 사라지게 되었다.

대조영과 함께 발해를 건국한 민족은 말갈인이고, 발해를 무너뜨린 민족은 거란이에요.

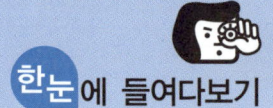
통일 신라와 발해의 유적지

안압지

안압지는 674년에 조성된 왕궁 부속 정원으로, 2만여 점이 넘는 유물이 출토되어 당시 왕실과 귀족들의 호화로운 생활을 알 수 있는 유적지이다.

감은사지 3층 석탑

신문왕이 아버지인 문무왕을 위해 대왕암이 보이는 곳에 감은사를 세웠다. 국보 제112호로 동서의 쌍탑으로 만들어져 있으며 온화함과 웅장함을 동시에 느낄 수 있는 탑이다.

676 ▶▶ 신라, 삼국 통일

698 ▶▶ 발해 건국

문무 대왕암

삼국 통일의 큰 업적을 이룩한 신라의 30대 문무왕이 죽어서도 동해의 해룡이 되어 나라를 지키겠다는 호국 정신을 나타낸 무덤이다.

석굴암

경덕왕 때 만들어진 석굴암은 수학을 이용한 절대미를 아름답게 구현한 것으로 유명하다. 얼굴 : 가슴 : 어깨 : 무릎의 비율이 1 : 2 : 3 : 4이며, 얼굴은 몸체의 $\frac{1}{3}$로 안정감을 구현했다.

이불병좌상

2개의 부처가 나란히 앉아 있는 이불병좌상은 발해의 대표적인 유물로 고구려의 양식을 계승하였음을 알 수 있다.

청해진

전라남도 완도에 세워진 청해진은 장보고 세력의 근거지가 되었다. 이곳을 토대로 해적을 소탕하며 해상권을 장악한 장보고는 산둥 반도의 신라방을 중심으로 무역을 하여 크게 성공했다.

828 ▶▶

● 장보고, 청해진 설치

정효 공주 묘

고구려 무덤의 천장 구조와 같은 무덤 양식이 나타나고 있으며 벽화 또한 고구려의 벽화와 유사함을 알 수 있다.

진전사지 승탑

신라 말기에 꽃 피기 시작한 선종에서는 승탑을 만들기 시작했다. 승려들이 열반하면 화장하고 그들의 무덤에 승탑(부도)을 세웠다. 진전사지 승탑은 우리나라에 선종을 처음 도입한 도의선사의 묘탑으로 짐작되고 있다.

고려

- 52 후삼국
- 53 견훤
- 54 궁예
- 55 왕건
- 56 후삼국의 통일
- 57 왕건의 정책
- 58 광종
- 59 고려의 과거제
- 60 음서제와 공음전
- 61 성종
- 62 시무 28조
- 63 서희와 강동 6주
- 64 강감찬과 귀주 대첩
- 65 윤관
- 66 이자겸의 난
- 67 묘청의 서경 천도 운동
- 68 무신 정변
- 69 만적의 난
- 70 몽골의 침입

71	삼별초	79	벽란도와 개경
72	권문세족	80	고려의 불교
73	성리학	81	팔만대장경
74	신진 사대부	82	직지심체요절
75	신흥 무인 세력	83	삼국사기, 삼국유사
76	공민왕	84	최영, 최무선
77	고려청자	●	한눈에 들여다보기
78	고려의 대외 관계		

52 후삼국

- 통일 신라, 후고구려, 후백제.
- 통일 신라의 혼란으로 각 지방에서 호족들이 성장하면서 통일 신라, 후백제, 후고구려가 대립하는 후삼국 시대가 찾아왔다.

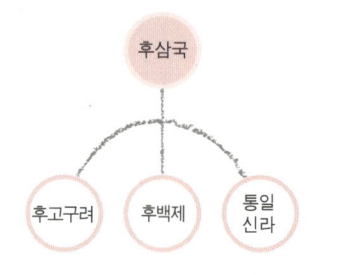

통일 신라 말기의 상황

신라 왕실이 왕위 계승을 놓고 다투기에 바빠 정치가 불안해지자 신라 사회는 여기저기에서 변화를 맞게 되었다. 우선 관직 승진에 제한을 받던 6두품 세력은 점차 신라에 등을 돌리게 되었다.

또 하나의 새로운 세력은 호족이었다. 호족은 주로 지방을 지배하던 세력으로, 스스로 성주라 하며 군대를 키우고 장군이라 자처하는 등 중앙과는 다른 세력을 형성했다. 하지만 서로 싸우기에 바빴던 중앙의 왕실은 이미 힘을 잃어 이들을 꺾거나 쳐부술 수 없는 상황이었다.

새로운 사상도 유행하기 시작했는데 대표적인 것이 선종과 풍수지리설이다. 선종이 누구나 깨달음을 얻을 수 있음을 강조하자, 기존에 부처와 동일시되던 왕실의 권위는 땅에 떨어졌다. 풍수지리설도 경주가 운이 다했다는 주장을 펼치며 민심이 통일 신라에게서 멀어지게끔 했다.

후삼국의 성립

9세기 말경, 지방에서는 수많은 반란이 일어나고 있었다. 그중 견훤과 궁예는 세력을 더 모아 결국 나라를 세우고 중앙 정부가 있는 통일 신라에 완전히 등을 돌렸다. 이로써 통일 신라, 견훤의 후백제, 궁예의 후고구려가 서로 대립하면서 후삼국 시대가 본격적으로 시작되었다.

후백제의 견훤은 국가 조직을 빠르게 정리하고, 강력한 왕권을 확립하는 등 나라의 기틀을 다졌다. 이를 바탕으로 후백제는 후삼국 시대 초기를 주도할 힘을 얻을 수 있었다. 후고구려는 지도자가 궁예에서 왕건으로 바뀌고, 통일 신라에는 친절한 정책을 베풀며 차츰차츰 후삼국 시대의 분위기를 후고구려, 후일 고려 쪽으로 유리하게 이끌어갔다.

통일 신라 말기의 상황

▲ 6두품

개혁이 필요한 신라 사회가 개혁을 주장하는 우리 6두품의 의견을 무시하고 들어주지 않으니 차라리 지방 호족과 힘을 합치는 게 낫겠어.

▲ 선종 승려

어려운 교종의 교리는 중요하지 않습니다. 우리 선종에서 주장하는 것처럼 나무아미타불만 외워도 부처가 될 수 있지요. 왕이 곧 부처는 아닙니다. 6두품이든 호족이든 모두 부처가 될 수 있답니다.

▲ 도선

산이나 땅의 모양은 사람의 운명에도 영향을 줍니다. 그런데 경주는 그 운이 다하여 한 나라의 도읍지로서는 이제 기능을 다했습니다. 풍수지리설에 따라 도읍지를 바꾸어야 합니다.

골품제의 모순	신라의 동요	후삼국의 성립
아무리 노력해도 아찬보다 윗 등급으로는 못 올라가.	• 농민들의 봉기 • 귀족들의 왕위 다툼 • 빈번한 자연재해 발생 • 지방 세력의 성장과 새로운 사상의 유행	

개념쌤의 1분 특강

후삼국이라고 해서 신라까지 후신라로 외우면 절대 안 된다는 거 아시죠?

53 견훤

- 후삼국 시대의 한 축인 후백제를 세운 인물(867~936).
- 견훤은 지금의 경북 상주에서 태어나 세력을 키운 후 지금의 전라도 지방에서 후백제를 세웠다.

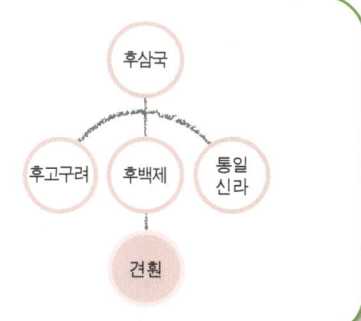

견훤

견훤은 경상북도 상주 지방에서 태어났다. 그는 신라의 군인으로 본래 서남해안, 그러니까 지금의 전라남도 지역의 바다를 지키다가 세력이 커지면서 호족으로 성장했다. 때마침 가혹한 세금에 반발하여 전국 각지에서 농민 봉기가 일어나자, 이들과 남해안의 해상 세력을 자기편으로 만들었다.

그 후 점점 북쪽으로 영토를 넓혀 900년에는 완산주(지금의 전주)에 도읍을 정하고 후백제를 세웠다. 견훤의 부인이 완산주 출신이었기 때문에 아마도 이 지역 호족들의 도움을 많이 받았을 것으로 보인다.

백제의 부활

견훤의 친아버지가 어이없게도 땅을 왕건에게 바쳐 후백제의 성장에 큰 충격을 주었지만 견훤은 울분을 삼키고만 있지는 않았다. 계속 자신의 세력을 키워나가는 데 온 힘을 쏟아 나라는 성장에 성장을 거듭해 꾸준히 영토를 늘려나갈 수 있었다. 견훤은 신하들과 원만한 관계를 유지했으며 조급하게 왕권을 강화하려고 하지 않았다. 하지만 차근차근 자신을 중심으로 힘을 모으며 빠른 시간 안에 탄탄한 왕권을 확립했다. 견훤은 능력이 뛰어나 정치적 안정을 빠르게 이루어 주변에 똑똑한 사람들이 모여들었다. 후삼국의 한 축인 신라에 쳐들어가 신라의 왕을 죽이고 새로운 왕을 앉힐 정도로 후백제는 큰 세력을 누렸다.

후백제가 이렇게 성장할 수 있었던 원인은 물론 견훤 개인의 능력이 뛰어났던 점이 있지만 무엇보다도 우리나라의 곡창 지대인 전라도 지방에 나라를 세워 다른 나라에 비해 경제적으로 안정되었던 점을 꼽을 수 있다.

견훤을 버린 아버지

견훤의 아버지는 견훤과 사이가 좋지 않았다. 원래 견훤의 고향인 지금의 상주 지방은 교통상 매우 중요한 곳으로, 후고구려의 궁예는 부하인 왕건에게 많은 군사를 주어 차지하려고 했던 곳이다. 후백제의 견훤도 마찬가지로 상주를 차지하려 애썼다. 그런데 야속하게도 견훤의 아버지는 아들인 견훤이 아니라 왕건에게 항복을 해 버렸다.

▲ 후삼국의 형성

후삼국 시대는 고구려, 백제, 신라가 겨루던 삼국 시대가 다시 한 번 나타났다고 생각하면 돼요.

54 궁예

- 후고구려를 열어 후삼국의 한 축을 담당했던 인물(?~918).
- 신라 왕실의 후손으로 혼란한 통일 신라 말기에 후고구려를 세워 개혁을 실천하려 하였으나 실패하고 왕건 세력에 의해 죽임을 당했다.

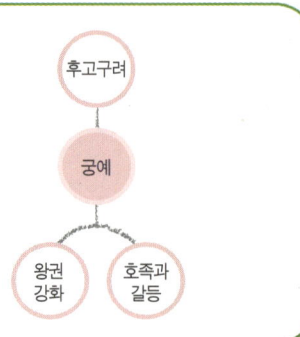

궁예

궁예는 신라 헌안왕(혹은 경문왕)의 후궁이 낳은 아들이라는 설이 있다. 궁예는 음력 5월 5일에 태어났는데, 태어난 집에서는 하늘과 연결되는 긴 무지개가 떴다고 한다. 우리 민족이 좋아하는 5라는 숫자가 두 번 겹치는 날에 그것도 무지개가 떴다고 하니, 만약 왕자의 신분이라면 온 나라가 흥겨워했을 것이다. 하지만 왕실의 권력 다툼 속에서 이런 상서로운 일은 오히려 아이의 목숨에 나쁜 영향을 미칠 뿐이었다. 결국 아기를 다락방에서 던져 죽이기로 한 헌안왕은 유모와 짜고 유모가 밑에서 아이를 받아 도망가기로 했다. 그런데 이때 유모가 아이의 눈을 찔러 한쪽 눈을 볼 수 없게 되었다. 성장하여 출생의 비밀을 들은 궁예는 신분을 속이기 위해 절에 들어갔지만 세상 돌아가는 일에 계속 관심을 두고서는 숨죽이고 자신의 시대가 오기만을 기다렸다.

궁예의 업적

활솜씨로 이름을 날리던 궁예는 더 이상 신분을 숨길 필요가 없다고 생각되자 무사의 세계로 뛰어들어 신라에 반대하던 사람들과 힘을 합친 후 지방에서 힘을 키우기 시작했다. 처음에 궁예는 양길이라는 유명한 도적의 부하로 들어갔다가 양길을 제거하고 우두머리가 되었다. 그리고 왕건 부자를 비롯한 경기도, 강원도 지역 호족들의 도움을 받아서 송악(지금의 개성)을 도읍지로 나라를 세웠다. 이 나라가 바로 901년에 세워진 후고구려이다. 이후 나라 이름을 태봉으로 바꾸고 후삼국 통일을 위해 온힘을 다했다.

> **궁예의 울음이 서린 명성산과 한탄강**
> 경기도 포천군과 강원도 철원군에 걸쳐 있는 명성산은 울음산이라는 뜻을 가지고 있다. 궁예가 부하였던 왕건에게 쫓겨난 후 이곳에서 크게 울었다는 전설 때문에 생긴 이름이다. 궁예는 쫓겨나며 강을 건넜는데, 강가에 구멍 뚫린 돌(현무암)을 보면서 크게 한탄을 해서 한탄강이라고 했다고 한다. 이외에도 궁예가 도망쳤던 패주골, 왕건의 군사가 쫓아오는 것을 살피던 망루봉 등 궁예에 관한 전설이 남아 있는 곳들이 많이 있다.

- 사람의 마음을 꿰뚫어 보는 관심법 능력을 가지고 있다면서 부하들의 마음을 불안하게 하였다.
- 호족의 편을 드는 부인 강씨와 아들 둘을 죽이는 무리수까지 두어가며 왕권을 강화하려 하였다.
- 과거 고구려의 영토인 강원도와 철원 일대에 자리를 잡아 이름을 후고구려라 정했다.
- 역사서에 등장하는 궁예는 판단력이 정확하고 매우 똑똑하며 한 번 결심하면 빠르게 실행했다.
- 호족과 손잡고 나라를 세웠는데 너무 빨리 왕권을 강화하려 하였다.
- 왕건과의 전쟁에서 패해 명성산 주변을 배회하다 결국 죽음을 맞았다.

개념쌤의 1분 특강

후고구려를 세운 사람은 궁예예요. 이후 궁예는 이름을 태봉으로 바꾸었고, 궁예를 죽인 후 왕이 된 왕건이 나라 이름을 고려라고 했어요.

55 왕건

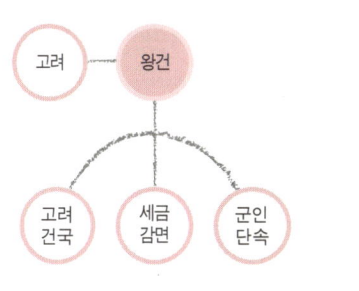

- 고려 제1대 왕(877~943), 고려의 기초를 닦은 왕.
- 고려를 세운 왕건은 후삼국 시대를 통일한 후 민족 모두를 하나로 끌어안았으며 군사적으로는 북진 정책을 추진해 영토를 넓혔다.

호족의 아들, 왕건

왕건은 송악에서 이름난 호족인 왕륭의 아들로 태어났는데, 전설에 의하면 왕륭의 어머니는 용왕의 딸이라고 한다. 이 이야기는 왕건 집안이 대대로 바다에서 무역 활동을 하며 돈을 많이 벌어들인 해상 세력 출신임을 의미한다. 왕륭은 왕건과 함께 송악을 궁예에게 바치고 그의 부하가 되었다. 왕건은 경기도와 충청도 일대를 차지하며 궁예의 사랑을 받는 장군이 되었다. 더군다나 후백제와의 전쟁에서 수군을 이끌고 멀리 나주를 공격해서 후고구려 땅으로 만들었다. 아래 지도를 보면 바다를 건너 후백제의 나주를 공격하는 것이 얼마나 큰 의미인지 이해가 될 것이다.

백성들에게 인기가 많았던 왕건

왕건은 견훤이나 궁예와 달리 백성들에게 인기가 많았다. 견훤은 통일 신라를 습격하여 포석정에서 경애왕을 자살하게 만든 사건 때문에 신라인들에게 미움을 받았고, 궁예는 자신을 살아 있는 미륵이라고 우기면서 백성들을 괴롭혔다. 하지만 왕건은 궁예나 견훤과는 달리 백성들이 정말로 원하는 것이 무엇인지 알고 있었고, 이런 것들을 하나하나 나라의 정책으로 실천하여 백성들의 사랑을 얻을 수 있었다.

왕건이 실시한 정책 중 대표적인 것이 세금 감면이다. 왕건은 통일 신라 말기의 혼란 속에서 극심한 고통을 겪던 백성들의 세금을 줄여 주고, 군대의 규칙을 엄격하게 해서 백성들에게 피해를 주지 않았다. 그리고 성격이 온화해 따르는 사람이 많았던 왕건은 홍유, 신숭겸, 유금필 등과 함께 궁예를 몰아내고 918년에 송악을 도읍지로 고려를 건국했다.

▲ 후삼국 시대의 고려 영토

차전놀이의 유래

안동에서 전투가 벌어졌을 때 왕건과 안동 사람들은 견훤의 군대를 낙동강 물 속에 밀어 넣었다고 한다. 그때부터 팔짱을 낀 채로 어깨로만 상대편을 밀어내는 차전놀이가 생겼다. 이때 벌어졌던 전투를 고창 전투라고도 한다.

개념쌤의 1분 특강

후고구려가 고려로 이어지는 연결 고리를 잘 짚어보세요. 나라의 흐름이 잘 보일 거예요.

56 후삼국의 통일

- 왕건에 의해 후백제, 통일 신라가 고려로 통합됨.
- 왕건은 군사적으로 후백제를 누르고, 통일 신라는 스스로 나라를 왕건에게 받침으로써 후삼국으로 나뉘어 있던 민족이 다시 통일을 이루었다.

천 년 신라의 멸망

"의자왕의 원수를 갚겠다."는 구호를 외치며 견훤은 통일 신라에 쳐들어가 경애왕을 없애고, 경순왕을 왕으로 세웠다. 이 일로 신라 백성들은 자존심이 많이 상했는데, 이때 고려 왕건은 경순왕에게 예의를 갖추고 도움을 주어 신라인들의 호감을 샀다. 결국 935년에 통일 신라의 경순왕은 스스로 고려에 신라를 넘겨주었다. 천 년을 이어왔던 신라가 멸망한 것이다. 왕건은 자신의 맏딸을 경순왕과 결혼시키고, 벼슬을 주어 경주 지역을 다스리게 했다.

후백제의 몰락

견훤은 첫 번째 왕비에게서 신검, 용검, 양검의 세 아들을 얻었고 다른 여러 부인에게서 모두 10명의 아들을 얻었다. 그런데 견훤이 어린 금강을 태자로 삼자 자식들의 불만이 컸다. 특히 전쟁에 나가 공을 세우고 아버지를 도왔던 큰아들 신검의 분노가 컸다. 신검은 동생들과 외갓집의 도움을 받아 아버지인 견훤을 금산사에 가두고 금강을 죽였다.

견훤은 몇 달 후 탈출하여 왕건을 찾아 고려 땅이 되어버린 나주로 갔다. 그리고 다음 해인 936년 후백제의 신검 군대는 견훤을 앞세운 고려군과 싸우다 패배했다. 얼마 후 견훤은 화병으로 몸에 종기가 나고 여러 병을 앓다가 죽었다. 그의 무덤은 지금 충청남도 논산에 남아 있다.

경순왕의 아들, 마의 태자

아버지 경순왕이 싸우지도 않고 신라를 고려에 넘겨준 것에 울분을 참지 못한 태자는 금강산으로 들어갔다. 그리고 군사를 동원하여 전쟁을 할 것인지, 절에 들어가서 스님이 될 것인지에 대해서 고민을 많이 했다. 결국 전투에서 큰 승리를 거두지 못한 채 마(삼베)로 만든 옷을 입고, 나물만 먹다가 죽었다고 한다. 삼베로 만든 옷은 사람이 죽었을 때 입는 옷으로, 나라 잃은 슬픔을 잘 나타낸다고 할 수 있다. 이후 사람들은 이 태자를 가리켜 마의 태자라고 불렀고, 금강산 비로봉 구역에는 마의 태자릉이 지금도 남아 있다.

후삼국 통일 과정

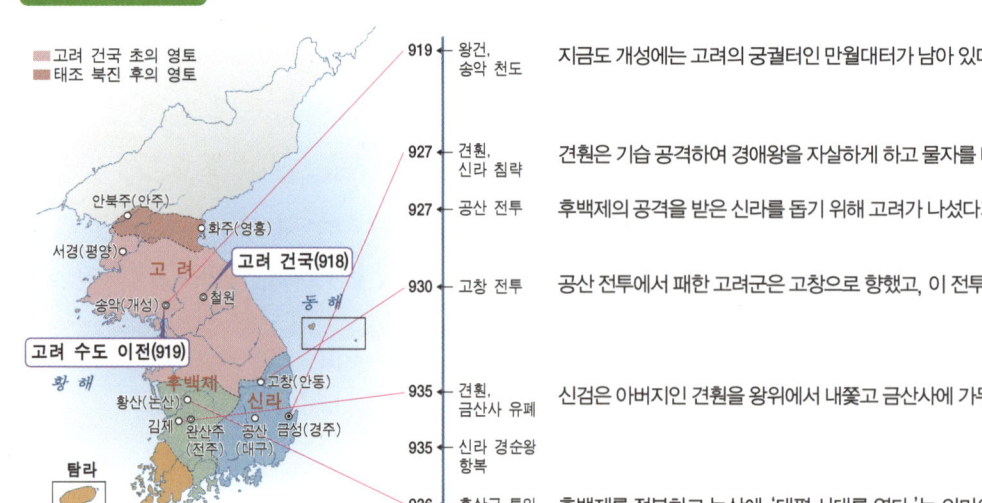

919	왕건, 송악 천도	지금도 개성에는 고려의 궁궐터인 만월대터가 남아 있다.
927	견훤, 신라 침략	견훤은 기습 공격하여 경애왕을 자살하게 하고 물자를 빼앗아갔다.
927	공산 전투	후백제의 공격을 받은 신라를 돕기 위해 고려가 나섰다가 공산 전투에서 크게 패했다.
930	고창 전투	공산 전투에서 패한 고려군은 고창으로 향했고, 이 전투에서 후백제를 크게 이겼다.
935	견훤, 금산사 유폐	신검은 아버지인 견훤을 왕위에서 내쫓고 금산사에 가두어 버렸다.
935	신라 경순왕 항복	
936	후삼국 통일	후백제를 정복하고 논산에 '태평 시대를 연다.'는 의미의 개태사를 세웠다.

57 왕건의 정책

- 고려 왕조를 연 초대 임금인 왕건이 실시한 다양한 정책.
- 왕건은 혼란기를 정리하고 새로운 나라를 열기 위해 북진 정책, 호족 융합 정책, 민족 융합 정책, 불교 중시의 정책을 펼쳤다.

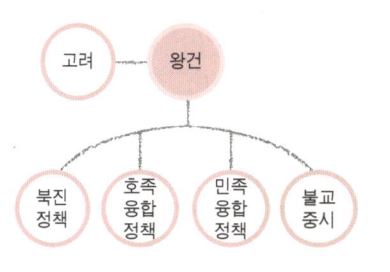

왕건의 정책

〈북진 정책〉

왕건은 새 나라의 이름을 옛 고구려를 계승한다는 뜻으로 '고려'라고 지었고, 옛 고구려의 땅을 모두 회복하기 위해 북진 정책을 추진했다.

〈호족 융합 정책〉

왕건은 정식 왕후 6명과 23명의 후궁을 두었다. 이 중 27명은 결혼을 통해 처가의 세력을 이용하려는 정략결혼이었다. 이 외에도 왕건은 벼슬자리를 이용했다. 세력이 큰 호족부터 작은 호족까지 알맞은 등급의 관직을 주었던 것이다. 또 성씨를 하사하기도 했다. 왕건은 스스로 성씨를 '왕', 이름을 '건'이라 하고, 다른 사람들의 성씨를 정해 주어 많은 성씨가 생겨나게 되었다.

〈민족 융합 정책〉

진정한 통일을 위해 왕건은 후고구려, 후백제, 통일 신라 출신을 가리지 않고 지배 세력으로 참여시켰고 발해 유민까지 적극적으로 끌어안았다. 발해 멸망 후 발해의 세자 대광현이 발해 유민을 이끌고 망명했을 때, 왕씨 성을 내리고 고려의 지배 세력으로 참여시킨 것은 좋은 예라고 할 수 있다.

〈불교 중시〉

왕건은 어려서부터 선종을 믿으며 자랐고 왕이 된 후에도 불교를 중심으로 국가를 통합하려 했다. 그래서 팔관회, 연등회 등의 불교 행사를 장려하고, 많은 절과 탑을 세웠다. 이는 왕건의 유언과 같은 '훈요십조'에 잘 나타나 있다. 또한 도교, 풍수지리설, 유교, 민간 신앙 등 다양한 사상에 대해 개방적이어서 고려만의 독특하고 개방적인 문화가 만들어졌다.

친척끼리 결혼한 고려 왕조

왕건은 혼인 정책을 통해 자신이 살아 있는 동안에는 왕권 안정을 이룰 수 있었다. 그러나 만약 그 많은 아들들이 왕건처럼 호족의 딸들과 결혼한다면 서로 더 큰 권력을 차지하려는 호족들 간의 싸움으로 문제가 커졌을 것이다. 그래서 왕건은 자식들끼리 결혼을 시켰는데, 넷째 아들 왕소와 셋째 딸 황보씨의 결혼이 대표적이다. 고려 시대에는 어머니의 성이나 할머니의 성도 따를 수 있었기 때문에 왕건의 딸이어도 왕씨가 아닐 수 있다. 아무튼 호족들 때문에 왕실에 다툼이 일어나는 것을 막기 위해 왕건은 어머니가 다르면 자신의 자식끼리도 결혼을 시켰다.

▲ 북진 정책의 성과

1. 왕위를 맏아들이 잇는 것을 원칙으로 한다.
2. 서경(평양)을 중시하라.
3. 풍수 사상에 따라 사찰을 지어라.
4. 연등회와 팔관회를 성실하게 열어라.
5. 불교를 발전시켜라.
6. 중국 문화를 반드시 따를 필요가 없으며, 거란과 친하게 지내지 말아라.
7. 왕은 바른 말을 하고, 남을 욕하는 자를 멀리 해라.
8. 관리의 월급을 함부로 깎지 말고 농민의 세금을 가볍게 하라.
9. 왕은 항상 옛 일을 반성하고 오늘에 참고하라.

▲ 훈요십조(일부)

한국사 개념사전

58 광종

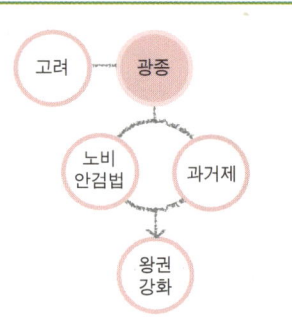

- 고려 제4대 왕(925~975), 왕권 강화에 노력한 왕.
- 광종은 호족의 힘에 휘둘리던 초기 임금들과는 달리 왕권 강화를 위해 노력하였다. 이를 위해 노비안검법과 과거제를 실시하였다.

혜종과 정종

왕건이 혼인 정책으로 호족들과 융합하려 한 정책은 왕건 자신에게는 호족과의 안정을 가져왔지만 후대에게는 매우 위험한 정책이었다. 세력이 큰 외가를 배경으로 태어난 아들이 너무 많았기 때문이다. 그래서 왕건이 죽고 난 후에 왕위를 둘러싸고 많은 다툼이 일어났다. 그 속에서 왕건의 큰아들인 혜종은 왕이 된 지 얼마 되지 않아 죽었고, 둘째 아들이었던 정종은 서경(평양)으로 수도를 옮기려고까지 했으나 실패하고 죽었다. 여러 형제와 외척들 간의 권력 다툼으로 왕권이 약해져서 일어난 일들이라고 할 수 있다.

광종

광종은 처음 왕이 되고 7년 동안에는 호족들의 이야기를 잘 들어 주면서 자기편으로 만들었다. 하지만 그 후 4년 동안에는 왕을 위협하는 호족의 세력을 과감하게 누르며 여러 가지 정책을 실시했다.

왕권이 강해지려면 무엇보다도 왕의 말을 잘 따르는 신하, 왕을 위해 목숨을 바칠 수 있는 군대, 신하와 군대를 키우기 위한 돈이 필요했다. 이를 위해 광종에게는 먼저 많은 양인, 즉 평민이 필요했다. 양인은 나라에 세금을 내고 군대에 가지만 노비는 주인을 위해서 일하고, 세금도 내지 않으며, 군대도 가지 않기 때문이다. 그래서 광종은 956년에 억울하게 노비가 된 사람을 양인으로 돌아가게 하는 노비안검법을 시행했다. 이 정책으로 호족들은 많은 노비를 잃어버리고 경제 기반이 약해진 반면, 왕권은 강해졌다.

노비

노비라는 말은 남자 종이라는 뜻의 '노(奴)'와 여자 종이라는 뜻의 '비(婢)'가 합쳐진 말이다. 노비는 사고 팔기도 하는데, 여자 노비는 아이를 낳을 수 있기 때문에 일반적으로 남자 노비보다 비쌌다. 여자 노비가 낳은 아이는 태어나는 순간부터 여자 노비를 소유한 주인의 노비가 되었기 때문이다. 그런데 여자 노비보다 더 비싼 것은 타고 다니는 말이었다고 한다. 노비에 대한 대우가 어떠했을지 짐작할 수 있을 것이다.

광종의 정책

개념쌤의 1분 특강

광종의 업적은 시험에서 최소한 한 문제 이상 꼭 나옵니다. 그러니 노비안검법은 반드시 외워둬야 해요.

59 고려의 과거제

- 광종이 왕권을 강화하기 위해 실시한 관리 선발 제도.
- 호족을 대신해 왕의 명령에 충실히 따를 새로운 신하들이 필요했던 광종은 과거제를 실시하여 왕권을 강화할 수 있었다.

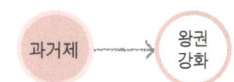

왕권을 강화하기 위한 과거제

958년 광종은 중국에서 온 쌍기의 권유를 받아들여 과거제를 실시했다. 과거제는 중국의 수나라에서 처음 실시된 제도로, 시험을 통해서 관리를 선발하는 제도를 말한다. 우리나라는 그동안 관리를 뽑을 때 다른 사람의 추천을 받거나 출신 집안을 봤는데 이제는 시험을 보는 제도가 생기게 된 셈이다.

과거제가 생기면서 양인 이상의 신분을 가진 사람이면 누구나 과거에 응시해서 관리가 될 수 있는 길이 열리게 되었다. 집안이 좋고 나쁨에 상관없이 유교의 학식과 능력에 따라 관리가 될 수 있게 된 것이다. 양인이 과거 공부에만 매달린다는 것은 상상하기 어려운 일이었지만, 그래도 기회가 주어졌으니 이전 시대에 비하면 많이 발전한 것이라 할 수 있다. 과거를 통해 새로운 세력들이 정치에 진출하여 왕에게 충성을 바쳤다. 또한 과거제 실시로 학문이 발전하고 학교도 많아져 고려에는 좋은 효과를 불러일으켰다.

최초의 귀화인 쌍기

7년 간 웅크린 채 고민하던 광종은 자신에게 힘이 될 만한 사람을 찾았지만 호족들이 득시글거리는 고려에서는 마땅한 사람을 찾을 수 없었다. 광종은 마침 고려와 비슷한 상황에서 왕권 강화에 성공한 중국의 후주에서 마땅한 인물을 찾았다. 그 사람이 바로 쌍기이다. 광종은 후주에서 사신을 보내올 때 일부러 쌍기를 초청했고, 쌍기는 병을 핑계로 돌아가지 않았다. 고려에 남은 쌍기는 광종과 함께 큰일을 시작했다. 쌍기는 광종의 굳은 의지를 확인하고는 고려로 귀화를 해 버린 것이다.

고려의 과거제

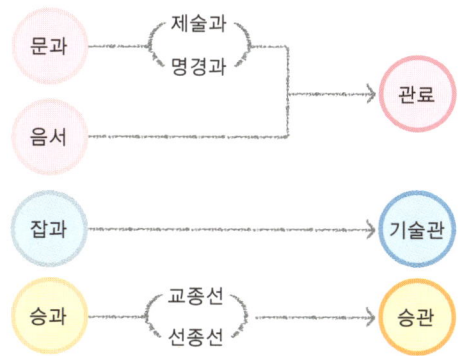

호족의 변화

광종이 노비안검법을 실시해 호족들이 가지고 있던 노비들을 풀어주어 군사적·경제적으로 호족들의 기를 한 번 눌러버리자 호족들의 힘이 한풀 꺾였다. 그렇다고 고려 초부터 나라를 좌지우지했던 호족들이 단 한 번의 정책으로 왕 앞에 고개를 숙이지는 않았다. 하지만 광종은 또 다른 공격을 준비하고 있었고, 그것이 바로 과거제이다. 고려를 건국하는 데 공을 세운 자손들은 가문의 힘으로 계속 지배층이 될 수 있었던 고려 사회에서 과거제는 큰 변화를 일으켰다. 자연스럽게 호족들이 차지하는 관직이 줄어들게 되었던 것이다.

개념샘의 1분 특강

광종의 업적인 노비안검법과 과거제는 한꺼번에 공부해야 편해요. 모두 왕권 강화를 위한 제도라는 걸 잊지 마세요!

60 음서제와 공음전

- 고려의 귀족 사회를 특징짓는 대표적인 신분 세습 제도.
- 고려는 귀족의 자식들에게는 능력에 상관없이 관직에 오를 수 있는 권리를 주었는데, 이를 통해 고려 귀족들의 특권을 알 수 있다.

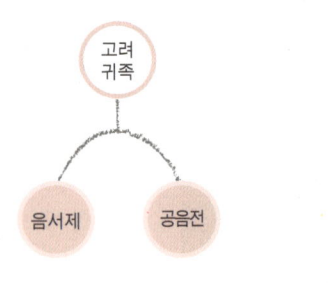

음서제

과거제가 실시되었다고 해서 모든 관리를 다 과거로 뽑은 것은 아니었다. 그러기엔 호족들의 세력이 만만치 않아 왕도 어느 정도 타협이 필요했던 것이다. 고려에는 관리가 되는 방식으로 음서제라는 것이 있었다. 고위 관직에 있거나 국가에 공을 세운 사람의 자식들은 과거를 거치지 않고 관리가 될 수 있는 제도가 바로 음서제이다. 음서는 아들, 사위, 손자, 외손자까지 일가족을 모두 관직에 오르게 할 수 있는 제도였다. 기록에 의하면 9살의 어린 나이에 음서를 통해서 관리가 된 사람들도 많았다.

그럼 고려 사회에서 무신은 어떻게 뽑았을까? 고려 시대에는 과거제에 무과가 없었다. 대신 각 지방에서 힘이 세다고 소문난 사람들을 무신으로 임명했는데, 높은 관직에 오를 수는 없었다. 우리가 알고 있는 강감찬 장군, 서희 장군, 윤관 장군 등 많은 고려의 장군들은 모두 문신 출신이다. 싸움은 무신들이 하지만, 언제나 문신의 지배를 받아야만 했다. 무신은 승진도 잘 되지 않았고, 문신에 비해서 많은 차별 대우를 받았다.

남녀 평등 사회, 고려

광종은 이복 남매인 대목왕후 황보씨와 결혼해 왕비로 맞아들였다. 또 이복형의 딸, 즉 조카인 경화궁부인 임씨를 두 번째 부인으로 맞았다. 그런데 대목왕후는 왕건의 딸이고, 이복형도 왕씨 성을 갖고 있을 텐데 두 부인 모두 왕씨여야 할 텐데 성이 다르다. 왜 일까? 고려 사회에서는 성씨를 자신이 선택할 수 있었다. 대목왕후 황보씨는 아버지의 성인 왕씨가 아니라 어머니의 성인 황보씨를 따른 것이고, 경화궁부인도 마찬가지이다. 지금에 비하면 여성들의 선택권이 훨씬 컸음을 알 수 있다.

공음전

신분을 이용해 쉽게 관직에 오를 수 있는 음서제 외에도 고위 관리에게는 공음전이라는 토지를 주어 대대로 자식에게 남겨줄 수 있도록 했다. 음서제와 공음전은 고려가 귀족 사회였다는 것을 보여 주는 증거라고 할 수 있다.

다양한 방법으로 뽑힌 고려의 관리들

개념쌤의 1분 특강

고려 귀족들의 든든한 힘이 되어 주었던 음서제와 공음전 모두 '음'자가 들어간답니다.

61 성종

- 고려 제6대 왕(960~997), 유교를 정치에 실현하고자 애쓴 왕.
- 광종 이후 왕권이 안정되자 성종은 정치와 교육 제도를 통해 유교의 정신을 실현하고자 노력했다.

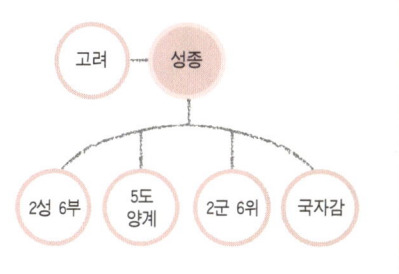

성종의 정책

〈중앙 정치 제도〉

성종은 중앙 정치 기구를 정비하면서 당나라의 3성 6부제를 참고했다. 고려는 당나라보다 영토도 작고 인구도 적다는 실정을 반영해 실제로는 2성 6부제로 운영했다. 중서문하성은 국정 전반을 관장했고, 상서성은 그 아래에 6개의 부를 두고 실제 정책을 진행해 나갔다. 이밖에도 왕의 비서 기관인 중추원, 관리들의 잘못을 감시하는 어사대, 회계를 맡은 삼사를 두었다.

〈지방 행정 제도〉

옛날에는 호족들이 지방의 지배자 역할을 했지만, 고려는 중앙에서 임명한 관리를 지방에 파견하여 백성을 다스렸다. 대신 지방의 호족들은 향리가 되어 지방관을 도왔다. 무엇보다 지방을 효과적으로 관리하기 위해 전국을 5도와 양계 지역으로 나누고, 교통이 편리한 곳에는 12개의 목을 설치했다. 이밖에도 향, 부곡, 소라고 불리는 특수 행정 구역을 설치했는데, 이곳에 사는 사람들은 농업과 수공업에 종사하면서 차별 대우를 받았다.

〈군사 제도〉

고려는 중앙군으로 2군 6위를 두어 왕궁과 개경을 지키도록 하고, 지방에는 주현군을 두어 치안 업무와 잡역을 맡도록 했다.

〈교육 제도〉

나라를 이끌 관료와 인재를 양성하기 위해 개경에는 국립 대학 격인 국자감을 만들고, 지방에는 향교를 세웠다.

통일 신라에 비해 발전한 고려

귀족이 아닌 양인도 과거를 통해 관리가 될 수 있었다.

고을마다 향교가 세워져 유학의 정신이 널리 보급되었다.

세금이 신라 시대보다 줄었고, 백성들의 생활을 보호하는 기관도 생겼다.

중앙 관리가 파견되어 왕명을 지방까지 전하였고, 지방의 호족은 향리가 되어 지방관을 도왔다.

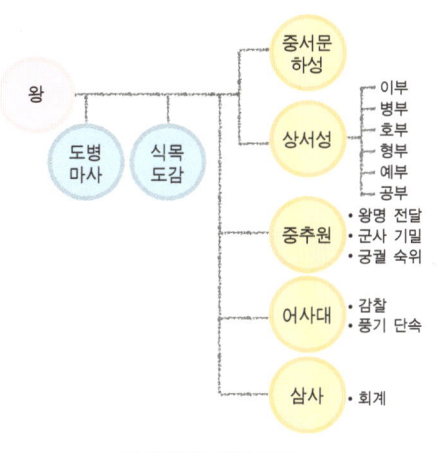

▲ 고려의 중앙 정치 기구

▲ 5도 양계

62 시무 28조

- 고려 성종에게 최승로가 제시한 28개의 정치 개혁 조항.
- 성종과 함께 고려에 유교적 이념을 심기 위해 노력한 최승로는 성종에게 시무 28조를 제시하며 고려가 더욱 발전할 수 있기를 바랐다.

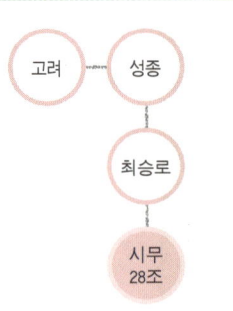

유교적 이상 국가를 꿈꾼 왕과 신하

왕위에 오른 다음 해 성종은 신하들에게 나라를 다스릴 좋은 생각을 써내라는 명령을 내렸다. 이때 많은 신하들이 의견을 냈는데, 그중 유학자였던 최승로는 올바른 정치를 하기 위해서는 임금 스스로 모범을 보이고, 백성들을 위해 바른 정치를 펼쳐야 한다는 주장을 담은 글을 올렸다. 유교 정치사상에 바탕을 둔 개혁안인 시무 28조를 임금에게 올린 것이다. 시무 28조는 지금 해야 할 일 28가지라는 뜻인데, 현재 22개 조만 전해지고 있다.

이 건의안을 작성한 최승로가 바라는 사회는 유교 이념에 따라 통치 질서가 확립되고, 왕을 존중하되 왕이라 하더라도 신하의 권리를 함부로 침범하지 않는 사회였다. 성종은 최승로의 건의를 받아들여 유교를 통치의 근본이념으로 채택하고 여러 가지 제도를 정비했다.

다시 노비로 되돌아가라고?

광종은 왕권을 강화하기 위해 억울하게 노비가 된 사람들은 모두 양인으로 신분을 되돌려 놓았다. 하지만 성종은 이를 뒤집고 다시 호족의 노비가 되게 하는 노비환천법을 실시했다. 최승로가 "양인이 된 노비들이 주인을 무시하고 신분 질서가 문란해졌다."라고 건의한 것을 받아들인 것이다. 하지만 실제로는 노비안검법으로 불만이 커진 호족 세력들을 달랠 필요가 있었기 때문에 노비환천법을 실시한 것이다.

시무 28조

최승로가 제시한 시무 28조는 고려를 유교 사회로 바꾸기 위한 개혁적 내용이 포함되어 있다.

- 관리의 의복과 백성의 의복을 달리해야 한다.
- 임금과 신하, 부모와 자식 간의 도리는 중국의 것을 따른다.
- 국가의 큰 행사(연등회, 팔관회)는 백성의 부담이 크므로 삼간다.
- 불교보다는 유교에 따라 통치한다.
- 왕은 교만하지 말고, 아랫사람을 공손히 대한다.
- 관리를 공정히 선발한다.
- 양인과 천인의 구별을 뚜렷이 해 아랫사람이 윗사람을 모욕하지 못하게 한다. …

고려 사회의 변화

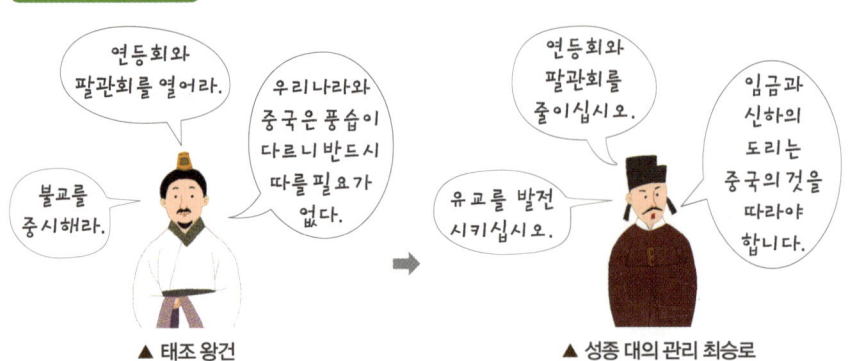

▲ 태조 왕건 / ▲ 성종 대의 관리 최승로

개념쌤의 1분 특강

고려와 조선에 모두 성종이라는 왕이 있는데, 이 두 왕은 모두 나라의 제도를 정비한 왕이라는 공통점을 가지고 있답니다.

63 서희와 강동 6주

- 고려 성종 때 서희는 거란족을 상대로 외교전을 펼쳐 강동 6주를 획득함.
- 거란족이 대군을 이끌고 고려에 쳐들어오자 서희는 거란의 속내를 간파하고 외교 담판을 벌여 전쟁의 위기에서 고려를 구하고 영토도 넓혔다.

거란의 성장

고려 북쪽에 있던 거란족은 세력을 점차 키워가고 있었다. 당시 중국은 송나라였는데, 군사력이 약해 고려에 군사적 도움을 받기를 원했고, 고려는 송나라로부터 발달된 문화를 받아들이길 원해 서로 외교 관계를 맺고 있었다. 한편, 거란족은 송나라를 공격하고자 했으나 송나라를 도와줄 고려가 걱정되어 먼저 고려를 치고자 했다. 이 때문에 거란은 고려를 세 차례나 침입했다.

서희의 담판

993년 거란의 침략 의도가 고려와 송나라의 관계를 끊는 데 있다는 것을 알아챈 서희는 거란족의 장군 소손녕을 만나겠다고 자청했다. 소손녕은 서희에게 바닥에 엎드려 절을 하라고 했지만 서희는 당당하게 "나는 고려 왕이 보낸 사신이니 사신으로 대우해 주시오."라고 말했고, 고구려의 후손임을 내세워 오히려 영토를 얻어 왔다. 어떻게 이런 일이 있을 수 있었을까?

서희는 국제 정세를 읽는 눈이 탁월한 외교관이었다. 불리한 처지에서 벌인 담판이었지만, 송나라와 거란이 전쟁 중인 관계를 잘 이용했다. 거란이 고려 정복에 큰 힘을 쏟기 어렵고, 고려를 견제하는 것에 만족하리라 판단하여 오히려 영토를 확장할 수 있는 기회로 활용한 것이다. 즉 고려가 송나라와 관계를 끊는 대신 거란으로 가는 길목인 압록강 동쪽 280리 지역을 돌려받기로 한 것이다.

거란은 뒤늦게 이 지역이 중요한 군사 지역인 것을 알고 되돌려 달라고 했지만, 고려는 거부했다. 고려는 이 지역에 강동 6주를 설치하고 약속과 달리 거란에 사신을 보내지도 않았다.

거란으로부터 나라를 구한 양규

고려가 거란과의 약속을 어기고 사신을 파견하지 않자 거란은 1010년 다시 쳐들어왔다. 강조가 목종을 죽이고, 현종을 왕위에 앉힌 '강조의 정변'을 트집 잡아 또 쳐들어온 것이다. 이때 고려는 개경까지 함락되고, 왕은 전라도 나주까지 피난을 떠나야 했다. 결국 앞으로는 왕이 직접 거란을 찾아가겠다는 약속을 하고 강화 조약을 맺어야 했다. 그러나 양규가 이끄는 고려군은 끝까지 저항하여 거란군을 크게 물리쳤다. 그리고 돌아가던 거란군을 기습적으로 공격하며 백성을 구해냈다. 시간이 지나면서 양규가 지키던 성은 물자가 부족해졌지만 양규는 수많은 화살을 맞으면서도 끝까지 항전하다 결국 전사했다.

▲ 강동 6주와 천리장성

개념쌤의 1분 특강

아마 서희가 요즘 시대에 태어났다면 세계적인 외교관이 되었을 거예요. 그만큼 훌륭한 능력으로 고려를 구한 서희는 문제에 자주 나온답니다.

64 강감찬과 귀주 대첩

- 고려 초기의 장군(948~1031)으로 거란족을 물리침.
- 고려에 쳐들어온 거란족을 정벌하고 고려를 위기에서 구한 장군으로, 당시의 전투를 귀주 대첩이라고 한다.

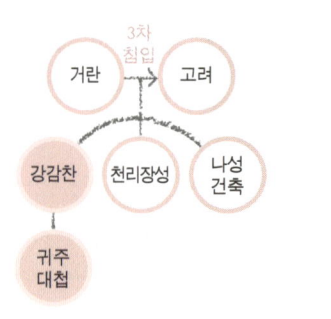

강감찬의 흥화진 전투와 귀주 대첩

1018년 12월 거란은 다시 소배압을 총사령관으로 대군을 이끌고 고려에 쳐들어왔다. 강감찬은 소가죽을 연결해서 흥화진 동쪽 상류의 물을 막고 군대를 숨겨두었다. 이를 모르는 거란군은 강을 건너다 강감찬이 터뜨린 둑의 물살에 휩쓸려 내려갔고 그나마 이를 피한 거란군도 고려군에 전멸됐는데 이 전투가 바로 흥화진 전투이다.

1019년 1월, 흥화진 전투 패배 이후 거란은 개경 근처까지 진격해 왔다. 현종은 개경 근처 백성들에게 식량을 가지고 모두 성 안으로 피신하라고 했다. 적군의 식량 보급을 끊어서 굶주림과 피로에 지치게 하려는 전술이었다. 거란은 결국 추운 날씨에 지쳐 후퇴를 결정했고, 강감찬은 그들을 기습 공격하여 큰 승리를 거두었다. 2월에는 귀주에서 도망갈 곳이 없는 거란군을 좁은 계곡으로 유인한 후 삼면에서 한꺼번에 공격했다. 거센 바람이 거란군 쪽을 향해 불기 시작하자 고려군은 화살을 퍼부었다. 이때 거란의 10만 대군 중 살아서 돌아간 사람은 2천 여 명뿐이었는데 이 전투가 귀주 대첩이다.

천리장성과 나성

1033년 덕종은 국경 부근을 안정시키기 위해 압록강 하구에서 동해안의 도련포까지 연결하는 성을 쌓기 시작했다. 중국의 만리장성처럼 원래 있던 성을 연결해 외적의 침입을 차단하려 했다. 대략 천 리에 달해 '천리장성'이라는 이름을 붙였는데 12년의 공사 기간을 통해 만들어진 높고 견고한 성이다. 하지만 왕이 살고 있는 개경 주변은 여전히 불안했다. 궁궐 주변을 둘러싼 내성은 있지만 외곽에 쌓은 외성은 없었기 때문이다. 그래서 강감찬 장군은 개경에 나성, 즉 외성도 쌓았다.

낙성대 역의 주인공, 강감찬

귀주 대첩 당시 강감찬 장군의 나이가 71세였다는 사실은 놀라울 뿐이다. 강감찬 장군과 관련된 유적이 서울에 있다. 강감찬 장군이 태어나던 날 장군의 집에 큰 별이 떨어져서 그 집을 낙성대라고 부르고, 서울 지하철 2호선에 낙성대 역이 있다. 성종 때 문과에 급제하면서 정계에 입문한 강감찬 장군은 거란의 1차 침입 때에도 거란족에게 항복하려는 신하들 앞에서 격렬하게 반대 의견을 내놓았다. 재상의 자리에 올랐을 때에 송나라 사신이 강감찬에게 큰 절을 하며, "문곡성(밤 하늘의 별자리 중 하나)이 오래도록 보이지 않더니 여기 계셨군요."라고 했다는 이야기도 전하고 있다.

개념쌤의 1분 특강

거란 1차 침입 → 서희의 외교 담판

거란 2차 침입 → 양규의 활약

거란 3차 침입 → 강감찬의 귀주 대첩

65 윤관

- 고려 시대의 장군으로 동북 9성을 개척한 인물(?~1111).
- 윤관은 고려에 침입하는 여진족에 대항하기 위해 기마 부대인 별무반을 만들고 여진족을 물리쳤다.

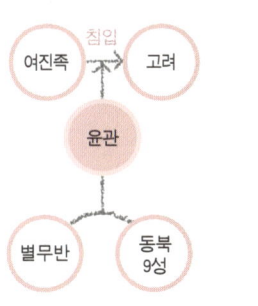

여진족

여진족은 주로 고려 북쪽 지역인 발해가 있던 곳에서 부족 단위로 흩어져 살며 고려를 섬기던 민족이었다. 초원 지대에서 말이나 양을 키우는 유목 민족이었던 여진족은 말, 모피, 화살 등을 고려에 바쳤다. 고려는 여진족을 다스리기 위해 군대를 일으켜 정벌하기도 하고 농기구나 식량을 주기도 하였다. 그러나 차츰 여러 부족이 하나로 통일되면서 고려를 강하게 위협하기 시작했고, 전쟁도 잦아졌다.

윤관과 별무반

윤관은 왕에게 건의해 여진족에 대항하기 위해 별무반을 만들었다. 별무반은 기마 민족인 여진족과 싸우기 위해 말을 타고 싸우는 기병 부대인 신기군, 보병인 신보군, 승려들로 구성된 항마군으로 구성되어 있었다.

윤관은 별무반을 이끌고 나가 여진족을 크게 물리쳤고 여진족이 거주하던 지역은 고려의 영토가 되었다. 《고려사》라는 역사책에 따르면, 윤관은 천리장성을 넘어 함경도의 중요 지점인 영주, 공험진, 길주, 웅주, 진양진, 북주, 함주, 통태진, 숭녕진 등에 9성을 쌓았는데 이를 동북 9성이라 한다.

그런데 동북 9성을 유지하기란 생각처럼 쉽지 않았다. 유지하는 데 많은 비용이 들었기 때문이다. 또 여진족 깊숙이 자리를 잡고 있어서 날로 강성해지는 여진족의 공격을 막아내기에는 역부족이었다. 여진족은 조공을 바치겠다며 돌려달라고 간청했고 결국 강동 6주와 달리 동북 9성은 고려의 영토가 되지 못하고 여진족에게 다시 돌려주었다.

이로써 왕건의 북진 정책은 힘을 잃게 되었다. 이후 힘을 키운 여진족은 금나라를 세웠고 거란족이 세운 요나라를 압박하기 시작했다. 요나라가 힘을 잃으면서 고려는 압록강까지 영토를 확장했지만 금나라를 섬겨야만 하는 사대 관계를 맺었다.

국제 관계의 핵심이 된 고려

점차 강성해진 여진족은 금을 세웠고 금은 중국을 차지하기 위해 거란족이 세운 요나라를 공격했다. 다급해진 거란은 금과 싸우기 위해 고려에 군사를 요청했지만, 고려는 이를 거절했다. 결국 요나라는 멸망하고 고려는 거란이 점령했던 압록강 유역의 보주(의주)를 획득했다. 한편, 송나라는 고려에게 연합하여 금을 치자고 제의했지만 고려는 역시 거절했다. 결국 금의 기세에 밀린 송나라는 남쪽으로 내려가 남송을 세웠다.

▲ 12세기 경의 고려와 주변 국가

66 이자겸의 난

- 고려 시대의 문벌 귀족인 이자겸이 벌인 난(1126).
- 이자겸은 가문의 힘을 바탕으로 왕비를 거듭 배출하면서 자신이 왕이 되고자 난을 일으켰는데 이를 이자겸의 난이라 한다.

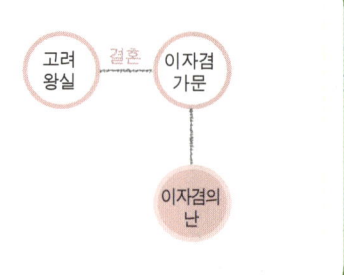

이자겸의 가문

경원 이씨 집안은 왕비와 후궁을 10명이나 배출하며 고려 사회에서 왕보다 더 큰 권세를 누렸던 대표적인 외척 가문이다. 이자겸은 5명의 딸 중 3명을 왕실에 시집보냈다. 17대 왕이었던 인종이 2명의 이모와 결혼하기도 했다. 인종이 이모를 사랑해서라기보다는 외할아버지의 권세가 너무 커서 어쩔 수 없는 선택이었을 것이다. 당시 이자겸은 왕을 능가하는 권력자였기 때문이다. 그는 정치력 외에도 왕실에서 받은 많은 토지로 경제력 또한 컸다. 그러나 백성들의 토지를 빼앗는 등 끊임없는 욕심을 부려 백성들의 원성을 샀다.

고려 초기의 지배층, 문벌 귀족

고려는 호족이 세운 나라였지만, 과거제와 호족 숙청 과정에서 새롭게 관직에 오른 사람들이 많아졌는데 이 사람들의 자식들도 음서제를 통해 모두 높은 벼슬에 올랐다.
고려는 관리에게 전시과라는 토지를 나누어 주었는데, 이 토지는 관직에서 물러날 때 반납하는 게 원칙이었다. 하지만 공신이나 고위 관료들은 이를 반납하지 않고, 자식에게 물려주었는데 이를 공음전이라고 한다.
11~12세기 무렵 고려의 음서제와 공음전을 통해 지배층을 형성한 이들을 문벌 귀족이라고 한다.

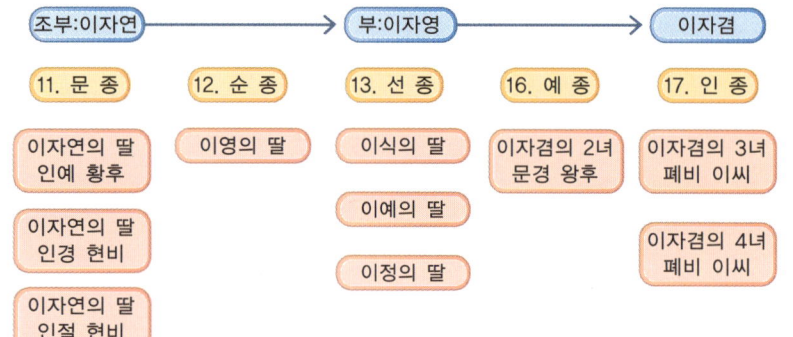

▲ 경원 이씨의 왕실과 혼인 계보도

반란을 꿈꾸는 이자겸

이자겸은 어느날 "십팔자(十八子)가 왕이 된다."는 소문을 듣고 왕위를 노리기 시작했다. 십팔자의 한자를 합치면 이(李)가 되기 때문이다. 그래서 왕비였던 자기 딸을 시켜 독이 든 약을 왕에게 먹이도록 했는데, 왕비가 들고 가다 일부러 넘어졌다. 다시 독이 든 떡을 주었는데, 이번에는 왕에게 이 사실을 말하고는 대신 까마귀에게 먹였다. 왕위 유지에 위협을 느낀 인종이 이자겸을 제거하려 했지만 오히려 1126년에 이자겸의 사돈인 군인 척준경의 반격을 받아 왕궁이 불에 타는 등 위기에 처했다.
인종은 이자겸의 노비와 척준경의 노비 사이에 벌어진 싸움 때문에 둘 사이가 나빠졌을 때를 이용해 이간질을 했다. 인종은 척준경에게 나라를 위해 이자겸을 제거해 큰 공을 세울 것을 부탁하는 편지를 썼고, 이에 넘어간 척준경은 이자겸을 제거했다. 이자겸의 두 딸은 당연히 왕비에서 쫓겨났고 척준경은 이 일을 계기로 잠깐 동안 권세를 누리다 결국 귀양 가서 죽었다.

개념쌤의 1분 특강

이자겸의 난을 기준으로 고려 사회는 모습이 확 바뀌기 때문에 이자겸의 난은 그만큼 중요하고 시험에도 잘 나온답니다.

67 묘청의 서경 천도 운동

- 고려의 묘청(?~1135)이 수도를 개경에서 서경으로 옮기려 한 사건.
- 묘청은 풍수지리설을 근거로 북진 정책을 추진하기 위해 서경으로 수도를 옮길 것을 주장하며 반란을 일으켰다.

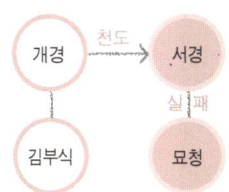

신진 세력의 등장과 풍수지리설의 유행

이자겸의 난 이후 왕실의 권위는 땅에 떨어지고, 문벌 귀족에 대한 비판이 터져나왔다. 특히 이자겸이 김부식과 함께 여진족이 세운 금나라와 친하게 지내야 한다면서 사대 관계(약한 나라가 강한 나라를 섬김)를 맺은 것에 대해 다시 생각하게 되었다. 이 기회를 이용해 문벌 귀족 때문에 승진할 수 없었던 신진 세력들은 왕에게 새로운 의견을 제시했고 왕 또한 신진 세력과 손잡고 문벌 귀족을 없애고 싶어했다.

한편, 이자겸의 난 직후 풍수지리설이 유행하면서 "개경(개성)은 이미 지덕이 쇠하여 서경(평양)으로 수도를 옮겨야 한다."고 주장하는 사람들이 많아졌다. 궁궐이 불에 타고 나니 왠지 수도를 서경으로 옮겨야 할 것 같은 예감이 들면서 세상은 더욱 어수선해졌다.

묘청의 서경 천도 운동

서경 출신의 신진 세력인 묘청은 풍수지리설을 근거로 서경 천도 운동을 일으켰다. 이랬다저랬다 하는 인종 때문에 서경 천도 계획이 물거품이 되자 묘청은 나라 이름을 '대위국(큰 일을 하는 나라)', 연호를 '천개(하늘이 열림)'라 하고, 나라 안에 또 다른 나라를 만들어 반란을 일으켰다.

반란에 맞서 개경에서는 김부식을 총사령관으로 토벌군을 조직해 1년여 만에 반란을 진압했다. 진압에 오랜 시간이 걸린 이유는 개경의 귀족 세력에 반대하는 서경의 농민들이 합세해서 반란군을 도와주었기 때문이다.

서경 천도 운동은 지방의 신진 세력인 서경파 묘청과 중앙 귀족 출신인 개경파 김부식이 대립한 권력 다툼이었지만 그 이상의 의미가 있다. 금나라에 대한 고려인의 자주 의식을 보여 준 사건이자 서경 백성들의 행동을 통해 백성의 저항 의식을 엿볼 수 있는 사건이기 때문이다. 그래서 신채호는 묘청의 서경 천도 운동을 '조선 역사상 가장 중요한 첫 번째 사건'이라고 높이 평가했다.

▲ 서경파와 개경파

같은 호칭, 다른 사람

	고려	조선
내시	가문이 좋고 학식이 높은 엘리트	왕의 시중을 들던 거세당한 내관
백정	군역 등 세금을 부담했던 평범한 농민	소나 돼지를 잡는 도살업자

같은 호칭으로 불리지만, 시대에 따라 다른 일을 하던 사람들이 있다. 조선 시대에 내관이라 불리던 사람들은 고려 시대에 환관이라 했다. 또 고려 시대에는 도살업자를 양수척 또는 화척이라고 불렀다.

개념쌤의 1분 특강

묘청과 김부식은 꼭 비교하면서 공부해야 해요. 이 둘의 사상을 비교하는 문제가 자주 출제되거든요.

68 무신 정변

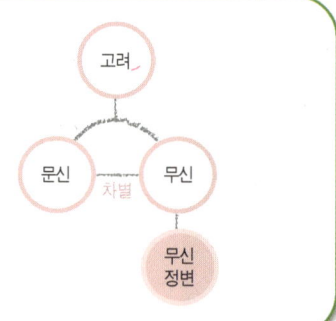

- 고려 시대에 무신들에 의해 일어난 정치적 변화(1170).
- 문신들에 비해 무신들의 차별이 심했던 고려 사회에서 무인들은 반란을 일으켜 정권을 잡았는데, 이를 무신 정변이라 한다.

무신들의 불만

고려 시대의 과거에는 무과가 없었다. 강감찬이나 양규 등 우리가 무신으로 기억하는 사람들은 모두 문과에 급제한 사람들이었다. 무신으로 관리가 된 사람들은 문신들 때문에 승진도 잘 되지 않았고, 문신들이 군대의 최고 자리에 앉아 총 지휘를 했기 때문에 기가 죽을 수밖에 없었다. 이런 분위기 속에서 나이 어린 문신들이 어른 격인 무신을 놀리자 화가 난 정중부는 어두운 밤을 이용해 한뢰를 비롯한 문신들을 모조리 죽여 버렸다. 정중부를 비롯한 무신들은 여기서 멈추지 않고 궁궐까지 쳐들어가 당시 임금인 의종을 멀리 거제도로 귀양 보냈다. 이제 정치는 무신들에 의해서 이루어졌고, 귀양 간 의종은 이의민에 의해 살해되고 말았다. 이 사건을 무신 정변이라고 한다.

최씨 정권

세상을 평등하게 만들어 줄 것 같았던 무신들은 문벌 귀족들보다 더 큰 권력과 땅을 차지하기 위해 열을 올렸다. 또 무신들 사이에 일어난 권력 다툼으로 서로 죽이는 일이 빈번하게 일어났다. 처음 권력을 잡았던 이고는 이의방에게, 이의방은 정중부에게, 정중부는 경대승에게 죽었다. 젊은 경대승은 또 병들어 죽었다. 이후 권력은 이의민에게 넘어갔고, 이의민을 노비 출신이라고 욕하던 최충헌이 그를 제거하였다.

최충헌이 권력을 잡은 후 무신 정권은 비교적 안정되기 시작했다. 이후 최충헌의 아들 최우, 손자인 최항, 증손자인 최의까지 4대에 걸쳐 60여 년 동안 최씨 집안에서 권력을 휘둘렀다. 최충헌은 자신의 집에 교정도감이라는 관청을 설치하고 자신은 교정별감 자리에 앉아 국정 전반에 관한 모든 일을 결정했다. 또 도방을 두어서 자신의 보디가드로 이용했으며 정방을 차려놓고 정부의 모든 인사 행정을 결정했다. 이것도 모자라 삼별초라는 사병 조직을 만들어 오늘날의 경찰처럼 활용했다. 왕은 있지만 모든 권력은 최씨 정권의 손아귀에 들어갔고, 기존의 정치 기구들도 모두 역할을 잃어버렸다.

무신 정변의 계기

1170년 8월 30일, 의종은 개경 부근 보현원으로 나들이를 떠났고, 쉬는 시간에 무신들이 지금의 태권과 비슷한 수박희라는 놀이를 하고 있었다. 그때 젊은 무사와 나이 많은 장군인 이소응이 겨루게 되었고, 이소응이 경기에서 적당히 싸우다 지는 듯 기권을 했다. 그러자 한뢰라는 문신이 그를 나무라며, 계단 위에 서서 힘껏 때렸다고 한다. 이 모습을 지켜본 정중부의 분노는 대단했고, 이 사건을 계기로 그는 반란을 계획하기 시작했다.

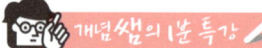

참 많은 기관들이 나오지요? 최충헌에게 정치적 기반은 교정도감, 경제적 기반은 대농장, 군사적 기반은 도방과 삼별초라고 정리하세요.

1170	1174	1179	1183	1196	1219	1249	1257	1258	1268	1270	1271
이의방	정중부	경대승	이의민	최충헌	최우	최항	최의	김준	임연	임유무

▲ 무인 시대의 최고 권력자

69 만적의 난

- 노비였던 만적이 신분 상승을 목표로 일으키려 했던 난(1198).
- 만적은 고려 신종 때 최충헌의 노비로, 노비 해방을 위하여 난을 일으키려다 발각된 후 최충헌에게 체포되어 죽음을 맞았다.

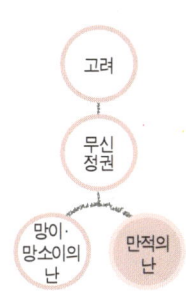

망이·망소이의 난

무신들이 권력을 잡은 후 백성들의 생활은 더욱 어려워졌다. 세금을 걷는다면서 지나치게 많은 곡식과 특산물을 빼앗아갔기 때문이다. 또 무신 정변 이후 신분 상승에 대한 기대감이 커지면서 농민들의 저항 의식도 커졌다. 무신 집권자 가운데 노비 출신인 이의민은 하층민을 크게 자극했다.

고려에는 향·소·부곡이라는 특수 행정 구역이 있었는데 관리도 파견하지 않고 일반적인 양민과 달리 노비(奴婢)·천민에 유사한 계급이 사는 곳이었다. 잡척이라고 불리는 이들은 농사도 짓고, 특산물까지 만들어야 했기 때문에 일반 백성보다 더 많은 세금과 의무에 시달렸다. 결국 1176년, 공주 명학소의 망이와 망소이 형제는 참다 못해 반란을 일으켰다. 이들이 공주를 함락시키자 명종은 서둘러 '명학소'를 '충순현'으로 바꾸어 주었다. 하지만 정부가 이들을 다시 괴롭히자 또 봉기가 일어났다. 결국 고려 정부는 이 지역을 명학소로 다시 바꾸고, 거짓으로 망이를 속인 후 공격하여 진압에 성공했다.

'소'에서 만든 생산품들

'소'에서는 금, 은, 종이, 소금, 도자기, 먹, 차 등을 만들었는데, 주로 재료가 많이 나는 곳과 교통이 편리한 곳에 위치하고 있다. 충청도와 전라도에 소가 집중되어 있는데, 이곳을 차별해서라기보다는 개경까지 바닷길을 통해서 운반하기가 쉬웠기 때문이다.

만적의 난

만적은 최충헌의 집에서 일하는 노비였다. 그는 노비들을 모아 봉기를 계획했지만 반란을 약속한 당일 모인 노비들이 너무 적어서 실패할까 걱정이 되어 다음 약속한 날에 다시 모이기로 했다. 각자 주인을 죽이고 노비 문서를 불태운 후 궁궐까지 쳐들어가 노비라는 신분을 없애버릴 생각이었다.

그런데 율학 박사 한충유의 노비 순정이 주인에게 그 사실을 일러바쳤고, 한충유는 최충헌에게 알렸다. 최충헌은 만적과 100여 명의 노비들을 잡아서 다리에 큰 돌을 묶어 강에 던져 버렸다. 노비들이 그토록 원했던 신분 해방은 딱 한 명, 이 사실을 고자질한 순정만 이루었다. 순정은 은 50냥을 상금으로 받고 양인이 되었다고 한다. 만적의 난은 실패했지만 이후에도 노비들의 신분 해방 운동은 30여 년간 계속되었다.

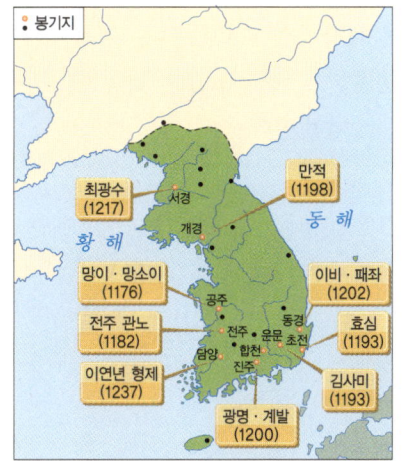

▲ 농민과 천민의 저항 운동

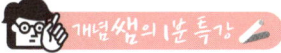

만적의 난은 주관식 문제로도 잘 나온답니다. 단답형보다는 서술형 주관식으로 잘 나오니 원인부터 결과까지 열심히 공부해야 할 부분이에요.

70 몽골의 침입

- 후일 원나라를 세운 몽골이 고려에 쳐들어온 사건.
- 기마 민족 중 하나인 몽골은 칭기즈 칸의 지도 하에 전 세계에 걸친 대제국을 건설하였으며, 고려에도 쳐들어왔다.

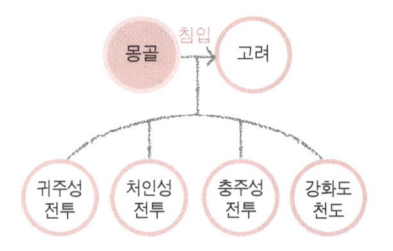

강동의 역

고려가 무신 집권기에 접어들었을 무렵 중국에서는 칭기즈 칸이 몽골 제국을 건설했다. 몽골 제국은 금나라를 공격하고 세력을 확장하고 있었다. 이러한 혼란을 틈 타 금나라의 지배를 받던 거란족이 반란을 일으켜 도망다니다 고려에 침입하는 사건이 벌어졌다. 고려는 몽골과 연합해 서경 부근 강동성에서 거란족을 물리쳤는데, 이것을 '강동의 역'이라고 한다.

이를 계기로 고려는 몽골과 외교 관계를 맺었다. 그런데 세계적 강국으로 성장한 몽골은 해마다 많은 공물을 요구해 고려를 힘들게 했다. 그러던 어느 날 몽골의 사신 저고여가 고려에 왔다가 귀국하면서 살해당하는 사건이 발생했다. 여진족이 고려인의 복장을 하고 저지른 일이라고 생각되지만, 이 사건으로 고려와 몽골의 국교는 단절됐다.

몽고과 몽골, 어떤 게 맞을까?

몽고는 중국인들이 몽골을 한자로 표기할 때 낮추어 부르던 표현이므로 몽골이라고 하는 것이 맞다. 몽고라는 말은 무식하고 아직 잠에서 덜 깨어난 듯하다는 뜻을 담고 있기 때문이다. 중국 사람들이 몽골을 얕잡아서 부를 때 쓰는 말이니 우리는 함부로 사용해서는 안 된다.

몽골과의 전투

1231년 몽골의 침입으로 전쟁이 시작됐다. 귀주성에서는 박서의 지휘 아래 끝까지 성을 지켰고, 충주 지방에서는 관리들이 도망가자 노비들이 나서서 성을 지켰다. 최씨 정권은 수도를 강화도로 옮기고 섬으로 들어갔다.

다시 2차 침입이 시작되자 이번에도 지배층은 갈팡질팡 하는 사이 하층민들이 더 적극적으로 몽골에 대항했다. 처인성 전투에서는 김윤후와 처인 부곡민이 몽골의 사령관 살리타를 사살하는 큰 성과를 올렸다. 이후 6차까지의 전투에서 우리 민족은 지옥 같은 30년을 보내야 했고, 전쟁의 피해는 갈수록 심해졌다. 대구 부인사에 보관하고 있던 대장경의 판목과 경주 황룡사 9층탑 등이 몽골군에 의해 불타버리는 등 귀중한 문화재를 많이 잃었지만 무엇보다 백성들의 삶은 죽지 못해 사는 비극 그 자체였다.

수도를 강화도로 옮긴 이유

말을 타는 것에 익숙한 몽골은 바다에 약해서

섬이 크고, 곡식이 많이 생산되어서

밀물과 썰물의 차가 커 외부의 침입이 어려워서

수도인 개경과 거리 상으로 가까워서

배를 이용한 조세 운반이 쉬워서

71 삼별초

- 끝까지 몽골에 대항한 최씨 무신 정권이 고용한 군인.
- 최씨 정권의 사병이었던 삼별초는 몽골과의 강화에 반대하며 배중손을 중심으로 강화, 진도, 제주로 이동하면서까지 몽골에 항전하였다.

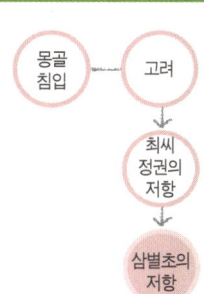

몽골과의 강화

최씨 정권은 강화도에 피난해 있으면서도 사치스런 생활을 했다. 오히려 더 많은 세금을 거둬 백성들의 원망만 커져갈 뿐이었다. 백성들은 죽기를 각오하고 싸우는데, 무신 집권자들은 편히 지내니 민심을 잃을 수밖에 없었다. 몽골과 싸우자고 주장하던 최씨 정권의 최의가 피살당하자 고려 정부는 몽골과 강화를 맺고 전쟁을 끝냈다. 강화도에서 다시 개경으로 수도를 옮겼지만 상황은 이제 바뀌었다. 고려의 왕자들은 원에서 교육을 받아야만 왕이 될 수 있었다. 하지만 당시 몽골에게 나라를 빼앗기지 않은 나라는 세계에서도 손에 꼽을 정도였기 때문에 고려인들의 기개는 높이 사야 한다.

삼별초의 저항

왕과 신하들은 모두 개경으로 돌아왔지만 최씨 정권의 사병이었던 삼별초는 끝까지 반대하고 몽골에게 저항했다. 배중손을 중심으로 새로운 왕을 뽑고, 관리도 뽑아 반란을 일으킨 것이다. 강화도에서 싸우던 이들은 고려와 몽골의 연합군이 공격해 오자 배를 타고 전라남도 진도로 근거지를 옮겨서 싸웠다. 이때 진도로 떠나는 배가 무려 1천 척이었다고 한다.

진도가 함락되고 배중손이 죽자 김통정의 지휘 아래 제주도로 옮겨 항쟁을 시작했다. 고려와 몽골 연합군이 제주도에 모여들었고, 삼별초는 있는 힘을 다했으나 결국 진압되었다. 김통정은 부하 70여 명과 함께 한라산에서 목숨을 끊었으며 삼별초의 저항은 4년 만에 진압되었다.

삼별초가 개경 환도에 반대한 이유

삼별초는 치안과 조세 징수 업무를 맡은 최씨 정권의 사병이었다. 강화도에서는 무신 집권자를 호위하는 역할을 했고, 최씨 정권에 반대하여 반란을 일으키는 백성을 도적이라며 잡아 가두기도 했다. 한마디로 백성을 위한 군대가 아니라 최씨 정권을 위한 군대였던 것이다. 이런 삼별초가 다시 개경으로 돌아가면 삼별초로 인해 고통을 겪었던 사람들에 의해 처벌받을까 두려워 돌아갈 수 없었던 것이다. 하지만 삼별초가 세계적인 제국인 원에 대항해 항전했던 정신 만큼은 인정해 주어야 한다.

삼별초의 이동과 항쟁 유적지

▲ 진도 용장 산성 미로 같은 산성의 구조를 이용해 몽골군을 따돌렸다.

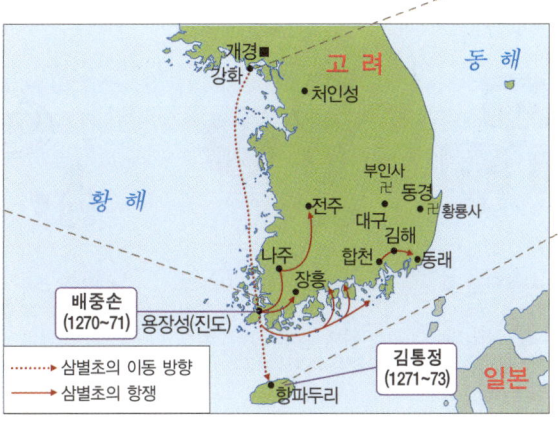

▲ 강화 고려궁지 강화도에는 작지만 개경에 있는 궁과 같은 구조를 지닌 궁이 있었다.

▲ 제주도 항파두리 오늘날의 연막탄과 같이 재와 말꼬리의 빗자루를 이용하여 토성 위에 먼지를 일으키며 싸우던 장소이다.

72 권문세족

- 고려에서 벼슬이 높고 권세가 있는 집안을 일컫는 말.
- 권문세족이란 원의 세력을 등에 업은 사람들로, 원 간섭기에 고려의 정권을 장악하였다.

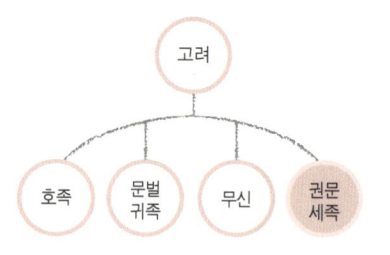

원 간섭기의 고려 사회

몽골이 세운 원나라는 고려의 제도와 풍습을 인정하면서도 심하게 간섭했다. 또 일본까지 침략하고 싶어 고려에 '정동행성'이라는 관청을 만들고 일본 원정을 위한 군사 훈련과 배 만드는 일도 시켰다. 일본 원정은 태풍을 만나서 실패했지만 정동행성은 없어지지 않고, 고려의 정치를 간섭하는 곳이 되었다. 원 간섭기의 왕들은 왕자 시절에 원나라에서 교육을 받았다. 그리고 원나라 공주와 결혼하여 황제의 사위가 된 후 고려의 왕이 되었고, 원에 충성을 맹세한 왕들이기 때문에 '충○왕'이라는 칭호를 얻었다.

권문세족

원나라에서 자란 왕들은 고려에 돌아와도 아는 사람이 없어 원에서 함께 지내던 신하들과 정치를 했다. 그래서 원나라의 간섭으로 왕이 바뀔 때마다 신하가 바뀌었다. 이제 고려 사회는 호족도, 문벌 귀족도, 무신도 아닌 새로운 세력에 의해서 움직이게 되었다. 이들을 권문세족이라 하는데 원의 세력을 등에 업은 환관, 역관, 군인 출신이나 혹은 그 친척들이었다. 이들은 원나라 옷을 입고, 이름도 원나라 식으로 바꾸었다.

권문세족은 백성들의 토지를 강제로 빼앗아 산과 강을 경계로 나눌 만큼 땅을 넓혔다. 이렇게 소유한 권문세족의 넓은 땅을 농장이라고 한다. 이 땅에서 농사를 짓기 위해 권문세족은 백성들을 강제로 노비로 만들었다. 나라를 위해 세금을 내고, 군대에도 가던 평민들이 권문세족을 위해 일하는 노비가 되어버리자 국가의 수입이 감소하고, 왕권도 약해졌다.

고려 시대의 환관

환관은 궁에서 왕의 시종 역할을 하기 위해 어려서 생식기를 거세한 남자로, 조선에서는 내시라고 불렀다. 고려 시대의 환관들 중에는 왕보다 높은 권력을 누린 사람들도 있었는데, 조인규, 최세연, 임백안독고사 등이 유명하다. 이들 중 임백안독고사는 충선왕을 티베트로 귀양 보냈고, 충렬왕 때 최세연이라는 환관은 궁궐 앞에 큰 누각을 짓고 살았다고 한다. 왕비가 크게 노했지만 이들을 처벌하기 위한 그 어떤 일도 없었다고 한다.

고려 사회에 유행한 몽고풍

▲ 설렁탕 몽골 음식 중 양을 잡아 삶아서 먹는 슐루에서 유래했다.

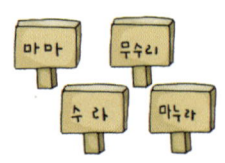
▲ 왕실에서 사용하는 호칭 왕실에서 사용하는 마마, 마누라, 수라, 무수리 등은 몽골 공주가 사용하던 칭호이다.

▲ 연지곤지 몽골 여인이 결혼할 때 악귀를 쫓기 위해 이마와 볼에 찍는 붉은색 화장이다.

▲ 만두, 소주 원래불교 국가라 육식을 꺼리는 고려에, 고기소를넣은 만두와 증류술인 소주가 등장했다.

▲ 한라산 초지대 몽골이 한라산 200~600m 지역에 말을 키우기 위해서 만든 목초 지대가 생겼다.

73 성리학

- 우주 만물의 원리를 탐구하는 학문.
- 고려 말에 중국으로부터 들어온 성리학은 불교로 인한 각종 피해가 판을 치는 고려 사회에 이를 대신할 새로운 사상으로 널리 전파되었다.

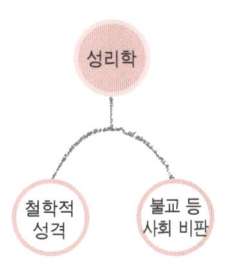

성리학이란?

성리학은 중국 송나라 때부터 시작된 유학의 한 갈래이다. 경전의 뜻을 다시 해석하거나 국왕에 대한 충성심만을 강조하던 기존 유학의 학풍과는 달리 성리학은 인간과 우주에 대해 깊이 연구하는 학문이었다. "우주 만물은 어떻게 만들어졌는가?", "인간은 본래 선하고 착한가, 아니면 악한가?"와 같은 질문에 대한 답을 연구했다.

성리학에서는 자연, 사람, 사회의 원리를 '이(理)'와 '기(氣)'로 설명하는데, 모든 것은 '기(氣)'의 움직임에 따라 태어나고 죽는다고 말한다. 이런 '기(氣)'의 근본을 이루는 것이 바로 '이(理)'이다. 사람은 '이(理)'를 따라 살면 도덕적이고 선하게 살고 '기(氣)'를 따라 살면 본능에만 충실한 악한 생활을 하게 된다고 주장한다. 어렵게 들리지만 도덕을 지키고 바르게 살기 위해 노력하라는 뜻이다.

만권당은 어떤 곳일까?

충선왕이 왕위에서 물러난 후 1314년 원나라 연경에 세운 독서당이 만권당이다. 요즘으로 치자면 학자들이 모여서 함께 공부를 할 수 있도록 만들어 놓은 공부방이라고 할 수 있다. 이곳에서 고려의 학자들은 학문뿐 아니라 여러 분야에 걸쳐 광범위한 활동을 하였고, 조맹부 같은 한족 출신 학자를 초대하여 강연회를 열기도 했다.

성리학의 도입

성리학이 우리나라에 처음 들어온 것은 고려 말이다. 충렬왕 때 원나라에 갔던 안향이 《주자전서》라는 책을 가져와 연구하면서 시작되었다. 이후 백이정, 이제현 등의 학자들이 함께 연구했다. 이제현은 28살에 원나라에 가서 공부하고 돌아와 성리학을 알렸고, 이색도 역시 원나라에서 성리학을 공부하고 돌아왔다.

고려 말에 등장하는 정몽주, 정도전, 권근 등은 모두 이색의 제자들이다. 이 사람들은 성리학이 기울어져 가는 고려 사회를 바로 세워 새로운 세상을 열어 줄 것이라고 믿었다. 그리고 새로운 정치 질서와 사회 건설을 위해서는 권문세족과 불교의 문제점을 개혁해야 한다고 주장했다.

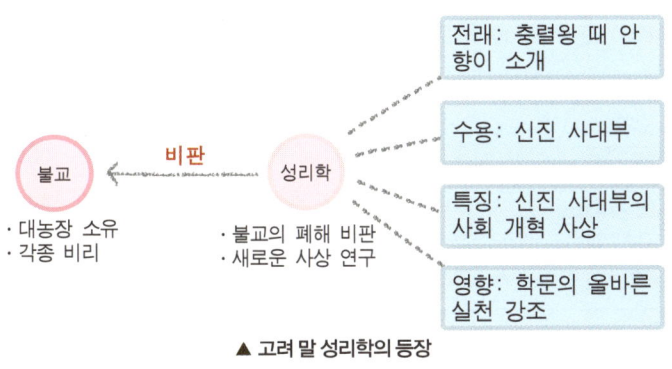
▲ 고려 말 성리학의 등장

개념쌤의 1분 특강

성리학 자체는 그다지 중요하지 않아요. 하지만 성리학이 들어온 이후 사회 변화는 몹시 중요하답니다.

74 신진 사대부

- 고려 말에 성리학을 공부한 유학자들.
- 원나라에서 들여온 성리학을 공부하고 과거를 통해 관직에 진출하여 개혁을 추진하던 세력을 신진 사대부라 한다.

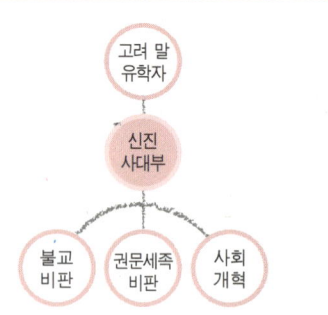

고려 말의 상황

충선왕은 원의 간섭으로부터 벗어나고, 권문세족으로 인해 어지러워진 나라의 기강을 바로 세워 약해진 왕권을 다시 일으켜 세우고자 하였다. 이를 위해 정치·경제 제도의 개혁을 실시했지만 실패하고 말았다. 충목왕도 개혁을 추진했지만 역시 실패했다. 고려 국왕이 원의 간섭과 조종을 받고 있어서 제대로 된 개혁을 할 수 없었기 때문이다. 게다가 정치 세력도 자주 바뀌어 개혁을 도와줄 만한 세력이 부족한 것도 원인이었다. 그러나 성리학이 도입되면서 유학을 배운 학자들에 의해 고려 사회는 변화하기 시작했다.

신진 사대부

공민왕 이후에는 성균관에서 유학을 공부한 학자들이 과거를 통해 관리가 되어 관직에 많이 진출했다. 성균관은 고려 시대에 유학을 가르치기 위해 세운 국립 대학으로 처음 이름은 국자감이었다. 이색, 정몽주, 권근, 정도전 등이 대표적인 성균관 출신의 학자들이다.

유학을 공부한 신진 사대부들은 권문세족과 달리 대부분 지방 향리 출신들이었다. 이들은 모든 관직을 독점한 권문세족 때문에 승진하기도 어려웠고, 많은 땅을 소유할 수도 없었던 신진 세력이었기 때문에 권문세족에 대한 불만이 많았다.

정치적인 면에서 신진 사대부들은 원 세력을 등에 업고, 부정부패를 일삼는 권문세족의 불법성을 비판했다. 그리고 성리학에 따른 새로운 사회 건설을 주장했다. 이들은 공민왕의 개혁 정치에 힘을 보태고, 이성계와 함께 개혁을 추진했다.

권문세족과 신진 사대부

권문세족	신진 사대부
친원파	친명파
환관, 군인, 역관 출신	성리학 지식을 갖추고 과거를 통해 관직에 진출
농장, 노비 소유	지방에서 살던 중소 지주

권문세족은 고려 말의 지배 세력으로, 원과 연결되어 세력을 유지했으며, 사원과도 연결되어 부패를 일삼았다. 반면 새롭게 등장한 신진 사대부들은 지방의 향리 출신이 많았고, 주로 하급 관료로서 권문세족의 잘못과 사원 세력의 타락을 공격하면서 세력을 키웠다.

고려 시대 지배층의 변화

시기	전기		후기		
	초기 (918~1018)	중기 (1018~1170)	무신 집권기 (1170~1270)	원 간섭기 (1270~1351)	말기 (1351~1392)
구분	체제 정비기	문벌 귀족 시대	하극상의 혼란기	자주성의 상실기	개혁·보수 갈등기
세력	호족	문벌 귀족	무신	권문세족	신진 사대부
사건	최승로 시무 28조	묘청의 난	하층민의 봉기, 신분 해방 운동	성리학 도입	전민변정도감

사대부의 '사'는 선비나 학자, '대부'는 정부에서 일하는 관료를 뜻해요. 사대부의 신분이 대충 짐작이 되지요?

75 신흥 무인 세력

- 고려 말 어수선한 상황에서 성장한 무인들.
- 신흥 무인 세력은 고려 말 홍건적과 왜구의 침입에 맞서 백성들의 안전을 지키고 고려를 위해 일한 무인 세력을 말한다.

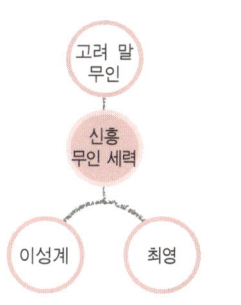

홍건적의 침입과 격퇴

14세기 중반 원나라가 쇠퇴하면서 중국은 100여 곳에서 반란이 일어날 정도로 혼란스러웠다. 이 중 머리에 빨간 두건을 둘러서 홍건적이라 불린 도적떼들은 단순한 도적떼가 아니라 원나라를 무너뜨리는 것을 목적으로 한 반란군이었다. 홍건적은 공민왕이 다스리던 고려에 계속 침입하여 많은 피해를 남겼다. 두 차례에 걸친 침입에 왕은 안동으로 피난을 가야만 할 정도였다. 홍건적의 1차 침입에는 이방실과 이승경이, 2차 침입에는 정세운과 이성계가 공을 세웠다. 이를 계기로 고려에는 새로운 군인 세력이 성장하기 시작했다.

안동의 놋다리밟기

공민왕이 홍건적을 피해 안동으로 피난을 왔을 때, 왕이 개천을 편히 건너도록 백성들이 허리를 굽혀 등을 밟고 건너게 한 것이 오늘날 놋다리밟기가 되었다.

왜구의 침입과 격퇴

왜구는 일본에 근거를 둔 해적을 말한다. 고려 말 일본은 가마쿠라 막부(무사 중심의 정치 형태)에서 무로마치 막부로 바뀌는 어지러운 시기여서 살기 어려워진 일본인들 중에 해적이 된 사람들이 많았다. 이들은 쓰시마 섬에 근거지를 두고 우리나라의 남쪽 바닷가 마을을 자주 습격했다.

공민왕 때 홍건적의 침입으로 고려 사회가 혼란한 틈을 타 왜구는 강화도까지 올라왔고, 왕이 살고 있는 개경까지 넘보면서 그 피해는 말로 할 수 없을 지경이었다. 고려는 주로 배를 이용해 개경까지 세금을 운반했는데 왜구 때문에 세금의 해상 운송이 힘들어지자 국가의 재정이 어려워질 정도였다. 왜구에 맞서 싸운 대표적 장군으로는 이성계와 최영으로, 이 둘은 홍건적을 물리치는 데에도 큰 공을 세웠다. 지나친 외침으로 공민왕의 개혁도 영향을 받을 수밖에 없었다.

▲ 홍건적과 왜구의 격퇴

개념쌤의 1분 특강

- 10~11세기 : 거란 ↔ 서희, 강감찬
- 12세기 : 여진 ↔ 윤관
- 13세기 : 몽골 ↔ 김윤후, 삼별초
- 14세기 : 홍건적, 왜구 ↔ 최영, 이성계

76 공민왕

- 고려 제31대 왕(1330~1374), 고려의 개혁을 위해 노력한 왕.
- 공민왕은 원나라의 지배에 맞서 고려의 자주성을 회복하고 쓰러져 가는 고려를 일으켜 세우기 위해 노력하였다.

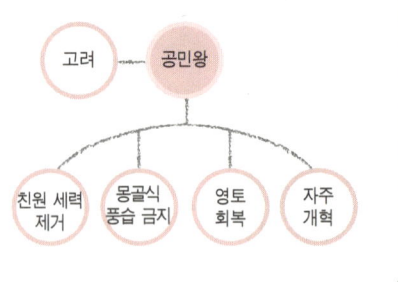

공민왕의 반원 자주 개혁

고려의 공민왕은 충숙왕의 둘째 아들이며, 충혜왕의 동생이다. 11살 때 원나라에 가서 교육을 받고, 노국 대장 공주와 결혼한 후 22살에 고려로 돌아와 왕이 되었다. 고려로 돌아온 공민왕은 원나라에 있을 동안 감춰왔던 속내를 드러내며 본격적으로 자신의 생각을 펼치기 시작했다.

원나라의 간섭에서 벗어나기 위해 공민왕은 반원 자주 개혁을 시작했다. 먼저 친원파의 우두머리인 기철부터 제거했다. 기철은 원나라에 공녀로 간 여동생이 아들을 낳은 후 황후가 되자 권세를 누리며 악행을 일삼던 인물이다. 기철이 강제로 빼앗은 땅과 재산, 노비들은 원래의 주인에게 돌려주었다. 또 원나라식 머리인 변발과 목깃이 올라오게 입은 중국인들의 옷인 호복 등 몽골식 생활 풍습을 금지하고, 정동행성을 없앴다.

그리고 쌍성총관부를 공격해서 원나라가 차지하고 있던 철령 이북의 땅을 99년 만에 되찾았다. 몽골에 보내던 공녀와 환관도 더 이상 보내지 않았다. 원나라의 연호를 버리고, 각종 시호와 제도들을 다시 고쳤다. 즉 '충' 자가 들어가는 왕의 시호를 바꾸었는데, 충렬왕은 '경효', 충선왕은 '선효', 충목왕은 '현효'라고 다시 지었다. 이 모든 개혁의 뒤에는 노국 대장 공주의 사랑이 함께했다. 과거에는 고려 왕이 원나라의 뜻에 반대되는 일을 하려고 하면 당장 원나라 공주 출신의 부인들이 고자질을 해버려 할 수가 없었지만 노국 대장 공주는 오히려 남편인 공민왕의 입장에 서서 원나라의 공격으로부터 남편을 보호하기까지 했다.

공민왕과 노국 대장 공주

모두들 타지마할이라는 아름다운 무덤을 알고 있을 것이다. 타지마할은 인도의 샤자한이라는 왕이 아내의 죽음을 슬퍼하며 하얀 대리석으로 만든 아름다운 무덤이다. 우리나라에도 부부의 사랑을 느낄 수 있는 아름다운 무덤이 있다. 바로 공민왕릉이다. 공민왕은 노국 대장 공주가 아이를 낳다가 죽자, 10년에 걸쳐 무덤을 만들었다. 공민왕릉은 공민왕과 노국 대장 공주의 무덤이 나란히 있는데 그 아래에는 구멍이 뚫려 있어 영혼이라도 오갈 수 있도록 만들어져 있다.

고려 말의 개혁 정치

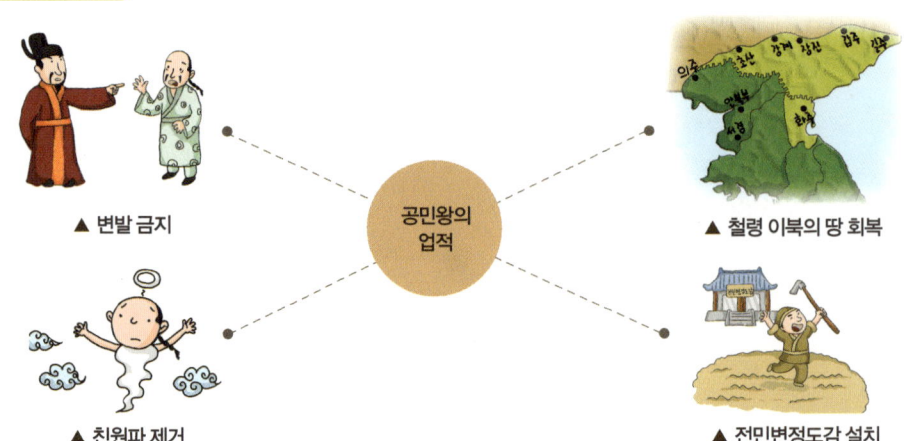

▲ 변발 금지 ▲ 철령 이북의 땅 회복
▲ 친원파 제거 ▲ 전민변정도감 설치
공민왕의 업적

76 공민왕

신돈과 전민변정도감

고려가 원의 간섭에서 벗어나기 위해서는 강한 왕권을 가지고 권문세족들을 제거해야 하는 큰 숙제가 남아 있었다. 공민왕은 이런 개혁을 함께해 줄 사람으로 신돈을 찾아냈다. 공민왕은 신돈이 권문세족과 거리가 먼 스님이었기 때문에 개혁에 적합한 인물이라고 생각한 것이다. 신돈의 어머니는 옥천사의 노비였다고 하는데, 노비 출신은 당시 스님이 될 수 없었던 풍습을 생각할 때, 이 이야기는 아마 사실이 아닐 것이다.

공민왕과 신돈은 '전민변정도감'이라는 관청을 만들고 스스로 판사가 되었다. 이곳에서는 무엇을 했을까? 한자만 잘 안다면 쉽게 이해할 수 있다. 밭 전(田), 백성 민(民), 분별할 변(辨), 바를 정(正), 그리고 도감은 관청이라는 뜻이다. 억울하게 땅을 빼앗기거나 노비가 된 백성을 바르게 분별하여 토지는 원래 주인에게 돌려주고, 노비는 양민으로 해방시켜 주는 관청이라는 뜻이다. 노비 신분에서 양인으로 해방된 사람들은 땅을 얻어 열심히 농사를 짓고, 그 수확을 왕에게 세금으로 바쳤다. 뿐만 아니라 군대에도 갔기 때문에 왕권이 강해졌고 반대로 권문세족들은 경제적인 기반을 잃게 되었다. 백성들은 더 말할 필요도 없이 공민왕의 개혁 조치를 반기며 신돈을 성인이라고 불렀다.

개혁의 실패

백성들과 달리 권문세족들은 공민왕의 개혁에 강력하게 반대했다. 권문세족들은 공민왕과 신돈의 사이를 이간질하더니, 신돈이 왕이 되려고 음모를 꾸몄다고 거짓으로 고하여 신돈을 처형하도록 했다. 공민왕은 신돈이 그럴 사람이 아니라는 것을 알고 있었지만, 신돈의 세력이 너무 커지는 것 또한 원하지 않았다. 게다가 신돈과 함께 공민왕의 개혁을 지지해 줄 새로운 개혁 세력, 즉 신진 사대부의 세력은 아직 약해서 왕을 제대로 도와주지 못해 결국 개혁은 실패했다.

또 원나라 말기의 혼란을 이용해 북에서는 홍건적이 개경까지 침입했고 공민왕은 안동까지 피난을 가야만 했다. 남쪽에서는 왜구들이 쉬지 않고 습격해 왔다. 나라 안과 밖이 모두 어수선한 가운데 공민왕은 더 이상 개혁을 추진하기 힘들어졌다. 이런 상황에서 공민왕은 결국 1374년, 신하의 칼에 살해당하고 말았다. 공민왕의 개혁 정치가 실패로 끝난 이후 고려는 급속히 기울어지기 시작했다.

▲ 공민왕의 영토 수복

공민왕과 신돈

《고려사》라는 역사책에는 공민왕을 정치를 못하고 타락한 왕, 신돈을 나라를 망친 요망한 중이라고 적고 있다. 신돈이 노비 출신이라는 말도 있고, 공민왕의 아들인 우왕이 신돈의 아들이라는 말도 있다. 하지만 《고려사》는 조선 시대에 쓰인 역사책으로 고려의 멸망과 이성계가 세운 조선의 정당성을 주장하기 위해서 그렇게 썼을 것이라고 많은 사람들이 생각하고 있다. 역사책에는 진실이 아닌 것들도 기록될 수 있다는 사실을 명심해야 한다. 여러 가지 자료와 유물을 가지고 진실을 찾아내는 것이 바로 역사가가 해야 할 일이다.

개념쌤의 1분 특강

공민왕의 영토 수복, 자주성 회복 운동은 시험에 자주 출제되고 있으니 잘 정리해 두어야 해요.

77 고려청자

- 고려 시대에 만들어진 푸른빛의 자기.
- 귀족적인 문화가 발달했던 고려는 당시 세계에서 유일하게 청색의 자기를 생산해 중국으로까지 수출하였다.

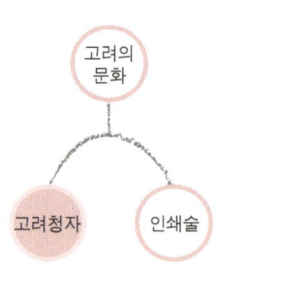

우리나라의 도자기 기술

인간이 토기를 사용하기 시작한 시기는 대략 1만 년 전에서 6천 년 전부터이고, 우리나라는 신석기 시대부터 토기를 사용했다. 이후 토기가 점차 발달해서 높은 온도에서 구워내는 도자기를 만들 수 있게 되었다. 그러나 도자기 기술을 가진 나라는 우리나라와 중국, 베트남 등 몇몇 국가 정도였다. 도자기 만드는 기술이 당시에는 세계적인 첨단 기술이었던 것이다. 우리나라의 도자기는 모양이 단순하고 색이 은은해서 지금도 세계적으로 인정받고 있다.

고려만의 비색 자기

우리가 알고 있는 청자는 중국 송나라의 영향을 받아 만들기 시작했다. 중국인들은 푸른 옥(玉)을 귀하게 여겼는데, 너무 귀하고 비싸서 흙으로 옥을 만든 것이 바로 청자였다. 그런데 고려만이 옥색에 가장 가까운 청자를 독자적으로 개발해냈다. 그래서 중국인들은 고려청자에 열광했다.

청자는 흙으로 빚어 800도에서 한 번 구워낸 다음 철 성분이 든 유약을 발라 1300도에서 한 번 더 굽는다. 두 번째 구울 때 가마의 온도가 높아지면 아궁이를 흙으로 막았다. 공기가 부족한 상태에서 불을 때면 유약의 철 성분이 도자기 흙과 합쳐져 푸른빛을 띤 유리 같은 물질로 바뀐다고 한다.

청자의 아름다움에 홀딱 반한 송나라 사신은 '고려의 비색(푸른 색)은 천하제일'이라고 말할 정도였다. 송나라에서 자기 기술을 배웠지만 송나라보다 더 아름다운 자기를 만든 것이다. 이렇게 어렵게 만든 청자는 당연히 귀족들의 몫이었다. 일반 백성들이 청자를 생활용품으로 사용하는 것은 상상도 하기 힘들었다.

고려에서만 볼 수 있는 상감 기법

상감청자는 연한 초록색의 자기에 하얀색이나 붉은색 모양이 새겨져 있는 것을 말한다. 어떻게 두 가지 색을 연출할 수 있었을까? 비밀은 흙에 있다. 고령토로 빚은 자기에 무늬를 파고, 무늬를 따라 파인 홈에 흰색 흙이나 붉은색 흙을 채워 넣는다. 이렇게 해서 한 도자기 안에서 두 가지 색이 나타나는 것이 상감청자이고, 고려에서만 볼 수 있는 특별한 기술이다.

아름다운 고려청자

▲ 청자 양각 모란 넝쿨 무늬 막새

▲ 청자 투각 칠보 무늬 향로

▲ 청자 투각 용머리 장식 붓꽂이

▲ 청자 모란 넝쿨 무늬 호리병 모양 주전자

개념쌤의 1분 특강

고려청자는 시험에 자주 나오지는 않아요. 하지만 고려 문화의 우수성을 상징하는 것이기 때문에 인쇄술, 건축과 더불어 번갈아가며 나오는 편이니 주의해야 한답니다.

78 고려의 대외 관계

- 고려와 중국, 일본을 비롯한 다른 민족과의 외교 관계.
- 고려는 다른 여러 나라의 문화를 받아들이는 데 적극적인 자세를 취해 개방적인 문화를 이룰 수 있었다.

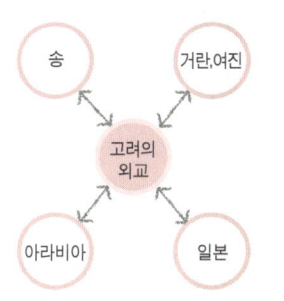

고려와 송의 관계

고려는 건국 이래로 외국인의 자유로운 출입을 허용한 나라였다. 그래서 송나라와 무역을 활발히 했을 뿐 아니라 거란족, 여진족 등과도 많은 교류를 하는 개방적인 대외 정책을 펼쳤다.

특히 세 차례에 걸친 거란과의 전쟁이 끝난 후 고려는 송나라와 활발히 접촉했다. 사신, 학자, 승려들을 송에 보내 선진 문화를 받아들였고, 송나라로부터 적극적으로 문화나 각종 제도를 수입하며 경제·문화적 이익을 얻으려고 했다. 그리고 송나라는 고려와의 관계 개선을 통해 군사적 도움을 얻으려고 했다. 고려와 교류함으로써 송나라를 위협하던 거란족이나 여진족을 어느 정도 견제할 수 있었기 때문이다.

Korea? Corea?

어떤 사람들은 일본의 조작과 침략에 의해서 Corea가 Korea로 바뀌었다고 말하지만, 그건 사실이 아니다. 서양 언어에서 따져볼 때 라틴 어 계열의 프랑스에서는 'ㅋ'을 'C'로 표기하고, 독일어의 영향을 받은 언어에서는 'K'로 표기한다. 그래서 두 가지가 혼용되어 쓰이다가 영국 왕립지리학회와 미국 국무성의 결정으로 'Korea'를 쓰게 되었다. 그 이유는 C보다는 K가 발음이나 철자법상 혼돈을 줄일 수 있기 때문이라고 한다.

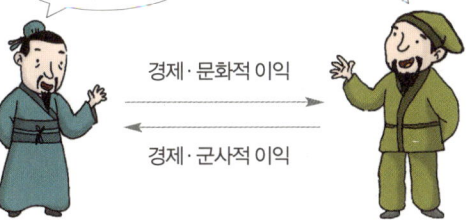

▲ 고려와 송의 관계

▲ 고려가 송에 수출한 물건들

고려와 다른 나라의 관계

우리나라가 '코리아'라는 이름으로 세계에 알려진 것도 고려의 대외 개방 정책 때문이다. 고려에 찾아온 아라비아 상인들에 의해 고려라는 이름이 세계에 알려지게 된 것이다. 고려는 아라비아 상인들까지 들어와 장사를 할 정도로 외국 문물을 받아들이는 데 적극적이었다.

고려는 거란이나 여진, 왜와도 교류했다. 중국 이외의 나라와 교류할 때는 온건책과 강경책을 적절히 활용하여 국가의 이익을 추구했다.

▲ 고려의 무역 활동

개념쌤의 1분 특강

고려와 조선은 외국과의 교류 부분을 공부할 때 중국과 그 외의 나라, 즉 일본과 여진족, 거란족 등으로 구분해서 정리해야 훨씬 이해가 쉽답니다.

79 벽란도와 개경

- 예성강 하구에 있던 고려의 무역항과 고려의 수도.
- 고려는 벽란도를 통해 세계와 교류하였고, 다양한 문물을 받아들일 수 있었다. 또 개경은 국제 도시로 이름을 떨쳤다.

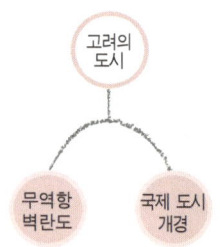

벽란도

벽란도는 예성강 하구에 있던 항구다. 예성강은 수심이 깊고 수도인 개경과 가까워 해상 교통이 발달하기에 좋았다. 벽란도를 통해 들어온 외국 상인들은 가지고 온 물건 중 가장 좋은 것은 왕에게 바치고, 나머지는 시장에 팔았다. 외국에서 들어온 물건을 사고팔기 위해 모여든 사람들로 벽란도에는 큰 시장이 열렸다. 각종 세금과 특산물도 벽란도를 통해서 개경으로 운반되었다.

개경

고려가 수도로 정한 개경의 옛 이름은 송악으로, 풍수지리가 뛰어난 곳이다. 왕건에게는 고향이며, 상업 활동의 기반이자, 정치 활동의 토대가 되었다. 당시 개경 인구는 약 50만 명으로 추정되는데, 같은 시기 이탈리아 피렌체의 인구가 10만 명이었다는 사실과 비교해 보면 진짜 큰 도시였음을 알 수 있다. 그럼 이 많은 사람들은 무엇을 해서 먹고 살았을까? 농업에 종사하는 사람도 있었지만, 외국과의 교류가 활발해지면서 많은 사람들이 상업에 종사했다. 당시 개경에는 상점들이 즐비해서 비가 오는 날에는 상점의 처마 밑으로만 다녀도 비를 맞지 않을 수 있었다고 한다.

외국인들로 북적였던 개경에는 송나라, 요나라, 금나라 사신을 위한 숙박 시설이 따로 있었고, 이들과 함께 온 외국 상인들을 위한 숙박 시설도 많았다. 이슬람교를 믿는 아라비아 상인들이 들어와 집단으로 생활하기도 했다. 이 사람들은 연등회나 팔관회와 같은 국가적인 행사에 공식적으로 초청받아 참석하여 고려의 이름을 세계에 알리는 역할을 했다. 당시 개경은 세계를 향해 열려 있던 개방적인 국제 도시였던 셈이다.

연등회와 팔관회

연등회와 팔관회는 고려인들이 손꼽아 기다리는 명절이자 축제였다. 연등회는 매년 음력 정월 대보름, 팔관회는 매년 음력 11월 5일에 열렸다. 연등회는 석가모니의 열반을 기념하는 의식이고, 팔관회는 부처와 하늘 신, 산 신, 강 신 등 전통 신앙을 한 자리에 모아놓은 축제였다. 연등회는 지금도 계속되고 있지만, 팔관회는 오늘날에는 전해지지 않고 있다. 두 축제는 외국 상인들과 축하 사절단까지 참석했던 국제적인 행사로 고려 사회의 성격을 잘 보여 주고 있다.

벽란도와 개경

▲ 국제 무역항 벽란도

▲ 개경의 시장 거리

개념쌤의 1분 특강

벽란도는 푸를 벽(碧), 물결 란(瀾), 건널 도(渡)를 써요. 푸른 물결을 건넌다는 뜻이니 해외 무역을 위한 곳이었다는 것을 짐작할 수 있겠지요? 역사를 공부할 때는 한자를 알면 더 쉬워지는 경우가 많답니다.

80 고려의 불교

- 고려의 정신적인 지주가 되었던 종교.
- 왕건의 지지 아래 국가적 차원에서 번창했던 불교는 일상생활에 큰 영향을 끼쳤을 뿐 아니라 문화 발전에도 큰 역할을 하였다.

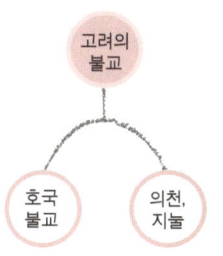

고려의 정신적 기둥, 불교

고려는 정치사상으로는 유교를 택했지만, 국교로는 불교를 믿었다. 불교는 백성의 마음을 합치기 위해 이용되었고, 선종 불교의 도움을 많이 받았던 왕건에 의해서 크게 번창했다. 아들을 여럿 둔 집안에서는 스님이 되려고 출가한 아들을 하나씩 두었을 정도로 불교는 일상생활과도 깊은 관련이 있었다. 왕실에서도 마찬가지여서 대각국사 의천은 고려 11대 왕인 문종의 넷째 아들이었고, 인재를 뽑기 위한 과거 시험에도 스님을 뽑는 승과가 있었다.

호국 불교

고려 시대의 불교는 나라가 어려울 때 이를 극복하는 정신적인 힘이 되었다. 1010년 거란이 두 번째로 고려에 쳐들어와 현종이 개경을 버리고 나주까지 피난을 갔을 때 거란군은 송악성에 자리를 잡고 물러나지 않았다. 그러자 왕과 신하들이 함께 나라를 지키기로 맹세하고, 대장경 판본을 새겼더니 거란이 스스로 물러갔다고 한다. 이 대장경을 초조대장경이라 한다.

몽골이 침입해 초조대장경이 불에 타버리자 이번에는 몽골을 물리치자는 소망을 담아 팔만대장경을 만들었다. 말하자면 불교의 힘으로 국가를 지키려는 '호국 불교'의 힘이 작용한 것이다. 호국 불교는 우리나라 불교의 큰 특징이라 할 수 있다.

의천과 지눌

의천은 고려 전기에 천태종을 만든 분으로 교종과 선종으로 분리된 불교에 통합의 바람을 불어넣었다. 의천은 왕실과 귀족들의 지지를 받으며 교종을 중심으로 선종을 통합하자는 운동을 전개했다. 반면, 고려 후기에 등장한 지눌은 송광사에서 활동했으며, 선종을 중심으로 교종을 통합하려는 조계종을 만들어 무신들의 지지를 얻었다. 이 두 종파는 현재까지도 계속 이어져 대한 불교 천태종과 대한 불교 조계종으로 각각 많은 신도를 거느리고 발전해 오고 있다.

고려 경제 생활의 중심지, 절

81 팔만대장경

- 불교의 힘으로 몽골을 물리치기 위해 만든 불교 경전.
- 몽골이 침입하자 당시 고려를 지배하던 최씨 무신 정권은 민심을 하나로 모아 어려움을 극복하고자 팔만대장경을 만들었다.

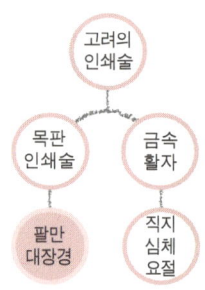

팔만대장경

대장경은 부처님의 가르침이 담긴 불경을 모두 모아 집대성한 것을 말한다. 고려 고종 23년(1236)에 '대장도감'이란 관청을 설치하고 제작하기 시작하여 고종 38년(1251)에 완성했다. 총 81,258개의 목판 양면에 새겨 넣은 것으로, 팔만대장경이라 부른다. 팔만대장경은 모든 판목의 글자체가 동일하고 아름다워 당시 우리나라의 뛰어난 목판 인쇄술을 보여 주고 있다.

팔만대장경의 제작과 보관

거란족이 두 번째 쳐들어왔을 때 전라남도 나주까지 피난 간 현종은 신하들과 함께 초조대장경을 만들었는데 신기하게도 거란족이 화의를 맺고 물러갔다. 이 일을 두고 사람들은 부처의 도움으로 평화가 찾아왔다고 믿었.
이후 무신 집권기에 몽골이 침입하자 부처의 힘으로 몽골군을 물리쳐 다시 한 번 나라를 구하고자 했다. 고려는 이 소망을 담아 강화도에서 팔만대장경을 만들기 시작했다. 초조대장경이 몽골의 침입으로 불에 타버려 무신 집권자들은 더 불안해했다. 전국 각지에서 선발된 목수와 서예가, 불교인들이 이 작업을 담당했는데, 경판의 1면에 23행, 1행은 14자로 판목 양면에 글자를 새겼다.
팔만대장경을 보관하고 있는 경상남도 합천 해인사의 장경판전은 1995년 팔만대장경판과 함께 유네스코 세계 문화유산으로 지정되었다. 해충과 습도로부터 경판을 보호하여 원형을 유지하기 위해 특별한 방법을 사용했다.

팔만대장경을 보관하고 있는 해인사 장경판전

- 바람이 잘 통하는 곳에 보관한다.
- 문 아래 위쪽에 통풍이 되도록 만들어진 창살이 빛의 각도, 바람, 습도를 조절한다.

- 아래 쪽의 공간이 약간 떨어져 있다.
- 바닥과 공간을 두어 습도를 조절하고, 해충의 피해를 줄인다.

목판 인쇄하기

▲ **나무 준비하기** 적절한 나무를 알맞은 크기로 잘라 바닷물에 담근 후 쪄서 벌레를 제거하고, 갈라지지 않게 말린 후 대패질한다.

▲ **글자 새기기** 만들고자 하는 책의 내용을 깨끗한 종이에 쓴 후 목판 위에 뒤집어 붙이고 양각으로 새긴다.

▲ **목판 마무리** 새긴 목판이 뒤틀리지 않도록 네 모서리에 구리판을 덧댄다.

▲ **인쇄하기** 글자가 새겨진 면에 먹솔로 먹물을 골고루 칠한 후 종이를 대고 밀랍이나 기름 묻힌 털뭉치로 문지른다.

82 직지심체요절

- 세계 최초로 고려에서 발명한 금속을 이용한 인쇄술로 만든 책.
- 인쇄술이 발달했던 고려는 목판 인쇄술에서 벗어나 세계에서 최초로 금속으로 된 활자를 발명하였다.

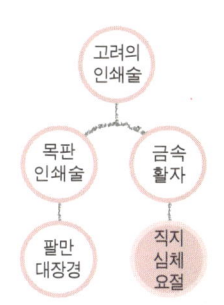

세계 최초의 금속 활자

일반적으로 사람들은 금속 활자를 처음으로 발명한 사람을 구텐베르크라는 독일인으로 알고 있지만 그보다 78년이나 앞서 고려에서는 이미 금속으로 활자를 만들어 틀에 배열한 후 인쇄를 하고 있었다.

이때 만들어진 《직지심체요절》은 금속 활자로 인쇄된 책 중 가장 오래된 것으로, 2001년 유네스코 세계 기록 유산에 등재되었다. 원래 이름은 《백운화상초록불조직지심체요절(白雲和尙抄錄佛祖直指心體要節)》인데 줄여서 《직지》라고도 부른다. 백운화상 스님이 불교의 가르침을 깨닫는 데 필요한 내용을 뽑아 1377년에 청주 흥덕사에서 펴낸 책이다. 원나라에서 받아온 불경의 내용을 정리하여 상·하 2권으로 엮었다.

직지심체요절

《직지심체요절》은 세계적으로 중요한 기록 유산이지만 지금 우리나라에는 없다. 조선 고종 때 주한 프랑스 대리 공사로 근무한 꼴랭 드 뿔랑시가 가져갔는데, 그 후 골동품 수집가였던 앙리 베베르에게 넘어갔다.

이후 1950년에 그가 죽고 나서 프랑스 국립도서관으로 옮겨졌다. 상·하 2권 중 현재 하권만이 유일하게 프랑스에 소장되어 있다. 하권은 39장으로 이루어져 있는데, 첫째 장은 없고 2장부터 39장까지 총 38장이 남아 있다.

《직지심체요절》의 가치를 알아본 사람은 우리나라의 박병선 박사이다. 프랑스 국립도서관에서 사서로 일하며 우연한 기회에 이 책을 발견하고 연구에 연구를 거듭해 이 책이 고려 우왕 때 인쇄된 책으로, 고려에서 세계 최초로 금속 활자를 이용한 인쇄술이 발명되었음을 증명해 냈다.

다시 돌아와야 할 우리 문화재

1992년부터 국립 문화재 연구소에서 전 세계 박물관이 소장한 우리 문화재를 조사했는데, 180여 곳에서 76,143점을 찾아냈다. 일본, 미국, 프랑스, 영국 등 전 세계에 없는 곳이 없을 정도였다. 해외에 있는 우리 문화재의 대부분은 약탈된 것이기 때문에 당연히 되돌려 받아야 한다. 이 중 일본에 있는 문화재는 조사된 것만 34,369점인데, 전문가들은 실제로 이것보다 최소 10배는 더 있을 것이라고 한다. 이는 서울에 있는 국립 중앙 박물관이 소장한 유물보다 2배 이상 많은 양이다.

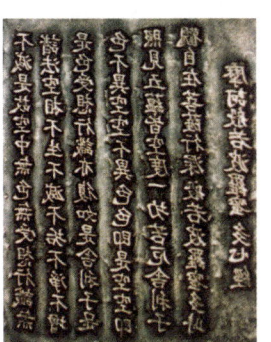

▲ 직지심체요절

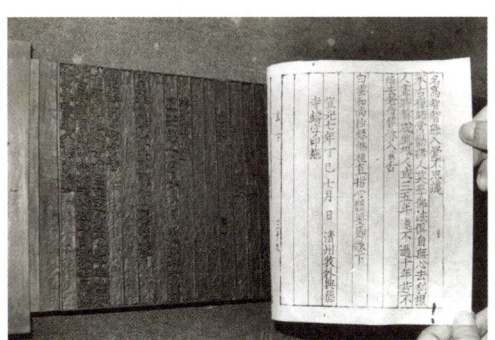

▲ 직지심체요절을 인쇄한 모습

개념쌤의 1분 특강

금속 활자, 고려청자, 팔만대장경은 고려를 대표하는 문화재랍니다.

83 삼국사기, 삼국유사

- 고려의 대표적인 역사서.
- 고려 시대의 역사서인 《삼국사기》에는 유교적 역사관이 나타나 있고, 《삼국유사》에는 단군 신화를 비롯한 다양한 이야기가 실려 있다.

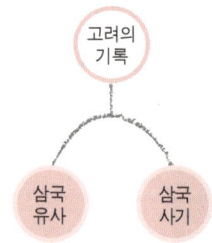

김부식의 《삼국사기》

《삼국사기》는 삼국 시대의 역사를 정리하기 위해, 1145년 인종의 명령에 따라 김부식이 8명의 인재들과 만들었다. 현재 우리나라에 남아 있는 가장 오래된 역사책이다. 이 책을 쓴 김부식은 문벌 귀족 출신으로, 신라를 삼국의 중심에 놓고 유교적 입장에서 세상을 바라보려고 했던 사람이다.

《삼국사기》처럼 국가에서 만든 역사책을 관찬 사서라고 하는데, 유교적인 입장에서 글을 썼기 때문에 신화나 전설을 제외시켜서 단군 신화도 빠져 있다. 책의 차례를 정할 때에도 중국의 방식을 사용했다. 삼국의 건국에 대해 신라가 가장 먼저 건국되었다고 쓰고 신라의 뒤를 계승해서 고려가 이어졌다고 주장한다.

일연의 《삼국유사》

《삼국유사》는 원나라의 간섭을 받던 충렬왕 때 일연 스님이 쓴 역사책이다. 이때는 전쟁으로 모두들 힘들게 살던 시절이라 일연은 백성들에게 희망을 주고 싶어 단군 신화를 포함하여 우리 역사를 고조선까지 끌어올렸다.

《삼국유사》는 일연이 개인적으로 쓴 사찬 사서이기 때문에 《삼국사기》처럼 문장이 훌륭하지는 않지만 《삼국사기》에 일부러 싣지 않거나 소홀히 넘어간 사실을 기록해 놓았다. 단군 신화는 물론 불교에 관한 서술도 많다. 특히 옛날부터 내려오는 풍속·신앙·노래·설화·생활·전설 등과 고구려·백제의 비문 등이 실려 있다. 또 향가라고 부르는 삼국 시대의 가요 14수를 기록해 놓아서 아주 중요한 자료로 활용되고 있다.

> **《삼국사기》, 《삼국유사》 중 어떤 책이 더 중요할까?**
> 《삼국사기》는 현재 우리나라에 남아 있는 가장 오래된 역사책이고 《삼국유사》는 《삼국사기》에 없는 불교 관련 내용이나 단군 신화가 포함되어 있어서 우리 민족에게 자긍심을 심어준 책이다. 따라서 어떤 책이 중요한지를 말하기는 매우 어렵다. 두 책 모두 장점과 단점을 가지고 있기 때문에 비교해 보면서 진실을 알아보는 것이 더 중요하다.

같은 이야기, 다른 생각

《삼국사기》제1권, 〈신라 본기〉 제1 '시조 혁거세 거서간' 중에서

> 소벌도리가 어느 날 양산 기슭을 바라보니 나정 옆에 있는 숲에서 말이 무릎을 꿇고 울고 있었다. 가까이 가보니 말은 사라지고 커다란 알이 있어 깨 보았다. 알에서 남자아이가 나왔는데, 소벌도리가 데려다 키우자, 열 살에 이미 기골이 장대해졌다.

《삼국유사》 제1권, 〈기이〉 제2 '신라 시조 혁거세왕' 중에서

> 기원전 69년 3월 초하룻날, 여섯 마을의 어른들이 알천 둑에 모여 왕을 모셔 나라를 세우는 일을 의논하고 있었다. 그때 양산 밑 '나정'이라는 우물가에서 자줏빛 알을 발견했는데, 그 알에서 신라의 시조가 될 남자아이가 나왔다. 이 아이가 바로 혁거세다.

84 최영, 최무선

- 고려 말에 군사적 위기를 해결해 준 장군들.
- 최영은 홍건적과 왜구의 침입에 대항해 백성들의 안정을 지켜주었고, 최무선은 화약 만드는 기술을 익혀 왜구 격퇴에 큰 도움을 주었다.

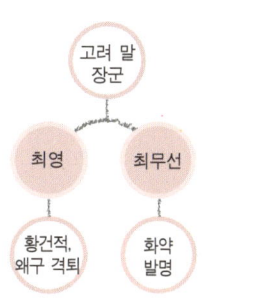

최영

고려 말의 명장군 최영은 정치와 군사 면에서 큰 활약을 하였다. 고려의 유명한 가문에서 태어난 최영은 공민왕이 개혁 정치를 할 때 힘을 보태며 고려 왕실의 보호자 노릇을 하기 시작했다.

황금을 보기를 돌같이 하라는 아버지의 당부를 평생 잊지 않았던 최영은 고려 최고의 권력자로 있을 때에도 절대로 부정과 비리를 저지르지 않아 국민들로부터 존경을 한몸에 받았다. 또한 고려 백성들을 괴롭히던 홍건적과 왜구를 상대로 전투를 벌여 화려한 성과를 올리며 백성들이 조금이라도 편안히 생활할 수 있도록 도왔다.

하지만 철령 이북의 땅을 내 놓으라는 명의 요구에 대해 요동 정벌을 주장하는 최영과 중국과의 전쟁을 피하고 싶을 뿐 아니라 권력을 잡고 싶었던 이성계는 의견이 엇갈렸다. 아끼던 부하 이성계가 위화도에서 회군한 후 권력을 내어 준 최영 장군은 결국 조선 건국 세력에 의해 죽음을 맞았다.

최영 장군의 무덤

최영 장군은 조선 왕조를 세운 이성계에 의해 결국 죽고 만다. 최영 장군에게 내려진 죄목은 왕의 말을 우습게 여기고 권력을 탐했다는 것이었다. 하지만 이 말을 들은 최영 장군은 죽음을 앞둔 상황에서도 당당하게 만약 자신이 죄를 지었다면 무덤에 풀이 날 것이지만 죄가 없다면 무덤에 풀이 나지 않을 것이라고 말했다. 실제로 그의 무덤에서는 풀이 자라지 않다가 1976년 이후부터 풀이 자라기 시작해 지금은 풀이 무성하다고 한다.

최무선

왜구의 침입이 잦아지자 이를 물리치기 위해 고려는 새로운 무기가 필요해졌다. 당시 중국 원나라에서는 화약을 무기로 쓰고 있었는데 고려에서도 이를 이용하려 하였으나 제조법을 알 수 없었다. 이때 최무선은 중국 상인들이 우리나라에 들어올 때마다 화약 만드는 법을 익혔고, 최무선의 건의로 화약 제조를 담당하는 화통도감(火筒都監)이 설치되었다.

화통도감을 맡은 최무선은 다양한 화포들을 만들어 사람들을 놀라게 했다. 1380년(우왕 6) 가을에 왜구가 전라도 진포에 침입했을 때, 최무선은 화포를 배에 싣고 가 배를 모두 불태워버렸다.

▲ 왜구를 물리치는 최영 장군

▲ 왜구를 향해 화포 공격을 하는 고려군

개념쌤의 1분 특강

최영 장군과 최무선! 고려 말에는 최씨 성을 가진 사람들이 군사 면에서 활약이 많았다는 것을 잊지 마세요.

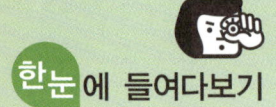

고려의 상징물

고려의 불교 – 팔만대장경

고려는 불교 국가로 불교로 재난도 극복할 수 있다고 믿었다. 팔만대장경이 대표적인 예이다. 팔만대장경은 두 번째 만들어진 대장경으로, 몽골족을 물리치려는 고려 백성의 마음을 담아 조판했다. 팔만여 자나 되는 어마어마한 글자를 하나하나 목판에 조각한 것이다. 첫 번째 대장경은 초조대장경으로 거란족이 쳐들어왔을 때 만들었는데, 신기하게도 거란족이 물러갔다고 한다. 하지만 몽골의 침입 때 불에 타 지금은 사라지고 없다.

고려의 공예 – 나전 칠기

고려 시대의 대표적 수출품 중 하나가 나전 칠기였다. 나전 칠기(螺鈿漆器)는 소라(螺)를 세공(鈿)하여 옻(漆)을 입힌 그릇(器)을 말한다. 지금도 바닷가 도시인 통영에서는 나전 칠기 기술이 대대로 내려오고 있다. 원나라에서도 고려의 나전 칠기에 불경을 담아 놓는 것이 유행이었을 정도로 고려의 나전 칠기는 인기가 높았다. 빛을 받아 반짝이는 나전 칠기는 고려 사회 특유의 귀족적 아름다움을 느낄 수 있는 공예품이다.

고려의 공예 – 고려청자

중국에서 도자기 기술을 어렵게 전수받았지만 고려는 여기서 그치지 않고 고려만의 색과 모양을 만들어 전 세계를 상대로 무역을 했다. 처음에는 은은한 녹색의 청자가 상류층을 상대로 만들어졌고, 중국에도 팔렸지만 시간이 흐르면서 상감 청자가 등장해 더욱 더 귀족적인 색감과 조형미를 갖추었다. 또 고려 후기에는 서민들도 청자를 사용할 만큼 청자가 널리 쓰였다.

고려의 건축 - 부석사 무량수전

고려의 건물은 뛰어난 건축 기술을 바탕으로 아름다움을 자랑하는 것들이 많다. 안동의 봉정사 극락전은 우리나라 목조 건축물 중 가장 오래된 것으로 알려졌으며, 영주의 부석사 무량수전은 뛰어난 조형미를 보이는 팔작지붕과 화려한 포가 인상적이다. 또한 예산의 수덕사 대웅전은 단아한 느낌이 강하다.

고려의 인쇄술 - 직지심체요절

고려하면 떠오르는 것이 청자와 더불어 금속 활자일 것이다. 처음 개발된 인쇄술은 목판 인쇄술이다. 팔만대장경도 목판 인쇄술로 만들었다. 목판은 한 글자만 잘못 새겨도 그 판을 버려야 했고, 썩기도 해 불편한 점이 많았다. 이를 개선한 것이 금속 활자이다. 금속을 녹여 글자 하나하나를 만들고, 이를 줄에 맞춰 나열하고 인쇄하면 책이 된다. 이렇게 만든 금속 활자는 다시 풀어서 다른 책도 만들 수 있었다. 현존하는 세계에서 가장 오래된 금속 활자본은 현재 프랑스에 있는 《직지심체요절》이다.

고려의 불상 - 관촉사 미륵보살 입상

불교 국가였던 고려는 다양한 불상과 불탑도 많이 만들었다. 지방에서는 호족들의 힘이 강해 이들을 중심으로 탑이나 불상을 만들었다. 통일 신라와 같은 조형미를 느낄 수는 없지만 호족 특유의 강한 기상을 느낄 수 있는 것들이 많다.

조선 전기

- **85** 위화도 회군
- **86** 과전법
- **87** 조선의 건국
- **88** 이성계
- **89** 정몽주
- **90** 정도전
- **91** 한양
- **92** 유교
- **93** 태종
- **94** 호패
- **95** 세종
- **96** 사대
- **97** 교린
- **98** 훈민정음
- **99** 해시계, 물시계
- **100** 장영실
- **101** 세조와 계유정난
- **102** 성종
- **103** 경국대전
- **104** 훈구파와 사림파

105 사화	**118** 광해군의 중립 외교
106 붕당	**119** 통신사
107 이황과 이이	**120** 인조반정
108 양반과 중인	**121** 정묘호란, 병자호란
109 상민과 천민	**122** 효종의 북벌 정책
110 행정 제도	● 한눈에 들여다보기
111 교육 기관	
112 과거제	
113 임진왜란	
114 이순신	
115 의병	
116 행주 대첩, 진주 대첩	
117 정유재란	

85 위화도 회군

- 요동 정벌에 나선 군대가 위화도에서 돌아온 사건(1388).
- 최영의 명령에 따라 요동 정벌에 나선 이성계는 명나라와의 전쟁을 피하고 권력을 잡기 위해 위화도에서 군대를 되돌려 개경으로 돌아왔다.

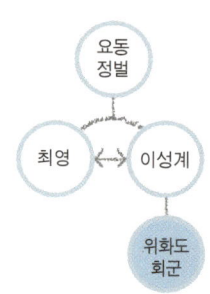

요동 정벌

1388년 음력 5월, 요동 정벌을 떠났던 이성계는 군사를 이끌고 되돌아와 최영을 귀양 보내고 우왕을 왕위에서 물러나게 만들었다. 도대체 무슨 일이 있었던 것일까?

원나라를 멸망시킨 명나라는 고려와 처음에는 좋은 관계를 유지했다. 그런데 어느 정도 안정을 찾고 난 명나라는 공민왕이 회복했던 철령 북쪽의 고려 땅을 돌려달라는 요구를 해왔다. 고려 조정에서는 이를 둘러싸고 의견이 분분했는데, 당시 높은 관직을 차지하고 있던 최영은 이를 거절했다. 그리고 명이 차지하고 있는 요동 지역도 원래 고려의 영토였다고 말하며 오히려 요동 정벌을 주장했다.

위화도 회군

이성계는 4불가론을 말하며 요동 정벌을 반대했지만 최영의 명에 따라 이성계는 5만 명의 군사를 이끌고 요동을 향해 떠났다. 하지만 압록강의 위화도까지 간 이성계는 최영과 고려 정부에 불복종을 선언했다. 이 사건을 위화도 회군이라고 한다. 개경으로 돌아온 이성계는 최영을 제거하고, 우왕 대신 9세의 창왕을 왕위에 앉혔다. 그리고 1년 만에 다시 공양왕에게 왕위를 잇도록 했다. 이성계는 삼군도총제사(군사 권력을 장악한 총책임자)가 되어 모든 군사력을 장악하고, 강력한 군사적 기반 위에서 실질적인 권력을 갖게 되었다.

▲ 위화도 회군

위화도 회군 이후의 이성계

성리학에는 '천명(天命)'이라는 말이 있는데 '하늘의 뜻'이라는 의미를 담고 있다. 왕이 민심을 잃으면 역성혁명으로 왕의 성씨가 바뀌는 일도 있는데, 이것은 백성의 민심이 곧 천명이기 때문이라고 말한다. 그래서 이성계는 권력을 얻었다고 해서 바로 왕위에 오르는 대신 민심을 얻기 위한 치밀한 계획을 세웠고, 세월이 조금 흐른 후 민심이 어느 정도 안정된 시기를 파악한 뒤에야 왕위에 올랐다.

---

1. 작은 나라가 큰 나라의 뜻을 거스를 수 없다.
2. 농사가 바쁜 여름철에는 군사를 동원할 수 없다.
3. 명과 싸우는 사이 분명 왜구가 쳐들어 올 것이다.
4. 장마철이라 덥고 습해서 활의 아교가 풀어지고, 전염병이 유행할 것이다.

▲ 이성계의 4불가론

개념쌤의 1분 특강

위화도는 섬 이름이에요. 회군(回軍)은 되돌릴 회(回), 군사 군(軍)으로, 군사를 되돌린다는 의미랍니다.

86 과전법

- 신진 사대부들이 경제력을 갖추기 위해 실시한 토지 정책(1391).
- 위화도에서 회군한 이후 군사력을 갖춘 신진 사대부들과 이성계는 친원파의 경제력을 무너뜨리기 위해 과전법을 실시하였다.

경제 문제의 원인 친원파

이성계 일파는 위화도 회군으로 군사력을 갖춘 후 경제력과 정치력을 차지하기 위한 각종 개혁을 시작했다. 정도전, 조준 등의 신진 사대부 세력과 손을 잡은 이성계는 성리학을 공부한 신진 사대부들의 새 세상을 향한 열망에 불을 붙였다.

그동안 가장 문제가 되었던 것은 바로 친원파인 권문세족들이 만든 각종 제도들이었다. 특히 신진 사대부들이 노렸던 것은 그들이 불법으로 차지한 농장이었다. 당시 사회 모순의 근원이 문란한 토지 제도였기 때문이다.

▲ 경제력이 필요했던 신진 사대부

과전법

이성계를 중심으로 한 신진 사대부들은 토지 제도 개혁을 가장 큰 목표로 삼고 1391년 과전법을 발표했다. 권문세족이 차지한 농장을 몰수하여 신진 사대부들이 다시 나누어 갖는 법이 바로 과전법이었다.

신진 사대부의 과전법과 고려의 전시과는 관리에게 토지를 주고 세금을 걷을 수 있는 권리를 준다는 점은 똑같다. 하지만 전시과와 달리 과전법은 경기도의 토지에만 한정되어 있다는 점에서 큰 차이가 있다. 경기도 이외의 지역에서는 세금을 왕에게 내기 때문에 나라의 경제 기반이 더욱 확고해질 수 있었다. 이와는 반대로 권문세족은 과전법 시행으로 몰락의 길을 걸었다.

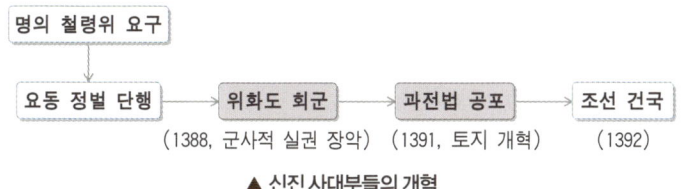

▲ 신진 사대부들의 개혁

두문불출의 어원
두문불출(杜門不出)은 꼼짝하지 않고 들어 앉아 있는 사람을 뜻한다.

개념샘의 1분 특강

시대별 토지 제도를 알아볼까요? 고려의 토지 제도는 전시과라고 해요. 또 신진 사대부들이 실시한 토지 제도는 과전법이랍니다.

87 조선의 건국

- 고려 말의 상황을 개혁하기 위해 신진 사대부와 이성계가 세운 나라.
- 고려 말 권문세족의 횡포에 불만을 품은 급진적인 성향의 신진 사대부와 이성계는 새로운 나라인 조선을 건국하여 새롭게 출발하기로 했다.

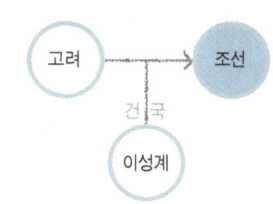

조선의 건국

고려 말의 상황은 혼돈 그 자체였다. 신진 사대부들은 고려를 다시 일으켜 세우고자 하는 사람들과 고려는 이미 글렀으니 새로운 왕조를 세워야 한다고 주장하는 사람들로 나뉘어 서로 싸웠다. 이때 이성계를 따르는 사람들은 새 나라를 세우고자 했다. 결국 1392년 7월 이성계가 왕위에 오르게 되었다.

왕이 된 이성계는 신하들과 새 나라의 이름을 의논했다. 신하들은 회의 끝에 단군이 세운 조선의 문화와 전통을 계승한다는 뜻을 담은 '조선(朝鮮)'과 이성계의 출생지인 '화령'을 새 나라의 이름으로 결정했다. 그리고 명나라 황제에게 둘 중 하나를 나라 이름으로 정해 달라고 했다.

하지만 명은 '조선'을 고를 수밖에 없었다. '화령'은 몽골 제국의 수도 이름이기도 해서 명이 선택하기 힘들었다. 여기에서 '조선'이라는 국호가 결정되는 과정을 한번 주목해 보자. 조정에서는 이미 국호를 '조선'이라 정해 놓고 안 될 게 뻔한 '화령'을 끼워 넣어 생색을 낸 모양새다. 당시 대국인 명에게 예의를 갖추면서도 실속을 챙긴 셈이다.

조선 왕들의 시호와 묘호

시호(諡號)는 살았을 때의 공덕을 기리는 칭호이고, 묘호(廟號)는 임금이 죽은 후 왕실의 제사를 지낼 때 쓰는 호칭이다. 묘호의 뒤에는 '조(祖)'와 '종(宗)'이 붙는데, 조는 공이 탁월한 왕에게, 종은 덕(德)이 뛰어난 왕에게 붙였다. 나라를 세웠거나 전쟁에서 백성을 구한 왕, 왕조가 끊어질 위험을 극복한 왕들이 조가 된다. 예를 들면 태조 이성계, 세조, 선조, 인조, 영조, 정조, 순조 등이 있다. 하지만 연산군이나 광해군과 같이 쫓겨난 왕에게는 왕자때 쓰던 '군(君)'이라는 호칭을 그대로 쓰고 묘호도 붙이지 않았다.

▲ 나라 이름 정하기

새로운 국가 탄생의 의미

'조선'이라는 국호는 민족의식을 한 단계 성장시키는 계기가 되었다. 과거 '고려'는 '고구려'의 영광을 계승한다는 뜻이 담겨 있어서 신라와 백제 사람들에게는 큰 호응을 얻을 수 없었다. 그런데 새로운 국호인 '조선'은 달랐다. 조선이라고 정하면서 한반도에 살고 있는 사람들은 모두 다 같은 고조선의 후예라는 더 넓은 차원의 민족의식이 생겨난 것이다.

개념쌤의 1분 특강

조선의 밑바탕이 되었던 신진 사대부들의 생각이 현실로 나타난 나라가 유교의 나라 조선이에요.

88 이성계

- 조선 제1대 왕(1335~1408), 조선을 건국한 왕.
- 이성계는 정도전을 중심으로 한 신진 사대부 세력과 손잡고 새로운 왕조인 조선을 열었다.

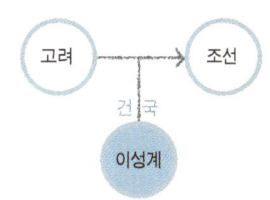

이성계의 활약

조선을 세운 사람은 태조 이성계이다. 이성계는 고려가 원나라의 지배를 받던 1335년에 함경도 영흥의 관리인 이자춘의 둘째 아들로 태어났다. 이성계는 어려서부터 무예가 뛰어나 주위에서 칭찬이 자자했다고 한다. 특히 활솜씨가 매우 뛰어나 누구도 따를 수 없을 정도였다.

1361년 이자춘이 세상을 떠나자 고려는 이성계에게 아버지의 뒤를 이어 동북면 병마사의 벼슬을 내렸다. 당시 고려는 북에서 홍건적, 남에서 왜구가 쳐들어와 나라가 매우 어지러운 상황이었다. 이때 이성계가 나타나 홍건적과 왜구를 무찌르면서 큰 인기를 얻었다. 특히 부하들에게 늘 너그럽고 백성들을 아꼈던 이성계는 나라 안에서 큰 지지를 받았다고 한다.

새로운 나라를 세우다

그 무렵 명나라는 고려가 되찾은 땅을 돌려달라고 했다. 그러자 고려는 안 된다며 명나라의 요동 땅을 정벌하려 했지만 이성계는 '4불가론'을 내세우며 반대했다. 결국 요동 정벌에 나선 이성계는 위화도에서 군대를 돌린 후 개경으로 돌아와 정권을 잡았다. 이를 계기로 이성계를 따르던 사람들이 큰 정치 세력을 만들었고, 기울어 가는 고려 대신 새 나라를 세우고 이성계를 왕으로 추대했다.

이후 이성계는 새로운 나라의 기틀을 잡기 위해 노력했고 수도도 개경에서 한양으로 옮겼다. 하지만 늘그막에는 왕권을 차지하려는 아들들이 서로 싸우며 왕자의 난을 일으키는 등 마음 아픈 일들도 겪어야만 했다.

> **이성계와 꿈에 얽힌 이야기**
>
> 이성계가 왕이 되기 전 낮잠을 자는데 자신이 서까래 세 개를 등에 지고 '꼬끼오' 하고 우는 꿈을 꾸었다고 한다. 그래서 이성계는 무학대사를 찾아가 해몽을 부탁했다. 그랬더니 무학대사는 "이 꿈에서 서까래 세 개를 지고 있는 것은 '임금 왕(王)' 자를 의미하고, 꼬끼오는 한자로 '고귀위(高貴位)', 즉 가장 높고 귀한 자라는 뜻입니다. 장차 왕이 되실 꿈을 꾼 것입니다."라고 말했다고 한다. 그리고 이성계는 정말로 조선의 왕이 되었다.

왕위에 오르는 이성계

89 정몽주

- 고려를 지키기 위해 애썼던 충신(1337~1392).
- 정몽주는 역성혁명을 일으키려는 급진파 신진 사대부들에 반대하며 고려의 안정과 개혁을 위해 많은 일을 한 고려 말의 충신이다.

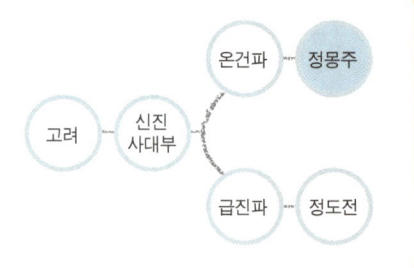

고려 말의 상황

고려 말, 새로운 개혁을 진행해 가면서 신진 사대부들의 의견은 크게 두 가지로 갈라졌다. 정몽주, 길재와 같은 온건파는 잘못된 제도를 고쳐서 고려 사회를 유지하자고 주장했다. 이와 다르게 정도전, 조준 등의 급진파는 고려를 무너뜨리고 새로운 나라를 세워야 한다고 주장했다.

정몽주

명문 집안에서 태어난 정몽주는 어렸을 적부터 학식이 뛰어났다. 당시 유명한 성리학자였던 이색의 제자로 정도전과 함께 공부했는데, 스승인 이색도 정몽주의 학식을 높이 살 정도였다.

뛰어난 정치가이자 외교가이기도 했던 정몽주에 얽힌 일화가 하나 있다. 정몽주가 활동하던 시기에 고려는 원나라와 명나라 사이에서 고민하고 있었고, 이런 고려에게 명나라는 화를 내며 무리한 요구를 해서 곤란한 일이 발생하기 일쑤였다. 때마침 명나라 황제의 생일에 맞춰 사신을 보내야 하는데 아무도 나서지 않았다.

친원파 관리들은 명나라 편을 들어 눈엣가시 같던 정몽주를 추천했고, 90일이 걸려야 도착하는 명나라 수도를 향해 불과 60일 밖에 남지 않은 상황에서 출발해야 했다. 정도전을 데리고 명나라에 간 정몽주는 명 황제에게 생일 기념 축시를 건네고 명나라가 주장하던 밀린 조공을 모두 면제 받았다. 뿐만 아니라 잡혀 있던 사신들도 데리고 돌아온다. 정몽주의 뛰어난 외교력을 볼 수 있는 예이다.

원나라가 무너지고 명나라가 일어서는 상황에서 명나라를 택한 것은 정몽주나 정도전 모두 같았지만 고려를 바라보는 시각은 서로 달랐다. 정도전이 역성혁명을 꿈꾸었다면 정몽주는 고려를 개혁해 한 나라에 끝까지 충성하고자 했다. 이를 눈치챈 이성계의 아들 이방원은 결국 조선 건국에 가장 큰 걸림돌인 정몽주를 선죽교에서 죽이고 새로운 나라를 열었다.

하지만 고려에 대한 충성심 하나로 모든 역경을 헤쳐 나간 정몽주는 충신의 대명사로 현재까지 모든 사람들에게 추앙받고 있다.

▲ 정몽주

하여가와 단심가

이방원은 정몽주의 마음을 떠보기 위해 고려인들 어떻고, 조선인들 어떠냐는 시를 보냈고, 정몽주는 이방원에게 고려를 향한 마음이 변하지 않을 것이라는 답시를 보냈다.

〈하여가〉

이런들 어떠하리
저런들 어떠하리
만수산 드렁칡이
얽혀진들 어떠하리
우리도 이같이 얽혀
천년만년 살아보세

▲ 정몽주에게 보낸 이방원의 시

〈단심가〉

이몸이 죽고 죽어
일백번 고쳐죽어
백골이 진토되어
넋이라도 있고없고
님 향한 일편단심이야
가실 줄 있으랴

▲ 이방원에게 보낸 정몽주의 답시

90 정도전

- 고려 말에 역성혁명을 주장했던 급진파 신진 사대부(1342~1398).
- 정도전은 이성계를 왕으로 세우는 데 결정적인 역할을 하였으며, 조선의 기본 체제를 만든 인물이다.

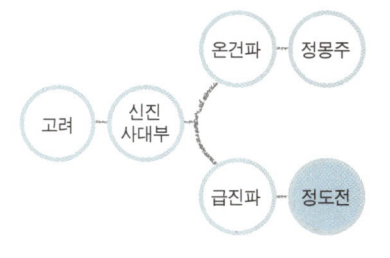

둘로 나뉜 신진 사대부

공민왕의 개혁을 지지하며 등장했던 신진 사대부는 공민왕이 죽고 난 후 급진파와 온건파로 나뉘었다. 이 중 정도전은 급진파에 속했다. 혼란한 고려를 대신할 나라를 새로 세워 백성들의 어려운 삶을 구제하고 싶었던 정도전은 이성계를 눈여겨보았다.

정도전은 왜구를 무찌르는 데 수많은 공을 세운 이성계를 앞세운다면 민심을 붙잡을 수 있을 것이라고 생각했고 결국 둘은 손을 잡게 되었다. 정도전과 이성계는 치밀한 계획하에 드디어 조선이라는 나라를 세우게 되었다.

조선을 설계한 정도전

정도전은 다방면에서 많은 업적을 남긴 인물이다. 정몽주의 죽음 이후 조선 건국 세력의 힘이 커지면서 새로운 나라의 밑바탕을 설계해야만 하는 상황이 벌어졌다. 이 어려운 일의 대부분을 멋지게 해내며 이성계의 오른팔 노릇을 한 사람이 바로 정도전이다. 현재 경복궁, 종묘, 사직단을 비롯한 한양의 기본 설계를 한 사람은 다름아닌 정도전이었다. 경복궁이라는 이름과 경복궁 내의 주요 건물인 근정전, 경회루 등의 이름뿐 아니라 숭례문, 흥인지문 등의 이름도 모두 정도전의 머리에서 나왔다.

그러나 정치의 기본을 보는 시각이 다른 이방원과의 한판 승부는 피할 수가 없었다. 정도전은 재상을 중심으로 합리적 정치를 하는 이상적인 나라를 꿈꾸었던 반면, 태종 이방원은 강력한 왕권 중심 국가를 꿈꾸었기 때문이다. 정도전은 자신의 신념을 실현하기 위해 이성계의 아들 중 가장 어린 막내아들을 세자로 밀었고, 이에 분노한 이방원은 결국 정도전을 죽이고 말았다. 시대를 앞서간 유학자의 최후는 이렇게 비참했다.

정도전이 너무도 미웠던 이방원

이방원은 배다른 막내동생을 세자로 추대하는 정도전이 너무 미웠다. 목숨을 걸고 아버지인 이성계를 따라 온갖 전쟁터를 누비고, 가장 큰 정치적인 적이었던 정몽주를 죽인 것도 자신인데, 세자에서 제외된 것이 분했던 것이다. 결국 이방원은 정도전을 죽여버렸다. 대신 이방원은 정도전과 반대편에 서 있던 정몽주를 의도적으로 선택했다. 조선의 입장에서 고려 편을 들던 정몽주를 위대한 인물로 떠받드는 것은 사실 이상한 일이다. 하지만 이방원은 정몽주를 충신으로 추켜세우고 정도전의 이름을 문서에서 지워버렸다. 따라서 역사에서 잊혀지고 숨겨진 정도전의 업적을 새로 생각해 볼 필요가 있다.

▲ 정도전의 생각이 깃든 경복궁과 종묘

개념쌤의 1분 특강

정몽주와 정도전! 같은 정씨라 외우기 힘들죠? '정도전은 조선 건국에 도전했다.'라고 기억하면 편하답니다.

91 한양

- 조선이 세운 새로운 도읍지.
- 이성계는 고려에 대한 기억이 남아 있는 개경을 버리고 한강을 끼고 있는 한양에 새로운 도읍지를 정했다.

새로운 도읍지가 필요한 조선

태조 이성계는 새롭게 출발하는 조선 왕조의 모습을 보여 주기 위해서라도 새 정치를 펴나갈 새로운 도읍이 필요했다. 처음 새 도읍지는 계룡산으로 정해졌지만 땅이 좁고 남쪽에 치우쳐 있어서 지금의 서울인 한양이 결정되었다. 한양은 한반도의 가운데에 있어 비옥한 남쪽 지역과 가까웠고 사방이 산으로 둘러싸여 있어 외적을 방어하기에도 좋았다. 또 강이 흐르고 바다가 가까운 탓에 교통이 편리해 수도로 손색이 없었다.

도읍 세우기

한양은 병풍처럼 둘러싼 북악산, 남산, 낙산, 인왕산이 북쪽에서 불어오는 차가운 겨울바람을 막아 주고, 외적의 방어에 유리한 조건을 만들어 주었다. 그리고 산으로 둘러싸인 공간에는 드넓은 시가지가 펼쳐져 있고, 그 안쪽으로는 청계천이, 바깥쪽으로는 한강이 흐르고 있어 식수를 구하기도 쉬웠다. 한성부는 유교 사상에 따라 건설된 도시이다. 먼저 궁궐을 짓고, '만 년토록 큰 복을 누려 번성하라.'는 뜻을 따라 '경복궁'이라 했다. 궁궐에서 바라볼 때 왼쪽(동쪽)과 오른쪽(서쪽)에 각각 종묘와 사직(단)을 두었다. 종묘는 왕과 왕비의 신위를 모시는 사당으로, 해마다 왕실의 제사를 지냈고, 사직단은 토지의 신인 '사(社)'와 곡식의 신인 '직(稷)'에게 제사를 드리는 곳이다.
다음으로 4대문과 4소문을 만들었다. 동대문은 흥인지문, 서대문은 돈의문, 남대문은 숭례문, 북대문은 숙정문이라고 이름 지었는데, 각각 유교에서 중시하는 인, 의, 예, 지를 상징한다. 또 경복궁 앞에서 남북으로 뻗은 거리에는 의정부와 6조 건물을 세웠고 지금의 종로 거리에는 시장을 설치했다. 청계천 북쪽은 궁궐, 관청, 교육 기관과 가까워 주로 고위 관료들이 살았는데 지금의 북촌에 해당한다.

왕씨들의 비극

조선은 고려의 왕족인 왕씨 성을 가진 사람들이 남아 있으면 반역이 일어날 수 있다고 생각했다. 그래서 왕씨들을 모아 배에 태운 뒤 배를 바다 한가운데에서 가라앉혀 버렸다. 이 외에도 다양한 방법으로 왕씨들을 죽이려 했다. 이러한 위험 속에서도 살아남은 왕씨들은 성을 옥씨나 전씨 등으로 바꾸어야 했다. 이성계도 이런 일들을 하면서 마음이 편치는 않았던 것 같다. 꿈에 왕건이 나타나 보복한다고 해 제사를 지내기도 했으며 결국 개경을 버리고 도읍을 옮기기로 결심했다.

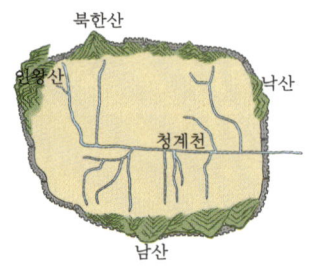   

▲ 한양이 수도로서의 모습을 갖춰가는 모습

92 유교

- 옛날 중국 공자의 가르침을 배우는 학문.
- 삼국 시대부터 우리나라의 정치사상으로 자리 잡은 유교는 나라에 대한 충성과 부모에 대한 효도를 중시하는 학문이다.

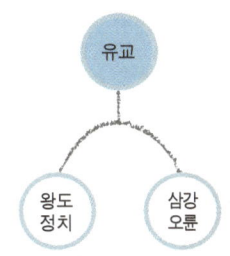

왕도 정치

조선은 유교의 덕에 따라 백성을 다스리는 덕치주의와 민본 사상을 바탕으로 왕도 정치를 추구했다. 왕도 정치(王道政治)란 나라를 힘과 무력으로 다스리기보다는 통치자가 덕(德)으로 모범을 보여 백성들이 저절로 따르게 하는 정치를 말한다. 덕치란 '정치는 법률이나 규칙만 가지고 무조건 벌을 주는 것이 아니라 덕을 가지고 해야 한다.'는 의미이다. 덕으로 다스릴 경우 백성들이 왕을 존중하게 되므로 나라가 평화로울 수 있다는 뜻이다.

또한 조선의 왕들은 민본(民本)을 가장 중요하게 생각했는데 '백성이 나라의 근본'이라는 뜻이다. 즉 백성들의 생활을 안정시키는 정치가 최고라 생각한 것이다. 유교는 왕도 정치, 덕치, 민본 등을 어떻게 실천하는지 알려주는 학문이라 왕과 신하들은 유교에 깊은 지식을 가져야 했다.

삼강오륜

조선 시대에는 백성들도 유교 정신을 알아야 나라가 조화를 이룰 수 있다고 생각했다. 그래서 유교를 쉽게 풀이해 백성들에게 알리려 애썼는데 그것이 바로 '삼강오륜(三綱五倫)'이다. 삼강오륜이란 삼강과 오륜을 합쳐 부르는 말로, 유교의 세 가지 기본 강령과 실천해야 할 다섯 가지 규범이다.

삼강이란 임금과 신하(君爲臣綱 : 군위신강), 어버이와 자식(父爲子綱 : 부위자강), 남편과 아내(夫爲婦綱 : 부위부강) 사이에 지켜야 할 도리로, 각각 충, 효, 열을 의미한다. 오륜은, 부모는 자녀에게 인자하고 자녀는 부모에게 섬김을 다하며(父子有親 : 부자유친), 임금과 신하의 도리는 의리에 있고(君臣有義 : 군신유의), 남편과 아내는 분별 있게 각자 할 일을 하며(夫婦有別 : 부부유별), 어른과 어린이 사이에는 차례가 있어야 하고(長幼有序 : 장유유서), 친구 사이에는 신의가 있어야 한다(朋友有信 : 붕우유신)는 덕목이다.

칠거지악

유교가 사회 윤리로 자리 잡으면서 법은 여성들에게 매우 엄격해졌다. 남편이 아무리 잘못해도 여자들은 남편을 쫓아낼 수 없었지만 남편들은 부인이 7가지 잘못, 즉 칠거지악(七去之惡)을 저질렀을 경우 일방적으로 쫓아낼 수 있었다. 시아버지와 시어머니에게 순종하지 않았을 때, 자식(아들)이 없을 때, 음란한 행동을 했을 때, 또 질투가 심해 남편을 투기했을 때, 극심한 병이 있을 때, 말이 많을 때, 도둑질을 했을 때 부인을 쫓아낼 수 있었다. 시댁에서 쫓겨난 여자들은 '소박을 맞았다.'고 하여 평생을 힘들게 살았다. 여성의 지위가 얼마나 낮았는지 알 수 있다.

▲ 부자유친　▲ 군신유의　▲ 부부유별　▲ 장유유서　▲ 붕우유신

93 태종

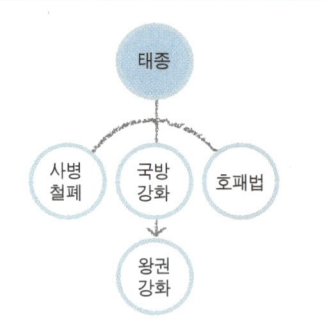

- 조선 제3대 왕(1367~1422), 왕권 강화에 노력한 왕.
- 태종은 태조 이성계의 다섯째 아들로, 왕이 된 후 호패법 실시를 비롯한 왕권 강화 정책을 추진하여 조선의 정치를 안정적으로 이끌었다.

이방원

이성계에게는 아들이 여럿 있었는데, 이 중 이방원은 아버지를 도와 조선을 건국하는 데 가장 큰 역할을 했다. 과거에도 급제하여 무신 집안에서 똑똑한 아들이 나왔다고 이성계의 자랑이 대단했지만 조선이 건국되고 나서 이방원은 정치에서 밀려났다. 세자 자리도 새어머니인 신덕왕후의 아들로 정해졌다. 이방원은 신덕왕후와 정도전이 함께 견제하자 힘을 쓰지 못하다 신덕왕후의 죽음으로 차츰 세력을 키우기 시작했다. 그런데 정도전이 사병(개인적으로 가지고 있는 군사)을 해체하려 하자 이방원도 칼을 뽑게 되었다. 형제들과 함께 정도전 일파를 제거하고 신덕왕후 소생의 이복동생들을 죽이는 1차 왕자의 난을 일으킨 후 형을 왕으로 추대했다. 이후 정치적 실권을 장악했으나 이를 시기한 넷째 형과의 싸움인 2차 왕자의 난을 겪고 나서 왕의 자리에 올랐다.

태종

태종은 영리한 왕이었다. 왕이 되자 왕권을 약하게 하는 사병을 과감하게 없앴다. 결국 정도전의 주장을 자신이 실천한 셈이다. 또 건국에 힘을 보탠 사람들의 권력이 너무 세지는 것을 막기 위해 노비 제도도 손을 보았다. 더불어 정확한 인구를 헤아려 정책을 추진하고 세금과 군역을 철저히 걷기 위해 지금의 주민등록증과 같은 호패법을 실시하였다. 백성들의 어려움을 직접 듣고자 신문고도 설치하였고, 국방 강화를 위해 군사 훈련도 많이 신경 썼다. 이런 태종의 노력 덕에 조선은 빠르게 정치적 안정을 찾을 수 있었고, 개혁을 통해 강력한 왕권을 세울 수 있었다. 그리고 무엇보다 나라가 발전할 수 있는 기반을 닦았고 이는 후일 세종 대에 화려하게 꽃을 피웠다.

이성계와 함흥차사

왕위에 오른 태종을 보고 이성계는 심정이 복잡했다. 이성계에게는 평생의 친구였던 정도전과 사랑하는 가족을 죽인 사람이 자신의 아들이었기 때문이다. 이제 한양이 싫어진 이성계는 고향인 함흥에 자주 갔다. 이곳에서 조사의라는 사람이 난을 일으키려 하자 이성계는 이방원을 미워한 나머지 이 난을 미리 알고도 모른척했다. 태종은 차사(소식을 전하는 관리)를 보내 아버지가 한양으로 돌아오길 권했지만 이성계는 차사를 오는 족족 죽여버렸다. 그래서 심부름을 가서 오지 않거나 늦게 오면 함흥차사란 말을 하게 되었다.

- 사병을 없애라. 군사는 왕에게 집중하라!
- 국방을 강화하라!
- 호패법을 실시하라!
- 건국 세력의 힘을 약하게 하고 권력을 왕에게 집중시키라!

개념쌤의 1분 특강

태조 이성계의 '조'는 '조상 祖'자를 쓰고, 태종 이방원의 '종'은 왕의 뒤에 붙이는 '宗'이에요. 보통 왕조의 첫 임금에는 조가 붙으니 헷갈리지 마세요.

94 호패

- 조선 시대에 신분 증명을 위해 16세 이상의 남자가 지녔던 패.
- 정치적 안정기를 찾은 조선은 세금을 확보하고, 군대를 조직하기 위한 군역을 조사하기 위해 호패를 항상 가지고 다니게 하였다.

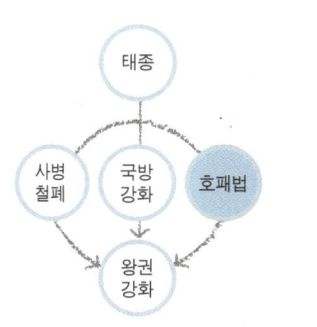

호패

우리나라는 만 17세가 된 남녀 모두에게 주민등록증을 발급하고 있다. 주민등록증은 일종의 신분증으로 사진이 붙어 있어서 인적 사항을 확인할 수 있는 수단이다. 조선 시대에도 오늘날의 주민등록증과 같은 역할을 하는 '호패'가 있었다.

호패는 왕실과 양반, 양민, 천민, 노비에 이르기까지 16세 이상의 모든 남자에게만 주어지는 일종의 신분증이다. 양반들은 상아나 사슴뿔 등의 재료를, 평민들은 나무를 썼다. 2품 이상은 관직과 성명을 기록했고, 3품 이하의 관리나 공이 큰 관리의 아들은 관직과 성명, 거주지를 기록했다. 일반 백성들은 이름과 사는 곳 외에 얼굴빛과 수염이 있는지 없는지를, 5품 이하의 군인은 소속 부대와 키를 써 놓았다. 그리고 노비는 연령, 거주지, 얼굴빛, 키, 수염이 있는지 없는지 외에 주인의 이름을 기록했다. 신분이 낮을수록 훨씬 구속하는 것이 많음을 알 수 있다.

호패를 만든 이유

호패 제도는 중국 원나라 때 실시되었던 제도였다. 우리나라에서는 고려 공민왕이 처음 받아들였지만, 잘 시행되지 않다가 조선 태종 때 비로소 전국적으로 시행되었다. 호패 제도를 실시한 까닭은 백성들의 신분을 구분하고 군대에 갈 사람과 안 갈 사람, 세금을 낼 사람과 안 낼 사람을 구분하기 위해서였다. 또 전체 가구 수와 인구를 세는 데도 편리했다. 한마디로 호패 제도를 만든 가장 중요한 목적은 군역(군대에서 복무하거나 일하는 것)과 세금 내는 기준을 밝혀 국가의 수입을 늘리는 것이었다.

주민등록번호의 비밀

오늘날 우리들이 태어나면서부터 갖는 주민등록번호 열세 자리에는 어떤 의미가 담겨 있을까? 먼저 앞의 여섯 자리는 생년월일을 의미한다. 그 뒤 일곱 자리 가운데 첫 번째 숫자는 성별을 나타내는데 1과 3은 남자, 2와 4는 여자를 의미한다. 두 번째부터 다섯 번째까지의 숫자는 주민등록을 만든 읍·면·동사무소의 고유 번호이다. 그리고 여섯 번째 자리는 출생 신고 당일 해당 읍·면·동사무소에 몇 번째로 접수된 것인지 표시한 것이고, 마지막 일곱 번째 자리는 앞의 여섯 자리가 정확히 조합되었는지를 확인하는 암호라고 한다.

주민등록증과 호패

개념쌤의 1분 특강

호패와 같이 신분을 나타내는 증거로 순팔패, 수세패, 마패 등이 있었어요. '패'가 붙는 의미가 짐작이 되지요?

95 세종

- 조선 제4대 왕(1397~1450), 한글 창제 및 문화 발전을 위해 노력한 왕.
- 세종은 조선의 문화 발전에 한 획을 그은 왕이다. 한글 창제를 비롯해 과학 기술도 급격히 발전하였고, 4군 6진을 개척하여 영토도 넓혔다.

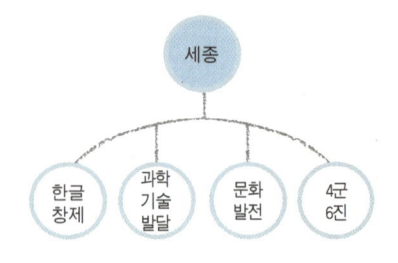

세종

세종의 형이자 세자인 양녕 대군은 왕실 생활에 잘 적응하지 못해 사사건건 아버지인 태종과 대립하고, 사냥과 여자를 좋아해 몰래 궁을 비우는 일이 잦았다. 결국 양녕 대군은 세자 자리에서 물러나고 대신 세종이 왕이 되었다. 세종이 모든 권력을 물려받은 것은 아니었다. 아버지인 태종이 군사권을 장악하고 있었기 때문이다. 태종은 세종이 외척 세력에 좌우지 될 것을 염려해 장인을 비롯한 처가 사람들마저 죽였다. 이런 아픔 속에서도 세종은 조선의 문화 발전에 큰 역할을 하였으며 지금까지도 위대한 인물로 손꼽히고 있다.

세종의 업적

세종은 집현전을 세우고 널리 똑똑한 인물을 구해 학문을 연구했는데, 집현전에서 배출한 인재들은 그 역할을 톡톡히 하였다. 이들은 유교 정치의 기반이 되는 여러 제도를 연구하여 정비하였고, 많은 책을 만들어 민족 문화 발전에 큰 영향을 끼쳤다.

과학 기술도 크게 발전하였다. 집현전 학자들이 중국과는 다른 우리만의 천문학과 과학을 연구하였고, 장영실을 등용하여 해시계, 물시계를 비롯한 각종 실질적인 과학 기계들이 발명되었다. 김종서를 등용해 북쪽 국경도 튼튼히 하였다. 이 과정에서 4군과 6진이 개척되면서 오늘날과 같은 국경선이 확정되었다. 각종 무기도 만들어졌으며 군사 훈련, 병서 간행 등도 이루어졌다.

무엇보다도 중요한 것은 한글 창제이다. 한글 창제 이전에 쓰던 문자인 이두나 한자는 백성들이 사용하기 어려워 세종은 이를 매우 안타깝게 여겼다. 글을 안다면 백성들이 억울하게 당하는 일이 없을 거라 생각했기 때문이다.

▲ 세종대왕의 업적

양녕 대군은 왜 폐위되었을까?

11세의 나이에 세자가 된 양녕 대군은 세자 자리에 걸맞지 않은 행동을 많이 했다. 매 사냥과 활쏘기를 좋아해 공부를 게을리하고, 궁궐 밖에서 불량배들과 어울려 행패를 부리거나 궁궐에 기생을 불러들였다. 아버지 태종에게 꾸중을 들을 때면 잘못을 고치겠다고 약속했지만 소용이 없었다. 결국 세자를 쫓아내야 한다는 신하들의 상소와 건의가 이어져 태종은 양녕을 세자 자리에서 쫓아냈다.

개념쌤의 1분 특강

세종 대왕의 업적은 훈민정음 창제와 군사, 과학 발전 등 조항별로 정리하면 좋아요.

96 사대

- 작은 나라가 큰 나라를 받들어 섬기는 일.
- 조선은 명나라를 큰 나라로 생각하여 섬겼으며, 조공 무역을 통해 실질적인 이익을 취하였다.

사대

조선의 기본적인 외교 정책은 사대교린이다. 사대(事大)는 중국과 같은 큰 나라를 받들어 섬긴다는 뜻을 담고 있다. 한편, 교린(交隣)은 일본, 여진 및 이웃 나라와 대등한 입장에서 사귀어 국가의 안정을 꾀한다는 조선 개국 이래의 외교 방침이다.

특히 조선의 입장에서 중국(당시 명나라)은 정치·군사적 대국이자 중요한 교역 상대국이었다. 또 조선의 정치 이념이었던 유교의 종주국일 뿐 아니라 과학 기술을 비롯한 문화의 선진국이었다. 따라서 조선은 개국 초부터 정기적으로 명나라에 사신을 보내 인삼, 모피, 모시, 화문석 등 조선의 특산물을 조공품으로 바쳤다.

조공

조선은 왜 명나라에 조공을 했을까? 그 이유는 명나라가 조공 무역만을 허용했기 때문이다. 조공 무역 이외에 일체의 무역은 없었다. 따라서 조선은 선진 문물을 얻기 위해서라도 사대의 예를 갖춰야만 했다. 그러면 명나라에서도 조선에 비단, 약재, 서적, 도자기 등을 답례품으로 주었다. 대국으로서의 체면이 있기 때문에 받은 물건보다 더 많은 양의 선물을 주었다.

이때 두 나라 신하들은 서로 한문으로 필담을 나누며 문화적 교류를 나누기도 했다. 이처럼 조선은 선진 문물을 받아들이고 실리를 추구하기 위해 중국에게 사대의 예를 행했던 것이다.

조공을 보는 다른 시각

조공이란 사대 관계를 맺고 있는 나라가 종주국에 물건을 바치는 것을 말한다. 강대국으로 군림했던 중국 왕조가 주변의 약소 국가에게 행한 대외 정책이었다. 중국에 조공을 바치는 순서가 국가 순위라고 생각했기 때문에 서로 앞자리에 서려고 다투기도 했다. 우리나라에서는 삼국 시대부터 중국에 조공 외교를 했는데, 이는 강요보다는 선진 문물을 받아들이려는 적극적인 외교라고 할 수 있다. 특히 명나라는 조공 외에는 외국과의 어떤 무역도 허락하지 않아, 조선에서는 자주 사신을 파견하여 문물을 교환했다.

조공 외교

조선은 인삼을 비롯한 특산품을 명나라에 바쳤다.

명나라는 비단, 책 등 조선의 문화 발달에 필요한 것들을 주었다.

개념쌤의 1분 특강

'사대'의 사(事)는 '일'이란 뜻이 아니고 '섬기다'라는 뜻을 가지고 있어요.

97 교린

- 조선이 중국을 제외한 여진과 일본 등에 취한 외교 정책.
- 조선의 교린 정책이란 군사적인 방법을 동원하는 강경책과 문물을 교류하는 회유책을 같이 쓰는 것을 말한다.

여진과의 관계

교린이란 이웃 나라와 대등하게 사귀는 정책을 말한다. 그런데 조선은 이웃 나라에 항상 너그럽게 대하지만은 않았다. 조선은 북쪽 국경선 안을 제대로 지키고, 더 바깥으로 나아가 농지를 넓히기 위해 여러 가지로 애썼다. 조선 왕조의 이런 의지가 담긴 것을 북진 정책이라고 한다. 이를 위해 조선의 북쪽에 살던 여진족을 달랠 필요가 있었다. 이런 방법을 회유책이라고 하는데 여진족에게 관직, 토지, 주택 등을 주어 조선의 백성이 되게 하거나, 국경 지방에 무역소를 설치하여 무역을 하게 했다.

회유책만으로는 한계가 있었다. 그래서 조선은 강경책을 사용하여 여진 정벌을 단행했다. 특히 세종 때 최윤덕과 김종서를 파견해 두만강과 압록강 근처에 들어와 살던 여진족을 몰아내고 4군과 6진을 설치하여 영토를 넓혔다. 그리고 이곳에 각 도의 백성들을 이주시켜 개척함으로써 조선의 영토가 압록강에서 두만강에 이르게 되었고 오늘날 우리나라의 국경선이 만들어졌다.

4군 6진

세종은 압록강과 두만강 유역에 여진족이 자주 침입하여 백성들을 괴롭히자 압록강 방면에 최윤덕을 파견하고, 두만강 유역에 김종서를 파견하여 여진족 무리를 몰아내고 4군과 6진을 설치하였다. 4군과 6진의 개척으로 압록강과 두만강을 잇는 우리나라의 북쪽 국경선이 확정되었다.

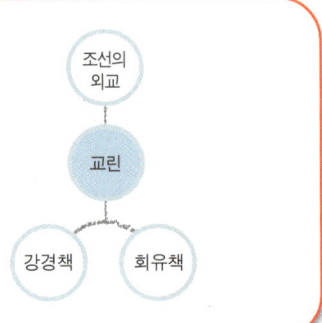

왜(일본)와의 관계

조선은 개국 초부터 왜구를 막기 위해 강경책과 회유책을 모두 썼다. 특히 세종은 1419년 왜구의 소굴을 없애기 위해 이종무를 대장으로 군사를 보내 왜구의 근거지인 쓰시마(대마도) 섬을 토벌하고, 부산포, 염포, 제포의 3포만 교역 장소로 개방했다. 왜인들은 이곳으로 구리, 황 등을 가져와 곡물, 옷감, 서적 등과 바꾸어 가며 활발한 무역 활동을 했다. 또 왜인들은 조선의 재팬타운(Japan Town)이라고 할 수 있는 왜관을 설치하고 거주하기도 했다.

당시 3포 안에는 왜관의 대표가 살면서 수백 호에 이르는 민가와 상권이 만들어졌다. 그 결과 3포는 왜인뿐 아니라 베트남 상인들도 드나드는 국제 무역항이 되어, 상품의 교역은 물론 문화와 사상을 교류하는 장소가 되었다.

▲ 회유책과 강경책

개념쌤의 1분 특강

교린에서 '교'는 사귄다는 뜻이고 '린'은 이웃이라는 뜻이에요. 이웃과 사귈 때 잘해 줄 수도 있지만 싸울 수도 있지요? 그래서 강경책과 회유책이 필요한 거예요.

98 훈민정음

- 세종이 창제한 문자로, 백성을 깨우치는 바른 소리라는 의미.
- 세종 대왕은 백성들이 글자를 몰라 어려움을 당하는 일이 안타까워 과학적인 문자인 훈민정음을 세계 최초로 창제했다.

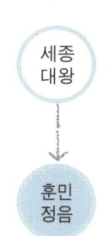

한글을 만든 이유

조선 시대 이전까지 우리 조상들은 한자로 글을 적었다. 그러나 한자는 먹고 살기 바쁜 백성들이 배우기에는 어려운 글자였다. 세종 대왕은 백성들이 글을 제대로 알지 못해 억울한 일을 당하는 것을 안타깝게 여겨, 누구나 쉽게 배우고 쓸 수 있는 '훈민정음', 즉 한글을 만들었다.

훈민정음 창제는 출발부터 어려움이 많았다. 최만리 등의 학자들이 "중국과 다른 문자를 만드는 것은 큰 나라를 모시는 예의에 어긋나며, 스스로 오랑캐가 되는 것입니다."라며 격렬히 반대했기 때문이다. 그래도 세종 대왕은 뜻을 굽히지 않고 눈이 짓물러 한쪽 눈을 뜰 수 없을 때까지 연구했고, 그 결과 1443년에 드디어 훈민정음이 창제되었다. 훈민정음은 새로 만든 글자를 뜻하기도 하지만, 집현전 학사들과 펴낸 훈민정음 해설서인 책이름이기도 하다.

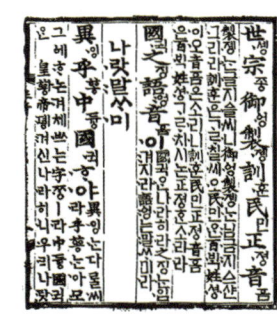

▲ 훈민정음

한글을 사용한 계층

한글이 처음 만들어졌을 때 양반들은 상스러운 글자라는 뜻의 '언문(諺文)', 소리를 나타내는 방법이 절반밖에 안 된다며 '반절'이라 부르면서 무시했다. 또 훈민정음이 생긴 후 궁궐과 양반 여자들이 훈민정음을 쓰기 시작하자 '암글'이라고도 불렀다. 그 뒤 훈민정음의 편리함이 널리 알려져 상민 신분의 남자들도 쓰게 되면서 한글은 아주 빠르게 퍼져 나갔다.

연산군이 한글 사용을 금지한 이유

연산군은 한글로 쓰인 자신의 잘못을 지적하는 글이 발견되자 매우 화가 나서 글을 쓴 사람을 고발하면 상금과 벼슬을 주겠다고 했다. 한양의 백성들 중 한글을 아는 사람을 불러 글씨체를 비교할 정도였지만 찾을 수가 없었다. 그러자 연산군은 "앞으로는 언문을 가르치지도 배우지도 말고, 배운 자는 쓰지 못하게 하라."는 희한한 명령을 내렸다. 세종 대왕은 자신의 뜻을 표현하지 못하는 불쌍한 백성들을 위해 한글을 만들었는데, 연산군은 백성들이 한글을 이용해 연산군의 잘못을 비난하는 표현을 한다는 이유로 사용하지 못하게 만든 것이다.

한글을 창제한 세종 대왕

일본 사람들은 문창살을 보고 한글을 만들었다고 하던데요?

한글은 사람의 발음 기관을 본떠 초성인 자음을 만들고, 하늘·땅·사람을 본떠 모음인 중성을 만들고, 종성은 초성을 다시 쓴 매우 과학적인 글자이니라.

개념쌤의 1분 특강

세종 대왕의 수많은 업적 중 무엇보다 중요한 것이 한글 창제예요. 당연히 시험에 잘 나오겠죠?

99 해시계, 물시계

- 농사 기술의 발달을 위해 필요한 시간 개념을 알 수 있는 기계.
- 조선 초기에는 농업 발달을 지원하기 위해 절기까지 알 수 있는 해시계와 저절로 시각을 알려주는 물시계를 발명하였다.

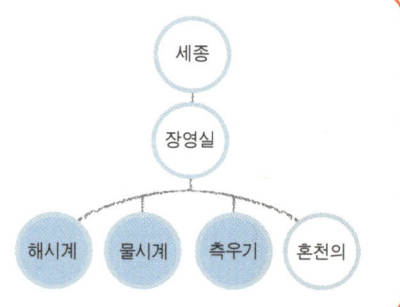

조선의 과학 사상

조선은 경제를 발전시키기 위해 정책적으로 농사를 장려했고, 이를 위해서 과학적 농업을 할 수 있게 도와주는 많은 과학 기구가 여럿 발명되었다. 특히 세종 대에는 집현전 학사들과 장영실의 힘으로 여러 방면에서 큰 성과를 거두었다.

다양한 발명품들

〈해시계(앙부일구)〉
세종 대왕의 명령으로 장영실이 만든 '앙부일구'는 솥 모양의 해시계라는 뜻이다. 지구를 반으로 자른 모양이며, 그 속에 침을 세워 놓아 그림자 길이에 따라 절기를 재고, 그림자 끝의 위치를 보고 시간을 알 수 있다. 사람이 많이 오가는 종묘 앞에 세워 놓고, 글을 모르는 백성들을 위해 시간 옆에는 쥐, 소, 호랑이, 말 등의 동물을 그려 놓아 시간을 알 수 있게 했다.

〈물시계(자격루)〉
해시계는 밤에는 볼 수 없었고, 비가 오면 시간을 잴 수 없었다. 이 점을 보완하기 위해 만든 것이 자격루이다. 자격루는 물을 넣은 항아리의 한쪽에 구멍을 뚫어 물이 흘러나오게 만든 기계로, 규칙적으로 떨어지는 물방울의 양을 이용해 시각에 따라 종, 북, 징이 저절로 울리게 만들었다.

〈측우기〉
농업 국가인 조선은 비가 온 양을 정확히 알기 위해 애썼다. 옛날에는 비가 내려도 정확한 강수량을 잴 수가 없어서 흙을 파헤쳐 빗물이 스며든 깊이를 재 얼마나 많은 비가 내렸는지를 측정했다. 이를 답답하게 여긴 장영실이 물통에 떨어지는 빗물을 보고 아이디어를 얻어 만든 것이 바로 세계 최초의 우량계인 측우기(1441)이다.

> **측우기를 만든 임금은 누굴까?**
> 측우기의 발명으로 조선은 새로운 강우량 측정 제도를 마련하였고, 농업도 크게 발전하였다. 또한 홍수 예방에도 도움이 되었다. 조선이 자랑하는 발명품인 측우기는 장영실이 만들었다고 알려져 있지만 일부 역사학자들은 문종의 세자 시절 작품이라고 주장한다. 세조 실록의 측우기와 관련된 첫 기록에 세자가 비가 오면 늘 땅을 파서 젖은 정도를 재서 기록했는데 정확하지 않자 구리로 그릇을 만들어 빗물을 받고 고인 양을 자로 쟀다는 기록이 나오기 때문이다.

▲ 해시계(앙부일구)

▲ 물시계(자격루)

▲ 측우기

개념쌤의 1분 특강

앙부일구, 자격루…… 헷갈리죠? 앙부일구의 앙은 '우러를 앙'이에요. 하늘을 우러러 봐야하니 앙이 들어가는 것은 해시계랍니다.

100 장영실

- 조선 초기의 과학자.
- 장영실은 천민 신분임에도 불구하고 왕실에 발탁되어 조선 시대를 대표하는 다양한 과학 발명품을 만들어 문화 발전에 이바지하였다.

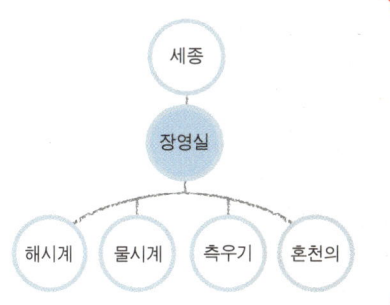

조선의 대표 과학자

장영실은 조선 전기 세종 때 활동하던 과학자로, 우리나라 최초의 물시계인 자격루를 만들었고, 세계 최초로 측우기를 발명한 사람이다. 원래 장영실은 경상도 동래현 관아에 속해 있던 기생의 아들로 태어났다. 조선 시대에는 어머니가 기생이면 자식은 노비가 되어야 했기 때문에 장영실은 관청의 노비로 살아야 했다.

여러 가지 물건을 고치는 재주가 뛰어났던 장영실은 노비 생활을 하며 관아의 기구들을 과학적으로 바꾸고, 영남 지방의 가뭄을 이겨내는 데 재주를 발휘했다. 마침내 이 소식들이 멀리 한양의 궁궐에까지 전해지게 되었다. 그러던 중 신분을 가리지 않고 널리 인재를 찾던 세종 대왕에게 발탁되어 노비의 신분에서 벗어나 활발한 활동을 하게 되었다.

세종 대왕과 장영실
세종 대왕은 천민 신분이었던 장영실에게 중국으로 가는 사신을 따라가 중국의 선진 문물을 배워오도록 하는 특별한 혜택을 베풀기도 했다. 장영실 또한 열심히 노력해 세종 대왕의 기대에 응답하였다. 이는 신분을 가리지 않고 인재를 알아보는 세종 대왕의 눈이 작용했음을 알 수 있다.

장영실의 활약

궁궐로 들어간 장영실은 천문 관측을 위한 간의대 등을 만드는 것을 감독하였고, 이천 등과 함께 천문 관측용 기구인 간의, 혼천의 등을 만들었으며, 금속 활자인 갑인자(갑인년에 만들어진 활자) 등의 제작에도 힘썼다. 또 우리나라 최초의 물시계인 자격루, 해시계인 앙부일구, 천체를 관측하기 위한 규표 등 많은 과학 기구를 발명했다.

특히 1441년에는 세계 최초로 측우기를 만들고, 강이나 개울물의 높이를 측정하는 기구인 수표를 만들어 하천의 범람을 미리 알고 대처할 수 있게 했다. 이 공으로 장영실은 상호군이라는 벼슬까지 올랐으나, 이듬해 그가 만든 임금님의 가마가 부서져 매를 맞고 관직에서 쫓겨났다. 그 후 장영실의 행적은 어떤 기록에도 등장하지 않아 알 수가 없다.

▲ 간의

▲ 혼천의

개념쌤의 1분 특강
세월이 지나면서 조선은 세종 대왕처럼 능력을 보고 노비를 발탁하는 등의 업적을 남긴 임금이 나타나지 않았어요. 세종 대왕이 얼마나 탁월한 임금인지 알 수 있을 거예요.

101 세조와 계유정난

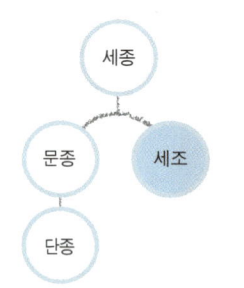

- 조선 제7대 왕(1417~1468), 단종 이후 약해진 왕권을 강화한 왕.
- 세조는 단종이 어린 나이에 왕위에 오른 후 왕권이 약화되자 단종을 내쫓고 왕이 되어 다시 왕권을 강화하고 제도를 정비했다.

계유정난

세종 대왕의 둘째 아들이었던 수양 대군은 아버지를 닮아 학문도 잘했지만 할아버지인 태조 이방원을 닮아 무예로 이름을 날리기도 했다. 형인 문종이 어린 아들을 남기고 일찍 죽고 단종이 즉위하자 세조의 야망은 꿈틀거렸다. 안타깝게도 궁에는 어린 단종을 지켜줄 사람이 아무도 없었다. 어머니도 단종을 낳은 후 곧 죽었고, 할머니인 소헌 왕후도 이미 죽고 없었다.

이 상황에서 김종서를 비롯한 신하들의 힘이 서서히 강해지자 수양 대군은 자신의 야심을 드러내기 시작했다. 왕이 되고자 힘을 기르기 시작한 것이다. 단종을 가장 가까이에서 모시던 김종서를 안심시키기 위해 일부러 중국에 사신으로 자처해서 갈 정도로 치밀하게 계획을 세운 뒤 한명회, 권람 등의 도움을 받아 난을 일으켰는데 이것이 바로 '계유정난'이다. 충신인 김종서에게 역적의 누명을 씌워 죽인 후 다른 신하들은 왕이 부르는 것처럼 속여 궁궐로 불러들이고 자신과 뜻을 달리하는 사람들은 모두 죽였다. 단종도 영월로 귀양을 보냈다가 죽이고 말았다.

사육신과 생육신

세조가 왕위에 오르자 유교의 대의명분을 중시하던 신하들 사이에는 단종을 다시 왕으로 되돌리자는 복위 운동이 일어났다. 그러다 발각되어 죽은 여섯 사람을 사육신이라고 하는데 성삼문, 박팽년, 유응부, 유성원, 하위지, 이개를 말한다. 또한 죽지는 않았지만 단종에 대한 충성심으로 세조와 손을 잡지 않은 사람들을 생육신이라고 한다. 김시습, 남효온(또는 권절), 성담수, 조려, 원호, 이맹전을 꼽는다.

세조의 업적

세조는 어린 시절, 많은 사람이 들락거리는 궁궐보다 궁 밖이 훨씬 깨끗할 것이라 판단한 부모에 의해 밖에서 살면서 백성들의 삶을 눈여겨보았다. 왕이 된 후 이런 경험을 제도에 반영하여 정치 안정과 왕권 강화를 위해 노력하였다.

개국 공신들에게 너무 많은 혜택을 주어 국가 재정이 어렵게 되자 세조는 직전법을 실시하였다. 조선 초기에 실시되었던 과전법은 관리에게 토지에서 세금을 걷을 권리를 주었다. 이때 관리에게 지급된 과전은 세습이 불가능했으나 개국 공신들은 이를 세습하여 세조가 왕이 되었을 때에는 관리들에게 줄 토지가 없었다. 그래서 세조는 현직 관리들에게만 과전을 지급하는 직전법을 실시한 것이다.

개념쌤의 1분 특강

과전법은 퇴직 관리까지 토지를 지급한 제도이고요, 직전법은 현직 관리에게만 토지를 지급한 제도예요.

조선의 정치 발전

태조 → (왕자의 난) → 태종 → 세종 → (계유정난) → 세조
- 정도전 주도 (왕조의 설계자)
- 사병 혁파
- 집현전 설치
- 유교적 민본 정치
- 직전법 실시
- 집현전 폐지

102 성종

- 조선 제9대 왕(1457~1494), 《경국대전》을 완성한 왕.
- 성종은 조선의 근본을 형성하는 법전인 《경국대전》을 완성하여 유교가 생활 깊숙이 뿌리내리는 데 큰 역할을 하였다.

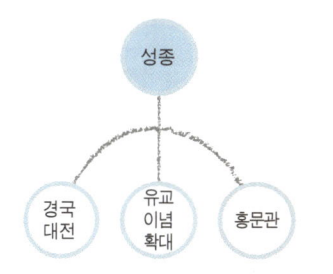

성종

성종은 세조의 첫째 아들인 의경 세자의 둘째 아들이다. 의경 세자는 몸이 약해 둘째 아들인 성종을 낳고 나서는 얼마 후 죽고 말았다. 그래서 할아버지인 수양 대군이 세조가 된 후 성종은 세자와는 거리가 먼 삶을 살았다. 그런데 수양 대군의 둘째 아들이자 성종의 작은아버지였던 예종이 죽었을 때 예종의 아들은 겨우 네 살이었다. 왕실의 어른이었던 세조의 왕비 정희 왕후는 결단을 내렸다. 예종의 어린 아들을 제치고 죽은 첫째 아들에게서 낳은 성종을 왕위에 앉힌 것이다.

여기에는 특별한 이유가 작용했다. 성종에게는 월산 대군이라는 형이 있는데 굳이 형을 제치고 왕이 된 것은 정치적 감각이 뛰어났던 여장부 정희 왕후와 성종의 장인인 한명회의 힘이 작용한 것이다. 어렵게 왕이 된 것을 안 성종은 일평생 유교를 연구하는 이상적인 왕으로 살았다. 모든 것에 열심히 임했고, 다른 왕은 거르기도 하는 공부도 매번 빠지지 않고 참석하며 성실한 왕이 되기 위해 노력했다.

성종의 업적

성종의 업적은 뭐니뭐니해도 《경국대전》의 완성이라고 할 수 있다. 당시만 해도 조선의 법률은 중국의 것을 많이 따랐다. 하지만 《경국대전》은 달랐다. 세조 때부터 시작된 《경국대전》으로 인해 더 이상 중국법에 의존하지 않게 됨으로써 우리의 자주성도 한껏 커졌다.

《경국대전》은 나랏일을 결정하는 데 기준이 되기도 하지만 일반 백성들의 생활에도 깊숙이 관여하였다.

또한 성종은 유교 정치를 바탕으로 한 정부 조직을 완성하였다. 성종은 한양의 양반들에게만 의존하지 않고 지방 출신의 선비들도 정부의 중요한 자리에 썼으며, 집현전을 이어받은 홍문관을 두었다.

▲ 성종의 업적

폐비 윤씨

성종의 왕비이자 연산군의 어머니는 윤씨였다. 성종의 첫 왕비는 한명회의 딸인데 마음씨가 무척 고왔지만 자식을 낳지 못하고 죽자 후궁으로 있던 윤씨가 왕실 어른들에게 잘 보여 왕비가 되었다. 중전 자리를 차지하기 위해 요리조리 머리를 굴리던 윤씨는 중전이 된 후 본색을 드러냈다. 성종이 다른 여자에게 눈을 돌리자 질투를 하는 등 중전에 어울리지 않는 행동을 한 것이다. 중전이 독약을 먹여 후궁들을 죽이려 한다는 소문이 돌자 성종은 윤씨의 방을 뒤졌다. 그러자 진짜 독약이 나오는 것이 아닌가! 그러던 중 윤씨는 성종의 얼굴에 손톱자국을 내고 말았다. 이를 계기로 윤씨는 폐비가 되어 쫓겨나게 되었다.

개념샘의 1분 특강

'성종=경국대전'처럼 성종 하면 경국대전을 바로 떠올릴 수 있어야 해요.

103 경국대전

- 조선 시대에 나라를 다스리는 데 기준이 된 최고의 법전.
- 《경국대전》은 세조 때 집필을 시작하여 성종 7년에 완성한 법률이다. 나랏일뿐 아니라 백성들의 생활에도 큰 영향을 끼쳤다.

조선의 헌법

법이란 국가가 강제로 시행하는 사회 규범이다. 삼국 시대에는 율령(형률과 법령을 아울러 이르는 말로 법률을 뜻함)이 있었고, 고려 시대에는 중국 당나라의 법률을 참고하여 만든 71조의 법률과 보조 법률이 있었다. 그러나 일상생활과 관계되는 것은 관습법(습관이나 관행이 굳어져 법의 효력을 지니게 된 것)을 중심으로 지방관이 자신의 생각에 따라 자율적으로 처리하였다.

조선에서는 정치와 사회의 안정을 위해 모두가 믿을 수 있는 법을 만드는 것이 매우 중요한 과제로 떠올랐다. 그래서 조선은 개국하자마자 법치주의를 내세웠고, 특히 나라와 지방, 고을의 살림 모두를 중앙 정부에서 임명한 관리가 법에 따라 처리하도록 했다. 이를 위해 나라에서는 통일 법전을 편찬하고자 노력했는데, 이런 노력이 《경국대전》의 완성으로 마무리되었다.

《경국대전》을 만든 이유

고려는 중국의 법을 따르다보니 우리나라 실정에 맞지 않는 경우도 많았고, 관습법에 의존하다 보니 법이 상황마다 다르게 적용되는 경우가 많았다. 그래서 성종은 우리에게 맞는 법을 만들어 백성을 올바르게 다스리고자 하는 마음에 《경국대전》의 완성을 위해 노력하였다. 그럼 《경국대전》이 고려 시대의 법과 다른 점은 무엇일까? 고려 시대의 법이 죄인을 다스리는 내용이 중심이었다면 《경국대전》은 정치·경제·사회·문화의 기본 규범을 담은 종합적인 법이었다.

《경국대전》을 만든 이유

 안녕하세요 《경국대전》을 만드신 까닭은 무엇입니까?

 우리에게 맞는 법을 만들어 백성을 올바르게 다스리기 위해서 만들었단다.

 그렇다면 고려 시대의 법과 다른 점은 무엇입니까?

 고려 시대의 법은 죄인을 다스리는 내용이 중심이었지만, 《경국대전》은 정치, 경제, 사회, 문화의 기본 규범을 담은 종합적인 법이란다.

▲ 고려 시대와 조선 시대의 법 집행

1. 고을 사또, 즉 지방 수령(守令)의 임기는 1,800일이다.
   → 정치와 관련된 법
2. 여자 관노비가 임신한 경우에는 출산 전 30일, 출산 후 50일 등 총 80일의 휴가를 준다.
   → 일상생활과 관련된 법

▲ 정치와 일상생활 모두에 관한 법을 담고 있는 경국대전

여러 법을 바탕으로 만들어진 《경국대전》

세조 때 만들기 시작해 성종 때 완성된 《경국대전》은 조선 초기의 법전들을 모두 모아 만든 법전으로, 조선을 유교적 법치 국가로 만든 기본 법전이다. 《경국대전》은 육전, 즉 이전·호전·예전·병전·형전·공전으로 나뉘어 있는데, 국가 정책은 육전 체제를 따랐다. 조선 시대에 나라의 일은 보통 의정부에서 결정하고, 6조에서 판서를 중심으로 시행되었는데, 그 모든 일의 기본을 《경국대전》에 따랐다. 또 지방을 8도로 나누고 관찰사 밑에 수령을 두어 고을을 다스리도록 했는데, 고을의 행정을 볼 때도 《경국대전》을 따랐다.

한편, 가정의 재산 상속을 비롯하여 토지나 집을 사고팔 때, 혼인을 할 때와 같은 일상생활과 관련된 법도 《경국대전》을 따랐다. 이처럼 《경국대전》은 국가 전체의 통치 원칙에서부터 백성들의 일상생활에 이르기까지 정치·경제·사회·문화의 기본 규범을 담은 종합적인 법전으로, 조선 왕조 500년 동안 나라를 다스리는 기본 법전의 역할을 했다.

《경국대전》의 내용을 담고 있을까?

《경국대전》은 육조에서 맡은 업무를 기준으로 분류한 법전이라고 할 수 있다. 그런데 육전이란 뭘까? 이전(吏典)은 중앙 및 지방 관리들의 조직에 관한 법률로 요즘으로 치면 '행정자치부'에서 하는 일을 담고 있다. 호전(戶典)은 나라를 운영하는 돈과 관련된 법률로, 호적, 토지 제도, 부세, 조운, 환곡에 대한 규정으로 요즘의 '기획재정부'에서 하는 일을 담고 있다. 예전(禮典)은 과거, 의례, 외교, 친족, 제사 등에 대한 규정으로 요즘으로 치면 '교육부'와 '외교부'에서 하는 일을 담고 있다. 병전(兵典)은 무과, 군사 제도에 대한 규정으로 '국방부', 형전(刑典)은 형벌, 재판, 노비에 대한 규정으로 '법무부', 공전(工典)은 도로, 교통, 도량형, 공장(工匠) 등에 대한 규정으로 '국토교통부'와 '해양수산부'에 해당한다.

조선 시대의 형벌

죄인의 볼기를 치는 형벌인 태형과 장형은 가벼운 죄를 범한 경우에 사용되었는데, 태형은 작은 형장으로 10~50대, 장형은 큰 형장으로 60~100대까지 집행했다. 도형은 비교적 무거운 죄를 지은 자를 관아에 잡아 두고 힘든 일을 시키는 것으로, 오늘날의 징역형과 비슷하다. 유형은 매우 무거운 죄를 지은 자를 먼 곳으로 귀양 보내 죽을 때까지 살게 하는 벌이다.

한편, 최고 형벌인 사형에는 교형과 참형이 있었는데 교형은 목을 매서 죽이는 방법으로 신체는 온전할 수 있었지만, 참형은 목을 베는 무거운 형벌이었다. 또한 반역자의 신체와 목을 모두 베어버리고 매장을 허용하지 않는 '능지처참'이라는 아주 가혹한 형벌도 있었다.

《경국대전》과 일상생활의 관계

104 훈구파와 사림파

- 조선 초기를 이끈 두 지배 세력.
- 조선 초기 정계는 세조를 도왔던 훈구파와 향촌에서 학문을 연구한 사림파로 나뉘었다.

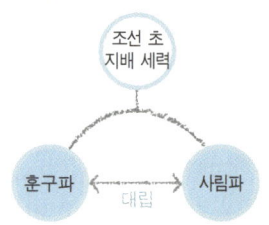

훈구파

훈구파는 공로를 많이 세웠다는 의미를 지닌 용어이지만 세조가 단종을 내치고 정권을 장악하는 과정에 힘을 보태 권력을 얻은 사람들을 이르는 말이 되었다. 이들은 성종 대에 이르기까지 여러 차례에 걸쳐 공신이 되어 정치 실권을 독점하였으며 공신전과 과전 등을 소유해 튼튼한 경제적 기반도 갖고 있었다. 대표적 인물로는 한명회, 권람, 정인지, 신숙주 등이 있다.

세조는 어린 조카를 몰아내고 왕위를 빼앗았는데, 이는 성리학적 명분에 크게 어긋나는 일이었기 때문에 사육신의 단종 복위 운동 등의 시련을 겪었다. 당연히 세조는 정치적으로 움츠러들었고, 널리 인재를 구해 믿고 일하기도 힘들었다. 그 결과 소수의 공신과 세조에 적극 협력하는 신하들을 중심으로 한 훈구파가 형성되어 막강한 권력을 누렸다.

왕실과도 손을 잡은 훈구파
대표적인 훈구파인 한명회는 왕실과도 사돈을 맺을 정도로 권력이 막강했다. 성종의 부인인 공혜 왕후 한씨가 바로 한명회의 딸이었다. 아버지는 권력을 유지하기 위해 물불을 안 가리던 사람이었지만 딸은 무척 단정했던 모양이다. 까다로운 시어머니인 인수 대비와 시할머니인 세조의 부인 정희 왕후 모두의 사랑을 한 몸에 받을 정도로 착하고 예의가 밝았다고 한다.

사림파

사림파는 고려 말 조선 건국에 참여하지 않고 시골에 묻혀 학문을 연구하던 선비의 후예들이다. 이들은 정치를 하지 않고 향촌에서 학문을 연구하며 제자를 키우는 데 힘쓰고 도덕과 의리를 중시하였다. 주로 길재의 제자들이 많았는데, 김종직, 김굉필, 조광조 등이 대표적인 인물이다. 훈구파들이 권력의 핵심을 장악하고 튼튼한 경제적 기반으로 여러 비리를 일으키자 훈구파의 지나친 성장을 두려워한 성종과 중종에 의해 차츰 관리로 등용되었.
이 둘의 대립과 갈등은 일어날 수밖에 없었고, 연산군 시절에 무오사화를 시작으로 수차례에 걸쳐 훈구파와 사림파 간에 정치적 싸움이 시작되었다.

훈구파와 사림파

훈구파로 가득찬 조정에서 자신의 뜻을 펼치기 힘들었던 성종과 중종은 훈구파에 대항할 수 있는 사림파를 등용해 이를 해결하고자 하였다.

105 사화

- 사림파가 피해를 입은 정치적 사건.
- 훈구파의 비리를 비판하며 등장한 사림파들이 훈구파의 공격으로 큰 피해를 입고 향촌으로 되돌아가는 사건을 사화라 한다.

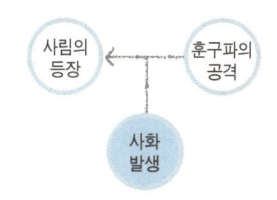

훈구파와 사림파의 전쟁

훈구 세력들이 넓은 땅을 차지하고 각종 비리를 저지르자, 성종은 김종직을 비롯한 사림파를 등용했다. 그들은 주로 삼사의 관리가 되어 훈구 세력을 비판했다. 삼사란 관리의 잘못을 감찰(감독하고 살피는 것)하는 사헌부, 왕의 잘못된 정치를 간언하는 사간원, 왕의 정치를 자문해 주는 홍문관을 말한다. 당연히 훈구파는 사림파에 대한 불만이 커졌고, 어떻게든 사림파를 정계에서 몰아내려 했다. 이러한 훈구파와 사림파의 갈등은 연산군 이후 네 차례에 걸쳐 일어난 사화의 원인이 되었다. 사화(士禍)란 선비가 화(재앙)를 당했다는 뜻인데, 연산군 때에는 무오사화와 갑자사화, 중종 때는 기묘사화, 명종 때는 을사사화가 일어났다. 이로 인해 많은 사림파가 죽거나 유배를 가야만 했다.

연산군과 흥청망청

성종의 뒤를 이어 왕이 된 연산군은 생모 윤씨를 죽게 만든 대신들을 억누르고 왕권을 강화하기 위해 바른 말을 하는 관리들을 죽였는데 주로 사림파들이 그 대상이 되었다. 또 연산군은 성균관을 놀이터로 만들고, 백성들의 집을 부순 후 사냥터로 삼았으며, 한글 사용을 금지했다. 특히 궁궐에서 춤과 노래를 담당하던 여자들을 '흥청'이라 부르고, 그들과 함께 잔치를 자주 벌였다. 이를 보고 백성들이 '이렇게 흥청거리다간 나라가 망해버리겠다.'라고 탄식했는데, 여기서 '흥청망청'이라는 말이 생겼다.

▲ **무오사화** 조의제문이란 '의제를 조문하는 글'이라는 뜻으로 항우가 폐위시킨 중국 초나라의 마지막 왕 의제를 애도하는 글을 말한다. 훈구파는 이 글을 세조가 단종을 폐위시킨 것을 비꼬는 것이라 주장했고, 결국 수많은 사림파들이 연산군에 의해 죽었다.

갑자사화

무오사화가 사림파에 대한 훈구파의 공격이었다면 갑자사화는 연산군이 일방적으로 사림파를 공격한 것이었다. 연산군은 어머니를 폐위시킨 사람들에게 칼을 갈았다. 첫 공격은 폐비 윤씨에게 사약을 들고 간 이세좌였다. 술을 못 마시는 이세좌에게 술을 가득 따라 준 연산군은 그가 술을 반 이상 임금의 옷에 흘렸다며 귀양을 보냈다. 이것이 갑자사화의 시작이었다. 이후 연산군은 어머니를 왕비로 복위시키려 하였다. 무오사화 뒤 반대하는 신하들이 없어져 어려움 없이 진행되었다. 그러고는 어머니의 폐위 사건을 말리지 않았다는 이유로 죄없는 무수한 선비들을 죽였다. 이 사건이 갑자사화이다.

> **개념쌤의 1분 특강**
> 온갖 나쁜 일을 저지른 연산군 대에 선비들도 많이 죽었어요. 사화는 주로 연산군 때 많이 일어난 것만 봐도 알 수 있겠죠?

106 붕당

- 정치적·학문적 입장을 같이하는 양반들이 모여 구성한 정치 집단.
- 훈구파가 사라지고 드디어 권력을 장악한 사림파들은 여러 계통으로 갈라져 싸우게 되는데 이를 붕당이라 한다.

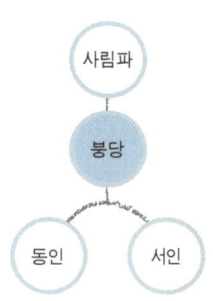

다시 일어서는 사림파

네 차례의 사화로 많은 피해를 입은 사림파는 다시 지방으로 돌아가 서원과 향약을 토대로 힘을 길렀다. 향약이란 유교 윤리를 바탕으로 상부상조를 하기 위해 만든 향촌의 자치 규약을 말하는데 주로 사림파가 주도하였다. 그러다 선조가 인품과 덕망이 높은 사림들을 정계에 등용하면서 다시 정치를 주도하게 되었다.

사림파는 주로 나랏일을 비판할 수 있는 언론 활동에 적극적이었고, 여론을 정책에 반영하기도 했으며, 학문 연구도 활발히 전개했다. 사림파가 정치를 주도하게 되자 가까운 지역에 살거나 비슷한 학문을 하는 사람들끼리 집단을 이루었는데, 이를 붕당이라고 한다.

특히 선조 때에는 이황과 조식의 학문을 이어받은 경상도 출신 사림들은 동인으로, 이이와 성혼의 제자들을 중심으로 한 충청도와 경기도 출신 사림들은 서인으로 나뉘었다.

사림파가 나뉜 이유

사림이 동인과 서인으로 갈라진 이유는 바로 '이조 전랑'이라는 벼슬자리 때문이었다. 당시 이조 전랑은 비록 직급은 낮았지만 내외 문관(지금의 공무원)을 추천하고 뽑는 매우 막강한 권한을 가진 자리였다. 선조 때 이 관직을 차지하기 위해 심의겸과 김효원이 서로 대립하면서 사림들도 갈라지게 되었다. 당시 김효원의 집이 서울의 동쪽인 건천동에 있고, 심의겸의 집은 서울의 서쪽인 정릉에 있어서 그들을 지지하는 사람들을 각각 동인과 서인으로 부르기 시작했다.

처음에 동인과 서인은 서로를 건전하게 비판하며 바르게 정치를 이끌었지만, 점차 자기 당파의 이익만 앞세우거나, 권력을 잡기 위한 경쟁으로 나랏일을 그르치게 되었다.

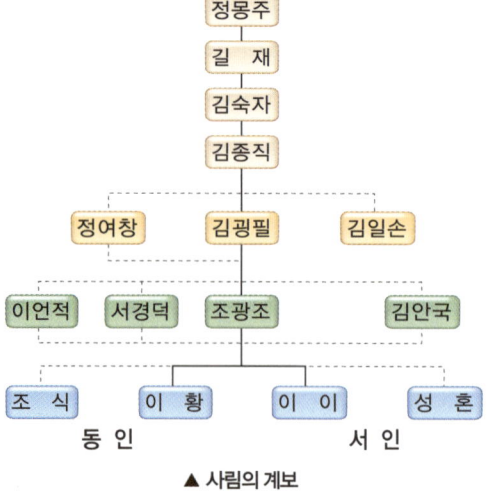

▲ 사림의 계보

조광조를 죽게 만든 '주초위왕'

연산군을 몰아내고 왕이 된 중종은 사림파를 다시 불러들였다. 이때 중종의 사랑을 받으며 등장한 사람이 조광조이다. 조광조는 천거를 통해 관리를 뽑는 현량과를 실시했는데, 이를 계기로 많은 사림파가 다시 관직에 나갔다. 또 거짓으로 얻은 공신의 지위를 없애자고 주장해 훈구파의 불만을 샀다. 결국 훈구파는 조광조를 제거할 음모를 꾸몄다. 이들은 나뭇잎에 꿀로 '주초위왕(走肖爲王)'이라는 글씨를 써 벌레가 글자 모양대로 갉아먹게 했다. 그런데 주(走)와 초(肖)를 합하면 조(趙)가 되어, 주초위왕은 곧 '조씨가 왕에 오른다.'는 뜻으로 해석되었다. 마침 조광조의 과격한 개혁에 싫증이 난 중종은 이를 꼬투리 삼아 조광조와 사림 세력을 몰아냈다.

개념쌤의 1분 특강

조광조의 개혁 정치는 조선 중기에 중요한 사건이니 꼼꼼히 짚어두도록 하세요.

107 이황과 이이

- 조선을 대표하는 두 성리학자.
- 이황은 중국에서 전래된 성리학을 우리 실정에 맞게 연구했고, 이이는 성리학적 지식 외에 백성들을 돌보는 현실 참여도 중시하였다.

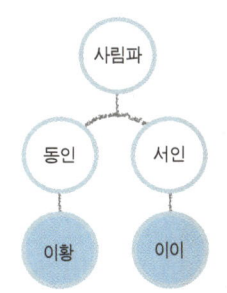

이황

이황은 주로 명종 대에 활약했던 뛰어난 성리학자이다. 어렸을 때부터 총명했던 이황은 꿈이 평생 공부만 하는 것이었다고 한다. 홀어머니의 소원을 들어드리기 위해 과거를 보았다가 좋은 성적으로 합격을 했지만 사화가 일어나면서 정치판에 치를 떨게 되었다. 결국 이황은 벼슬을 버리고 고향으로 돌아갔고, 임금이 불러도 이런저런 핑계를 대며 올라가지 않으려 했다.

이황은 이이와 더불어 성리학이 조선 사회에 뿌리내리는 데 결정적인 기여를 했다. 이황은 성리학을 세운 주자의 이론에 조선의 현실을 반영시켜 나름대로의 체계를 세우려 했으며, 인간의 본성에 대해 깊이 연구했다. 그의 사상은 임진왜란 중 일본에 전해져 일본 성리학의 발달에 큰 역할을 했다.

억울한 서인의 우두머리, 이이

이이의 가장 큰 특징은 붕당을 막기 위해 노력한 점이다. 그는 사림이 동인과 서인으로 나뉘는 것을 막기 위해 평생 노력했는데 실제로 서인과 동인의 우두머리를 불러 화해를 시키기 위해 애쓰기도 했다. 하지만 이런 이이의 노력은 실패로 끝났고, 후일 이이의 제자들이 서인에 많이 가담하면서 이들의 스승인 이이를 서인의 우두머리로 삼게 되었다.

이이

선조 때 활약했던 이이의 어머니는 현모양처의 대명사로 불리는 신사임당이다. 이이는 천재 소리를 들을 만큼 똑똑해 어렸을 적부터 어려운 유학 경전을 술술 읽었다고 한다. 어머니가 죽은 후 불교에 빠지기도 했지만 결국 성리학자가 되었다. 성리학에만 관심이 있던 이황과는 달리 이이는 인간의 삶과 관련한 다방면에 관심이 많아 모든 분야에 박학다식한 사람이었다.

성리학적 견해도 이황과는 약간 달랐으며 이황이 되도록 정치를 멀리하려고 했다면 이이는 현실적이며 개혁적인 성격이 강해 정치에도 적극 참여했다. 이이는 임진왜란 이후 조선 사회의 모순을 극복하는 방안으로 통치 체제의 정비와 세금 제도의 개혁과 같은 다양한 개혁 정책을 내놓았다.

이황과 이이

이황은 조선의 성리학을 집대성한 분으로 학문 연구와 교육에 힘쓴 대학자였어.

이이는 조선의 유명한 학자이자 정치가로 현실 참여도 중시했어.

개념쌤의 1분 특강

동인과 서인 등의 붕당에 관한 내용은 중학교와 고등학교 때 더 자세히 배우니 지금은 흐름만 파악하도록 하세요.

108 양반과 중인

- 양반은 문반과 무반, 중인은 양반과 상민 사이의 계층에 해당.
- 조선의 양반은 정치를 주도하며 지배층을 형성하였고, 중인은 주로 전문 기술이나 행정의 실무를 맡았다.

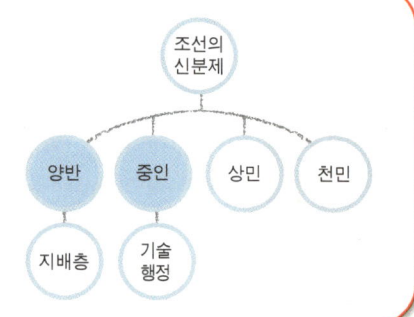

양반

양반은 나랏일을 담당하는 문반과 무반을 합쳐 부르는 말이었지만 차츰 그 가족과 가문까지 양반이라 부르게 되었고, 조선의 지배 계층이 되었다. 양반들은 평생 일을 하지 않고 유교 경전을 공부했으며, 과거를 통해 관리가 되었다. 관리가 되지 않은 양반들은 유교 경전을 공부하거나 글쓰기, 활쏘기 등을 하였고, 정자에서 풍류를 즐겼으며, 양반 여자들은 수를 놓거나 바느질을 했다.

양반에게는 세금이 면제되는 등 많은 혜택이 주어졌다. 양반은 특권을 유지하면서 자신들이 평민, 천민과 다르다는 것을 보여 주기 위해 족보를 만들기 시작했다. 그러다 보니 자연스럽게 조상의 가문과 혈통을 중시하게 되었다.

중인

중인은 양반과 상민 사이에 있는 중간 계층으로, 관청에서 일하는 서리(문서의 기록과 관리를 맡은 하급 관리)와 향리(한 고을에서 대물림되던 벼슬아치), 의술이 뛰어난 의관, 외국어에 재주가 있는 역관 등이 모두 중인이었으며, 같은 신분끼리 결혼하고 관청에서 가까운 곳에 살았다.

중인은 양반에게 멸시와 하대를 받았지만, 나름대로 행세할 수 있었다. 예를 들어, 역관은 사신을 수행하면서 무역에 관여하여 큰 부자가 되기도 했고, 향리는 수령을 보좌하면서 위세를 부리기도 했다. 중인 중에는 양반의 첩에게서 태어난 서얼도 있었다. 서얼은 문과 과거에 응시할 수 없었고, 관직에 나가도 일정한 등급 이상은 올라가지 못했다.

왜 우리는 모두 양반의 자식일까?

요즘 우리들은 모두가 양반의 자손이라고 말한다. 조선 초기에 양반은 전체 인구의 3~4%에 지나지 않았는데 어떻게 모두가 양반의 자손이 되었을까?

조선 후기에는 양반들 중 일부만 관직을 차지하고, 대부분의 양반은 몰락했다. 몰락한 양반들은 먹고 살기 위해 평민이나 천민들에게 관직 또는 족보를 팔았다. 또 재정이 부족해진 나라에서도 돈이나 물건을 바치면 관직을 주거나 신분을 해방시켜 주었다. 이와 같은 방법을 통해 양반의 수가 크게 늘어나면서 너도 나도 양반이 될 수 있었다.

과거와 현재의 신분 비교

109 상민과 천민

- 백성의 대부분은 상민 계층이었고, 노비 계층은 천민에 해당.
- 나라의 세금을 담당하고 군대에 나갔던 사람들은 상민이었고, 노비나 백정 등 당시 사람들이 천하게 여겼던 일을 하던 사람들은 천민이었다.

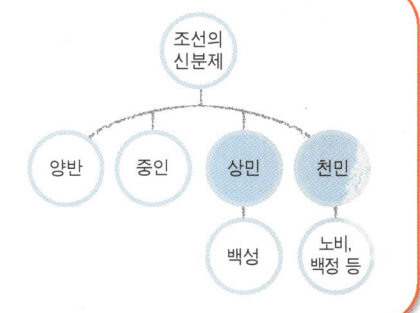

상민

상민은 평민, 양민으로도 불리었으며, 백성의 대부분을 차지했다. 상민은 농업, 수공업, 상업 등에 종사했는데, 농민이 가장 많았다. 농민은 국가에 세금을 내고 군대에 가는 등 나라를 유지하는 데 가장 큰 역할을 했지만 거의 모든 사람들이 가난했다. 대부분의 농민들은 양반에게 땅을 빌려 농사를 지었기 때문에 교육을 받을 기회가 드물었고, 벼슬을 할 수 있는 길도 거의 막혀 있었다. 농민의 아내는 농사일을 돕고 틈틈이 길쌈으로 옷감을 짜서 생활을 도와야만 했다.

상인과 수공업자도 상민들이었다. 이들은 국가의 통제를 받았다. 서울의 시전에서 관청과 백성의 필수품을 판매하는 시전 상인과 지방을 돌아다니며 수공업 제품이나 생활필수품을 파는 보부상을 합쳐 상인이라고 했다. 이들은 나라에서 필요로 하는 물품을 대거나 나랏일에 동원되기도 했다. 상민 중에는 수공업자도 있었는데, 관청에 소속되어 필요한 물품을 생산했다.

천민

조선 시대에 '종'이라 불리는 노비들과 당시 사람들이 천하게 여겼던 직업에 종사한 사람들은 천민이었다. 천민에는 소나 말을 도살하는 백정, 묘기를 부리는 광대, 무당, 기생들이 있었는데 노비가 대부분이었다. 노비란 남자 종 노(奴)와 여자 종 비(婢)를 함께 부르는 말로 주인이 사고팔 수 있었다. 한마디로 노비는 주인의 재산이었다. 그리고 부모 중 한쪽이 노비이면, 그 자식도 노비가 되었다.

노비는 국가에 속한 공노비와 개인이 부리는 사노비가 있었고, 사노비에는 주인집에서 함께 사는 솔거 노비와 주인과 떨어져 사는 외거 노비가 있었다. 솔거 노비는 주인과 살며 주인의 땅에 농사짓거나, 허드렛일을 했다. 주인과 떨어져 사는 외거 노비 중에는 자기 소유의 땅을 가진 사람도 있었는데, 그 대가로 노동력을 바쳤다. 이 외에도 관청에 소속되어 있는 기생도 천민이었다.

백정들이 하는 일

'백정'하면 소와 돼지를 잡는 사람을 떠올리지만 어떤 물건을 전문적으로 만들어 파는 백정도 있었다. 그중 하나가 '고리백정'인데 바구니를 만들어 팔았다. 또 소가죽으로 신발 등을 만들어 팔던 백정은 '갖바치'라고 불렸다. '갖'은 가죽, '바치'는 장인이라는 뜻이다. 또 인간으로서는 하기 힘든 일을 백정에게 시키기도 했는데 바로 사형수의 목을 베는 일이었다. 이런 일을 하던 사람을 '회자수' 또는 '망나니'라고 했다.

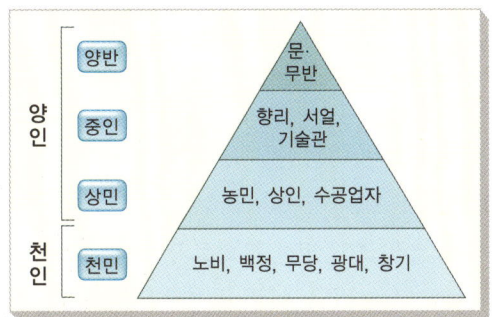

▲ 조선 시대의 신분

개념쌤의 1분 특강

조선의 신분제는 조선의 사회의 모습을 잘 보여 주는 것이기 때문에 시험 문제에 출제되는 비율이 매우 높아요.

110 행정 제도

- 나라를 운영하고 유교적 통치 규범을 세우고자 만든 다양한 제도.
- 조선은 의정부와 6조가 중앙 정치를 담당했으며 그 외에도 적절한 지방 제도를 통해 중앙 집권적 국가 운영을 실현하였다.

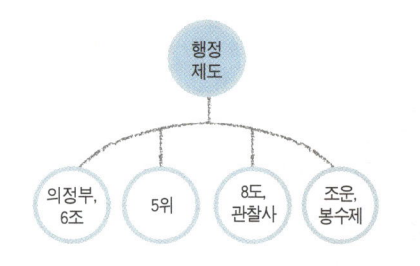

정치 조직

조선은 유교를 정치 이념으로 삼았다. 유교 정치는 국왕이 정치를 주도하고 신하가 국왕을 도와주는 체제였다. 이를 실현하는 구체적인 조직은 의정부와 6조였고, 3사가 이를 견제하였다. 3사란 관리를 감리·감독하는 사헌부, 왕을 일깨워 주는 사간원, 왕을 도와주는 홍문관을 말한다.

지방을 돌보기 위해 조선은 전국을 8도로 나누고 그 밑에 군과 현을 두었다. 8도에는 지금의 도지사격인 관찰사를 내려 보내 지방에 대한 지배력이 고려보다 커졌다. 한편, 지방의 군현에는 유향소를 세워 지방민의 권리를 존중하였다. 지방의 세력가들이 유향소에 모여 지방을 위한 일을 했던 것이다.

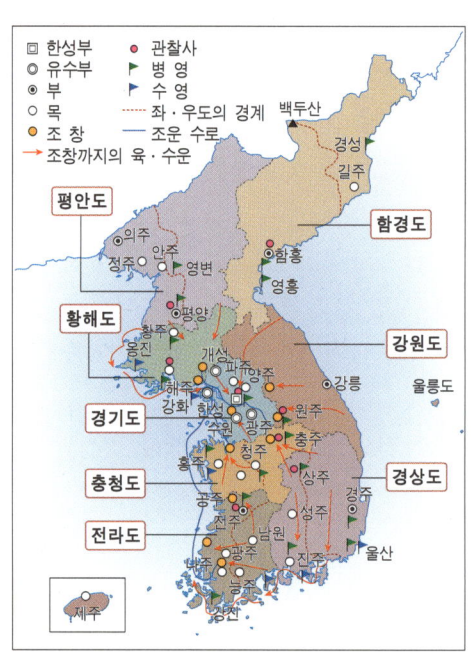

▲ 조선의 지방 행정과 조운로

서울 남산의 봉수대

봉수의 신호 방식을 보면 평상시에는 1개의 홰(봉수 신호), 적이 나타나면 2홰, 경계에 접근하면 3홰, 경계를 침범하면 4홰, 접전 중이면 5홰를 올렸다. 전국 어디에서나 12시간 안에 한양으로 소식을 전할 수 있었다.

▲ 남산 봉수대

군사 및 교통 통신 제도

조선은 무인인 이성계가 세운 나라답게 초기부터 군사력 강화에 열심이었다. 16~60세까지의 평민 남자들은 군인이 되거나 군대를 유지하기 위한 세금을 내는 군역을 져야만 했다. 하지만 양반은 군역에서 제외되었다. 조선의 군사 조직은 중앙군과 지방군으로 나뉘었다. 우선 수도인 한양을 지키는 군대로서 5위를 두었고, 지방에는 무과를 통해 선발된 무관을 파견하여 군대를 관리하였다.

조선은 세금을 잘 걷기 위해 교통과 통신 제도도 정비하였다. 우선 지방에서 세금으로 걷은 곡식을 한양으로 운반하기 위해 바닷길을 이용하는 조운 제도를 만들었다. 또 국가의 위급 사태를 빠르게 알리기 위해 봉화로 연락을 주고받는 봉수제도 만들었다. 밤에는 불빛으로, 낮에는 연기로 국경 지방에서 일어나는 위급한 상황을 알렸다.

지금의 행정 구역은 조선 시대 때 완성된 셈이에요. 현재의 행정 구역이 북한을 포함하면 8도거든요.

111 교육 기관

- 조선에는 서당을 비롯한 향교, 서원 등 다양한 교육 기관이 존재했음.
- 조선 시대에는 지금의 초등학교인 서당을 졸업하면 적당한 중등학교에 진학하여 유학을 계속 공부했다.

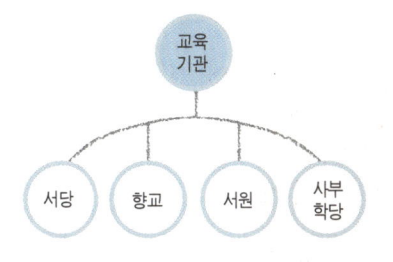

서당

조선 시대 어린이들은 7~8세가 되면 서당에 다녔다. 서당은 주로 양반 가문이나 재산이 있는 유력가가 세웠다. 오늘날의 사립 초등학교라 할 수 있지만 수업료는 없었다. 서당에는 지금의 선생님과 같은 훈장이 있었는데, 마을에서 공부를 많이 한 선비나 직업적으로 돌아다니며 지식을 전파하는 선비들이 주로 훈장이 되었다.

서당에서는 어떤 책으로 공부했을까? 우선 《천자문(千字文)》부터 배우기 시작했다. 그리고 한 권의 공부가 모두 끝나면 '책걸이'라는 간소한 잔치를 했다. 천자문이 끝나면 《동몽선습》, 《명심보감》, 유교의 경전인 사서삼경 등을 배웠는데, 이 과정을 마치면 대개 15~16세가 되었고, 이로써 서당을 졸업할 수 있었다.

향교, 서원, 사부학당

서당을 졸업하면 지방 학생은 향교(鄕校)로, 서울 학생은 사부학당(四部學堂)으로 진학했다. 향교는 나라에서 지방에 설립한 현재 중·고등 수준의 교육 기관으로, 수령과 관찰사가 교육 활동을 평가했다. 수령은 학생의 하루 일과와 성적을 매월 말에 관찰사에게 보고하고, 관찰사는 시험을 치르게 하여 학생을 평가함과 동시에 선생님들의 근무도 평가했다.

향교의 입학 자격은 16세 이상의 양반 자제였다. 16세기 이후 지방에서는 지금의 사립 중·고등학교라 할 수 있는 서원이 생겼는데, 여기에서 과거 합격자가 더 많아지자 서원이 향교를 대신하게 되었다. 한편, 서울에 설립된 사부학당은 향교와 비슷한 내용을 교육했다. 향교와 다른 점은 사부학당 학생들은 5일마다 시험을 치렀으며, 매달 시험도 보았고, 일 년 동안의 성적이 왕에게까지 보고되었다는 점이다.

> **조선 시대에도 방학이 있었을까?**
> 지금의 초등학교인 '서당'은 방학이 없었다. 하지만 여름이 되면 더위를 피하기 위해 주로 시를 읽으며 휴식을 취했다. 대학교라 할 수 있는 성균관에도 방학은 없었다. 성균관 학생들은 기숙사에 머물렀는데, 학교 규칙에 따라 매월 8일과 23일에 집으로 돌아가 옷을 세탁할 수 있는 휴일 정도만 있었다. 이처럼 따로 방학은 없었지만 사정에 맞게 휴식을 취할 수는 있었다.

▲ 도산 서원

▲ 전주 향교

개념쌤의 1분 특강

서당은 초등학교에 해당하고, 향교와 서원, 사부학당은 중등학교에 해당한답니다.

112 과거제

- 조선에서 관리를 선발하는 시험 제도.
- 조선에서 중등 교육 과정을 마친 사람들은 관리로 뽑히기 위해 시험을 치렀는데, 그 시험이 바로 과거제이다.

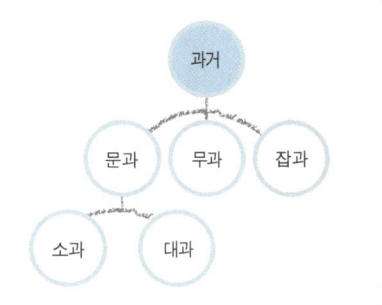

조선 시대의 시험 제도

조선에서는 관리가 되려면 반드시 과거 시험을 거쳐야 했다. 과거 시험은 천민을 제외하고 누구나 볼 수 있었지만, 실제로는 양반들이 관직에 진출하는 통로가 되었다. 과거 시험은 크게 문관을 뽑는 문과, 무관을 뽑는 무과, 기술관을 뽑는 잡과로 나뉘어 있었다.

문과 시험은 소과(小科)와 대과(大科) 2단계로 진행되었다. 먼저 소과는 유교 경전의 이해도를 알아보는 생원과와 시와 산문 등 문장력을 시험하는 진사과로 나뉘었다. 또 소과는 각각 자기 고향에서 한 번(초시), 초시 합격자들을 한양으로 불러서 보는 공개 시험(복시)까지 2번의 시험을 통해 가렸다. 소과 시험에 최종 합격한 사람은 합격증을 받고, 희망할 경우 성균관에 입학했다.

성균관

성균관은 조선 최고의 교육 기관이자 나라의 큰 의례를 치르는 장소로, 입학 정원은 소과 복시에 합격한 200명이었다. 이들은 장학생이 되어 학비와 숙식비를 내지 않았고, 성균관에서 공부한다는 사실을 확인해 주는 동그라미인 원점(圓點)을 받았는데, 원점이 300점이 넘어야 대과에 응시할 수 있었다.

대과는 3번의 시험을 치르는데, 마지막 시험(전시)은 왕 앞에서 순위를 매기는 시험으로, 왕이 최종 합격자를 결정했다. 여기에서 1등을 하는 것을 장원 급제라고 한다. 장원 급제자는 어사화(급제한 사람에게 왕이 내리던 종이 꽃)를 쓴 채 말을 타고 3일 동안 풍악을 울리는 축하 행진을 벌였다.

과거 시험은 경쟁이 치열해 부정행위가 자주 일어났다. 커닝페이퍼를 콧속이나 붓대에 숨기기도 했고, 시험관에게 뇌물을 주거나, 대리 시험 보기 등 수법도 다양했다. 부정행위를 하면 3~6년간 시험을 볼 수 없었다.

관광의 의미

TV나 책 속에서 과거 시험을 보기 위해 괴나리봇짐을 메고 한양으로 향하는 선비들의 모습을 본 적이 있을 것이다. 그들은 과거가 개인과 가문에 영광을 주는 지름길이라 생각해 당시에는 과거보러 가는 것을 '임금을 보러간다.'라는 뜻의 '관광(觀光)'이라고 표현했다. 그런데 그토록 멀고도 험하게 느껴졌던 과거 길이 오늘날에는 여행을 한다는 의미로 바뀌었다는 사실이 흥미롭게 느껴진다.

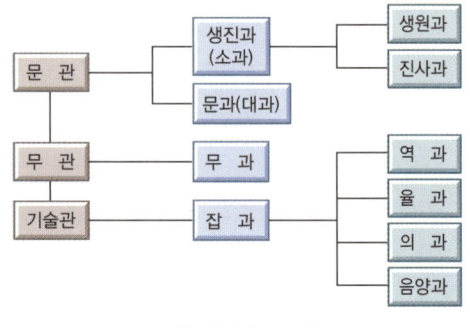

▲ 조선 시대의 과거 제도

▲ 성균관 대성전

113 임진왜란

- 일본이 명나라 정벌을 위해 길을 빌려달라는 구실로 조선을 침략한 전쟁.
- 혼란기를 통일한 일본의 도요토미 히데요시는 내부의 불만을 잠재우기 위해 조선 침략을 선택했고, 이후 7년 여에 걸친 왜란이 시작되었다.

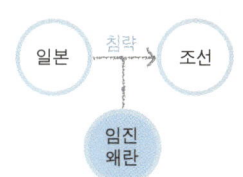

일본의 상황

도요토미 히데요시가 일본을 통일하기 전, 일본은 12년 정도 서로 갈라져 싸우고 있었는데 이 시대를 전국 시대라 한다. 도요토미 히데요시는 통일 후 예상치 못한 결과에 난감해 했다. 전쟁 중 더없이 소중했던 무사들이 통일이 되고 나서 싸울 상대가 없어지자 골칫거리가 된 것이다.

한마디로 무사들이 실업자가 되었고, 열심히 일했던 무사들에게 줄 토지가 부족했으며, 비록 통일은 했지만 지방 세력들을 완전히 꺾은 것은 아니었기 때문에 정치는 불안할 수밖에 없었다. 게다가 그는 자신의 능력을 지나치게 믿어 중국을 정복할 수 있다는 망상을 하고 있었다. 도요토미 히데요시는 내부의 불만과 지방 세력의 관심을 밖으로 돌리고, 중국과 조선 정벌을 통해 영토를 확장하려는 망상을 실현하고자 조선을 침략하였다.

빠르게 밀려오는 왜군

1592년 4월, 왜군은 명나라로 가는 길을 내달라는 구실로 부산 앞바다에 나타났다. 왜군은 부산진성과 동래성을 순식간에 무너뜨리고, 한양을 향해 쳐들어왔다. 제대로 준비하지 못한 조선 군대는 여기저기서 패하고 말았다. 선조는 신립 장군에게 희망을 걸었다. 신립은 탄금대에서 배수진(물을 등지고 진을 친다는 뜻)을 치고 결사적으로 싸웠지만 신무기인 조총으로 무장한 왜군을 막아내는 것은 어려웠다. 결국 신립은 강물에 몸을 던졌다. 왜군은 20여일 만에 한양을 점령했고, 선조는 평양성을 거쳐 의주까지 피난을 가서 명나라에 구원병을 요청해야만 했다. 왜군은 계속 북으로 진격하여 한양을 점령한 후 함경도와 평양 일대까지 진격하였다. 이렇게 왜군이 쳐들어온 1592년이 임진년이기 때문에 이 전쟁을 임진왜란이라고 한다.

조총의 위력

조총은 화살과 포만 있던 조선에게 큰 위협이 되었던 무기였다. 멀리서도 정확하게 목표물을 명중시키는 조총의 위력 앞에 조선 군대는 힘을 쓰지 못했다.

▲ 임진왜란 당시 조선이 사용했던 포

▲ 임진왜란 때 왜군의 침입로

개념쌤의 1분 특강

임진왜란의 맥락을 이해하려면 일본의 국내 상황도 같이 살펴보면 도움이 될 거예요.

한국사 개념사전 **145**

114 이순신

- 임진왜란 때 수군을 이끌고 바다를 지킨 장군(1545~1598).
- 이순신은 일본의 침략으로 위기에 빠진 조선을 지키기 위해 남해 바다를 중심으로 해전을 모두 승리로 이끈 세계적 해군 장군이다.

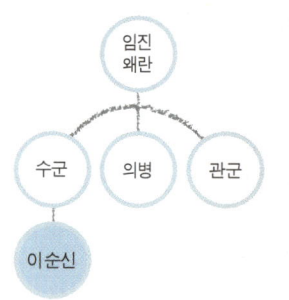

이순신 장군

이순신 장군은 1545년 서울에서 태어났다. 어려서부터 활쏘기를 좋아했던 그는 28세 때 무과(武科)에 응시했지만, 시험을 보던 중 타고 있던 말이 넘어지는 사고가 일어나 낙방을 했다. 하지만 4년 뒤 무과에 합격한 후 여러 변경지역의 장수를 시작으로 무관으로서의 삶이 시작되었다.

당시 우리나라의 북쪽 국경 지역에는 여진족이 자주 쳐들어와 힘들었는데, 이순신 장군은 이곳에서도 두각을 나타내며 여진족의 우두머리를 체포하는 등 많은 성과를 올렸다. 그 후 정읍 현감을 거쳐 유성룡의 추천으로 전라 좌수사에 임명되었다. 임진왜란이 일어나기 직전에 전라 좌수사로 임명된 이순신은 1592년 5월 옥포 해전을 첫 승리로 이끌었다. 이어 사천·당항포·한산도·부산포 해전을 모두 승리로 이끌며 조선을 위기에서 구했다.

거북선

이순신 장군은 해적질에 익숙한 일본에 대항하기 위해 거북선을 전함으로 사용하였다. 거북선은 조선 수군의 전투함인 판옥선을 개량해 노를 젓는 1층과 함포를 발사하는 2층으로 구성된 크고 높은 배로, 왜군이 쉽게 배 위에 뛰어오르지 못했다.

거북선은 돌격용 전투함으로, 구조는 판옥선과 비슷하지만 적의 침입을 막기 위해 철심이 박힌 거북 등딱지 같은 것이 있고, 그 아래 노를 젓는 사람과 포를 쏘는 포수가 있었다. 또한 뱃머리에 용머리와 도깨비 머리를 달고 있어 공포심을 불러일으켰다. 게다가 2개의 돛이 기동력을 높일 수 있어, 적의 배 사이로 깊숙이 침투하여 접근전을 펼칠 수 있는 조선 수군의 최고 무기였다.

동래성을 지킨 송상현

지금은 경상도의 중심지가 부산이지만 조선 시대에는 해안에서 조금 벗어난 동래성이 중심지였다. 송상현은 일본이 쳐들어오자 성문을 굳게 잠그고 처절한 싸움을 시작했다. 동래성 주민들도 같이 싸움에 참여했는데 여자들은 지붕에 올라가 기와를 깨서 던질 정도였다. 송상현은 원래 일본과 친한 관계를 유지하고 있었다. 송상현의 인품을 알고 있던 일본측은 항복을 권유했지만 굴하지 않고 싸웠다. 성을 정복한 일본군 앞에서도 기죽지 않고 갑옷 위에 공복을 입고 선조가 있는 한양을 향해 절을 한 후 죽음을 맞았다고 한다. 기록에 의하면 숨진 우리 백성들의 시체가 성 주변을 흐르는 수비용 하천인 해자를 메울 정도였고, 지금도 구멍이 뚫린 두개골이 무수히 출토되고 있다고 한다.

▲ 이순신 장군 동상

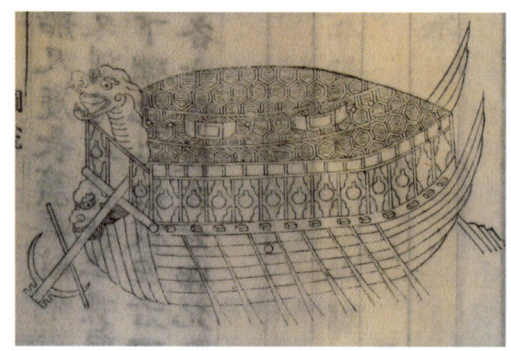
▲ 거북선

한산도 대첩

이순신 장군의 해전 중 가장 통쾌한 승리는 바로 세계 3대 해전 가운데 하나로 꼽히는 한산도 대첩이다. 1592년 7월 몇 차례의 해전에서 패한 일본 수군이 모든 함대를 모아 총공격에 나서자, 이순신 장군은 이들을 한산도 앞의 넓은 바다로 유인했다. 그런 다음 학이 날개를 편 모양으로 적의 함대를 둘러싸 포위하는 '학익진 전술'을 폈다. 조선 수군에 포위당한 채 막강한 포 공격을 받은 왜군은 많은 군사와 배를 잃고 도망치기에 바빴다.

특히 학익진 전법은 세계 해전에서도 길이 남을 전법이다. 해군 장군으로서 이순신 장군의 업적은 매우 뛰어나 현재 세계의 거의 모든 해군사관학교에서는 이순신 장군을 수업 시간에 따로 배울 정도이다.

명량 대첩

1597년 8월, 이순신 장군이 한양으로 끌려가 고문과 온갖 고초를 당하다 다시 삼도 수군통제사가 되어 남해안으로 돌아왔을 때, 남아 있는 배는 겨우 12척이었다. 하지만 이순신 장군은 실망하지 않고, 부녀자들에게 강강술래를 하며 빙글빙글 돌게 하여 군사가 많은 것 같이 위장하고, 물살이 거센 울돌목(명량)으로 왜선을 유인하여 133척 중 30여 척을 대파시키는 큰 승리를 거두었다. 그것이 바로 명량 대첩이다.

노량 대첩

1598년 도요토미 히데요시가 사망하면서 왜군은 조선에서 철수하기 시작했다. 1598년 11월, 이순신 장군은 퇴각하는 왜군을 격파하기 위해 일본군 전함 300척과 노량에서 최후의 해전을 벌였다. 안타깝게도 이 해전에서 이순신 장군은 적의 총에 맞아 사망했다. 그런데 이순신 장군은 죽는 순간까지도 "싸움이 위급하니 나의 죽음을 알리지 말라."고 말했다. 우리 민족의 진정한 영웅은 이렇게 죽음을 맞았다.

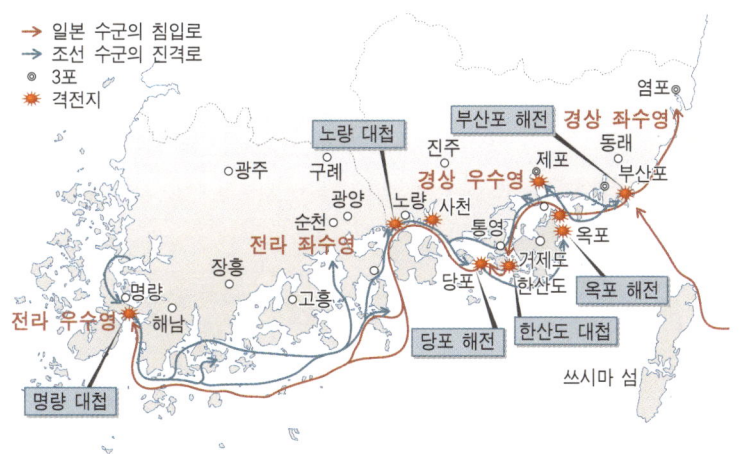

▲ 조선 수군의 승리

난중일기(1592년 7월 8일)

이른 아침에 왜군의 배가 머물러 있는 견내량으로 항해를 했다. …… 견내량의 지형이 무척 좁고 암초가 많아 우리 군의 판옥선이 서로 부딪히게 될 것 같아 해전을 치르기가 어려웠다. …… 판옥선 몇 척으로 적을 기습하는 척 하자, 적들이 한꺼번에 쫓아왔다. 우리가 거짓으로 물러나자 왜적들도 따라 나왔다. 그때서야 비로소 명령을 내려 학익진을 펼쳐 일시에 진격하였다. 대포를 쏘아 먼저 왜적의 배 두세 척을 깨뜨리자 다른 배들이 사기가 꺾여 물러났다. 우리는 승리한 기세로 흥분하여 돌진하면서 화살을 쏘아대니 그 형세가 마치 바람 같고 우레 같았다. 적의 배를 불태우고 적을 사살하기를 일시에 다 해치워 버렸다.

개념쌤의 1분 특강

이순신 장군의 해전 하나하나를 외우는 것보다 이순신 장군의 전체적인 업적과 의병, 관군의 승리를 함께 공부하는 게 더 좋아요.

115 의병

- 왜군의 침입에 대항해 백성들이 스스로 무기를 들고 일어난 군대.
- 조선을 쑥대밭으로 만든 왜군의 침입에 관군이 계속 패하자 나라를 구하기 위해 백성들이 들고 일어나 활약한 군대가 의병이다.

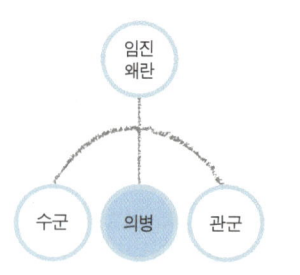

의병

전쟁 초기에는 관군이 계속 패배하면서 나라 전체가 큰 어려움에 처했다. 수많은 사람들이 왜군의 손에 죽었고, 온 나라가 왜군에 짓밟혀야만 했다. 이와 같은 위기 속에서 나라를 지켜낸 분이 이순신 장군을 비롯한 우리 수군이다. 그렇다고 해서 이순신 장군 한 사람만의 힘으로 위기를 극복한 것은 아니었다.

바다에서 이순신 장군의 승리가 계속되는 동안 육지에서는 의병이 일어났다. 의병이란 나라를 구하기 위해 스스로 일어난 의로운 병사들로 한 지역에서만 일어난 것도 아니고 전국적으로 무수한 의병이 일어났다. 의병 중에는 승병도 있었다. 불교를 억압하고 승려를 천시했던 조선에서 승려마저 군대를 조직해 나라를 구하기 위해 나선 것이다.

의병의 활약

의병은 마을의 지리에 밝다는 이점을 이용해 매복·기습·유격(게릴라)전을 벌이며 용감히 왜군을 막아냈다. 주로 전직 관료와 유생, 승려가 의병장이 되었고, 농민이 중심이 되었다.

당시 의병장으로 이름이 높았던 사람은 가장 먼저 의병을 일으킨 경상도의 곽재우와 정인홍, 충청도의 조헌, 전라도의 고경명과 김천일, 함경도의 정문부 등이 있었다. 또 묘향산의 서산 대사와 금강산의 사명 대사도 승병장으로 이름을 떨쳤다. 특히 곽재우는 붉은 비단 옷을 입은 채 백마를 타고 싸워 '홍의장군'이라 불리었는데, 왜적들은 그의 이름만 들어도 벌벌 떨었다고 한다.

임진왜란의 비극 코무덤, 귀무덤

일본의 교토에 가면 세계에서 찾아보기 힘든 유적이 있다. 조선 사람들의 코와 귀를 베어가 묻어 놓은 귀무덤(耳塚)이 바로 그것이다. 임진왜란과 정유재란 때 도요토미 히데요시가 "사람의 귀는 둘이고 코는 하나다. 죽인 조선 사람의 코를 잘라 소금에 절여서 보내라."는 상상도 못할 악랄한 명령을 내렸기 때문이다. 그러자 왜군들은 군인과 민간인, 남녀노소를 가리지 않고 닥치는 대로 코와 귀를 베었다. 할아버지와 할머니들이 아이들에게 조심하라는 뜻에서 '에비~'라고 말하는 것은 이비가 변한 말이다.

▲ 임진왜란 당시 주요 의병 항쟁지

개념쌤의 1분 특강

의병 지도는 단골 시험 문제예요. 곽재우를 비롯한 주요 의병장은 지역까지 같이 공부해야 한답니다.

116 행주 대첩, 진주 대첩

- 왜군의 침입에 대항해 관군이 힘을 모아 승리를 거둔 전투.
- 관군은 처음 도주하기에 바빴지만 다시 힘을 모아 승리를 하기 시작한다. 관군이 승리한 대표적인 전투가 행주 대첩과 진주 대첩이다.

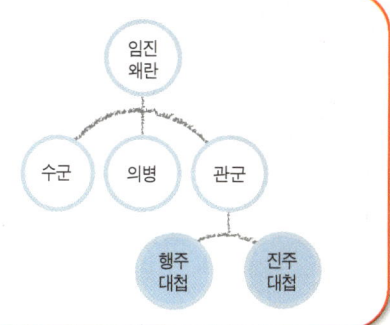

행주 대첩

수군과 의병의 활약이 커지는 가운데 명나라의 구원병이 도착했다. 1593년 1월 조선과 명나라 연합군이 평양성을 되찾자, 후퇴하던 왜군은 행주산성으로 향했다. 이때 행주산성을 지키던 권율 장군의 지휘 아래 백성들과 관군이 죽을 각오로 싸워 왜군을 물리쳤는데, 이것이 바로 임진왜란의 3대 대첩 중 하나인 행주 대첩이다.

행주 대첩 당시 왜군과의 전투에서 성 안의 부녀자들이 긴 치마를 잘라 짧게 덧치마를 만들어 입고, 그 치마폭에 돌을 주워 담아 병사들에게 공급해 줌으로써 큰 승리를 거둘 수 있었다. 이때 입은 앞치마를 부녀자들의 공을 기린다는 의미로 '행주치마'라고 부르기 시작했다.

진주 대첩

1592년 4월, 전쟁이 시작된 후 1~2개월 동안 관군은 계속 지기만 했다. 하지만 가을로 접어들면서 조선군도 승전보를 보내기 시작했다. 대표적인 전투가 10월에 벌어진 진주성 싸움이다.

당시 진주 목사 김시민은 4,000명도 안 되는 병사를 거느리고 있었는데, 왜군은 무려 3만 명이었다. 10월 6일 전투가 시작되자 왜군은 3층 누각을 만들어 그 위에서 조총으로 사격을 가했다. 하지만 성안의 백성들은 적들을 향해 활을 쏘고, 성벽을 기어오르는 적에게는 돌을 던지거나 뜨거운 물을 끼얹어 물리쳤다. 치열했던 진주성 전투는 조선군의 승리로 끝났지만 아쉽게도 김시민은 왜군의 총에 맞아 숨을 거두었다.

그런데 1593년, 진주성에서의 패배를 앙갚음하려는 왜군이 다시 쳐들어와 두 번째 전투가 벌어졌다. 2차 전투에서는 관군과 의병의 결사적인 저항에도 불구하고 진주성은 함락당하고 말았다. 2차 진주성 전투 후 논개라는 여성은 적장을 끌어안고 장렬하게 죽었다.

왜란이 일어나지 않을 것이라고 말한 김성일

임진왜란이 일어나기 전에 조선에서는 일본이 전쟁을 대비하는 것 같다는 의견이 많았다. 그러자 선조는 일본에 황윤길과 김성일을 사신으로 보냈다. 돌아와서 보고하는 과정에서 황윤길이 일본을 경계해야 한다고 말한 반면 김성일은 반대 의견을 낸다. 전쟁 준비에 허리가 휘는 백성들을 위한 의도였다고 한다. 실제 전쟁이 일어나자 김성일은 의병을 모으며 선비로서 나라를 위해 일하다 과로로 죽었다.

▲ 관군의 활동

117 정유재란

- 명나라와의 화의가 결렬되자 왜군이 다시 침략한 사건.
- 임진년에 우리나라를 침략했던 왜는 명나라가 개입하고 우리의 수군과 의병, 관군에 밀려 잠시 돌아갔다가 정유년에 다시 침입하였다.

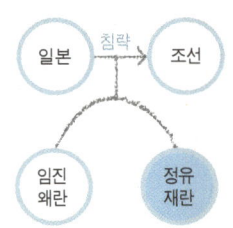

정유재란

정유재란(丁酉再亂)은 말 그대로 왜군이 정유년에 다시(再) 일으킨 난(亂)을 말한다. 명나라가 2번에 걸쳐 지원군을 보내고, 조·명 연합군이 평양성을 되찾자 일본은 당황하기 시작했다. 권율이 행주산성에서 승리하고 이순신을 중심으로 한 수군이 거세게 반격을 가하자 왜군은 휴전을 제의했다. 더 이상의 피해를 원치 않던 명나라가 중간에서 화의(화해를 하기 위해 의논하는 것)를 주선했던 것이다.

도요토미는 화의의 대가로 중국의 황녀를 자신의 후비로 보낼 것, 조선의 땅 일부를 일본에게 내어줄 것 등을 요구했다. 화의를 주선하던 명의 사신은 이 황당한 요구 조건을 명나라에 전하지 않고 대신 일본이 항복했다고 거짓으로 보고했다. 이 사실을 안 도요토미가 다시 군대를 보낸 것이다. 하지만 이순신 장군의 눈부신 활약에 힘입어 조선은 결국 승리를 거두었다.

왜란의 영향

임진왜란은 명나라 군대가 조선에 도착하면서 새로운 모습으로 바뀌었다. 일본과 조선만의 전쟁이 아니라 명나라까지 관계된 국제 전쟁으로 변한 것이다. 전쟁을 겪으면서 백성들은 왜군과 싸우면서도 한편으로는 명나라 군대를 먹여 살리느라 말할 수 없는 고통을 당해야만 했다.

7년에 걸친 두 차례의 왜란으로 온 나라는 폐허가 되고, 수많은 사람들이 일본으로 잡혀갔다. 또 정부에서는 부족한 재정을 확충하기 위해 백성에게 곡물을 받고 벼슬을 팔아 신분을 높여 주어 신분 제도에도 큰 변화가 생겼다. 뿐만 아니라 《조선왕조실록》을 보관하는 사고, 경복궁, 불국사 등이 불에 타는 등 문화재의 손실도 컸다. 그리고 도자기 기술자와 성리학자들이 일본에 납치되어 갔는데, 이들은 후에 일본의 문화 발전에 크게 기여하였다.

임진왜란의 다른 이름, 도자기 전쟁

일본은 원래 도자기 만드는 기술이 낮아 우리처럼 청자나 백자를 만들지 못했다. 그래서 임진왜란 때 일본은 조선의 훌륭한 도공들을 끌고 갔고, 일본으로 납치된 도공들은 쉴 틈 없이 도자기를 만들면서 일본인에게 기술을 가르쳤다. 조선 도공들 덕분에 아름다운 도자기를 만들게 된 일본은 17세기 중엽부터 유럽에 백자를 수출했으며, 유럽은 일본을 '도자기의 나라'로 부르기 시작했다. 반면 뛰어난 기술자를 모조리 빼앗긴 조선에서는 오히려 도자기 문화가 후퇴하고 말았다. 그래서 사람들은 임진왜란을 '도자기 전쟁'이라 부르기도 한다.

경복궁

현재 우리가 보고 있는 경복궁은 임진왜란 당시 불에 탄 것을 흥선 대원군이 다시 세운 건물이다.

개념쌤의 1분 특강

왜란의 과정도 중요하지만 왜란의 영향이 오히려 시험에 자주 나와요. 하나하나 잘 기억해 두세요.

118 광해군의 중립 외교

- 조선 제15대 왕(1575~1641), 왜란 후 조선 정비를 위해 노력한 왕.
- 선조의 아들인 광해군은 전쟁 중에도 병사를 모으는 등의 활약을 했고, 전쟁 후에는 나라의 안정을 되찾기 위해 중립 외교를 행했다.

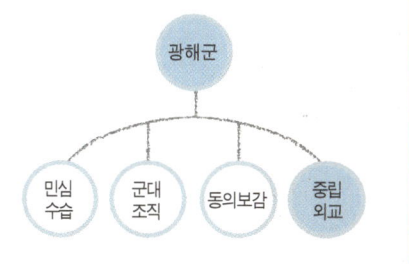

광해군

전쟁이 끝나고 왕위에 오른 광해군은 뒷수습을 위해 노력했다. 먼저 양전 사업(토지의 넓이를 측정하던 일)을 실시해 토지 대장과 호적을 새로 만들어 세금을 걷었다. 그리고 국가의 위신과 왕권을 강화하기 위해 불에 탄 궁궐을 새로 고쳤으며 성곽과 무기를 수리하고 군사 훈련을 실시하여 국방을 튼튼히 했다. 또 《동의보감》도 편찬하게 했는데, 주위에서 쉽게 구할 수 있는 약재들을 이용한 의학책이어서, 일반 백성들도 쉽게 이해할 수 있었다. 한편, 일본에서는 도쿠가와 이에야스가 새로 권력을 잡고, 우리나라와 다시 국교를 맺자고 간청해 와 정기적으로 '통신사'를 파견하게 되었다.

중립 외교

임진왜란 이후 광해군이 나라를 안정시키고 있을 무렵, 중국에서는 명나라의 힘이 약해지고 있었다. 그 틈을 타 여진족이 후금을 세우고 명나라에 전쟁을 선포하자 명나라는 임진왜란 때 베푼 은혜를 강조하며 조선에 도움을 요청했다. 조선의 신하들은 명을 위해 군사를 보내야 한다고 했지만 광해군의 생각은 달랐다.

광해군은 명의 요구대로 군대를 파견하되, 후금의 미움도 사지 않는 중립을 찾았다. 광해군은 군대가 떠나기 전날 밤 지휘관인 강홍립을 불러 "명이 진다면 조선은 후금의 노여움을 살 것이니, 싸움의 형세를 판단하여 중립을 지켜라." 하고 말했다. 예상대로 명이 패하자, 강홍립은 조선군의 출병은 명의 요청에 의한 부득이한 것임을 밝히고 후금에 항복해 버렸다. 명과 후금 사이에서 실리를 택한 광해군 덕에 조선은 또 한 번의 전쟁 위기를 극복했다.

세자 시절의 광해군

임진왜란이 일어나자 선조는 광해군을 세자로 정하고 신하들과 함께 피난을 떠났다. 선조는 피난을 떠나면서 조정을 둘로 나누어, 일부는 선조를 따라 의주로 떠나도록 했고, 일부는 광해군을 따라 함경도, 강원도 등으로 나아가 왜군을 막도록 했다. 이때 광해군은 여러 지역을 찾아다니며 군대와 식량을 모아 왜군을 막는 데 큰 공을 세웠고, 백성들의 지지를 얻었다. 심지어 명나라 장수는 광해군과 같은 세자가 있는 것은 조선의 복이라고까지 말했다고 한다.

▲ 광해군의 묘 왕에서 쫓겨나서 작고 쓸쓸하다.

▲ 광해군의 업적

119 통신사

- 임진왜란 이후 조선의 국왕이 일본에 보낸 공식적인 외교 사절.
- 임진왜란 이후 조선의 선진 문물을 받아들이고 싶었던 일본은 통신사를 요청했고 조선은 이를 받아들여 양국 간에 교류가 활발해졌다.

일본의 새 정부 → 조선과 교류 희망 → 통신사 파견

통신사

임진왜란이 끝나고 나서 조선은 일본과의 교류를 중단했다. 하지만 조선의 발달된 문물을 수입해야 하는 일본에서는 새 정권이 들어서자마자 조선에 다시 문화 교류를 하자고 요청했다. 조선은 임진왜란 때 승병을 이끌고 왜군을 물리쳤던 사명 대사를 대표로 파견하여 포로를 데리고 오는 조건으로 일본과 국교를 맺었다.

이후에도 두 나라는 사신을 교환하기로 결정했다. 일본에서 조선으로 건너온 일본 사신들은 부산의 왜관이란 곳에 머물며 다양한 방면에서 양국 교류를 위한 일을 보았다. 이후에도 일본은 정권이 바뀔 때마다 조선에 통신사 파견을 요청하였고, 이 요청을 수락한 조선은 약 200년 동안 12회에 걸쳐 통신사를 파견하였다. 조선의 통신사는 우수한 조선의 문화를 일본에 전달하였고 일본의 문화 발전에 크게 이바지하였다.

통신사를 원치 않게 된 일본

일본은 메이지 유신으로 아시아에서 처음으로 근대화에 성공한 나라이다. 그 배경에는 일찍 서양 문물을 배웠다는 점이 작용했다. 우리보다 한참 앞선 시기에 우리보다 더 발달된 과학 문명을 지닌 서양을 만난 일본은 이제 더 이상 조선의 문물이 필요하지 않게 되었다. 결국 조선의 문화가 시시해진 일본은 통신사를 요청하지 않게 되었다. 이로써 동아시아에서의 힘의 균형이 서서히 바뀌었다.

통신사의 활약

조선 통신사는 사신뿐 아니라 의원, 화가, 인쇄공, 악사, 도자기 기술자 등을 포함해 500명 정도로 구성되었으며, 정치 및 문화 사절단의 역할을 했다. 일본에 파견된 통신사는 5~8개월 머물렀는데, 일본인들은 극진한 대접을 했다. 그들이 방문할 때마다 많은 일본인들이 몰려와 조선의 유학, 서예 및 그림을 접하려고 했을 정도로 인기가 많았다. 또 통신사 행렬에는 그림 한 점 얻기 위해 땅에 엎드려 호소하는 사람들, 직접 지은 한시를 가져와 통신사에게 고쳐달라고 하는 사람들로 길이 막힐 정도였다고 한다. 이처럼 조선 통신사는 당시 조선과 일본 사이의 문화 교류를 촉진하는 중요한 역할을 했다.

▲ 조선 통신사의 이동 경로

개념쌤의 1분 특강

왜란 이후 일본과의 국제 관계가 어떻게 변화했는지를 알려주는 것이 통신사예요. 단절만 있었던 게 아니란 걸 알겠죠?

120 인조반정

- 조선 제16대 왕인 인조(1595~1649)가 왕위에 오르게 된 사건(1623).
- 실리적인 중립 외교를 주장하던 광해군을 내쫓고 반정을 일으켜 왕이 된 인조는 친명배금 정책을 추진했으며 청의 침입에 굴복하였다.

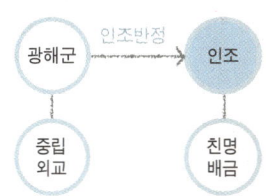

인조반정

조선 역사에서 유래를 찾아보기 힘든 자주적인 외교 정책을 펼친 광해군에게 반대한 사람들이 있었다. 특히 정권에서 소외되었던 서인들은 '군주가 은혜를 몰라서는 나라가 설 수 없다.'고 말했다. 서인들은 결국 광해군을 몰아내고 인조를 새로운 왕으로 추대했는데 이를 '인조반정'이라고 한다.

광해군이 '폐모살제(廢母殺弟)'라는 윤리에 어긋나는 일을 한 것도 인조반정의 또 다른 이유가 되었다. 폐모란 선조의 두 번째 왕비인 인목 대비를 일반 백성으로 신분을 낮추고 서궁에 가둔 일이고, 살제란 배다른 동생인 영창 대군을 죽인 일을 말한다. 이 일을 기회로 신하들은 광해군이 명나라에 대한 의리를 배신하고, 인륜을 어겼다며 왕위에서 쫓아냈다. 이후 역사 속에서 광해군은 뛰어난 외교 전문가보다는 폭군으로 등장하게 되었다.

광해군을 살려준 인조

인조가 왕위에 오르자마자 정치가 바로 안정을 찾은 것은 아니었다. 광해군을 따르던 신하들이 여러 번 반역을 일으켰기 때문이다. 보통 조선 왕조에서 역모를 일으키면 죽음을 맞는 게 일반적이지만 인조는 달랐다. 광해군의 도덕성을 공격해 왕이 되었던 인조는 가능한 인자한 임금으로 남고 싶었고, 역모에 휘말린 광해군을 울며 겨자먹기 식으로 살려줄 수밖에 없었다.

친명배금 정책

인조반정으로 정권을 잡은 서인들은 여진족이 세운 후금을 무시했다. 서인들에게 후금은 야만적인 나라였고, 당장 쓰러져가는 명나라만이 모셔야 할 큰 나라였던 것이다. 또 명나라가 임진왜란 때 군사를 파견하여 조선을 도와준 은혜를 잊으면 안 된다고 생각했다. 그래서 이들이 내세운 정책이 바로 명나라와 친하게 지내고 후금을 멀리하자는 '친명배금 정책'이다.

하지만 이런 정책은 당시의 국제 사정을 무시한 것이었다. 후금은 막 힘을 모아 일어서는 군사력이 막강한 나라였던 반면에, 명나라는 정치·외교 등에서 모두 힘을 잃고 후금에 대항조차 못하고 있던 상태였기 때문이다. 당연히 후금은 조선을 괘씸하게 생각했고, 조선에 압박을 가해왔다.

▲ 위험을 초래한 친명배금 정책

개념쌤의 1분 특강

광해군의 중립 외교가 인조의 친명배금 정책으로 변화한 것에 주목하세요. 외교 정책의 변화를 잘 살펴보고 그 영향까지도 생각해 보아야 해요.

121 정묘호란, 병자호란

- 정묘년(1627)과 병자년(1636) 두 번에 걸친 청나라의 침입.
- 힘을 키운 여진족은 후금을 세우고 조선을 쳐들어왔으며(정묘호란), 청나라를 세운 후에는 황제가 직접 쳐들어왔다(병자호란).

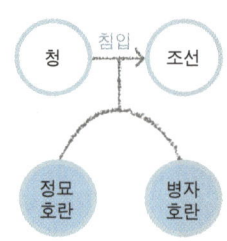

정묘호란

광해군은 후금과 소통을 하며 후금과의 관계를 좋게 하려 애썼지만 인조가 정권을 잡은 후 후금과의 관계는 얼음처럼 차가워졌다. 조선에 인조가 들어설 무렵 후금에서도 조선과의 화친을 주장하던 누르하치가 죽고 조선 침략을 주장하는 그의 아들 홍타이지가 왕이 되었다. 후금의 권력자 성향이 바뀌었다면 조선에서는 미리 대비를 해야 했지만 후금과 소통이 없어 변변한 준비를 못했고, 후금의 군사력을 당해낼 수도 없었다.

홍타이지는 왕이 되고 나서 3개월 뒤 조선에 군사를 보냈다. 후금의 군대는 빠른 속도로 쳐들어왔고, 인조는 급하게 강화도로 몸을 피했다. 후금은 강화도로 사신을 보내 후금이 형이 되고 조선이 동생이 되는 형제 관계를 맺자고 했다. 명을 무너뜨리기 위한 전쟁을 앞둔 후금은 조선과의 전쟁이 부담스러웠고, 이를 알아챈 인조는 후금의 조건을 받아들이고 화의를 맺었다.

병자호란

명나라를 궁지로 몰던 후금은 나라 이름을 '청'으로 바꾸고, 이제부터 조선은 '신하의 나라'라며 청나라에 신하로서 예를 갖추라고 요구했다. 이때 신하들은 끝까지 싸우자는 척화파와 적당히 이야기하여 화해를 하자는 주화파로 나뉘었다. 결국 조선은 척화파의 주장이 우세하여 만주족을 야만족이라 무시하며 그들의 요구를 받아들이지 않았다. 화가 난 청나라는 군대를 이끌고 다시 침입했는데, 이것이 1636년에 일어난 병자호란이다.

▲ 청나라의 침입

막강한 청나라 군대는 순식간에 한양 근처까지 쳐들어 왔고, 인조와 신하들은 남한산성으로 들어가 45일간 싸웠다. 하지만 차츰 먹을 것이 떨어지고 청의 공격을 당해낼 수 없게 되자, 마침내 인조는 남한산성에서 나와 3번 큰절하고 9번 땅바닥에 머리를 꽝꽝 박아 그 소리가 단 위에 앉아 있는 청 태종에게 들리도록 하는 굴욕적인 항복을 삼전도에서 해야만 했다(삼전도의 굴욕).

독살당한 인조의 아들, 소현 세자

소현 세자는 인조의 맏아들로, 인조가 삼전도에서 굴욕적인 항복을 한 뒤 동생과 청나라에 인질로 끌려갔다. 이후 소현 세자는 조선과 청나라 사이에서 중간 역할을 하며, 조선인 포로의 해방과 정치·경제적 문제들을 처리했다. 소현 세자는 중국에서 서양의 과학과 천주교에도 눈을 떴다. 하지만 인조는 이런 소현 세자를 못마땅하게 생각했고, 귀국했을 때는 차갑게 대했다. 소현 세자는 돌아온 지 2개월 만에 병에 걸려 갑자기 죽음을 맞았다. 그러나 당시 소현 세자의 시신이 전부 검게 변해 있었고, 7곳에서 피가 흘러나와 마치 약물에 중독되어 죽은 사람과 같았다고 실록에 기록되어 있다. 누군가가 그를 죽인 것은 아닐까?

호란에서 '호'는 북쪽 오랑캐를 뜻해요. 병자년에 북쪽 오랑캐가 쳐들어 온 게 병자호란이에요.

122 효종의 북벌 정책

- 효종 때 호란의 원수를 갚고자 청나라를 정벌하기 위해 세웠던 정책.
- 굴욕적인 항복을 했던 청나라에 대항하고자 효종은 북벌 정책을 세우고 군사력을 강화하는 등의 준비를 했다.

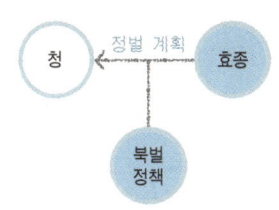

북벌 정책

그동안 오랑캐라고 깔보던 만주족이 세운 청에게 임금님이 머리에 피를 흘리며 항복하고, 왕자들이 인질로 끌려간 것은 그야말로 충격이었다. 그래서 정부에서는 청나라에 복수를 하자는 의견이 크게 일어났다. 특히 인질로 끌려갔다가 돌아온 소현 세자가 갑자기 죽은 후 왕위(효종)에 오른 봉림 대군은 청나라에 대해 좋지 않은 감정을 가지고 있었다.

효종은 조정에서 청나라와 친하게 지내려는 세력을 몰아내고 병자호란의 치욕을 씻기 위해 북벌 정책을 추진했다. '북벌'이란 청을 정벌하여 문화가 높은 조선이 문화가 낮은 오랑캐에게 당한 수치를 씻고, 임진왜란 당시 원군을 보내 우리를 구해 준 명나라에 대한 의리를 지키자는 주장이다.

북벌을 위한 노력

효종은 군사력을 키우기 위해 어영청을 중심으로 새롭게 군대를 만들고, 이완 대장에게 군사 훈련을 맡겨 6백여 명이던 군사를 1천여 명으로 키웠다. 남한산성에 있는 수어청을 정비하여 한성 외곽의 수비를 튼튼히 하기도 했고, 표류해 온 네덜란드인 하멜 등을 훈련도감에 소속시켜 조총과 화포 등의 신무기를 도입하였으며, 화약도 만들었다.

그러나 북벌 계획에 반대하는 사람들도 많았다. 북벌을 위해 군사력을 키우려면 세금을 많이 걷어야 했는데 이것은 두 차례나 전쟁에 시달린 백성의 부담을 증가시켰기 때문이다. 결국 북벌 정책은 실행에 옮기지 못한 채 효종의 죽음으로 10년 만에 끝을 맺고 말았다.

서양에 조선을 소개한 하멜

1653년 7월 30일, 일본으로 가던 네덜란드 배가 제주도에 표류하게 되었다. 선원들은 조선에 머무르게 되는데, 그중 한 사람이 하멜이다. 하멜은 서울로 압송된 후 훈련도감에 소속되어 전라도 강진과 여수 등지에서 일하며 조총과 신무기 등을 만드는 데 도움을 주었다. 그러다가 1666년 9월 30일, 하멜은 7명의 동료와 함께 조선을 탈출하여 일본 나가사키를 거쳐 1668년 네덜란드로 돌아갔고, 귀국 후 13년 20일 동안의 조선 억류 경험을 바탕으로 《하멜 표류기》라는 책을 썼다. 이것은 한국을 서양에 소개한 최초의 책이다. 당시 조선의 지리·풍속·정치·군사·교육·교역·생활 등을 알려 주는 중요한 사료이기도 하다.

북벌에 관한 생각

"북벌보다 더 급한 문제가 많습니다."
▲ 관리

"북벌! 청나라로부터 받은 치욕을 반드시 갚자."
▲ 군인

"북벌이라뇨? 당장 굶주린 백성부터 살펴 주십시오."
▲ 백성

개념쌤의 1분 특강

북벌의 '벌'은 정벌한다는 의미예요. 북쪽을 정벌하자는 것인데, 여기서 북은 만주족을 의미하겠죠?

한눈에 들여다보기

조선 전기의 왕들

태조
정도전의 도움으로 개국의 뜻을 품고 조선을 세웠다. 또 신진 사대부와 함께 조선의 기초를 닦았다. 왕자의 난으로 자식들과 정도전이 죽는 모습을 보며 권력의 무상함을 느꼈을 것이다.

태종
이성계의 넷째 아들로 야망가였다. 아버지인 태조 이성계가 정도전의 계획대로 막내아들을 세자로 삼자 이에 반발하여 난을 일으켰다. 왕이 된 후에는 왕권 강화를 위해 많은 노력을 했고 그 덕에 조선은 안정을 찾을 수 있었다.

1대 ▶▶ **2대** ▶▶ **3대** ▶▶ **4대** ▶▶

정종
태조 이성계의 둘째 아들로 동생인 이방원이 왕자의 난을 일으킨 후 왕이 되었다. 이방원은 자신이 직접 왕이 되고 싶었겠지만 눈치가 보여서 아들이 없는 형을 임시로 왕에 앉힌 것이다.

세종
조선에 세종이 있었다는 것은 크나큰 행운이라 할 수 있다. 언어사적으로 한 획을 그은 훈민정음을 창제한 것 외에도 해시계, 물시계 등 백성을 사랑하는 마음을 모든 방법으로 표현한 왕이었다.

인조
광해군의 도덕성을 문제 삼아 반정을 일으켜 왕이 되었다. 광해군의 중립 정책을 버리고 친명배금 정책을 쓰다가 정묘호란과 병자호란의 아픔을 겪었다.

선조
임진왜란 중 어린 아들에게는 군사 모집과 민심 수습이라는 임무를 맡긴 채 난리를 피해 명나라로 도망치려 한 왕이다. 이런 선조가 이순신을 시기하고 아들을 질투한 것은 어쩌면 당연해 보인다.

◀◀ **16대** ◀◀ **15대** ◀◀ **14대** ◀◀ **13대**

광해군
선종의 아들로 전쟁 중에는 백성들과 똑같이 생활하며 왕자로서 모범을 보였고, 전쟁 이후에는 나라의 안정을 되찾기 위해 많은 노력을 했다. 하지만 계모인 인목 왕후를 내쫓고, 인목 왕후의 아들인 영창 대군을 죽인 일로 인조반정의 빌미를 제공했다.

명종
권력욕이 큰 어머니 문정 왕후의 꼭두각시 같은 어린 시절을 보냈다. 이복형인 인종은 동생인 명종을 참 귀여워했다고 한다. 왕이 되어서도 어머니의 뜻을 거역하지 않았을 정도로 어머니의 그늘에서 벗어나지 못하다 일찍 죽었다.

156

문종

아버지 세종의 후반부 업적은 모두 문종의 업적이라고 해도 무리가 없다. 그만큼 오랜 세자 시절을 거치며 정치 교육을 받았다. 하지만 할아버지와 아버지, 어머니의 장례를 치르며 몸이 약해져 왕이 된 후에는 일찍 죽었다.

 세조

세종의 둘째 아들로 어린 조카 단종을 죽이고 왕이 되었다. 왕이 된 후 약해진 왕권을 되살리기 위해 애썼다. 사육신 사건 이후 누구도 믿지 못해 자신을 도왔던 훈구파하고만 정치를 의논해 결국 훈구파에게 너무 힘을 실어 주는 실수를 범했다.

5대 ▶▶　　6대 ▶▶　　7대 ▶▶　　8대 ▶▶

 단종

문종의 아들로 아버지가 일찍 죽고 어린 나이에 자신을 지켜 줄 왕실의 어른이 하나도 없는 상태에서 왕이 되었다. 결국 삼촌에게 왕위를 빼앗기고 목숨도 잃었다.

예종

세조의 큰아들이 일찍 죽는 바람에 둘째아들인 예종이 뒤를 이었다. 몸이 약해 일찍 죽는 바람에 이렇다 할 업적을 남기지는 못했다.

 인종

비록 재위 기간은 짧지만 성격이 고약한 계모인 문정 왕후에게도 효도를 다 했던 왕이다.

 연산군

조선의 왕 중 가장 타락한 왕이 아마 연산군일 것이다. 정치는 내팽개치고 허구한 날 술과 사냥, 연회를 즐기기만 했다. 그리고 충언을 하는 신하들은 죽여버렸다.

◀◀ 12대　　◀◀ 11대　　◀◀ 10대　　◀◀ 9대

 중종

성종의 아들로, 왕이 될 생각은 별로 없었다. 하지만 이복형인 연산군이 왕 노릇을 못하자 신하들의 반정에 의해 왕으로 추대되었다. 중종은 조광조를 등장시켜 정치를 바꿔보려 했지만 결국 실패로 끝났다.

 성종

왕위 계승 서열에서 한참 아래였지만 우여곡절을 겪으며 왕이 된 후 성실 그 자체로 생활한 왕이다. 《경국대전》의 완성이라는 큰 업적을 남겼지만 아들 연산군을 잘못 키운 것은 무척 아쉬운 일이다.

한국사 개념사전　157

조선 후기

- **123** 비변사
- **124** 대동법
- **125** 영조
- **126** 정조
- **127** 수원 화성
- **128** 모내기법
- **129** 상품 작물 재배
- **130** 민간 수공업의 발달
- **131** 상평통보
- **132** 세도 정치
- **133** 공명첩
- **134** 서민 문화

- 135 민화와 풍속화
- 136 김홍도와 신윤복
- 137 실학
- 138 농업 중심 개혁론
- 139 상공업 중심 개혁론
- 140 국학
- 141 민간 신앙의 발달
- 142 서학과 동학
- 143 홍경래의 난
- 144 임술 농민 봉기
- ● 한눈에 들여다보기

123 비변사

- 조선 후기에 나랏일을 전반적으로 총괄한 기구.
- 국방 문제를 담당하던 비변사는 왜란과 호란을 거치며 의정부를 대신해 국정을 총괄하는 최고의 정치 기구가 되었다.

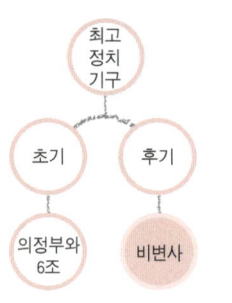

비변사의 역할

1592년(선조 25) 임진왜란이 일어나자 정부는 빠르게 의사 결정을 할 필요가 생겼다. 이전처럼 의정부와 대신들이 모여 회의를 하는 것은 전쟁 상황에 어울리지 않았다. 그래서 과거 국방 관련 일들을 처리하던 비변사에서 중요한 일들을 처리하게 되었다. 즉 전쟁 수행에 필요한 모든 사무를 비변사에서 처리한 것이다. 처음 비변사는 국가적인 재난인 전쟁을 수행하기 위한 최고 기관이었으나 전쟁 후에는 과거 의정부와 6조에서 하던 일을 비변사에서 그대로 하게 되었다.

임진왜란 중에 확대되고 강화된 비변사를 걱정하던 사람들은 임진왜란 후 과거의 의정부와 6조 체제로 되돌리자고 말했지만 전쟁 뒤 복구 사업과 국방력 강화를 효과적으로 하기 위해 계속 유지되었다. 시간이 흘러 인조 대에 이르러서는 정책 결정 기구로 그 성격도 완전히 변하였다. 이제 비변사는 더욱 확대되고, 권한도 강화되어 의정부는 있으나마나한 존재가 되고 말았다.

군사 제도의 정비

전쟁 후 조선은 각종 제도를 정비하기 시작했다. 우선 가장 시급한 것이 군사 제도였다. 조선 초기에 수도를 방위하는 5위 체제는 5군영 체제로 바뀌었다. 임진왜란 중 급하게 훈련도감이라는 군사 관련 기구가 만들어진 것을 시작으로 필요에 따라 4개가 더 생겨 5군영 체제가 되었다.

지방군도 임진왜란 이후 속오군 체제가 되었다. 왜란과 호란을 겪으며 지방군의 수가 절대적으로 중요한 것을 깨달은 조선은 양반에서 노비까지 모든 신분으로 구성된 속오군을 만들었다. 속오군은 평상시에는 생업에 종사하다 일이 생기면 지역을 방어하였다.

왕권 약화를 가져 온 비변사

임진왜란이 일어나자 조선은 발칵 뒤집혔다. 국난을 빠르게 처리하기 위해 조선은 비변사를 최고 기관으로 활용하기로 했다. 그 과정에서 비변사의 기능은 확대·강화되어 수령의 임명부터 외교·재정에 이르기까지 전쟁 수행에 필요한 모든 사무를 처리하였다. 임진왜란을 겪는 동안 기능이 커진 비변사는 군사 문제를 협의하는 관청이라는 명칭을 지니고 있으면서도 왕비나 세자빈의 간택까지도 처리하는 등 모든 나랏일을 보게 되었다. 이후 효종과 현종 때에도 비변사의 정치적 지위는 그대로 유지되었고, 주요 정책을 몇몇 사람이 모여 결정하기에 이르렀다. 비변사의 기능이 강화될수록 권력은 몇몇 사람에 집중되어 왕권은 약해질 수밖에 없었다. 이를 개혁한 사람은 다름 아닌 흥선 대원군으로, 왕권 강화를 위해 비변사를 없애버렸다.

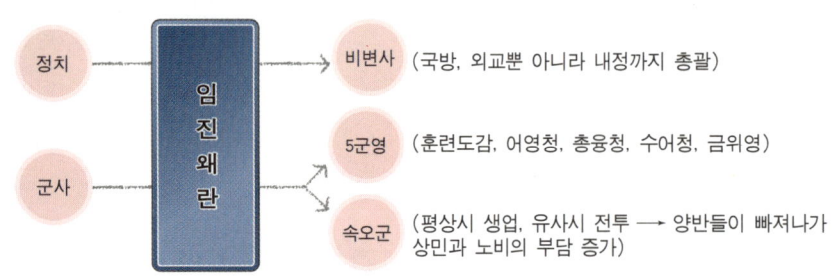

임진왜란 이후 조선의 변화

개념쌤의 1분 특강

'비변사'라는 이름의 '비'가 비상시를 뜻한다고 생각하고, '변'을 변방으로 바꾸어 기억해 보세요.

124 대동법

- 조선 후기 조세 제도 중 특산물을 바치는 세금을 개혁한 제도.
- 조선 시대에는 특산물을 바치는 공납이 농민들에게 큰 부담이었는데, 이를 개혁해 특산물 대신 쌀을 내는 것으로 바꾼 제도가 대동법이다.

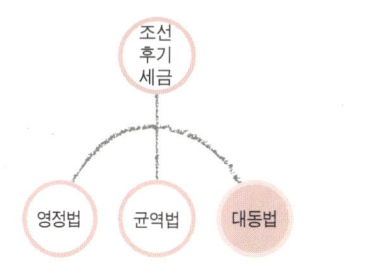

정부의 노력

왜란과 호란 이후 조선도 나름대로 노력을 기울였다. 우선 세금을 더 걷고, 백성들의 삶을 안정시키기 위해 토지 개간에 힘을 쏟았으며, 토지를 정확히 측량하여 세금을 조정하려 하였다. 그리고 백성을 위해 세금 제도를 근본적으로 개혁하기로 했다.

세금 제도의 변화

조선의 세금은 3가지였다. 토지에 매기는 세금(전세)이 있었고, 군대를 위한 세금(군역)이 있었으며, 왕실에서 필요한 각종 지방 특산물을 바치는 세금(공납)이 있었다. 전세의 경우 조선 초기에는 풍년이냐 흉년이냐에 따라(연분 9등법), 땅의 상태에 따라(전분 6등법) 세금을 달리 걷었지만 이제 토지 1결당 쌀 4~6두를 내는 것으로 고정시켰다. 이를 '영정법'이라고 한다.

1년에 군포 2필씩 내던 군역은 농민들에게 피해가 더 컸다. 토지가 황폐화되어 농촌을 떠나는 사람은 늘어났는데 걷어야 하는 세금은 변하지 않아 남은 농민들이 이중 삼중의 세금을 부담했기 때문이다. 그래서 정부는 성인 남자가 1년에 군포 한 필만 내면 되도록 개혁했다. 이를 '균역법'이라 한다.

집집마다 내던 공납은 백성들에게 가장 큰 어려움을 준 것이었다. 처음에는 직접 물건을 바치는 제도였지만 물건이 썩거나 엉뚱한 특산물이 정해지는 등 문제가 많아 방납 제도를 만들었다. 방납은 관리들이 특산물을 대신 내 주고 지역 주민들에게 더 많은 돈을 걷는 것이었지만 이 또한 문제가 많아지자 아예 특산물을 대신하여 소유하고 있는 토지에 따라 쌀이나 포 등을 내는 대동법을 시행했다.

조선 후기의 상황

7년에 걸친 임진왜란과 뒤이어 일어난 두 차례의 호란은 백성들의 삶을 비참하게 만들었다. 그야말로 먹고살기마저 힘든 상황이었다. 농업이 기본인 조선에서 모든 것의 바탕이 되는 토지는 전란으로 인해 황폐해질대로 황폐해졌고, 질병마저 돌아 백성들을 힘들게 만들었다. 그런데 백성들을 더 살기 힘들게 한 것은 바로 세금이었다.

세금의 변화

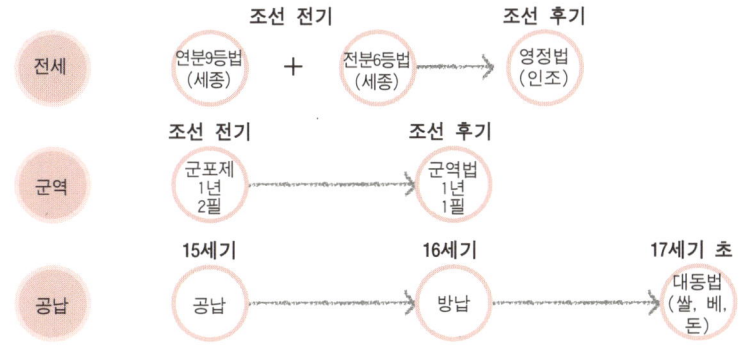

개념쌤의 1분 특강

조선 후기의 세금은 평균대로 외우세요. '영정법, 균역법, 대동법'의 앞글자만 따서 외우면 조금 편해요.

125 영조

- 조선 제21대 왕(1694~1776), 조선 후기의 개혁 군주.
- 붕당 정치로 인해 조선 사회가 어지러워지자 영조는 조화로운 정치를 추구하며 탕평책을 실시하는 등 개혁을 위해 노력하였다.

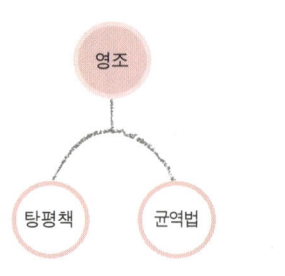

붕당 정치

조선 후기에는 정치하는 사람들 간에 서로 무리를 지으며 편이 갈라지기 시작했는데 그런 정치 무리를 '붕당'이라고 한다. 처음에는 붕당에 속한 사람들도 다른 편을 서로 인정해 주며 정치를 했다. 왜란과 호란 이후 경제를 회복하고 흐트러진 사회 질서를 바로잡을 때 붕당 간에 서로 도와가며 힘을 쏟아 조선 사회는 빠르게 안정을 찾아갔다. 여기서도 붕당은 긍정적인 효과를 보여 주었다.

그런데 시간이 지나자 상대 당에 대한 올바른 비판은 사라졌다. 건전한 비판이 점차 모함이나 부정적인 비판으로 바뀌면서 붕당 간의 정치적 싸움이 치열해지기 시작했다. 다른 당의 존재 자체를 인정하지 않게 된 것이다. 이런 현상은 이미 숙종 때부터 붕당 정치의 폐해로 나타나기 시작했다.

영조의 강력한 탕평책

붕당의 심각성을 느낀 영조는 붕당 간의 싸움을 억누를 수 있는 강력한 정책을 실시하기로 했다. 즉 모든 당이 싸우지 않고 정치에 골고루 참여할 수 있도록 '탕평책'을 실시하기로 한 것이다. 영조가 워낙 강하게 탕평책을 밀어붙였기 때문에 각 붕당에 속한 신하들은 영조의 말을 따를 수밖에 없었다. 영조 대에는 여러 당파 중 능력 있는 인물들이 골고루 뽑혀서 영조의 명령에 따라 여러 개혁 정치를 이루어 냈다.

유능한 임금이었던 영조는 탕평책 외에도 많은 문제들을 해결하려 노력하였다. 대표적인 것이 균역법을 실시한 것이다. 도망간 이웃 대신 내야 하는 군포, 어린아이에게도 부과된 군포, 죽은 사람의 것도 내야 하는 군포 등으로 고통받던 백성들에게 균역법은 가뭄 끝에 단비 같은 것이었다. 또 영조는 가혹한 형벌을 완화하고 여러 책들도 편찬하였다.

붕당 덕에 왕이 된 영조

영조가 임금이 되었을 때는 붕당의 폐해가 더 심각했다. 어떤 의미에서 영조 자신도 붕당의 신하들이 밀어주어서 왕이 된 셈이었다. 다수당이었던 노론이 영조를 철저히 밀었던 것이다. 아무리 붕당의 힘으로 왕이 되었다 해도 영조는 신하들끼리 편을 갈라 자기들만의 이익을 좇는 상황이 왕권을 약하게 만들고 조선을 망하게 한다고 생각했다. 우리가 요즘 흔하게 먹는 음식인 탕평채는 탕평책을 실시한 영조가 신하들에게 베푼 음식이다.

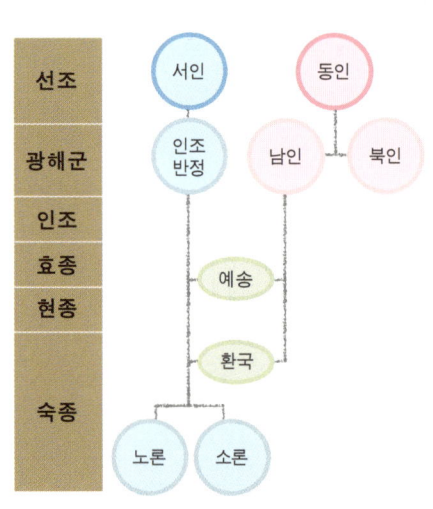

▲ 붕당 정치의 전개

개념쌤의 1분 특강

영조는 조선 후기 문화 발달에 큰 역할을 한 왕이에요. 그 덕에 업적들이 많지만 탕평책과 균역법은 반드시 기억해야 해요.

126 정조

- 조선 제22대 왕(1752~1800), 조선 후기에 문화의 꽃을 피운 왕.
- 영조의 탕평책을 계승해 인재를 고루 등용했으며, 다양한 개혁 정치를 실시하여 조선 후기에 문화를 꽃피운 왕이 정조이다.

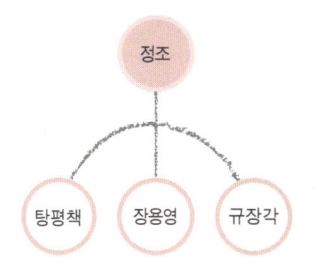

아버지 사도 세자

사도 세자가 뒤주에 갇혀 죽자 영조의 대를 이을 사람으로 사도 세자의 아들이 정해졌는데 그가 바로 정조이다. 당파 싸움에 휘말린 아버지가 처참하게 죽는 모습을 지켜 본 정조는 왕이 되자마자 할아버지 영조의 정책이었던 탕평책을 더욱 열심히 실시했다.

왕권 강화를 위한 개혁

정조는 왕권이 강해야 신하들이 함부로 행동하지 않는다고 생각해서 왕권을 강화하기 위한 여러 가지 정책을 실시하였다. 세자 시절 자신을 미워하던 노론에 의해 몇 차례 죽을 고비까지 넘긴 정조는 우선 왕의 직속 부대인 '장용영'이라는 군대를 만들었다. 장용영은 서울과 수원에 설치했던 국왕의 안전을 담당하는 군대로, 정조의 왕권 강화에 크게 보탬이 되었다.

그리고 즉위하자마자 '규장각'이라는 정치 기구를 마련해 정조가 실행하고자 하는 정책을 적극적으로 뒷받침할 만한 세력을 키워나갔다. 지금의 창덕궁 후원에 자리 잡은 규장각은 수만 권의 책을 갖추어 놓고 젊고 유능한 학자들을 모아 학문을 연구하도록 한 기구였다.

또한 나라 살림을 윤택하게 만들고 백성을 안정시키기 위해 상업을 발전시키는 정책을 실시했다. 농업을 발달시키기 위해 애썼고, 광산도 적극적으로 개발해 상공업이 크게 발달하였다. 문화적으로도 신경을 많이 써서 《대전통편》, 《동문휘고》, 《탁지지》, 《규장전운》 등 수많은 책을 편찬하기도 했다.

> **사도 세자**
> 강력한 탕평책을 실시한 영조도 붕당 세력에서 벗어날 수는 없었다. 세자를 미워했던 정치 세력(노론)들의 이간질로 영조는 늦은 나이에 얻어 끔찍이도 사랑하던 아들을 미워하게 됐고, 결국 영조 자신이 손수 다음 대를 이을 아들인 세자를 뒤주 속에 8일 동안 가두어 굶어 죽게 했던 것이다. 당파 싸움을 없애려고 노력했던 영조마저도 왕권을 지키기 위해 불행한 가족의 역사를 만든 셈이다.

▲ 정조의 정치적 생각들

개념쌤의 1분 특강

정조 전후를 잘 비교해 보세요. 정조 전이 붕당 정치라면 정조 이후는 세도 정치가 나타난답니다.

127 수원 화성

- 정조가 수원에 지은 신도시로 세계 문화유산에 등재된 건축물.
- 정조는 아버지 사도 세자의 무덤을 수원으로 옮긴 후 수원에 성을 짓고, 이를 화성이라 불렀다.

수원 화성 — 거중기

정조와 화성

억울하게 죽은 아버지 사도 세자를 늘 그리워했던 효자 정조는 사도 세자의 묘를 수원으로 옮기고 그 지역 일대에 새로운 도시를 세우기로 했다. 그 뒷면에는 정조의 정치적인 의도도 깔려 있었다. 왕권을 더욱 강화하려면 정치적인 분위기를 새롭게 할 필요가 있다고 판단하고, 화성 건설을 이용한 것이다. 또 정조 자신의 아버지가 왕이 되지 못했다는 것은 정조의 정통성에 약점이 되었기 때문에 아버지의 묘도 옮겼다.

수원으로 묘를 옮긴 후 정조는 그곳에 계획 도시인 화성을 세우고 아버지 묘에 성묘를 하기 위해 거의 매년 수원에 행차했는데, 이런 정조의 모습은 〈화성행차도〉라는 그림으로 남아 있다.

화성

화성으로 수도를 옮기려고 했다는 주장도 있지만 여러 모로 볼 때 이는 무리였을 것으로 보인다. 정조의 어머니인 혜경궁 홍씨가 지은 《한중록》에 보면 정조가 세자에게 왕위를 물려주고 어머니와 함께 아버지의 능이 있는 수원에서 살고 싶어 했다는 기록이 나온다. 규모 면에서 볼 때도 한 나라의 수도로 삼기에 화성은 너무 작다. 그래서 요즘에는 정조가 은퇴 후 살기 위해 지은 신도시라고 생각하는 사람들이 많아지고 있다.

수원 화성은 정약용이 거중기 등 서양식 건축 기술을 응용해 쌓은 아름다운 성으로 유네스코 세계 문화유산에 등재되어 있다. 당시 일꾼들의 급료나 먹었던 음식 등도 모두 기록된 화성 관련 기록은 중요한 역사 자료로 쓰이고 있다.

수원의 지지대 고개

지금의 수원에서 의왕으로 넘어가는 경계에 보면 '지지대 고개'라는 곳이 있다. 지지대 고개는 정조가 아버지 사도 세자에게 성묘하고 돌아가는 길목에 있는데 바로 이곳이 사도 세자의 무덤인 현륭원이 보이는 마지막 고개였다고 한다. 이 고개를 넘으면 더 이상 아버지의 무덤을 볼 수 없었기 때문에 효심이 깊었던 정조는 이 고개를 넘을 때마다 천천히 가라고 명령을 내렸다. 그래서 훗날 이곳을 더딜 지(遲)자를 써서 지지대 고개라고 부르고 있다.

▲ 장안문

▲ 공심돈

화성의 북문인 장안문 앞에는 반원형의 옹성을 쌓아 적이 쳐들어올 때 방어하기 편리하게 하였고, 성벽 밖으로 튀어나오게 만든 공심돈도 군사적으로 중요한 기능을 하였다. 공심돈과 옹성을 이용하면 삼면에서 적을 공격할 수 있다.

개념쌤의 1분 특강

수원의 옛 이름이 화산이에요. 화산에 쌓은 성이니 화성이겠죠?

128 모내기법

- 모를 못자리에서 논으로 옮겨 심는 농사법으로 조선 후기에 유행함.
- 모내기법은 경제의 기본까지 바꾸어 놓은 농법으로, 보리도 연달아 재배할 수 있게 되면서 재배 작물이 다양해졌으며, 수확량도 증가했다.

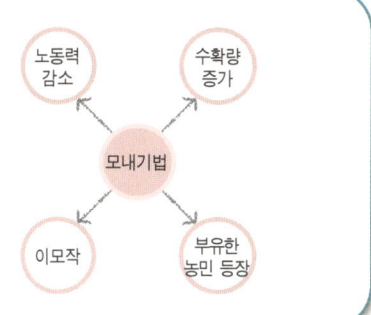

모내기

15세기까지만 해도 농민들은 모내기가 유행하지 않아 벼농사를 지을 때는 논에다 볍씨를 직접 뿌리고, 계속 그 자리에서 벼를 길렀다. 그런데 16세기 중반 이후에는 벼농사 기술이 발달하면서 '이앙법'이 널리 퍼졌다. '이앙법'이 바로 모내기법인데, 모판을 만들어 볍씨를 촘촘하게 뿌리고 싹을 틔워 일정하게 자랄 때까지 키운 다음 물을 댄 논에 옮겨 심는 방법이다. 조선 후기에 들어서면서 농민들이 저수지를 늘리고 수리 시설을 확충하면서 본격적으로 모내기법을 이용해 농사를 짓기 시작했다.

모내기법의 장점

모내기법을 사용하면 벼 포기 사이를 넓게 심기 때문에 그 사이에 있는 잡초를 뽑기(김매기)가 쉬워져서 일손을 줄이는 효과를 가져왔다. 모내기법으로 노동력이 절감되자 한 농가에서 예전보다 넓은 땅을 농사지을 수 있게 되면서 부유한 농민들도 생겨났다. 또 나쁜 모를 골라내고 튼튼한 모만 옮겨 심어 수확량을 2배로 늘릴 수 있었다.

과거에는 보리를 수확하기 한 달 정도 전에 볍씨를 뿌려야 했기 때문에 모내기를 하지 않고 논에다 직접 볍씨를 뿌리면 보리를 재배할 수 없었다. 그런데 모내기를 하면 하나의 논에서 벼와 보리를 연이어 재배하는 이모작을 할 수 있었다. 보리를 수확하는 동안 모판에서 모를 키우고, 보리 수확이 끝난 논에 물을 댄 다음 모를 옮겨 심은 것이다. 벼를 수확한 후 연달아 보리를 재배할 수 있게 되면서 재배 작물도 다양해졌다.

모내기법을 금지했던 이유

모내기는 고려 말부터 해 왔지만 조선 초기에는 나라에서 못하게 했다. 모내기법이 가뭄에 약하다는 단점이 있기 때문이다. 모내기를 하려면 논에 물이 있어야 하는데, 가뭄이 들어 물이 부족하면 모를 한 포기도 심을 수 없어 그 피해가 모내기를 하지 않았을 때보다 컸던 것이다. 그래서 볍씨를 직접 뿌려 가뭄의 피해를 덜 받도록 했다.

모내기법의 효과

129 상품 작물 재배

- 조선 후기에 나타난 농사 작물의 변화.
- 조선 후기에는 쌀농사에서 벗어나 수익이 높은 작물을 재배했는데 이를 상품 작물이라고 한다.

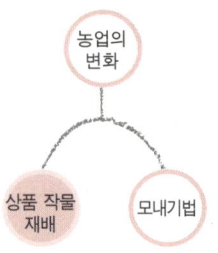

상품 작물 재배

'호랑이 담배 피우던 시절'이란 말 때문에 담배가 우리나라에 오래전부터 있었던 것 같지만 담배는 임진왜란을 전후 해 일본을 통해 들어온 작물이다. 그 전에는 담배를 피우던 사람이 없었다는 뜻이다.

조선 후기에 들어 모내기법이 등장하면서 경제 상황이 좋아지자 조선은 쌀농사에서 벗어나 수익이 높은 담배를 상품 작물로 재배하기 시작했다. 담배 외에 파, 마늘, 오이, 삼, 모시, 생강, 인삼, 약재, 목화 등도 상품 작물로 재배하면서 농가의 수입이 크게 늘어났다. 한편, 이 시기에 일본에서는 고구마가, 청나라에서는 감자가 들어와서 흉년으로 굶주림이 심할 때 밥 대신 먹을 수 있는 구황 작물로 재배되었다.

▲ 담배는 광해군 때 일본으로부터 들어와 최고 인기 상품이 되었다.

밭농사의 변화

조선 후기에는 밭농사에서도 '골뿌림법(견종법)'이라는 농사법이 퍼져 노동력은 줄어든 반면 수확량은 최대 다섯 배까지 치솟았다. 골뿌림법이란 이랑을 높게 만들어 고랑에 씨를 뿌리는 방법이다. 골뿌림법을 이용하면 잡초를 쉽게 제거할 수 있어 노동력을 줄일 수 있었다. 또 추위와 가뭄에 잘 견디고 바람을 막아 종자를 보호할 수 있어서 이앙법처럼 수확량은 커지고 노동력은 줄일 수 있었다.

이와 같이 조선 후기에 새로운 농사 방법이 등장하면서 한 사람당 농사지을 수 있는 땅의 면적이 늘어나 농촌에서는 빈부 격차가 커졌다. 반면, 남의 논이나 밭을 빌려 농사를 짓던 사람들은 불리하게 되어 소작농이나 날품팔이로 전락하는 농민도 생겨났다. 또 일부는 농촌을 떠나기도 하면서 농촌 사회에 커다란 변화가 나타나기 시작했다.

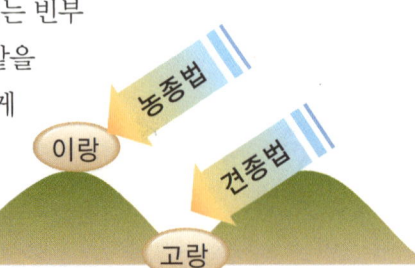

▲ 농종법과 견종법 이랑에 씨앗을 뿌리는 것을 농종법이라 하고, 고랑에 씨앗을 뿌리는 것을 견종법이라고 한다.

어린아이도 피웠던 담배

담배가 처음 우리나라에 들어왔을 때에는 남령초, 담바고라고 했다. 남령초란 남쪽 국가에서 들어온 신령스런 풀이라는 뜻으로, '가래가 목에 걸려 떨어지지 않을 때나 소화가 되지 않을 때 피우면 좋다.'는 기록처럼 약초로 여겨졌다. 담배가 처음 들어왔을 때는 신분이나 남녀노소를 가리지 않고 피울 수 있어서 4~5세 아이들도 피웠다. 이처럼 흡연이 일반화되자 '어른 앞에서는 피우지 마라, 평민이나 천민이 양반 앞에서 피우지 마라, 여자는 남자 앞에서 피우지 마라.'와 같은 규율이 생겨났다. 또 담뱃대의 길이에도 제한을 두어 양반은 긴 장죽을, 상민은 곰방대를 쓰게 했다.

개념쌤의 1분 특강

모내기법과 상품 작물 재배는 단순히 농사법의 발전으로 끝나는 것이 아니라 사회의 근본을 흔들었기 때문에 정말 중요해요.

130 민간 수공업의 발달

- 나라에서 주도하지 않고 개인이 자유롭게 생산 활동을 하는 것.
- 조선 전기에는 수공업자들이 관청에 소속되어 생산 활동을 했지만 후기에는 자유롭게 할 수 있게 됨으로써 경제가 활발히 움직이게 되었다.

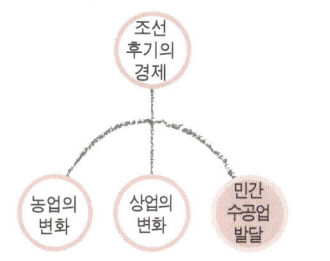

민간 수공업의 발달

조선 후기에는 농업뿐 아니라 상업과 수공업도 크게 발달했다. 처음 수공업자들은 관청에 소속되어 관청에서 필요한 의류, 활자, 화약, 무기, 그릇과 같은 물건들을 만들었지만 조선 후기로 오면서 수공업자들은 관청에서 풀려나 자유롭게 생산 활동을 하게 되었다. 이들은 수공업자들이 내는 세금인 장인세만 부담하면 비교적 자유롭게 물건을 만들 수 있었고, 그들이 만든 제품은 관청에서 만든 것에 비해 품질과 가격 면에서 훌륭했다.

민간 수공업자의 작업장을 흔히 점(店)이라 했는데, 철점, 사기점, 유기점 등이 있었다. 민간 수공업자들은 작업장이나 경제적 기반이 안정되지 못했기 때문에 돈 많은 상인들로부터 자금과 원료를 미리 받아 제품을 생산하기도 했다.

▲ 대장간

자유 상인의 등장

조선은 건국했을 때부터 농업을 중요하게 생각한 반면, 상공업을 천한 직업으로 여겼다. 하지만 조선 후기에 들어 수공업이 활기를 띠면서 상인들은 수공업자로부터 나라에서 필요로 하는 제품을 사들인 후 그것을 나라에 팔아 이익을 얻거나, 한 가지 물품을 대량으로 사들여 도매업을 하는 등 대규모로 장사를 하기 시작했다.

특히 조선 후기에는 공인과 자유 상인들 덕에 상업이 크게 발달했다. 공인이란 왕실·궁궐·관청에서 필요한 각종 물품을 전국의 산지에서 직접 사서 대던 특권 상인이다. 그리고 서울을 비롯한 개성, 평양, 의주, 동래 등을 거점으로 활동하는 경강 상인, 유상, 만상, 내상 등이 있었다.

이들 중에는 금난전권, 즉 특정 상인들의 권리를 위해 자유 상인들의 판매를 금지하는 법이 폐지되면서 서울과 주변 지역에서 활동하는 자유 상인들이 크게 늘었다. 이들 중에는 청나라나 일본과도 무역을 하는 상인들이 있었는데, 이런 나라 간의 거래에서는 '송상'이라 불린 개성 상인들의 활동이 특히 두드러졌다.

조선 시대의 은행, 객주

조선 후기에 들어 포구도 새로운 상업 중심지가 되었는데, 이곳을 거점으로 '객주'라는 것이 생겼다. 객주는 다른 지역에서 온 장사꾼들이 묵어갈 장소를 제공하기도 하고, 장사꾼의 물건을 맡아 팔거나, 물건을 팔 사람과 살 사람을 연결해 주고 대가를 받는 곳이었다. 그 밖에 물건을 보관해 주고 돈을 받는 창고업이나 물건을 실어 나르는 마차나 배를 소개해 주기도 했다. 이처럼 객주는 많은 사람과 물건이 오가는 곳이다 보니 나중에는 자연스럽게 상인들에게 돈을 빌려주기도 하고, 요즘의 수표와 비슷한 어음을 발행하기도 하였으며 저금을 하면 약간의 이자를 붙여주기도 했다. 오늘날의 은행과 비슷한 역할을 한 것이다.

개념쌤의 1분 특강

금난전권은 '난전을 금하는 권리'예요. 난전이란 정부에서 허가를 받지 않은 시장을 말하죠.

131 상평통보

- 전국적으로 사용된 최초의 화폐.
- 조선 후기에 상업이 발달하면서 화폐가 널리 쓰이기 시작했는데, 이때 전국적으로 사용된 화폐가 상평통보이다.

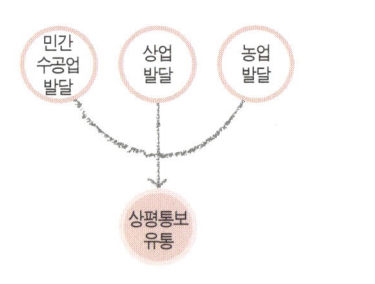

장시의 발달

조선 후기에 자유 상인들이 많아진 이유는 전국적으로 발달한 장시 때문이다. 15세기 말에 남부 지방에서 시작된 장시는 18세기에 들어서는 전국에 1,000여 개에 이를 정도였다. 장시에서는 인근의 농민, 수공업자, 상인들이 일정한 날짜, 일정한 장소에 모여 물건을 교환하였는데 보통 5일마다 열렸다. 농민들은 곡식과 부인들이 짠 베를 들고 나오고, 이 장 저 장 물건을 지고 떠돌아다니는 보부상이 모이는 등 장시에는 온갖 사람들과 물건들이 넘쳐났다.

특히 보부상은 각 지방의 큰 장시를 하나로 연결시키고, 생산자와 소비자를 이어주는 역할을 했다. 장시 중에서도 광주의 송파장, 은진의 강경장, 덕원의 원산장 등은 큰 중심지로 발돋움했다. 장시는 단순히 물건을 사고파는 장소가 아니라 농민들의 사교 장소이자 세상을 이야기하는 장소가 되었다.

▲ 주요 장시와 대표적 상인

상평통보에는 왜 구멍이 있을까?

상평통보는 엽전이라고도 하는데, 이는 상평통보를 만드는 틀이 나뭇가지 모양이었기 때문이다. 이것을 하나씩 잘라 다듬으면 모양이 매끈한 화폐가 되었다. 한편, 상평통보의 둥그런 모양은 하늘을, 네모난 구멍은 땅을 본뜬 것이다. 그런데 왜 돈에 구멍을 뚫었을까? 옛날에는 지갑이 따로 없어서 들고 다니기 불편해 상평통보의 구멍에 실을 꿰어 옆구리에 차고 다닐 수 있게 구멍을 뚫었다고 한다.

상평통보

조선 후기에 상업이 발달하면서 편리한 거래를 위해 화폐 사용도 활발해져 '상평통보'라는 동전이 만들어졌다. 상평통보는 인조 때 만들어졌지만 잘 쓰이지 않아 없어졌다가, 숙종 때(1678)부터 사용되었다.

상평통보의 단위는 1문(푼)이라고 했는데, 10푼이 1전, 10전이 1냥, 10냥이 1관이었고, 관이 최고 단위였다. 조선 후기의 1냥은 약 2만 원 정도의 가치를 지녔다고 볼 수 있으므로 흔히 동냥하는 사람들이 '한 푼 줍쇼.'라고 하면, 약 200원 정도 되는 셈이다.

상평통보가 처음 나왔을 때, 백성들은 조그만 동전으로 쌀이나 옷을 살 수 있다는 것을 믿지 못해 사용하기를 꺼렸다. 그래서 나라에서는 세금이나 벌금을 상평통보로 받았다. 이런 노력과 더불어 상업이 발달하면서 18세기 후반부터는 일상생활에서 상평통보가 널리 쓰이게 되었다.

개념쌤의 1분 특강

옛날에는 인구가 적어 지금처럼 매일 시장이 열리면 손해를 보았기 때문에 정기적으로 열린 거예요. 그러다 차츰 인구가 많아지면서 매일 시장이 서는 상설 시장이 생겨난 것이랍니다.

132 세도 정치

- 조선 후기에 세도가들이 정치를 좌우지한 상황.
- 붕당의 피해가 커져 튼튼한 처가를 만들어 주려던 왕실의 혼인이 오히려 외척의 힘을 키워 붕당보다 더 폐해가 큰 세도 정치가 시작되었다.

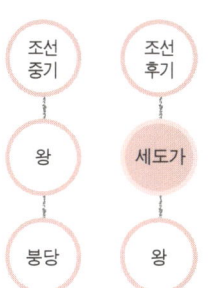

세도 정치의 시작

나라를 위해 애쓰던 정조가 젊은 나이에 갑자기 죽자 나이 어린 순조가 왕위에 올랐다. 개혁 군주인 정조는 생전에 아들을 위해 든든한 처가를 만들어 주고 싶어 명문가와 혼인을 맺었다. 그런데 이 일이 정조가 일찍 죽는 바람에 개혁 군주의 이미지에 먹칠을 하는 결과를 가져오고 말았다. 나이 어린 순조를 대신해 왕비쪽 집안, 즉 처가 사람들이 중요한 자리에 앉아 나랏일을 좌지우지하기 시작한 것이다.

이렇게 왕실과 혼인 관계를 맺은 몇몇 가문이 권력을 독점하는 것을 세도 정치라 하는데 정조 이후 본격적인 세도 정치의 막이 올랐다. 순조, 헌종, 철종의 3대 60여 년에 걸쳐 세도 정치는 극에 달했다.

세도 정치와 왕권

붕당 정치가 왕 아래에 있던 붕당 간에 서로 경쟁하고 권력을 독점하려고 했던 정치 체제였던 데 반해 세도 정치는 세도가들이 왕 위에서 왕을 마음대로 주물렀던 정치 체제이다. 세도가가 권력을 독점하면서 나라 전체를 보는 정책이 아니라 세도가에게 유리한 정책만 펼쳐 정치는 바닥에 떨어져 버렸다. 왕권도 당연히 약해질 수밖에 없었다.

세도 정치의 폐해

세도 정치기에는 과거 제도가 이름만 있을 뿐 돈을 주고 관직을 사고파는 매관매직이 많았다. 세도가 사람들은 과거에 쉽게 합격했지만 다른 가문은 실력이 있어도 합격을 시켜주지 않았다. 또 과거에 합격해도 관직을 주지 않았다. 이 때문에 관직에 나가려면 세도가에게 뇌물을 주는 수밖에 없었다. 뇌물로 관직에 오른 사람들은 당연히 뇌물로 준 재산을 되찾고자 애꿎은 백성들에게 더 많은 세금을 걷었다.

이러다 보니 삼정이 흐트러져 백성들만 살기 어려워졌다. 삼정이란 토지에 세금을 거두는 전정, 군포를 거두는 군정, 봄에 곡식을 빌려 주었다가 약간의 이자를 붙여 가을에 갚는 환곡을 말한다. 이 중 환곡의 피해가 가장 컸다.

삼정의 문란

▲ **전정** 여러 이유를 들어 정해진 양 이상의 세금을 거두는 경우

▲ **군정** 어린아이, 60세가 넘는 남자, 사망자에게 군포를 부과하거나 도망자의 군포를 이웃이나 친척에게 부과한 경우

▲ **환곡** 불필요한 사람에게도 억지로 곡식을 빌려 주는 경우

133 공명첩

- 이름을 적는 난이 비워져 있는 관직 임명장.
- 조선 후기에 세도 정치기를 거치며 신분제가 흔들리는 것을 단적으로 보여 주는 것이 공명첩이다.

조선 후기 → 신분제 동요 → 공명첩

흔들리는 신분제

조선 후기가 되면 사회가 급격히 변화된 모습을 곳곳에서 확인할 수 있다. 그중 가장 큰 변화가 바로 신분제가 흔들리는 모습이다. 기본적으로 조선은 신분제 사회로 양반과 중인, 상민, 천민의 4가지 신분으로 구성되어 있었다. 그런데 이러한 양반 중심의 신분제가 흔들리기 시작한 것이다. 예전에 양반은 과거를 통해 능력만 있으면 정치에 뛰어들어 권력과 부를 쌓을 수 있었고, 양반이라는 신분만으로도 비교적 안락한 생활을 할 수 있었다. 하지만 붕당 간의 대립이 심해지면서 권력에서 소외된 양반들이 늘어나 권력을 가진 일부 양반 외에 대다수 양반들은 향촌에서 농민과 다름없이 살아야 했다.

신분 상승 운동

서얼과 중인은 자신들의 신분에 불만을 갖고 있었다. 아버지는 양반이지만 어머니가 평민 또는 천민이어서 서얼이 된 사람들 중 똑똑한 사람들은 신분제에 불만이 많았고, 역관 등을 하던 중인들도 부를 쌓으면서 정치적인 힘이 없는 자신들의 신분에 불만을 품었다. 다행히 서얼은 영·정조 때 차별이 줄면서 관직에 오르기도 했고, 중인들도 신분 상승을 위해 꾸준히 노력했다. 상민들도 예외는 아니었다. 모내기법, 상품 작물 재배 등으로 부를 쌓은 농민들은 돈을 주고 이름을 쓰는 칸이 비워져 있는 관직 임명장인 공명첩을 사서 양반 신분을 얻거나, 양반의 족보를 사서 고친 후 양반 행세를 하기도 했다. 천민들도 전투에서 공을 세우거나 곡식을 바쳐 신분에서 벗어났고, 멀리 도망을 가 천민 신분에서 벗어나기도 했다.

공노비 해방

노비에는 관청이나 궁궐에서 일하는 공노비가 있었고, 개인의 집에서 일하는 사노비가 있었다. 그런데 조선 후기에 들어 세금을 내는 상민 계층이 공명첩 등을 이용해 그 수가 줄자 나라에서도 걱정이 이만저만이 아니었다. 세금을 내는 계층의 수가 줄어들면서 세금이 걷히지 않았기 때문이다. 그래서 순조는 관청에서 일하던 공노비를 풀어주고 상민의 신분으로 높여 주었다. 당연히 공노비 해방의 목표는 세금을 더 걷기 위한 것이었다.

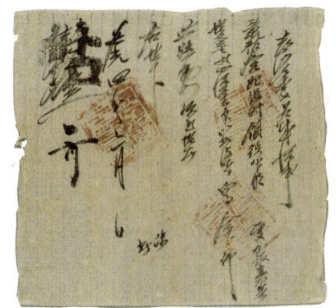

▲ 자리짜기   ▲ 공명첩

〈자리짜기〉에서 남자가 머리에 쓰고 있는 관을 보면 양반임을 알 수 있다. 또 공명첩의 빈칸에는 자신의 이름을 직접 쓰면 되었다. 이를 통해 신분제가 흔들리고 있음을 알 수 있다.

개념쌤의 1분 특강

공명첩(空名帖)의 한자는 빌 공(空), 이름 명(名), 문서 첩(帖)을 써요. 이름이 비어있는 문서라는 뜻이죠.

134 서민 문화

- 양반이 아닌 서민들이 즐기던 문화.
- 조선 후기에 들어 경제력이 상승하자 양반이 아닌 계층도 문화를 즐길 수 있게 되었는데, 이를 서민 문화라고 한다.

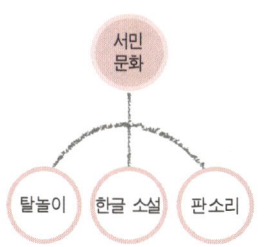

서민 문화의 등장

조선 전기에는 그림, 시조, 소설 등의 예술 활동이 많았는데, 주로 양반들을 중심으로 이루어졌다. 당장 먹고 살기도 힘든 서민들은 그림 그릴 여유도, 소설과 시조를 지을 시간도 없었다. 그러나 조선 후기에 이르러 농업과 상공업이 발달하면서 경제적 여유가 생긴 서민들은 차츰 예술과 문화에 관심을 갖기 시작했다. 특히 한글의 보급과 서당 교육이 한몫을 했다.

다양한 서민 문화

탈놀이는 탈을 쓰고 하는 우리 고유의 연극으로 등장인물의 생김새를 과장되게 표현하여 우스꽝스럽기도 하고 무섭기도 했다. 특히 이 시기의 탈놀이는 사회를 풍자하고 비판하는 경우가 많았다. 대표적인 탈놀이에는 봉산 탈춤, 하회 별신굿, 송파 산대놀이, 통영 오광대놀이, 북청 사자놀음 등이 있고, 이들 대부분은 중요 무형 문화재로 지정되었다.

글을 읽고 쓸 줄 아는 서민과 여성들이 늘어나자 이들을 대상으로 하는 한글 소설도 유행했다. 형식보다는 자신의 감정이나 사회 현실을 솔직하게 드러낸 허균의 《홍길동전》, 글쓴이를 알 수 없는 《춘향전》, 《콩쥐팥쥐전》, 《흥보전》, 《심청전》 등은 최고의 인기 소설이었고 판소리에 영향을 주기도 했다.

판소리는 부채를 든 1명의 소리꾼이 북치는 사람의 장단에 맞추어 창(소리)·아니리(말)·발림(몸짓)을 섞어가며 이야기를 엮어가는 노래 공연이다. 특히 판소리는 사람이 많이 모이는 장시에서 공연을 하며 큰 인기를 끌었다. 조선 중기에는 여러 판소리 중 12개를 골라 정리했는데, 이를 판소리 열두 마당이라 한다. 이것을 고종 때 신재효가 6마당으로 정리했고 이 중 〈춘향가〉, 〈심청가〉, 〈흥부가〉, 〈적벽가〉, 〈수궁가〉의 다섯 마당만 전해지고 있다.

탈을 쓰는 이유

탈춤은 주로 나쁜 양반이나 승려답지 못한 승려를 비웃는 내용이 많았다. 또 마을 농민들이 함께 놀고 즐기면서 양반 지주에 대한 비판도 했다. 그런데 탈을 쓰지 않고 양반을 비판했다가 양반 역을 맡았던 사람이 소리 소문 없이 사라지게 되면서 탈을 쓰기 시작했다. 한편으로는 양반에게 맨 얼굴로 하지 못했던 이야기를 자유롭게 하기 위해 양반탈을 만들어 쓰고, 그동안 양반에게 쌓였던 억울한 감정을 마음껏 표현하기 위해 탈을 썼다. 또 서민들은 탈춤을 추면서 점차 양반도 엉터리이고 별 볼 일 없다는 것을 깨닫게 되었다. 이처럼 조선 후기에는 양반 등 지배층에 대한 불평불만을 나타내기 위한 수단으로 탈놀이가 발달했다.

개념쌤의 1분 특강

농업 경제력이 향상되면서 서민 문화도 발달할 수 있었어요. 경제가 발달해야만 문화도 발달할 수 있답니다.

135 민화와 풍속화

- 서민들이 이해할 수 있는 그림과 생활을 그린 그림.
- 조선 전기의 그림들이 양반의 생각과 취미를 반영한 것이라면 조선 후기에는 민화와 풍속화 등 서민들의 생각을 담은 그림들이 많아졌다.

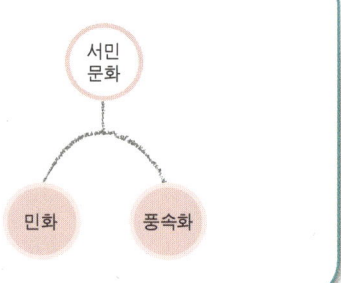

민화

조선 전기에는 그림에 관한 일을 맡아보던 관청인 도화서를 중심으로 화가들과 선비들이 그림을 많이 그렸다. 하지만 조선 후기에는 이름 없는 화가들이 서민들을 위해 그린 민화가 유행했다. 민화는 소박하고 익살스러운 그림이 많은데, 복을 부르는 새로 여겨진 까치, 잡귀를 쫓아내는 동물로 여겨진 호랑이를 주로 그렸다. 또 복스럽고 길한 일이 많이 생기기를 바라는 봉황 그림, 건강과 풍요를 나타내는 물고기 그림, 집안의 풍요와 부부의 화목을 바라는 마음을 담은 꽃과 새를 담은 화조도도 많았다.

이와 같이 민화는 자연과 생활 주변에서 볼 수 있는 산과 물, 돌, 꽃, 채소와 과일, 새, 물고기, 가축 등을 주요 소재로 일상생활의 풍요와 출세를 바라는 서민들의 마음을 담았다.

서얼이 주인공인 《홍길동전》

《홍길동전》을 쓴 허균은 역적으로 몰려 죽고, 그의 가문도 역적의 집안이 되었으며, 《홍길동전》은 오래도록 금서가 되었다.

선조에서 광해군 대에 걸쳐 활약한 허균은 문장의 천재로 불렸다. 그는 당시 양반들이 무시하던 서얼, 승려 등 다양한 사람들과 친하게 지내며, 불교와 도교를 비롯한 여러 사상을 공부했다. 그러나 유교만을 중시하는 조선은 허균을 사회의 안정을 해치는 위험한 인물이라고 생각했다. 허균은 이에 굴하지 않고 새로운 사회를 꿈꾸었는데, 그것이 바로 서얼을 주인공으로 한 《홍길동전》에 표현된 율도국이다. 홍길동을 통해 신분 차별이 없는 사회, 모두가 자유로운 세상을 꿈꾼 것이다. 하지만 조선을 변화시키겠다는 허균의 꿈은 결국 그의 죽음과 함께 좌절되고 말았다.

▲ 호랑이와 까치　▲ 순박한 호랑이의 모습　▲ 화조도

풍속화

조선 후기에는 서민의 삶을 잘 표현한 풍속화도 널리 유행했다. 풍속화란 그 시대의 모습과 풍습을 그린 그림을 말하는데, 김홍도와 신윤복이 대표적인 풍속화가이다. 특히 최고의 풍속화가인 김홍도는 주로 농촌의 서민들이 자신의 일에 몰두하는 모습을 소탈하고 익살스럽게 표현한 그림을 많이 그렸는데, 〈서당도〉, 〈대장간도〉, 〈씨름도〉, 〈무동도〉 등이 대표적이다.

김홍도와 쌍벽을 이루는 신윤복은 주로 양반의 풍류 생활과 부녀자의 모습, 남녀 사이의 애정 등을 그림으로 남겼는데, 그의 그림 속에는 사랑하는 남녀 사이의 열정과 긴장감이 잘 드러나 있다. 대표적인 그림으로는 〈미인도〉, 〈월하정인도〉, 〈월야밀회〉 등이 있다.

개념쌤의 1분 특강

민화는 호랑이, 까치, 꽃 등을 그린 그림이고요, 풍속화는 사람들이 사는 모습을 그린 그림이에요. 이제 민화와 풍속화, 헷갈리지 마세요.

136 김홍도와 신윤복

- 우리나라 풍속화 분야의 양대 산맥을 이룬 화가들.
- 김홍도와 신윤복은 우리나라를 대표하는 풍속화가로, 조선 후기 우리 조상들의 생활상을 알게 해 주는 귀중한 그림들을 많이 남겼다.

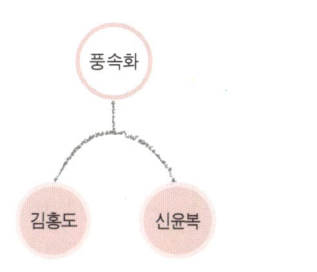

단원 김홍도

조선 후기 최고의 풍속화가인 김홍도는 1745년 영조 때 한양의 양반 집안에서 태어났고, 호는 단원이다. 어려서부터 그림에 뛰어났던 그는 일곱 살에 도화서 김응환의 제자가 되었고, 여러 화가들과 사귀면서 그림 공부에 몰두했다. 도화서 화원이 된 김홍도는 "그림과 관계된 일이면 모두 홍도에게 하게 하라."라고 할 정도로 정조의 총애를 얻었고, 정조의 초상화도 그릴 정도로 그 실력을 인정받았다. 그러나 정조가 죽은 이후 김홍도의 가치를 알아보는 이가 없어지자 김홍도의 인생도 힘들어졌다고 한다. 실제로 김홍도는 1805년 병으로 위독했다는 기록은 있지만 정확한 사망 연도는 없다.

단원 김홍도가 풍속화만 그린 것은 아니다. 절에 가면 부처님 뒤에 배경으로 그려져 있는 그림을 탱화라 하는데 용주사 탱화도 훌륭하게 그렸고, 털 하나하나가 마치 살아 있는 듯한 〈송하맹월도〉도 모두 김홍도의 작품이다.

▲ 단원 김홍도의 씨름도

김홍도와 샤라쿠

도슈사이 샤라쿠는 일본의 보물이라고 불리는 유명한 화가이다. 하지만 그에 대한 기록은 전혀 남아 있지 않다. 다만 1794년 5월 어느 날, 도쿄에 나타난 후 10개월 동안 140여 점의 작품을 제작하는 왕성한 활동을 하다가 어느 날 갑자기 자취를 감춰버린 의문의 화가라고만 알려져 있을 뿐이다. 바로 이때 조선 최고의 풍속화가 김홍도 역시 약 1년 정도 행적이 사라진다. 그래서 어떤 사람들은 바로 일본의 천재 화가 샤라쿠가 김홍도라고 주장한다. 그 증거로, 1794년 김홍도가 정조의 명령으로 일본에 건너간 기록과 샤라쿠와 김홍도의 그림이 비슷하다는 점을 들고 있다. 정말로 김홍도가 일본의 보물이라 불리는 화가 샤라쿠일까?

혜원 신윤복

단원 김홍도와 함께 조선 후기 풍속화가로 쌍벽을 이루는 신윤복은 1758년에 태어났다. 호는 혜원이고 아버지는 도화서의 화원이었다. 하지만 신윤복의 생애는 거의 알려진 게 없다. 다만 도화서의 화원으로 근무하다가 노는 것을 좋아하고 음란하다는 이유로 쫓겨났다는 기록만이 남아 있다.

그의 그림은 남아 있는 작품 수가 매우 적다. 그나마 《혜원 풍속도첩》에 있는 22점의 그림으로 그의 그림 수준을 알 수 있을 뿐이다. 《혜원 풍속도첩》은 1930년 일본 오사카의 고미술상으로부터 구입하여 간송미술관에 소장되어 있는 아주 귀한 혜원의 그림첩이다.

▲ 혜원 신윤복의 연못가의 여인

개념쌤의 1분 특강

김홍도와 신윤복은 같은 시대에 살았던 사람들이에요. 여자가 많이 들어간 그림을 그린 사람은 신윤복이라는 점을 기억하세요.

137 실학

- 나라를 부강하게 하는 실용적인 학문.
- 대의명분에 치우쳐 백성들의 삶을 외면한 성리학은 실생활에 도움이 되지 않았다. 이런 반성에서 나온 실용적 학문이 바로 실학이다.

성리학 ← 비판 ─ 실학

실학의 등장

조선 후기에 들어 일부 학자들은 성리학이 백성들의 삶에서 멀어진 것을 비판하면서 실제로 백성들이 잘살 수 있고, 나라의 힘을 기르기 위해 필요한 것을 생각하고 연구하기 시작했다. 이를 실학이라 하며, 이를 연구하는 학자들을 실학자라 부른다. 이들은 이용후생(실제 쓰임에 이롭고 백성들의 삶을 풍족하게 하는 데에 도움이 되는 것)을 중시했으며 정치, 경제, 사회 등 여러 분야에 걸쳐 개혁을 주장했다.

서양 문물의 전래

실학이 생겨난 배경 중 또 하나 중요한 것은 바로 서양의 여러 문물이 조선에 들어왔다는 점이다. 조선 후기 연행사(조선 후기 중국의 서울인 베이징에 파견된 사신)들은 중국에서 서양 선교사들을 만나고, 과학 기술책도 읽으며 서양 문물을 일찍 접했고, 조선에 소개하기도 했다. 이때 들어온 대표적인 서양 문물이 〈곤여만국전도〉, 자명종, 천리경 등이다. 특히 우리나라에 들어온 최초의 세계 지도인 〈곤여만국전도〉는 중국이 세상의 중심이라고 생각하던 사람들에게 중국 외에도 넓은 세계가 있다는 사실을 알게 해 주었다.

한편, 서양 문물의 과학성과 실용성에 크게 놀란 실학자들은 스스로 그러한 물건을 만들어 보기도 했는데, '혼천 시계'가 대표적이다. 1669년 송이영이 만든 혼천 시계는 실내에서 정확한 시간을 측정하고 천체 운동을 한눈에 알 수 있게 해 주는 시계로, 서양식 자명종의 원리를 이용했다.

> **조선 후기의 상황**
> 조선 후기에 이르러 정치가 어지러워지자 삼정의 문란 등으로 가난한 백성들의 생활은 더욱 어려워졌다. 그럼에도 불구하고 당시의 유학자들은 실생활과 아무런 상관이 없는 이론과 예법을 둘러싸고 논쟁하며 대립만 할 뿐이었다.
> 예를 들어 효종이 죽었을 때 효종의 어머니인 자의대비가 입는 상복을 놓고 서인과 남인 간에 길고 긴 논쟁이 벌어졌다. 성리학자들에게는 상복을 3년 입을 것인지, 1년 입을 것인지가 중요할지 몰라도 일반 백성들에게는 큰 의미가 없는 논쟁이었다.

실학의 등장

▲ **성리학** 성리학은 대의 명분과 예의를 중시해 실생활과 상관 없는 주제를 놓고 토론하며 붕당이 갈렸다.

▲ **실학** 실생활과 관련 없는 성리학에 대한 비판으로 등장한 실학은 과학 기술 개선과 제도 개혁에 주목했다.

138 농업 중심 개혁론

- 조선 사회를 다시 일으키기 위해 농촌을 살리자고 주장한 실학파.
- 농업 중심 사회였던 조선의 현실을 감안해 유형원, 이익, 정약용 등은 토지 제도 및 농촌 개혁을 주장했다.

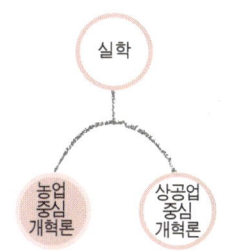

농업 중심 개혁론

실학은 18세기에 들어서 농업을 중시하는 농업 중심 개혁론을 주장하는 사람들과 상공업 중심 개혁론을 주장하는 사람으로 발전했다. 18세기 전반에 농업 중심의 개혁론을 제시한 실학자들로, "토지는 천하의 큰 근본입니다. 큰 근본이 확립되면 온갖 법도가 따라서 잘되어 하나라도 잘못되는 것이 없을 것입니다."라고 말하면서 농촌 문제에 관심을 갖고 토지 제도를 개혁하자고 주장했다. 대표적인 학자로는 유형원, 이익, 정약용 등이 있다.

농촌을 살리자고 주장한 학자들

유형원은 《반계수록》이라는 책에서 토지 제도의 문제점을 지적하고, 토지 제도를 바꿔 신분에 따라 토지를 균등하게 나누어 주자(균전론)고 주장했다. 농업 중심 개혁론을 더욱 발전시킨 이익은 '한전론'을 주장했다. '한전론'이란 각 집마다 사고팔 수 없는 토지를 영업전으로 정하고, 영업전 이외의 토지는 자유롭게 사고팔 수 있도록 하는 토지 제도이다. 여기서 영업전은 농민이 적어도 먹고 살 수 있을 만큼의 최저 생활을 보장해 주어야 한다는 의미를 담고 있는 것이다.

《목민심서》,《경세유표》를 비롯하여 5백여 권에 이르는 저서를 남긴 정약용도 토지 제도와 세금 제도를 바꿀 것을 주장했다. 그는 마을 단위로 토지를 공동 경작하되 일한 날을 기준으로 수확량을 분배하여 모두 열심히 일할 수 있어야 한다고 했다. 또 광산이나 임업, 어업 등에서 얻어지는 재물에도 세금을 매겨 농민들의 부담을 줄이자고 말했다. 정약용은 농업 외에도 과학 기술과 상공업 발달에 많은 관심을 보였으며 화성을 설계하고 거중기를 만들기도 했다.

농업 중심 개혁론자들의 주장

유형원은 《반계수록》이란 책에서 토지 제도의 모순을 밝혔다. 그는 농민에게 균등하게 토지를 주어야 한다고 주장했다.

이익은 따르는 제자들이 많아 성호학파를 만들기도 했다. 그는 '농민의 최저 생활 보장을 위해 매매할 수 없는 땅을 주어야 한다!'고 주장했다.

정약용은 실학의 대명사로 통한다. '공동 소유, 공동 생산, 공동 분배'를 주장했고 과학 기술은 백성들이 잘살게 하는 데 쓰여야 한다고 생각했다.

실학을 집대성한 정약용의 생애

	성장기	관직기(18년)	유배기(18년)	집필기(18년)	
1762년		1782년	1801년	1818년	1836년
• 경기도 광주 출생 • 영조의 탕평책 실시로 한양으로 올라옴. • 이벽, 이가환 등과 교류하며 서학(천주교)에 눈 뜸.		• 과거에 합격한 후 정조의 총애를 받음. • 배를 띄워 다리를 만들고, 수원 화성의 설계를 맡아 거중기를 사용하여 화성을 짓는데 기여 • 천주교에 관심이 많다는 이유로 반대파의 공격을 받음.	• 정조 사망 후 천주교에 대한 박해 시작 • 1801년 두 형과 함께 투옥된 후 강진으로 유배 • 다산초당에서 18년 동안 《목민심서》,《경세유표》 등 수많은 저서를 집필	• 유배가 풀린 후 고향으로 돌아와 유배 생활 때 쌓은 학문적 성과를 바탕으로 《흠흠신서》 등을 저술. • 《여유당전서》 259권,《다산총서》 246권 등 500여 권을 저술	• 사망

139 상공업 중심 개혁론

- 청의 선진 문물을 배워 부국강병을 이루자고 주장한 실학자들.
- 세계 정세에 눈 뜬 일부 실학자들은 청의 선진 문물을 도입해 과학 기술을 발전시키기를 주장하였다.

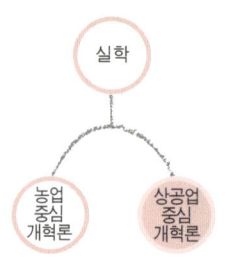

상공업 중심 개혁론

18세기 후반에는 농업뿐 아니라 상업과 공업도 발전했다. 이런 분위기 속에서 상업을 발전시키기 위한 정책을 펴야 한다는 실학자도 등장하고, 공업 기술의 혁신을 주장하는 실학자도 나타났다. 이들은 "상공업을 천한 직업이라고 하지만 스스로의 노력으로 물품 교역에 종사하면서 자기 힘으로 먹고 사는 것인데, 그것이 어찌 천하거나 더러운 일입니까?"라며 상공업을 발전시킬 것을 주장했다. 그리고 청나라의 선진 문물을 받아들일 것을 주장하기도 했는데, 이들은 '북학파'라고도 불린다.

청의 선진 문물을 배우자고 주장한 학자들

상공업 중심 개혁론을 가장 먼저 말한 사람은 유수원으로 《우서》에서 상공업 발전과 기술 혁신을 강조했으며 모든 직업을 평등하게 대할 것을 주장했다. 이어 홍대용은 청을 오가면서 얻은 경험을 바탕으로 《의산문답》을 저술하고, 중국이 세계의 중심이라는 생각을 비판했다.

박지원은 양반이면서도 《양반전》, 《허생전》, 《호질》 등의 소설에서 양반 제도의 문제점을 비판했다. 또한 《열하일기》에서 청의 제도와 생활 풍습을 소개하면서, 적극적으로 청의 문물을 받아들일 것을 주장했다. 수레와 선박의 이용과 상공업 발전을 위해 화폐가 널리 쓰여야 한다고도 말했다.

박지원의 실학 사상은 제자 박제가에 의해 더욱 발전했다. 서얼로 태어나 차별을 겪었던 박제가는 정조에 의해 규장각 관리가 된 후 여러 차례 청에 다녀온 경험을 바탕으로 《북학의》를 저술했다. 박제가는 청과 무역을 더 많이 하여 상공업을 발달시켜야 한다고 했다. 또 양반과 농민, 수공업자, 상인 모두가 잘살기 위해서는 소비를 많이 해 물자가 계속 돌아야 한다고 주장했다.

우리나라에도 지구가 둥글다고 주장한 사람이 있을까?

우리 조상들은 중국의 영향을 받아 '하늘은 둥글고, 땅은 평평하고 네모나다.'라고 생각했다. 그러나 점점 이런 생각에서 벗어나 우리나라에서도 지구가 둥글다고 생각하는 사람이 나타났다. 소설 《구운몽》을 쓴 김만중은 가장 먼저 지구가 둥글다고 주장했다. 이어 연행사로 중국에 가서 선교사들을 만나 천문학과 서양의 자연 과학을 접하게 된 홍대용은 지구는 둥글고, 지구가 태양의 둘레를 돈다는 지동설을 주장했다. 이 주장은 중국이 세계의 중심이라는 중화 사상에서 벗어나 우리나라도 중심이 될 수 있다는 생각을 가져오는 계기가 되었다.

상공업 중심 개혁론자들의 주장

▲ 박지원

"청의 선진 문물을 받아들여 조선의 뒤떨어진 제도를 개혁하고, 벼슬아치와 양반들의 잘못된 생활도 고쳐야 합니다."

▲ 박제가

"생산과 소비의 관계는 우물물과 같습니다. 생산을 자극하기 위해 절약보다 소비를 권장해야 합니다."

▲ 홍대용

"지구가 태양을 돈다는 지동설이 옳습니다. 중국인은 중국을, 서양인은 서양을 중심으로 삼는 것처럼 모두가 중심입니다."

140 국학

- 우리 역사와 국토, 언어 등을 연구하는 학문.
- 조선 후기에 들어 우리 문화에 대한 관심이 높아지면서 우리 문화의 소중함을 알게 되고 우리 것을 알아가고자 하는 국학이 발달하게 되었다.

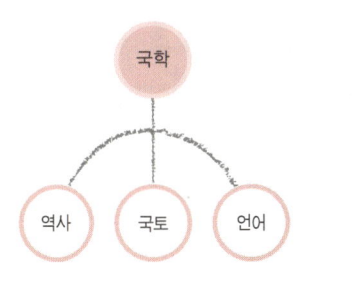

우리 역사, 우리 땅, 우리 언어

조선 후기에는 우리 역사에 대한 인식이 넓어지고, 관심이 커지면서 다양한 역사책이 편찬되었다. 안정복의 《동사강목》, 한치윤의 《해동역사》, 유득공의 《발해고》는 이 시기의 대표적인 역사책이다. 특히 유득공은 "부여씨가 망하고 고씨가 망함에 이르러, 김씨가 남쪽을 소유하고 대씨가 북쪽을 소유하여 발해라 하였으니 이것이 바로 남북국이다."라며 발해를 우리 역사에 포함시킬 것을 주장했다. 그 결과 발해에 대한 관심이 높아졌고 만주 지방까지도 우리 역사에 포함하려는 노력이 이어지게 되었다.

지리학에서는 이중환이 《택리지》라는 책을 썼다. 이 책은 단순한 지리책이 아니라 직접 우리 국토 곳곳을 누비며 보고 들은 것을 토대로 우리나라의 자연환경, 경제 생활, 풍속, 인심 등을 쓴 책이다. 한편, 김정호가 직접 해안을 걸어 다니고 높은 산에 오르며 완성한 〈대동여지도〉에는 산맥과 하천, 포구, 도로 등이 자세하게 표시되어 있어 오늘날의 지도와 비교해도 큰 차이가 없을 정도로 정확하다.

우리말에 대한 연구도 이루어졌는데, 유희의 《언문지》가 대표적이다. 유희는 우리 한글이 우수하다는 것을 구체적인 예를 들어 설명했고, 한글을 '언문'이라 깔보던 양반들을 비판했다.

다양한 우리의 것들

이외에도 정약전은 흑산도에서 유배 생활을 하면서 물고기를 연구하여 우리 해안 생태계를 연구한 《자산어보》를 저술하였고, 김정희는 비석에 새겨진 글자를 연구하다가 북한산에 있는 비석이 진흥왕의 순수비라는 사실을 발견했다. 하지만 실학자들 대부분은 권력을 잡지 못했기 때문에, 실학의 학풍이 국가 정책에 적극적으로 반영되지는 못했다.

역적 김정호?

김정호는 1861년 우리나라 전체를 그린 〈대동여지도〉를 완성했지만 그에 대해 별로 알려진 것이 없어 잘못 알려진 설들도 많다. 그중 하나가 자신이 만든 지도를 흥선 대원군에게 바쳤는데, 대원군이 관심도 보이지 않고 오히려 '나라의 비밀을 팔아먹은 역적'이라는 누명을 씌워 지도를 새긴 판목을 불사르고 김정호는 옥에 가둬 결국 죽고 말았다는 설이다. 하지만 〈대동여지도〉의 판각이나 인쇄본이 현재까지도 전해 오고, 그를 후원했던 사람들이 처벌받지 않은 점 등을 볼 때, 일제에 의해 조작된 이야기일 가능성이 크다.

우리 문화에 주목한 국학자들

발해를 우리 역사에 포함하여 남북국 시대라고 부르자고 한 건 다 알고 있지?

▲ 유득공

여러 자료를 바탕으로 답사를 통해 우리나라 지도를 만들었어.

▲ 김정호

양반들은 한글을 무시하지만 한글이 얼마나 우수한지 몰라서 그래!

▲ 유희

141 민간 신앙의 발달

- 고단한 백성들이 정신적 피난처로 삼았던 정확한 교리가 없는 신앙.
- 삼정의 문란과 전염병, 흉년 등으로 힘들어 하던 백성들에게 《정감록》과 무당이나 굿 등의 민간 신앙은 큰 힘이 되었다.

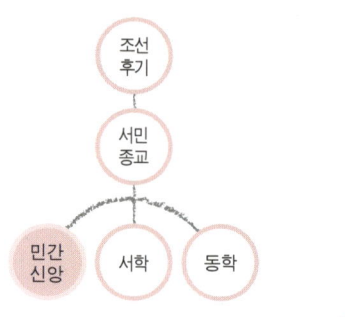

조선 후기 백성의 고단한 생활

조선 후기에 들어서면서 모내기법 등의 새로운 농사법이 등장하여 1인당 경작할 수 있는 면적이 늘어났다. 이로써 부자는 더 부유해지고, 가난한 사람은 더 가난해져 사람들의 생활은 어렵기만 했다. 또 세도 정치가 시작된 이후에는 삼정의 문란으로 백성들의 삶은 더더욱 말이 아니었다. 권력을 가진 관리들은 지나치게 많은 세금을 거둬 자기들 욕심 채우기에만 바빴던 것이다. 엎친 데 덮친 격으로 홍수나 가뭄과 같은 자연재해가 계속되고, 손 쓸 수 없이 사람들이 죽어나가는 전염병도 자주 돌아 더욱 살기 힘들어졌다.

고통스러운 나날을 살아야 했던 많은 백성들은 정치나 나라에 기댈 수 없음을 알고 마을 입구의 큰 나무나 바위에 기도를 드리거나 무당을 불러 굿을 하는 민간 신앙에 의지하게 됐다.

조선 시대 최고의 베스트셀러 《정감록》

당시 백성들이 믿었던 여러 가지 민간 신앙 중에 《정감록》 신앙이 있었다. 《정감록》은 나라의 멸망과 새로운 세상을 예언하는 책으로, 일반 백성들 사이에서 널리 유행했다. 《정감록》은 정 선생과 친구들이 각 왕조의 운세와 흥망을 점치면서 전란을 피해 은둔할 수 있는 명당을 찾는 내용을 담고 있다. 허무맹랑한 내용으로 되어 있지만 많은 백성들이 사실이라고 굳게 믿었다고 한다. 또 그 믿음을 바탕으로 전국 각지에서 농민들이 정부에 반대해 집단으로 일어나는 사태가 생길 정도로 그 힘은 대단했다.

> **왜 《정감록》일까?**
>
> 정감록은 정씨 성을 가진 도령이 나타나 새롭고 살기 좋은 세상을 만든다는 내용을 담고 있다. 그런데 왜 하필 정씨 성을 가진 사람일까? 정씨 성을 가진 사람 중 기억나는 사람은 조선을 세운 일등 공신인 정도전을 들 수 있다. 또 고려의 충신이었던 정몽주도 있다. 이 둘은 자신의 이상을 실현하는 과정에서 억울하게 죽었고, 아마 그 때문에 정씨에 대한 안타까운 민심의 표현이 《정감록》으로 나타난 것은 아닐까?

정감록의 유행

142 서학과 동학

- 서양의 학문인 천주교를 뜻하는 서학과 우리 민족이 만든 종교인 동학.
- 중국에 와 있던 선교사들에 의해 들어온 천주교와 다양한 사상을 합쳐 창시된 동학은 조선 후기 백성들에게 큰 정신적 위안이 되었다.

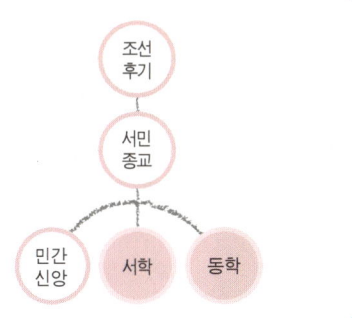

서양의 학문인 천주교

조선 후기에는 새로운 종교인 서학(西學), 즉 천주교가 중국에 와 있던 선교사들에 의해 우리나라에 들어왔다. 서학은 서양의 학문이라는 뜻이다. 말 그대로 천주교는 처음에 서양의 새로운 학문으로 우리나라에 들어와 학자들 사이에서 학문으로 연구되면서 퍼지게 되었다. 그 후 일부 학자들 사이에 천주교라는 신앙으로 받아들여지면서 부녀자들이나 일반 백성들에게도 널리 퍼졌다. 천주교의 교리인 평등 사상이 많은 사람에게 희망을 주었기 때문이다. 하지만 천주교의 평등 사상과 유교식 제사를 금지하는 교리는 양반들의 불만을 사 순조 때에는 나라에서 법으로 천주교를 금하게 됐다. 그때 천주교를 믿고 있던 수백 명의 신도가 처형되는 등 많은 박해를 받았다.

새로운 세상을 꿈꾼 동학

한편, 낯선 서양의 학문이나 사상이 우리 민족에게 끼칠 영향에 대해 걱정하는 사람들이 생겨났다. 그래서 우리 것을 강조하는 새로운 사상인 동학이 만들어졌다. 동학의 창시자인 최제우는 마음속의 한울님을 섬기자고 말했다. 최제우는 하늘의 뜻을 받드는 점은 동학과 서학(천주교)이 같지만, 서학은 우리의 풍습을 어지럽히므로 우리 고유의 것을 지키기 위해서는 동학을 믿어야 한다고 했다. 고단한 생활 속에서 신분 차별이 없고 모두가 잘사는 새로운 세상을 꿈꾸는 백성들에게 동학은 서학과 더불어 마음의 안식처가 되었다.
하지만 동학의 세력이 커지자 나라에서는 동학 역시 나라를 혼란스럽게 한다며 동학 교주 최제우와 그 제자들을 모두 죽여버렸다. 그러나 동학은 그 기세가 꺾이지 않고 점점 더 세력을 확장해서 전국적으로 널리 퍼져나갔다.

최제우

경주에 살던 최제우는 어느 날 꿈속에서 계시를 받고 전통적인 민간 신앙과 유교, 불교, 도교의 사상이 합쳐진 새로운 종교인 '동학'을 창시했다. 동학은 서양의 접근과 더불어 천주교의 전파가 우리 민족을 더욱 위태롭게 한다는 생각에서 우리의 것을 지키고 사회를 안정시키려는 의도로 최제우가 만든 종교이다. 동학 역시 사람이 곧 하늘이라는 '인내천(人乃天)' 사상과 함께 모든 사람이 평등하다는 교리를 가지고 있어서 순식간에 많은 백성들의 마음을 사로잡았다.

▲ 명동 성당

▲ 절두산 성지

프랑스 신부의 설계로 세워진 명동 성당은 우리나라의 상징적인 천주교회이다. 그리고 절두산 순교지는 많은 천주교 신자들이 죽어나간 곳이다.

개념쌤의 노트특강

서학은 곧 서양의 종교인 천주교를 의미한답니다. 이에 반대되는 의미로 동쪽의 우리나라에서 탄생한 동학이 생긴 거예요.

143 홍경래의 난

- 19세기 초 홍경래의 주도로 평안도에서 일어난 농민 항쟁.
- 어려운 생활에 시달리고, 지역 차별에 분노한 평안도 지방 주민들은 홍경래를 중심으로 뭉쳐 중앙 정부에 대항하는 난을 일으켰다.

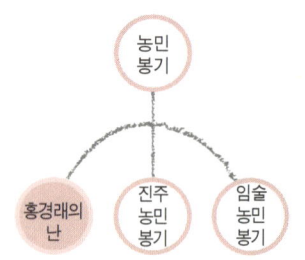

홍경래의 난

조선 후기, 평안도 사람들은 억울했다. 중국과 국경을 맞대고 있어 일찍부터 상업이 발달했던 이 지역은 부유한 사람들이 많았다. 그러나 많은 양의 세금을 내고 나면 남는 것이 없었다. 지역 경제가 발달한 덕에 화폐가 널리 사용되고 상공업 세력까지 성장해 서민 의식이 일찍부터 싹튼 곳이라 불합리한 현실을 이미 느끼고 있었다. 한술 더 떠 정부는 평안도 사람들을 차별하기까지 해 그 분노는 더욱 심했다.

평안도에 살던 몰락한 양반 홍경래는 세도 정치 속에서 이중 삼중으로 백성들을 못살게 구는 양반들과 평안도 지방의 차별에 반대하며 대규모 난을 일으켰다. 이것이 바로 홍경래의 난이다.

빠르게 퍼져 나가는 난

홍경래의 난이 일어나자 몰락한 양반과 상공업 세력은 물론 농민들, 품팔이꾼까지 정부에 반대하며 난에 참여했고, 열흘 만에 평안북도 대부분을 장악해 버렸다. 그러나 홍경래의 힘은 여기까지였다. 홍경래는 모인 사람들에게 더 좋은 미래를 열 수 있는 정책을 제시해야 했지만 아직 유교적 사상에 갇혀 있었기 때문에 모든 사람들을 하나로 묶을 수 있는 정책을 제시할 수 없었다. 결국 지도부는 삼정의 문란을 대신할 개혁안을 제시하지 못해 힘을 잃었고, 대대적인 정부군의 공격으로 정주성에서 관군에 패하고 말았다. 하지만 홍경래의 난은 세도 정권에 큰 타격을 주었고 이후 다른 지역에서 농민 반란이 일어나는 데 큰 영향을 끼쳤다.

▲ 19세기의 농민 봉기

홍경래의 난과 김삿갓

방랑 시인 김삿갓은 평생 하늘을 보지 않겠다는 신념으로 삿갓을 쓰고 돌아다녀 붙은 이름이다. 김삿갓의 본명은 김병연으로 김익순의 손자이다. 김익순은 홍경래의 난 때 선천 지역을 다스리고 있었는데, 난을 진압하지 못할 것 같자 아예 성문을 열어 반란군을 들어오게 한 후 술까지 대접하며 목숨을 부지했다. 홍경래의 난이 진압된 후 이러한 사실이 밝혀져 김익순은 처형되었다. 이런 사실을 모르던 김병연은 과거 시험 때 나온 '홍경래의 난 때 선천 부사 김익순에 대해 논하라.'는 문제를 보고 김익순을 신랄하게 비판하여 장원 급제하였다. 이 사실을 안 어머니가 흐느껴 울며 할아버지인 김익순에 대한 사실을 말해 주자 김병연은 조상을 욕보였으니 하늘을 볼 면목이 없다며 삿갓을 쓴 채 전국을 방랑하였다.

개념쌤의 1분 특강

서민 의식이 향상되면서 이제는 더 이상 참지 않고 반란까지 일으킬 정도로 백성들의 힘이 커졌다고 생각하면 조선 후기 사회를 이해하기 쉬워져요.

144 임술 농민 봉기

- 조선 후기에 부패한 관리들에 대항해 일어난 농민들의 난.
- 살기가 힘들어진 농민들은 진주에서 부패한 관리에 대항해 일어난 진주 농민 봉기를 시작으로 계속 민란이 이어졌다.

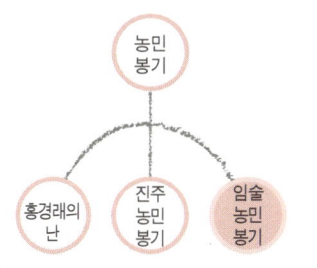

농민을 괴롭히는 관리

삼정의 문란으로 조선의 백성들은 겨우 목숨만 이어가고 있었다. 이런 상황에서 기가 막힌 일이 벌어졌다. 진주의 백낙신이라는 관리가 세금을 몰래 빼돌리고는 그 세금을 메우기 위해 다시 또 세금을 걷으려 했다. 그 양이 쌀 1만 5천 석이나 되었다. 하지만 홍경래의 난을 경험했던 백성들은 뭉치면 뭔가를 해낼 수 있다는 것을 알고 이제 가만히 있지 않았다.

수만 명의 농민들은 진주 관청을 향해 몰려갔다. 그러고는 백낙신과 더불어 농민들을 괴롭히던 하급 관리들, 양반 지주의 집을 허물고 불살랐다. 그 기세가 대단해 한때는 진주성을 점령할 정도였다.

임술 농민 봉기

농민들의 반란은 진주에서 그치지 않았다. 경상도 진주에서 시작된 민란은 충청도, 전라도까지 번져갔다. 이 해가 임술년(1862)이어서 임술 농민 봉기라고 한다. 상황이 점점 심각해지자 조선 정부는 어떻게 해서든 사태를 수습하려 하였다. 정부에서는 암행어사를 파견해 백성들을 괴롭히는 관리들을 가려내기로 했다. 또 관청을 만들어 삼정의 문란을 철저히 다루려 했다. 하지만 세도 정치라는 근본적인 문제를 해결하지 못한 상태에서는 아무런 효과를 발휘할 수 없었다.

농민 봉기도 한계가 있었다. 세도 정치를 바꾸거나 조세 제도를 근본적으로 바꾸려는 방향까지 나아가야 했지만 대부분 정부에서 달래기용 혜택을 주면 거기에 만족하고 봉기를 이어가지 않았다. 그러나 농민 봉기를 통해 백성들의 사회 의식은 더욱 성장하였고, 조선의 양반 중심 사회는 무너져갔다.

철종과 농민 봉기

철종 대에 들어서면서 농민 봉기는 극에 달했다. 왜 하필 철종 대에 많았던 것일까? 헌종이 아들을 낳지 못하고 죽자 세도가인 안동 김씨 가문은 다음 왕을 놓고 고민에 빠졌다. 왕실의 핏줄을 이어받았으면서도 똑똑하지 않아 세도가들이 마음대로 휘두를 수 있는 사람이어야 했기 때문이다.

여기에 딱 맞는 사람이 바로 철종이었다. 사도 세자의 핏줄을 이어받았으면서도 강화도에서 농민과 다름없이 살았던 탓에 세상 물정에 어두워 세도가들이 왕을 무시하고 자기들 마음대로 할 수 있었던 것이다. 당연히 세도가문의 횡포는 더욱 극심해졌고, 이에 맞서 백성들도 봉기를 할 수밖에 없었다.

▲ 진주 농민 봉기

개념쌤의 1분 특강

'봉기'에서 '봉'은 벌을 뜻하고 '기'는 일어난다는 뜻이에요. 벌떼처럼 일어난다는 의미이니 얼마나 많은 사람들이 참여했을지 짐작이 되죠?

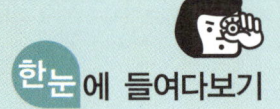
조선 후기의 왕실 가계도

```
효종(제17대) ─── 인선 왕후 장씨
        │
    현종(제18대) ─── 명성 왕후 김씨
        │
희빈 장씨 ─── 숙종(제19대) ─── (계속)
    │              │
경종(제20대)      영조(제21대) ─── 숙빈 임씨
```

현종 대에는 전염병과 가뭄으로 사람들이 엄청 죽었다. 가뭄으로 면화도 재배가 되지 않아 무덤을 파헤쳐 수의를 꺼내서 입을 정도였다고 한다. 이때 조선 인구의 $\frac{1}{5}$이 죽었다고 한다.

실록에까지 기록이 나올 정도로 미인이었다고 한다. 역관 집안의 중인이지만 영리한 머리와 빼어난 미모로 숙종의 사랑을 한 몸에 받았다.

정치적으로 영조와 라이벌이었지만 동생에게 왕위를 물려주고 죽었다.

왕비 자리를 이용해 정치판을 뒤집은 정치 고수였다. 인현 왕후를 내쫓으면서 서인도 내쫓고, 장희빈과 함께 남인 세력을 내쫓았다. 덕분에 왕권이 크게 강화되었다.

어머니가 무수리 출신이라는 약점을 알고 평생 열심히 일했다. 수많은 업적을 남겼지만 아들을 뒤주에 가두어 죽여버리는 끔찍한 일을 저질렀다.

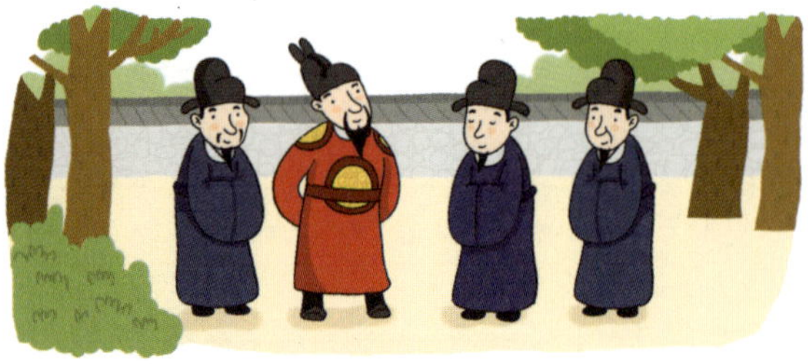

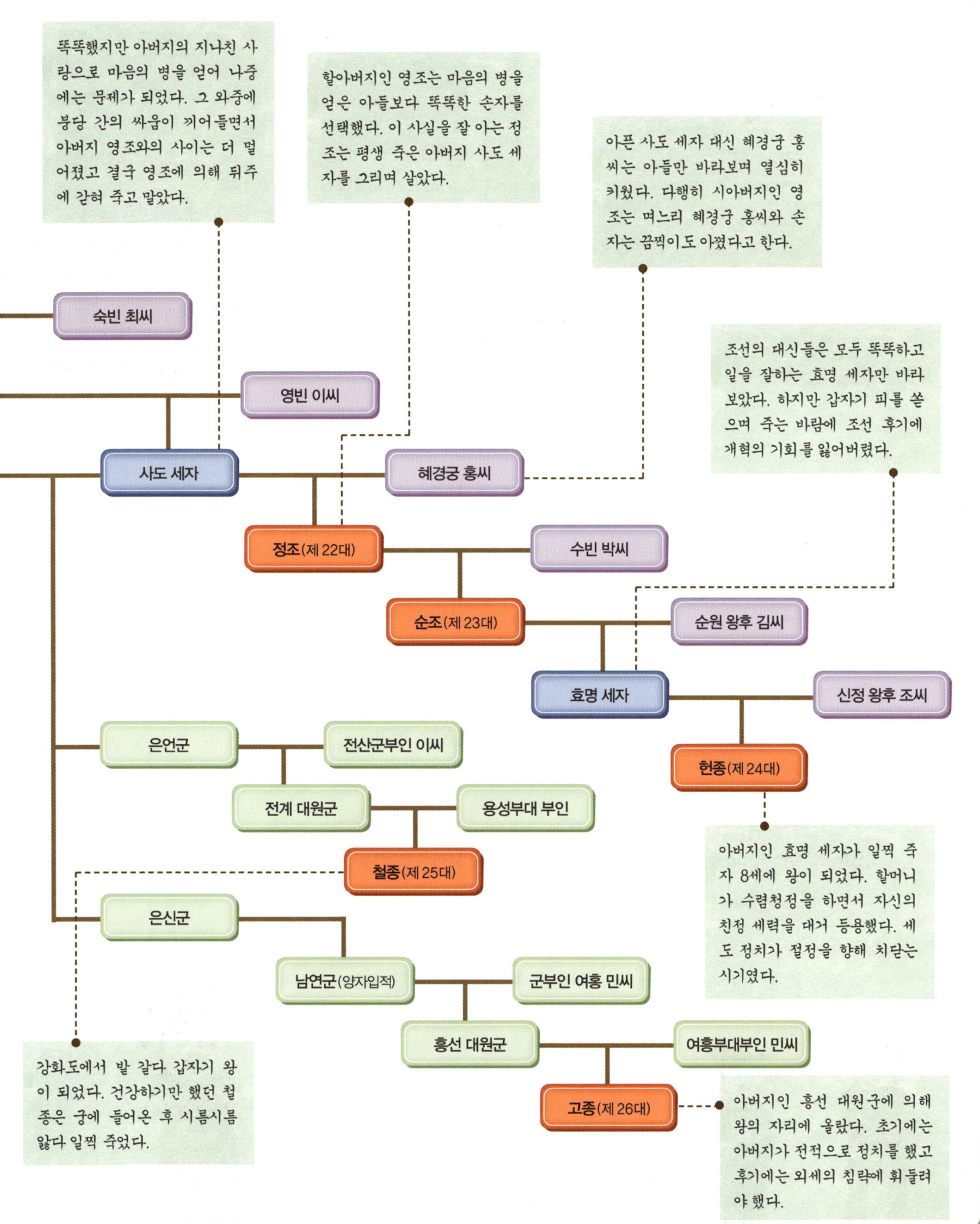

근대 사회

- **145** 흥선 대원군
- **146** 병인양요
- **147** 신미양요
- **148** 운요호 사건
- **149** 강화도 조약
- **150** 개화파
- **151** 위정척사파
- **152** 임오군란
- **153** 갑신정변
- **154** 고부 민란과 전봉준
- **155** 동학 농민 운동
- **156** 청일 전쟁
- **157** 갑오개혁
- **158** 근대 문물
- **159** 근대 기관
- **160** 을미사변
- **161** 을미개혁과 을미의병
- **162** 아관파천
- **163** 독립 협회
- **164** 만민 공동회
- **165** 대한 제국
- **166** 러일 전쟁
- **167** 을사조약

168 을사의병	178 민족 분열 통치
169 헤이그 특사	179 친일파
170 정미의병	180 신간회
171 애국 계몽 운동	181 대한민국 임시 정부
172 신민회, 국채 보상 운동	182 김구
173 간도와 독도	183 대표 독립운동가
174 한일 병합	184 봉오동 전투
175 무단 통치	185 청산리 대첩
176 3·1 운동	186 민족 말살 정책
177 유관순	187 한국 광복군
	188 일본군 '위안부'
	● 한눈에 들여다보기

145 흥선 대원군

- 고종의 아버지로, 조선 후기 세도 정치의 폐해를 개혁한 인물.
- 흥선 대원군은 세도 정치 하에서 각종 세금과 관리의 횡포에 시달리던 조선 사회를 다방면에서 개혁하여 쓰러져 가던 조선에 힘을 불어넣었다.

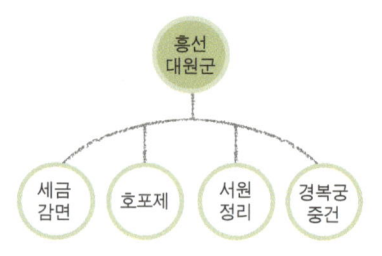

흥선 대원군의 개혁과 왕권 강화

대원군이 집권하기 직전의 약 60년 동안 세도 정치의 피해는 극에 달했다. 뇌물을 받고 관직을 팔 정도로 세도가들이 온갖 부정부패를 일삼았기 때문이다. 사또가 되려면 2~3만 냥이나 바쳐야 할 정도였다. 관직은 한정되어 있는데 돈을 바치고 사려는 사람은 많아 임기가 짧을 수밖에 없었다. 짧은 임기 동안 뇌물로 바친 돈의 본전을 뽑으려면 백성들을 쥐어짜야했기 때문에 온갖 이름을 붙여 정해진 액수 이상의 세금을 거두었다.

왕의 권위를 능가하는 세도가들 때문에 왕권은 바닥에 떨어졌다. 안동 김씨 세도가문의 압박을 이겨내고 아들을 왕으로 앉힌 흥선 대원군은 왕의 권위 회복을 위해 경복궁을 다시 짓기도 했다. 임진왜란 때 불에 타버린 경복궁을 다시 지으려면 세금을 많이 걷어야 해서 선조와 광해군은 나라가 안정되고 백성들이 편안해질 때까지 경복궁을 다시 짓지 않기로 했던 것이다. 유교적 지배 질서에서는 누구보다 왕이 검소하고 모범을 보여야 했기 때문에 광해군은 성종의 형인 월산 대군의 집인 경운궁(덕수궁)에서 업무를 보았다. 그 뒤에도 창덕궁, 창경궁, 경희궁 등이 궁궐로 사용되었다.

흥선 대원군은 왕권을 바로 세우기 위해서는 왕이 이곳저곳 옮겨 다녀서는 안 된다고 생각해 경복궁을 다시 짓기로 결심했다. 게다가 예전의 경복궁보다 훨씬 크고 화려하게 짓기 시작했다. 처음에는 백성들도 큰 불만 없이 일했지만 거의 다 지었을 즈음 화재가 나는 바람에 또 다시 지으면서 백성들과 양반들의 불만이 커졌다. 대원군은 억지로 기부금을 모으기도 하고(원납전), 동전 한 개당 100배로 쳐주는 동전인 '당백전'을 찍는 등 무리를 해가며 경복궁을 완성했다.

대원군이란?

흥선 대원군은 왕족이지만 세도가인 안동 김씨의 탄압을 받을까봐 일부러 부랑배처럼 행동하고 다녔다고 한다. 정권을 잡을 기회를 엿보던 대원군은 철종이 아들 없이 죽자 대왕대비 조씨와 의논해 자신의 둘째 아들을 왕(고종)으로 앉히며 왕의 아버지, 즉 대원군이 되었다. 아직 고종이 어렸고, 또 고종을 왕으로 만드는 데 결정적 기여를 했기 때문에 흥선 대원군은 권력을 잡을 수 있었다.

▲ 흥선 대원군

세도 정치 때 농민을 괴롭힌 세금

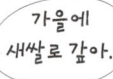

145 흥선 대원군

백성들을 위한 개혁

당시 세금은 농토에 붙는 전세, 성인 남자가 내는 군포, 봄에 관청의 곡식을 빌렸다가 가을에 이자를 붙여서 갚는 환곡이 있었다. 이 과정에서 생기는 부정은 말로 할 수 없는 지경이었다. 심지어 지방의 양반들까지 온갖 이름으로 농민을 수탈하니 숨조차 쉴 수 없었다. 몰락한 왕족이었던 흥선 대원군은 농민들과 같이 살면서 농민들이 겪는 피해들을 몸소 체험해 본 경험이 있어서 백성들을 괴롭히는 문제들을 반드시 고쳐야겠다고 생각했고, 이를 개혁 정치에 반영했다.

대원군은 부패한 관리를 쫓아내고 백성들이 내는 세금을 줄였다. 그러는 한편, 줄어든 세금을 보충하기 위해 군포를 양반에게도 내게 하는 호포제를 실시했다. 원래 군포는 현역으로 복무하는 군인이나 관리를 제외한 성인 남자는 누구나 내야 하는 세금인데 양반들은 빠지고 농민만 냈던 세금이었다. 대원군은 이 부분에 주목하고 군대에 가지 않는 양반들에게도 세금을 내게 한 것이다. 군포를 내는 것과 내지 않는 것을 가지고 양반과 평민을 구분했던 양반들은 크게 반발했지만 대원군은 기어이 받아내고야 말았다.

서원(書院)은 원래 지방의 교육 기관이었다. 똘똘한 학생들을 가르치기도 하고 유명한 학자의 제사를 지내기도 하는 곳이었다. 국가에서는 이런 서원을 도와주기 위해 세금을 면제해 주었지만 차츰 좋지 않은 일을 하는 서원들이 늘어났다. 자기 서원 출신만 관직에 나갈 수 있도록 하거나 아는 사람들 이름을 서원 출석부에 올려 세금을 면제시켜 주었고, 자기네가 지방 관청인 것처럼 굴며 세금도 걷었다.

흥선 대원군은 국가 재정의 낭비와 당쟁의 요인을 없애기 위해 모범적인 47개 서원을 제외한 전국의 모든 서원을 없애버렸다. 이로 인해 600개가 넘는 서원이 문을 닫게 되었다. 양반들의 불만은 어마어마했다. 하지만 대원군은 '진실로 백성을 해치는 것이 있으면 비록 공자가 다시 살아난다고 하더라도 용서하지 않을 것이다.'라며 단호하게 대처했다.

조선의 궁궐

조선 시대 왕들은 검소하고 백성들에게 모범이 되는 것을 가장 중요시 여겼기 때문에 크고 화려한 궁궐을 지을 수 있었지만 그렇게 하지 않았다. 신라나 고려 때에는 훨씬 큰 궁궐을 지었지만 전쟁 때문에 모두 불에 타 없어졌다. 물론 화려한 궁궐이 남아 있으면 근사하겠지만, 백성을 위해 일부러 화려하게 짓지 않은 조선 시대 왕들의 마음을 생각하며 궁궐을 봐야 할 것이다.

화려하지는 않지만 단아한 멋이 있는 경회루

▲ 도산 서원

흥선 대원군의 개혁 정치

146 병인양요

- 프랑스 함선이 조선의 강화도에 들어와 개항과 통상을 요구한 사건(1866).
- 조선의 문을 열고자 했던 프랑스는 병인박해를 핑계 삼아 조선에 쳐들어 왔지만 실패하고 돌아갔다.

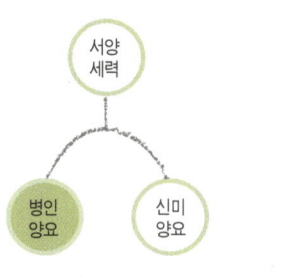

이상하게 생긴 배, 이양선

산업화에 성공한 서양 여러 나라들은 제품의 원료를 구하고 물건을 팔 수 있으며 자본을 투자할 곳을 찾아 아프리카와 아시아에 관심을 갖기 시작했다. 그리고 적당한 나라가 나타나면 식민지로 만들어 버렸는데 이런 흐름을 제국주의라고 한다. 우리가 흔히 사용하는 '일제'는 일본 제국주의를 줄여서 부르는 말이다. 어쨌든 우리나라에도 대원군이 등장한 시기를 전후해서 서양 세력이 여러 번 나타났다. 이상하게 생긴 커다란 배가 자주 등장했기 때문에 사람들은 그 배를 '이양선(異樣船)'이라 불렀다.

프랑스와의 한판 승부, 병인양요

처음 대원군은 프랑스를 이용해 러시아를 견제하려 했기 때문에 프랑스 신부의 선교 활동에 대해서도 비교적 너그러운 정책을 썼다. 하지만 프랑스가 별 도움이 되지 않고 다른 나라들도 자신들의 이익만 생각하자 '통상 거부 정책'을 펴며 그들과 교류를 끊고자 했다. 결국 대원군은 병인년(1866)에 프랑스 선교사들을 내쫓고 프랑스 선교사 9명과 한국인 천주교도 8,000여 명을 죽였다. 조선에서의 천주교 학살 사건을 전해들은 프랑스는 이를 핑계 삼아 함대 7척과 600명의 해병대를 이끌고 강화도를 점령했다.
조선은 양헌수 등에게 서울을 비롯한 문수산성, 정족산성 등의 수비를 맡겼다. 처음부터 조선군을 향해 엄청나게 공격을 퍼붓던 프랑스는 정족산성을 공략하려다 양헌수가 이끄는 500명의 부하들이 일제히 사격을 퍼붓자 패배하였다. 도망치던 프랑스군은 모든 관아에 불을 지르고 은괴와 금괴, 대량의 서적, 무기, 보물 등을 가지고 중국으로 떠났다. 이 사건 이후 우리나라는 서양에 대한 경계심이 더욱 강해졌다.

외규장각 도서 도난 사건

병인양요 때 프랑스는 외규장각에 있던 도서 중 중요한 345권을 가져가고 나머지는 불을 질러 수천 권의 국가 도서들을 모두 잿더미로 만들어버렸다. 그 후 1993년 프랑스 미테랑 대통령은 외규장각 도서 1권을 가지고 와서 도서를 반환할 수도 있다며 애매한 제안을 했다. 이러한 제안은 당시 프랑스, 독일, 일본이 치열한 경합을 벌이고 있던 경부 고속철도의 사업권을 프랑스가 따내려는 의도에서였다. 사업권은 프랑스에게 넘어갔고 외규장각 도서는 현재 임대 형식으로 돌려받았다.

▲ 문수산성

▲ 일본 나가사키항 주변의 프랑스 함대의 모습 (1865)

개념쌤의 1분 특강

병인양요와 신미양요는 순서가 굉장히 헷갈리는 경우가 많아요. 이럴 때는 앞 글자만 따서 간단히 외우는 것도 한 방법이에요.

147 신미양요

- 미국이 조선과의 통상을 목적으로 강화도에 쳐들어온 사건(1871).
- 미국과의 전투인 신미양요에서의 승리 이후 조선은 서양에 대한 자신감이 생겨 더욱 강력하게 외세와의 교류를 거부했다.

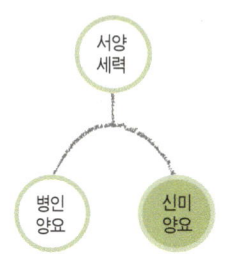

미국과의 한판 승부, 신미양요

1866년 미국 배 제너럴셔먼호가 대동강을 거슬러 평양에 나타났다. 당시 조선은 서양과의 통상과 교역이 금지되어 있었기 때문에 평양 군민은 강압적으로 통상을 요구하는 제너럴셔먼호를 불태워 버렸다. 이 사건이 바로 제너럴셔먼호 사건이다.

미국은 이 사건에 대한 응징과 조선에 통상 관계를 강요하기 위해 군함 다섯 척과 군인 1,200여 명을 이끌고 쳐들어와 강화도 초지진에 이어 덕진진, 광성진을 차례로 점령했다. 하지만 조선의 끈질긴 저항과 공격으로 결국 미국은 별다른 성과 없이 일본으로 철수했다.

당시 서양에 비해 과학적인 면에서 뒤처져 있던 조선은 강력한 군사력을 앞세운 프랑스와 미국의 무력 침략을 막아내자 외세에 대한 자신감을 갖게 되었다. 게다가 중국이 영국이나 프랑스에 졌다는 소식이 들려오면서 더 불안하던 터라 조선과 흥선 대원군은 더 큰 자신감을 얻을 수 있었다.

오페르트 도굴 사건

흥선 대원군이 서양에 강경한 태도를 취하게 된 결정적인 사건이 오페르트 도굴 사건이다. 조선과 통상을 하고 싶었던 독일 상인 오페르트는 두 차례나 조선과 통상을 위한 협상을 벌였지만 번번이 실패하고 말았다. 얼마 후 다시 조선에 온 오페르트는 조상을 중요하게 여기는 조선 사람들과 흥정해 보려고 흥선 대원군의 아버지인 남연군의 묘를 파헤쳐 시체를 가져가려다가 실패했다. 왕실의 무덤을 파헤치려 한 이 사건으로 서양인에 대한 흥선 대원군과 조선인들의 적개심은 더욱 커졌고, 천주교 탄압도 더욱 심해졌다.

▲ 신미양요에 참전한 미국 장교들

척화비

척화비란 신미양요가 끝난 뒤 흥선 대원군이 서울의 종로와 전국 각지에 세운 비석을 일컫는다. 강력한 서양 세력을 병인양요와 신미양요 두 차례에 걸쳐 모두 물리친 흥선 대원군은 자신감을 갖고 더욱 철저하게 외국 세력을 물리치자는 정책을 쓰게 된 것이다. 척화비는 바로 이러한 내용을 알리기 위해 전국 곳곳에 세운 비석이다. 조선은 이후 얼마간 철저하게 외국과 교류를 끊고 통상 수교 거부 정책을 펼쳤다.

개념쌤의 1분 특강

두 번째인 신미양요 뒤에 척화비를 세웠어요. 서양과 화합하는 것을 배척하는 비석이 척화비예요.

148 운요호 사건

- 일본 군함 운요호가 강화도 해안에 불법으로 침입한 사건(1875).
- 조선에 통상을 강요하려던 일본은 운요호를 타고 강화도 근처에 나타났고, 조선 군대가 공격하자 이를 빌미로 강화도 조약을 체결하였다.

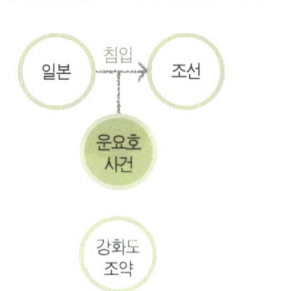

개항 전 조선의 상황

병인양요, 신미양요 등을 거치며 조선은 통상 수교 거부 정책을 확실히 밀고 나갔다. 하지만 조선에 통상 수교 거부를 주장하는 사람만 있었던 것은 아니다. 흥선 대원군에 맞서 서양의 발달된 문물을 받아들여야 한다고 주장하는 사람도 있었기 때문이다.

우선 박규수는 청에 사신으로 다녀온 후 서양의 과학 기술을 일부 받아들여 놀라울 정도로 발전한 청의 모습에 자극을 받았다. 이후 박규수는 나라를 부강하게 하기 위해서는 서양의 문물을 받아들여야 한다고 주장했다. 역관 출신인 오경석도 자주 청을 오가며 문호 개방에 뜻을 두었고, 유홍기는 중국에서 들여온 책을 읽은 후 통상 개화를 주장하였다.

그런데 조선 정부는 임진왜란 이후 일본에 대해 경계심을 가지고 있었다. 특히 1850년대에 들어서 일본이 서양에 문을 열자 더욱 경계했다. 이 일을 놓고 조선은 일본도 서양 오랑캐와 같다고 생각했다.

운요호 사건

흥선 대원군이 권력의 핵심에서 쫓겨나자 명성 황후와 고종은 일방적인 통상 수교 거부 정책을 포기하기로 했다. 이런 변화를 눈치 챈 일본은 조선에 문호 개방을 요구하기 시작했다. 하지만 아직 준비가 안 된 조선이 이를 거부하자 약삭 빠른 일본은 운요호 사건을 일으켰다.

일본은 강화도 앞바다에 운요호라는 배를 끌고 나타났고 강화도를 지키던 군사들은 운요호에 공격을 퍼부었다. 하지만 일본은 오히려 포격을 가해 초지진을 공격하였으며 영종도에 쳐들어가 군사 시설들을 완전히 파괴하였다. 이를 계기로 조선은 일본과 강화도 조약을 맺고 문호를 개방하게 되었다.

일본은 어떻게 개항하게 되었을까?

미국의 페리 제독은 서양에 문을 닫고 있는 일본을 개방시키기 위해 설득보다 위협이 더 효과적이라고 생각했다. 1853년 미국은 4척의 함대를 이끌고 위협적으로 대포를 쏘며 강경한 태도를 보이자 당시 일본의 최고 권력자는 미국의 제의를 받아들였다. 그 다음 해 페리는 더 많은 7척의 군함을 이끌고 와 "미국의 요구를 받아들이지 않을 경우 전쟁을 각오하라. 우리는 인근에 50척이 대기하고 있으며, 20일 정도면 100척이 집결한다."고 협박했다. 이런 분위기 속에서 일본과 미국 간에 조약이 체결되었다. 일본은 운요호 사건을 일으키며 미국이 일본에게 했던 짓을 그대로 조선에게 한 것이다.

▲ 미국에 의한 일본의 개방

▲ 일본에 의한 조선의 개방

개념쌤의 1분 특강

운요호 사건과 강화도 조약은 세트로 다닌다는 것, 잊지 마세요.

149 강화도 조약

- 조선이 외국과 처음으로 맺은 근대 조약(1876).
- 운요호 사건을 빌미로 강화도에서 조선과 일본이 체결한 조약으로, 일본의 강압에 의해 체결된 불평등 조약이다.

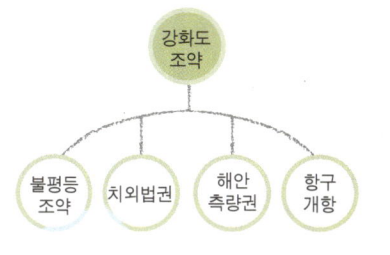

일본에게만 유리한 불평등 조약

강화도 조약은 조선과 일본이 대등한 입장에서 체결한 우리나라 최초의 근대적 조약이다. 하지만 강화도 조약은 조선에게는 상당히 불리한 내용이 많은 불평등 조약이었다.

조선은 일본의 요구대로 일본 사람들이 무역할 수 있는 항구 세 곳(부산, 인천, 원산)을 열어 줘야 했고, 일본인이 조선의 해안을 자유롭게 조사할 수 있게 허락해 주었다. 이를 이용해 일본은 자세한 우리나라의 지도를 만들었고, 이 지도들은 훗날 조선을 침략하는 데 쓰였다. 뿐만 아니라 조선에서 범죄를 저지른 일본인을 조선의 법이 아닌 일본의 법으로 처벌하도록 하는 치외법권을 인정해 주었다. 이 조항 때문에 일본인이 저지른 범죄에 대해 조선은 아무런 대응을 할 수 없었다.

강화도 조약으로 조선은 일본을 통해 서양의 신문명을 수입할 수 있었지만, 불평등한 내용 때문에 일본을 비롯한 서양 여러 나라들로부터 침략을 당하는 꼬투리를 제공했다.

치외법권

치외법권이란 외국인이 다른 나라에 갔을 때 그 나라 법이 아니라 자기 나라 법에 의해 처벌받는 특권을 말한다. 오늘날에도 외교 사절들은 치외법권이 인정된다. 외교 사절단은 그들의 나라를 대표하기 때문에 심한 죄를 지어도 강제 추방 정도의 특권을 줌으로써 그 나라에 대한 예의를 표시한다. 또 나라를 지켜주기 위해 온 외국 군대에도 치외법권이 적용되며 유엔 사무총장 등 국제적인 일을 하는 사람들에게도 일정 범위에서 치외법권이 인정되고 있다.

외국과 처음으로 맺은 근대적 조약

강화도 조약문은 매우 짧지만 그 효과는 정말 컸다. 우리가 근대 국가로서는 외국과 처음으로 맺은 조약이 강화도 조약이고, 이후에도 조선은 여러 나라와 조약을 맺어 세계의 흐름 속에 함께하게 되었다. 하지만 우리에게 불리한 내용으로 합의해 이후 많은 피해를 입어야 했다.

강화도 조약의 불평등 조항

〈조항〉
- 제1관 조선은 자주국이며, 일본국과 평등한 권리를 가진다.
- 제4관 조선국은 부산 외에 두 곳의 항구를 개항하고 일본인이 와서 통상을 하도록 허가한다.
- 제7관 조선국 연해의 섬과 암초를 조사하지 않아 매우 위험하다. 일본국 항해자가 자유로이 해안을 측량할 수 있도록 허가한다.
- 제10관 일본국 국민이 조선국 항구에서 죄를 범한 것이 조선국 국민에게 관계된 사건일 때에는 모두 일본국 관원이 심판한다.

➡

〈해석〉
- 제1관 문구와 내용은 일본이 조선을 자주국으로 인정한 것으로 보이지만, 그 내면에는 청나라의 간섭을 받지 않고 조선 침략을 쉽게 하기 위한 일본의 속셈이 담겨 있다.
- 제4관 이미 개항되어 있던 부산 이외에 원산과 인천을 개항장으로 내주게 되어 일본의 침탈이 본격화되었다.
- 제7관 일본에게 우리 해안을 자유롭게 항해하며 정탐할 수 있는 근거를 만들어 주었다.
- 제10관 조선 땅 안에서 일본이 범죄를 저지르더라도 조선의 법으로 처벌하지 못하도록 한 조항으로 조선의 자주권을 크게 손상시켰다.

150 개화파

- 부국강병을 위해 문호를 개방하기를 주장하는 사람들.
- 부강한 여러 나라들과 활발하게 교류하여 그들의 선진 문물을 받아들여야 우리도 부국강병을 이룰 수 있다고 주장한 사람들을 개화파라 한다.

개화파 ↔ 위정척사파

개화의 의미

개화(開化)는 사람의 지혜가 열려 새로운 사상, 문물, 제도 따위를 가지게 되는 것을 의미한다. 나라의 문을 열어 외국의 발달된 문물을 받아들인 후 우리 것과 고루 섞어 발전을 이루는 것을 말하는 단어이기도 하다. 그러니까 개화 정책의 목적은 서양의 문물을 받아들여 이를 바탕으로 힘을 길러 나라를 지키고 발전시키는 것이다.

개화를 위한 노력

흥선 대원군이 물러나고 고종과 명성 황후가 권력을 잡게 되자 개화 정책을 추진하기 시작했다. 우선 '수신사'를 일본에 보내 일본의 발전상을 보고 오게 했다. 일본은 조선에서 온 사절단에게 융숭한 대접을 해서 일본에 대한 좋은 인상을 심으려 했다. 수신사들이 일본에서 이것저것을 보고, 배우고 온 이후 개화 정책이 본격적으로 진행되었다.

고종은 위정척사파의 반대에도 불구하고 젊은 양반 자제로 구성된 '신사 유람단'을 일본에 보내 여러 부문에 걸쳐 근대화 정책을 연구하게 했다. 이어 김윤식의 인솔 아래 '영선사' 38명을 중국 톈진에 보내 청나라의 근대식 무기 제조법과 군사 제도에 대한 기술을 배워오게 했다. 그들이 보고 온 제도와 무기, 근대 문물 등을 적극적으로 받아들이기 위해서였다.

일본에서 들여온 신식 무기로 신식 군사 훈련을 받는 새로운 군대인 별기군도 생겼다. 별기군은 급료를 비롯한 모든 대우가 구식 군대보다 좋아 사람들의 시샘을 받았는데, 차별 대우에 불만을 품은 구식 군인들이 1882년에 임오군란(壬午軍亂)을 일으키기도 했다.

> **조선의 운명을 이야기한 《조선책략》**
> 대표적 개화파인 김홍집이 일본에 갔을 때 황쭌셴이라는 중국인으로부터 외교에 대한 조언으로 《조선책략》이란 책을 받아 왔다. 이 책은 조선이 러시아의 남하를 막으려면 서양의 여러 나라와 교역을 해서 서양의 기술을 배워 나라를 부강하게 하고 군사력을 키워야 한다고 말하고 있다. 이 내용이 알려지면서 개화 정책을 추진하려던 조선 정부는 척사 사상을 가진 양반들로부터 격렬한 반대에 부딪혔다. 1882년 영남의 유학자인 이만손을 중심으로 만 명이 올린 만인소(萬人疏)와 강원도 선비인 홍재학 등이 상소 운동을 벌여 김홍집을 비롯한 대신들을 공격했다.

개화 정책

개념쌤의 1분 특강

개화의 '개'의 한자는 열 개(開)를 써요. 그러니 나라의 문을 열어야 한다고 주장하는 사람들을 잘 표현한 한자라고 할 수 있겠죠?

151 위정척사파

- 우리 문화를 지키고 서양 문물을 배척하자고 주장하는 사람들.
- 함부로 외국과 교류하면 우리 문화를 망치고, 경제적 손해도 볼 수 있으니 통상 수교를 거부하자고 주장하는 사람들을 위정척사파라 한다.

개화파 ↔ 위정척사파

위정척사의 뜻

위정척사란 옳은 것은 갖고 나쁜 것은 버린다는 뜻을 담고 있다. 이들은 중국과 우리의 전통문화는 옳고, 서양과 일본의 새로운 체제는 나쁜 것이라고 생각했는데 최익현이 강화도 조약에 반대하며 올린 상소문에 잘 나타나 있다.

> 강화도 조약에 반대합니다. 그 이유는
> 첫째, 우리가 약점이 있어서 문을 서둘러 여는 것이라면, 주도권이 저들에게 있어 저들이 도리어 우리를 제어할 것입니다.
> 둘째, 우리의 유한한 농산품과 그들의 무한한 공산품을 교역하면, 결국 우리의 땅과 집은 보존할 수 없을 것입니다.
> 셋째, 나쁜 책과 천주교가 다시 들어와 사악한 기운이 온 나라를 덮게 될 것입니다.
> 넷째, 장차 저들은 우리 땅에 거주하려고 할 것이며, 그리 되면 재물이나 비단을 마음대로 빼앗고, 부녀자를 겁탈할 것입니다.
> 다섯째, 외적들은 돈과 여자만 알고 사람의 도리를 조금도 모르는 짐승들일 뿐입니다.

위정척사파의 특징

이양선이 나타나 교역을 요구하고 서양 세력들의 침입이 거세지자 양반 유생층을 중심으로 성리학적 전통 질서를 지키고 외세의 침략을 물리쳐야 한다는 위정척사 운동이 일어났다. 위정척사파는 흥선 대원군의 통상 수교 거부 정책에 적극적으로 찬성했다. 당연히 강화도 조약이 체결될 무렵에는 개항 반대 운동을 벌여나갔다. 위정척사파에 속하는 영남 지역의 선비들은 나라에서 개화 정책을 추진하자 상소를 빗발치듯 올려 이에 반대하였다. 그렇다고 위정척사파가 나라에 부정적인 영향만 끼친 것은 아니다. 위정척사파의 곧고 강한 생각은 후일 항일 의병 운동으로 계승되었다.

최익현에 대한 평가

최익현은 경복궁을 다시 짓는 것과 당백전 발행 때문에 생긴 나라 살림의 어려움을 들어 흥선 대원군에 반대했다. 또 서원 정리에도 반대하여 결국 대원군을 물러나게 만들었다. 강화도 조약을 맺을 때는 강력한 반대 상소문을 올려서 유배를 당했고, 단발령에 반대하다 감옥에 갇히기도 했다. 1905년 을사조약이 체결되자 일제에 대항할 것을 호소하며 마침내 전북 태인에서 의병을 일으켰지만 일본군에게 체포되어 쓰시마섬에 유배되었다. 이곳에서는 적이 주는 음식물이라며 밥 먹는 것도 거부하다 병을 얻어 일본 땅에서 세상을 떠났다. 개화에 반대하긴 했지만 최익현의 나라 사랑은 대단했다. 나라가 잘되는 방법에 대한 의견이 다른 사람이었을 뿐이다.

위정척사파

감히 조상의 무덤을 함부로 파다니!

일본 물건이 판을 치는구나!

서양과 일본을 물리치고 우리 것을 지키소서.

개념쌤의 1분 특강

위(지킬 衛) 정(바를 正) 척(물리칠 斥) 사(어긋날 邪). 한자를 알면 뜻이 저절로 외워질 거예요.

152 임오군란

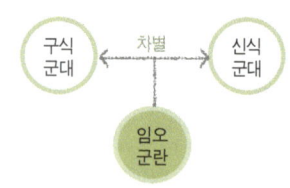

- 개화와 척사가 신식 군대와 구식 군대의 차별을 계기로 부딪힌 사건.
- 구식 군대가 신식 군대와의 차별에 불만을 품고 난을 일으켜 개화 정책을 추진하던 명성 황후 등을 공격해 정치적으로 큰 영향을 끼친 사건이다.

구식 군대와 신식 군대의 차별

개화 정책을 실시하면서 조선은 별기군이라는 신식 군대를 만들었다. 그러나 조선 정부는 13개월 동안 구식 군인들에게는 월급조차 주지 못하고 있었다. 구식 군인들의 불만이 커지는 것은 당연했다. 군인들은 관리들이 궁중 비용을 낭비하고 부정부패를 저질러 이런 일이 벌어졌다고 생각했다. 그리고 잘난 척하며 신식 훈련을 받는 별기군에 대한 불만도 컸다.

임오군란

1882년 6월 구식 군인들에게 한 달치 월급을 주었는데, 겨와 모래가 섞여 있었을 뿐 아니라 양도 절반밖에 되지 않았다. 화가 난 군인들은 들고 일어나 부패한 관리의 집에 불을 지르고, 감옥을 부수어 죄인을 풀어 주었다. 또 일본 장교와 고위 관리 등을 죽여버렸는데 이 사건을 '임오군란'이라고 한다. 개화 정책이 실시된 이후 만들어진 신식 군대에게는 잘해 주면서 구식 군대를 차별한 데서 일어난 난이기 때문에 당연히 통상 수교 거부 정책을 펴는 흥선 대원군을 좋아했고, 고종과 명성 황후는 싫어했다.

사태 수습의 책임을 맡고 흥선 대원군이 다시 권력을 잡게 되자 명성 황후 일파는 큰 타격을 받게 되었고 청나라에 도움을 청하였다. 결국 4,500명의 청나라 군대가 조선으로 출동해 잠깐 동안 권력을 잡았던 흥선 대원군을 청으로 잡아가고, 구식 군인들의 반란을 진압해 버리면서 임오군란은 막을 내리게 되었다. 한편, 일본은 일본인 장교 등이 죽은 책임을 물어 조선에 배상금을 강요하는 '제물포 조약'을 맺었다.

변장술로 살아 남은 명성 황후

당시 고종의 왕비 명성 황후는 친척들을 정치에 끌어들여 많은 민씨 인물들이 국가의 요직을 차지하고 있었다. 이들 중에는 자리를 이용해 온갖 비리를 일삼는 자들이 많아 백성들의 원성이 컸다. 당연히 임오군란의 지도자들은 명성 황후를 죽이려 했다. 목숨에 위협을 느낀 명성 황후는 궁녀 복장을 한 채 궁을 빠져나갔다. 당시 군인들은 명성 황후의 얼굴을 몰랐기 때문에 명성 황후를 코앞에서 놓친 것이다.

▲ 명성 황후와 대원군의 차이

개념쌤의 1분 특강

개화기의 역사적 사건 중에는 그 해의 이름을 붙인 게 많아요. 임오군란도 마찬가지예요. 임오년에 일어난 군인들의 난이 임오군란이랍니다.

153 갑신정변

- 개화당이 일으킨 3일간의 정변(1884).
- 갑신정변은 조선의 근대화를 목적으로 김옥균을 비롯한 급진 개화파가 일으킨 사건이다. 그러나 청나라의 개입으로 3일 만에 끝이 났다.

개화파 — 갑신정변 — 자주권 손상

갑신정변의 시작과 끝

임오군란을 진압한 청나라의 노골적인 간섭으로 조선의 개혁 속도는 늦어지고 있었다. 그러자 이른바 급진 개화파라 불리는 젊은이들은 '개화당'을 만들고 적극적인 개화 정책을 요구했다. 이들은 일찍이 유학을 통해 서양과 일본의 발전한 모습을 경험했기 때문에 서양의 현대식 문물뿐 아니라 사상과 제도도 적극적으로 받아들여야 한다고 주장했다.

김옥균, 박영효 등 개화당은 청나라 군대가 줄어든 틈을 타 우정국(오늘의 우체국) 개국 축하연 자리에서 일본의 도움을 받아 정변을 일으켰다. 순식간에 일어난 정변의 성공으로 급진 개화파는 혁신적인 개혁을 추진했다. 하지만 3일째 되던 날 청나라 군대가 개입하면서 개혁은 끝이 나고 말았다. 개화를 주도적으로 이끌었던 김옥균은 일본으로 망명하고, 홍영식 등은 잡혀서 처형당했다. 이로써 갑신정변은 3일 만에 끝이 났다.

갑신정변에서 나온 주장
- 청에 대해 자주적인 모습을 갖추자.
- 신분 차별 없이 능력에 따라 인재를 등용하자.
- 탐관오리들을 처벌하고 백성들을 위한 정책을 시행하자.
- 근대적인 기구를 두어 일을 잘 분담해서 효율적으로 추진하자.

갑신정변 이후의 결과

일본은 공사관의 피해를 보상하라고 강요해 조선과 일본 사이에 한성 조약(1884)이 맺어졌다. 일본은 또 청나라와 톈진에서 만나 톈진 조약(1885)을 맺었는데, 양측의 군대를 동시에 철수하고, 혹시 조선에 군대를 보낼 경우 양국 간에 서로 알릴 것을 약속하는 내용이었다.

갑신정변 이후 어느 정도 개화 정책에 찬성하던 사람들까지도 개화파에 등을 돌렸고, 보수적인 사람들은 개화를 더욱 반대하게 되었다. 비록 갑신정변이 3일 만에 끝났지만 개화당이 실시하려고 했던 개혁은 당시에 꼭 필요한 내용들이었다.

갑신정변의 과정

개화 세력들은 우정국 축하연을 계기로 권력을 잡으려고 했다.

정변을 일으켜 의정부의 좌의정에는 홍영식을, 중요 자리에는 김옥균, 박영효, 서광범, 서재필 등을 임명했다.

하지만 갑신정변은 3일만에 끝이 나고 홍영식, 박영교는 처형되었고 김옥균, 박영효, 서광범, 서재필 등은 일본으로 망명했다.

154 고부 민란과 전봉준

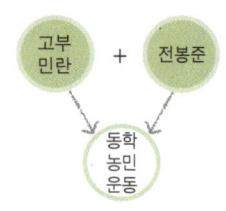

- 고부에서 민란이 일어나자 전봉준이 동학을 중심으로 민란을 이끔.
- 삼정의 문란과 탐관오리의 횡포에 대항해 일어난 고부 민란은 전봉준이 등장하면서 좀 더 조직적이고 사회 개혁적인 방향으로 흐르기 시작했다.

고부 민란

동학을 믿는 사람들이 늘어나자 동학은 종교를 넘어 사회 개혁 운동으로 바뀌기 시작했다. 드디어 농민들이 신분제를 없애라거나 세금 제도를 고치라는 등의 요구들을 하기 시작한 것이다. 특히 갑오년(1894)에는 거대한 사회 운동을 일으켰다.

계기가 된 사건은 고부 민란이다. 처음 고부 민란은 동학과 상관없이 여느 농민 운동과 비슷하게 시작되었다. 전라도 고부 군수 조병갑은 강 상류에 이미 보(저수지)가 있음에도 불구하고 농민들을 강제로 동원해 하류에 새로운 보(만석보)를 쌓게 했다. 하류에 보를 쌓는 것은 특히나 큰 작업이라 허구한 날 불려 다니던 마을 사람들은 불만이 클 수밖에 없었다. 그러자 조병갑은 보가 다 지어지면 공짜로 물을 쓸 수 있게 해 주겠다며 농민들을 살살 꾀었다. 하지만 막상 보가 다 지어지자 조병갑은 태도를 싹 바꾸어 물세를 강제로 걷기 시작했다.

주동자를 알 수 없는 사발통문

통문이란 어떤 일이 있을 때 사람을 모으기 위해 알리는 쪽지를 말한다. 주로 농민들이 봉기할 때나 서원과 향교에서 사람을 불러 모을 때 돌렸다. 사발통문은 이름을 순서대로 적지 않고 원 주위에 동그랗게 적었기 때문에 누가 주동자인지 알 수 없다는 이점이 있었다. 동학 농민 운동 때도 사발통문이 돌았는데, 전봉준을 비롯한 동학 지도자 대부분의 이름들이 보이지만 원 형식으로 이름이 적혀 있어 누가 주동자인지 알 수 없었다.

전봉준

그동안 조병갑의 횡포에 화가 쌓여있던 농민들은 만석보의 물세로 인해 폭발하고 말았다. 그러던 중 전봉준의 아버지가 물세를 걷지 말아 달라고 전하러 갔다가 흠씬 얻어맞고 죽는 사건이 발생했다. 동학의 지도자였던 전봉준은 화가 나 마을 사람들을 이끌고 나서게 되었고, 동학교도들도 함께 일어났다. 이들은 조직적으로 몰려가 조병갑을 쫓아내고 만석보를 무너뜨려 버렸다.

조병갑 대신 마을에 새로 온 사또가 농민들에게 잘하겠다고 말하자 일이 조금 진정되는 듯 싶었다. 그런데 얼마 후 정부에서 내려온 관리가 말을 바꿔 오히려 동학 농민군에게 잘못이 있다며 몰아세우자 더 화가 난 사람들은 다시 일어나게 되었다. 전봉준이 사발통문을 돌리자 다른 지역의 동학 지도자들까지 손을 잡게 되었다.

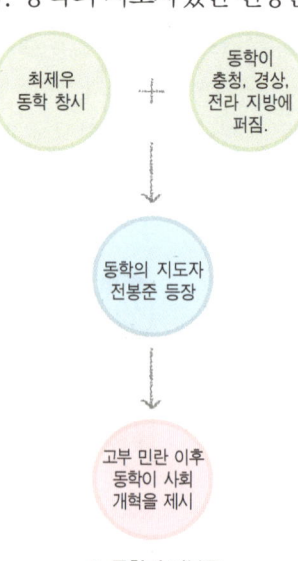

▲ 동학과 전봉준

개념쌤의 1분 특강

동학이 중요한 이유! 혼란한 조선 말기에 정부도 못하는 사회 개혁을 동학이 처음으로 주장했거든요.

155 동학 농민 운동

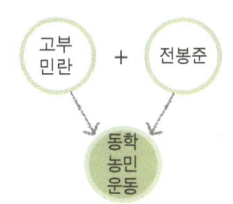

- 농민이 중심이 되는 세상을 꿈꾸며 사회 개혁을 주장한 운동(1894).
- 세도 정치 하에서 어려움에 시달리던 농민들은 동학을 중심으로 뭉쳐 근본적인 사회 개혁을 주장하는 운동을 펼쳤다.

전주성 점령

고부에서 부패한 관리에 분노해 전봉준과 동학을 중심으로 일어난 민란은 점점 더 규모가 커졌다. 전봉준 외에도 김개남, 손화중 등 동학 지도자들이 합세하면서 정읍, 태안, 부안에서까지 농민들이 몰려왔다. 이를 진압하려던 군대가 황토현에서 농민군의 함정에 빠져 무너지자 더 많은 마을이 힘을 합쳐 황토현 싸움을 승리로 이끌었다.

황토현 싸움 이후 정부에서 관군이 내려왔지만 장성에서 농민군이 다시 이겼고, 기세를 몰아 전주성까지 점령했다. 그러자 정부는 동학군에게 화해를 청하고 '전주 화약'을 맺었다. 이 화약은 전라도 지역에 '집강소'를 설치하고 정부와 농민이 함께 여러 개혁을 한다는 내용을 담고 있었다.

개혁의 상징, 집강소

정부는 약속대로 전라도 전 지역에 집강소를 세웠으며, 농민들이 중심이 되어 개혁을 실시하게 해 주었다. 정말 그렇게 허락하려는 것은 아니었고, 청나라 군대가 도와주러 올 때까지 시간을 벌기 위해 약속을 지키는 척을 한 것이었다. 하지만 짧은 기간 동안 전라도 지역에서는 백성들의 요구를 그대로 실시해 전라도의 47~53개 고을에 집강소가 세워졌다.

집강소가 설치된 후 주변의 농촌 지역은 빠르게 안정을 찾아갔다. 집강소에서 실시한 개혁이 농민들의 가려운 곳을 긁어주었기 때문이다. 동학군이 주장한 〈폐정 개혁안〉을 보면 그들의 주장을 잘 알 수 있다.

〈폐정 개혁안〉은 백성들의 입장에서는 정말 필요한 개혁이었지만, 정부나 양반들 입장에서는 받아들이기 힘든 내용이었다. 그래서 집강소를 중심으로 농민과 동학교도들이 앞장서서 실현시키려 했던 것이다.

서학에 맞선 우리 종교, 동학

평등사상을 중시하는 서학은 제사를 거부하고 신분제에도 부정적이어서 탄압을 받았다. 그때 경주에 살던 양반 최제우는 우리 사회에 어울리는 종교가 필요하다고 생각해 유교, 불교, 도교, 무속 신앙 등의 교리들을 합해 '동학'이란 민족 종교를 만들었다. 중심 사상은 모든 사람은 다 존중 받을 가치가 있다는 뜻의 '인내천'으로, 평등을 주장하여 농민들에게 큰 인기를 얻었다. 정부도 서학을 누르기 위해 동학을 지지했지만, 동학을 믿는 사람들이 늘어나자 최제우에게 동학을 그만두라고 했다. 최제우가 이를 거절하자 정부는 최제우를 죽이고 동학 관련 서적을 불태우며 탄압해서 한동안 동학은 비밀리에 활동했다.

폐정 개혁안

▲ 탐관오리와 부호 처벌 ▲ 노비 해방과 신분제 폐지 ▲ 과부의 재혼 허가 (여성 해방) ▲ 인재 등용 ▲ 부채 면제 ▲ 토지 균등 분작

156 청일 전쟁

- 조선의 지배권을 두고 벌어진 청나라와 일본의 전쟁(1894~1895).
- 일본은 동학 농민 운동 진압을 빌미로 군대를 파견해 청과 전쟁을 벌였다. 전쟁에서 승리한 일본은 조선 침략에 박차를 가했다.

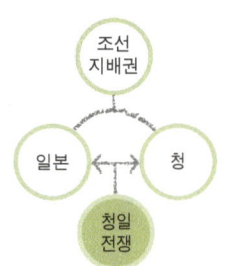

청일 전쟁

동학 농민군이 전주성까지 점령하자 정부는 '전주 화약'으로 농민군을 진정시키고, 다른 한편에서는 청나라에 구원병을 요청했다. 청의 군대가 조선에 들어오자 갑신정변 때 청일 간에 맺었던 '톈진 조약'의 내용을 핑계로 덩달아 일본의 군대까지 조선에 들어왔다.

일본은 청을 꺾고 조선을 통째로 삼키고 싶어 했다. 그래서 동학 농민군을 진압하면서 청나라 군대를 공격해 청일 전쟁을 일으켰다. 준비가 철저했던 일본은 모두의 예상을 깨고 청일 전쟁에서 이겼다. 이후 일본은 본격적으로 조선 침략에 박차를 가했다.

일본에 저항한 우금치 전투

일본이 청일 전쟁을 일으켜 조선을 침략하려 하자 지켜보고만 있을 수 없었던 동학 농민군은 전주에서 다시 일어났다. 일본을 무찌르기 위해 충청도 지방의 농민군까지 합세한 10만 명의 부대가 공주로 쳐들어갔다. 우금치 고개에서 일본군과 본격적인 전투를 벌였지만 신식 무기로 무장한 일본의 기세에 눌려 패배하고 말았다. 일단 흩어졌다 다시 싸우려고 해산한 사이 전봉준과 지도자들이 사형당함으로써 동학 농민 운동은 안타깝게 끝이 나고 말았다. 이후 정부는 동학을 무지막지하게 탄압했다. 결국 3대 교주 최시형은 중국으로 망명해야 했는데, 그 사이 국내 지도자인 이용구가 대놓고 친일 행위를 했다. 참을 수 없었던 손병희는 동학의 이름을 '천도교'로 바꾸고, 3·1 운동에 적극적으로 참여하며 항일 운동을 활발히 전개했다.

녹두 장군 전봉준

새야 새야 파랑새야
녹두밭에 앉지 마라
녹두 꽃이 떨어지면
청포 장수 울고간다

이 노래에는 동학군과 얽힌 몇 가지 이야기가 전해진다. 그중 하나는 파랑새는 푸른색 군복을 입었던 일본군을 뜻하고, 녹두밭은 전봉준을, 청포 장수는 백성을 상징한다는 이야기이다. 또 다른 이야기는 전봉준의 전(全)을 팔(八)과 왕(王)으로 해석하는 것으로, 팔왕이 변형되어 파랑새가 되었다는 이야기이다.

청일 전쟁과 우금치 전투

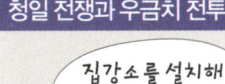

동학 농민군이 전주성까지 함락시키자 정부는 '전주 화약'을 맺고 농민군은 스스로 개혁을 진행시켜 나간다.

한편, 정부가 청나라에 요청한 군대가 조선에 들어오자 덩달아 일본군도 조선에 들어와 청일 전쟁을 일으킨다.

청일 전쟁을 일으킨 일본에 대항해 다시 들고 일어선 농민군은 우금치에서 일본군에게 패배하고 말았다.

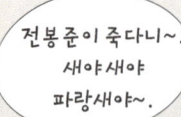

전봉준을 비롯한 농민군 지도자가 잡혀 사형당하면서 동학 농민 운동은 끝이 났다.

157 갑오개혁

- 1894~1896년 동안 세 번에 걸쳐 추진된 근대 지향적 개혁 운동.
- 갑오개혁으로 조선은 정치, 경제, 사회, 문화 등 전반에 걸쳐 근대적인 제도를 도입하였지만 일본의 강요로 진행되었다는 아쉬움이 남는다.

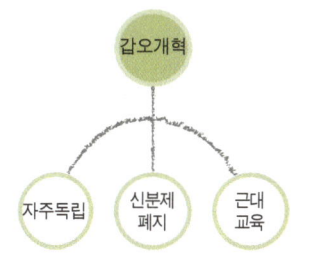

갑오개혁의 내용

조선 정부는 '군국기무처'라는 기구를 세우고 개혁을 진행해 나갔다. 갑오개혁으로 조선은 정치, 경제, 사회, 문화 등 모든 면에서 바뀌었다. 가장 첫 번째로 내세운 것은 '청에 의존하지 않고 자주 독립의 기초를 세운다.'로 청과의 사대 관계를 정리하고 독자적인 연호를 사용했다.

정치적인 면에서는 왕실의 사무와 국정의 사무를 구분했고, 세금을 걷을 때에는 법에 따르도록 해 함부로 세금을 걷지 못하게 했으며, 모든 세금은 돈으로 내게 하여 세금을 내고 관리하는 업무를 편리하게 했다.

갑오개혁은 사회·문화 면에서도 조선 사회에 큰 변화를 가져왔다. 가장 큰 변화는 신분제를 폐지한 것이다. 인신 매매와 노비 제도가 폐지되었고, 양반과 평민의 구분도 공식적으로 없어졌다. 과거제 역시 폐지해 누구나 능력에 맞는 일을 할 수 있도록 법으로 정했다. 여성의 재혼도 허용하고 교육 제도도 크게 바꾸었다. 많은 수의 근대 학교를 세워 서당과 서원의 교육을 대신할 수 있도록 했으며 근대 교육을 담당할 선생님을 배출하기 위해 사범학교를 세우고 외국어 학교를 세우기도 했다.

갑오개혁의 한계

갑오개혁은 일본의 강요에 의해 이루어진 개혁이다. 물론 긍정적인 영향이 있었지만 밑바탕에는 일본의 의도가 깔려 있었다. 조선의 자주성을 가장 강조한 것은 중국의 방해 없이 조선을 삼키기 위해서이고, 신분제를 폐지한 것은 동학 농민군의 요구 사항을 일부 반영한 것이기도 하지만 조선에서 일본에 대항할 만한 양반 유생들의 힘을 줄이기 위해서였다. 조선을 일본과 똑같은 체제로 만들어야 간섭하기 쉬웠기 때문이다.

갑오개혁의 모델이 된 메이지 유신

갑오개혁은 일본의 메이지 유신을 모델로 삼고 있다. 메이지 유신 전 일본은 막부(군인)가 정치를 장악하고 있었다. 하지만 서양의 침략 이후 개혁을 추진하던 사람들은 막부를 무너뜨리고 왕을 중심으로 한 개혁을 실시했다. 메이지 정부는 교육 제도, 군사 제도, 세금 및 토지 제도를 근본적으로 고치고 빠른 속도로 개혁을 실시했다. 국민의 상황을 고려하지 않은 정부의 일방적인 개혁이었지만 결과적으로 동아시아의 다른 나라에 비해 빠른 속도로 앞서 나갈 수 있는 계기가 되었다.

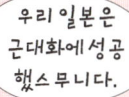

갑오개혁으로 변화된 것들

▲ 노비 해방, 신분제 폐지

▲ 새로운 인재 등용

▲ 과부의 재혼 허가

▲ 학교 세우기

▲ 공식 문서에 한글도 사용

158 근대 문물

- 개항과 함께 서구에서 들어온 새로운 문물.
- 개항 이후 빠르게 들어온 교통·통신 시설을 비롯한 근대 문물은 조선 사람들의 삶의 방식을 크게 바꾸어 놓았다.

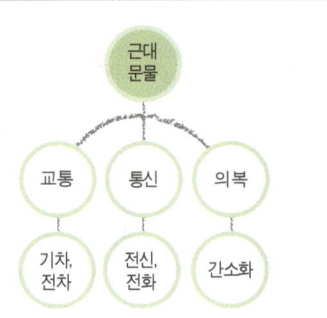

새로운 통신 시설과 교통의 등장

전신은 멀리 있는 곳까지 문자로 쓴 말을 전하는 수단이다. 최초의 전신은 청나라가 우리나라와 빨리 소통하기 위해 설치했다. 사람들은 파발보다 빠른 전신에 무척 놀라워했다. 전화는 1896년 경운궁(덕수궁) 안에 처음으로 설치되었고 그 후 서울-인천 간의 시외 전화와 시내 전화가 생겨났다.

최초의 전기는 1887년 경복궁 향원정을 밝히기 위해 사용되었다. 향원정에 설치된 전등은 향원정 연못에서 물을 끌어다 석탄으로 펄펄 끓여 그 수증기의 힘으로 전기를 일으켜 불을 밝혔다.

1899년에는 노량진과 제물포(인천) 사이에 전차가 개통되었다. 전차는 전기로 가는 기차로, 오늘날의 전철과 비슷하다. 처음 전차가 들어왔을 때에는 짚신을 벗어서 들고 타는 경우가 많았다. 자동차는 1903년 고종 황제의 즉위 40주년을 기념하기 위해 황제의 전용차로 들여왔다. 그 전에도 서양 외교관이나 기술자 또는 선교사들이 갖고 온 자동차가 있었다는 기록이 있다.

개항 이전에 들어온 신문물

1631년 사신 정두원이 명나라에서 포르투갈의 신부에게 자명종과 오늘날 망원경이라 불리는 천리경 등을 들여왔다. 또 임진왜란 이후에 들어온 안경은 1600년대 초 경주에서 직접 제작할 정도로 널리 퍼져 있었다. 한편, 18세기에 실학자들은 청나라에서 들여온 신기한 물건들을 일상생활에 쓰는 데 아주 적극적이었다.

간편한 복장으로 변한 의생활

개항 이후 복장에도 큰 변화가 생겼다. 1895년부터 관리와 민간인은 모두 예복으로 검정 두루마기만 입도록 간소화했다. 남성복으로는 저고리 위에 입는 마고자와 조끼가 등장했고, 여성의 한복도 양장 원피스를 본떠 상의와 하의가 같은 색의 한복이 유행했다. 여자들이 얼굴을 가리기 위해 쓰던 장옷이 폐지되었고, 1900년부터는 정부 관리들의 복장도 양복으로 바뀌었다.

전기에 얽힌 일화

처음 전기를 본 사람들은 물불이라고 불렀다.

갑자기 불이 환하게 켜지는 전기를 보고 묘화, 괴물 불이라도 불렀다.

전깃불은 오랑캐의 것이라 여겼기 때문에 전등 아래에서 제사를 모셔서는 안 되는 것으로 알았다.

159 근대 기관

- 병원, 학교, 은행 등 서구에서 들어온 새로운 형태의 기관.
- 병원과 학교 등 서구에서 들어온 새로운 형태의 기관은 근대 문물과 더불어 사람들의 삶을 크게 바꾸어 놓았다.

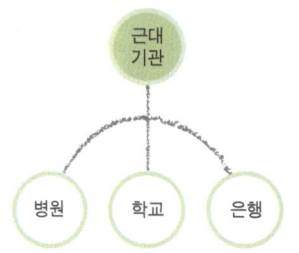

선교사들에 의해 설립된 병원과 학교

개항 이후 새로운 문물과 더불어 서구의 다양한 기관도 생겨났다. 대표적인 것이 병원과 근대적 학교이다. 최초의 서양식 국립 의료 기관은 '광혜원'이다. 우리나라에 선교 의사로 들어온 알렌은 갑신정변에서 심하게 다친 민영익을 살려내면서 서양 의학의 효과를 많은 사람들에게 알렸다. 1885년 알렌의 건의로 설립된 광혜원은 곧 '제중원'으로 이름을 바꾸어 왕실에서부터 평민에 이르기까지 다양한 사람들을 진료하는 의료 기관으로 성장했다. 제중원에서는 학생을 선발해 서양식 의료 기술을 가르치기도 했다. 갑오개혁 이후 제중원은 왕립 병원에서 선교사들이 운영하는 사립 병원으로 바뀌었고, 이름도 미국인 기부자의 이름을 딴 세브란스 병원이 되었다.

근대식 교육 기관 역시 서양 선교사들의 역할이 컸다. 이들은 배재학당, 이화학당, 경신학교, 정신여학교, 광성학교, 숭실학교 등의 근대적 학교를 세우고 외국어, 지리, 기술 등 새로운 내용을 가르쳤다. 남자뿐 아니라 여자들도 공부할 수 있게 되면서 똑똑한 신여성들이 많이 등장했다.

> **한 명의 학생으로 시작된 최초의 여학교**
>
> 선교사였던 스크랜튼 부인은 조선 여성을 위한 교육 기관을 세울 결심을 했다. 건물을 짓고 학교를 개설했지만 학교를 다닐 여학생이 나타나지 않았다. 여학생을 모집하기 시작한 지 거의 1년이 다 되어 드디어 한 사람의 여성을 학생으로 맞이할 수 있었다. 이후 명성 황후가 이 학교에 이화학당이라는 이름을 내렸다. 이화학당은 초등, 중등 및 대학 교육까지 실시했던 우리나라 최초의 여학교이다.

돈을 보관해 주는 은행

우리나라에 근대적인 은행 제도가 도입된 것은 일본 제일은행 부산 지점이 개설된 1878년이다. 그 후 1909년 오늘날의 한국은행이 중앙 은행으로 설립되었다. 이곳에서는 화폐 발행 등 화폐에 관한 모든 업무를 처리했다. 1897년에는 순수한 민간 자본으로 설립된 근대적 한성은행이 탄생했다. 하지만 초기에는 많은 사람들이 은행에 돈을 맡기는 것을 불안하게 여겨 운영이 잘되지는 않았다.

은행과 얽힌 일화

160 을미사변

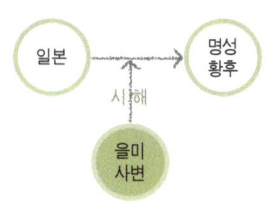

- 일본 자객들이 경복궁을 습격하여 명성 황후를 죽인 사건(1895).
- 삼국 간섭 이후 조선 정부가 친러 정책을 펼치자, 일본은 명성 황후를 시해하여 조선 침탈의 야욕을 노골적으로 드러냈다.

삼국 간섭으로 체면을 구긴 일본

일본은 청일 전쟁에서 승리하면서 큰 이익을 얻었다. 전쟁 후 중국과 맺은 '시모노세키 조약'으로 어마어마한 배상금은 물론 중국의 랴오둥 반도와 타이완을 차지하고, 조선에 대해 간섭할 수 있는 권리를 얻었다. 드디어 청의 간섭 없이 조선을 삼키는 일만 남은 것이다. 그러나 뜻밖에 러시아가 가로막고 나섰다. 만주와 한반도로 세력을 확장하려 했던 러시아의 입장에서 일본이 랴오둥 반도를 차지한 것이 달갑지 않았던 것이다. 러시아는 프랑스, 독일과 힘을 합쳐 중국에 랴오둥 반도를 돌려주라고 압력을 넣었고 일본은 돌려줄 수밖에 없었다. 이것을 '삼국 간섭(1895)'이라고 한다.

암호명 '여우 사냥'

삼국 간섭으로 러시아의 능력을 경험한 조선은 러시아의 힘을 이용하면 일본의 세력에서 벗어날 수 있을 것이라 판단하고, 일본의 강압 속에 추진된 갑오개혁을 중단시킨 뒤 친러 세력과 손을 잡았다. 마음이 급해진 일본은 조선의 국모인 명성황후를 시해하려는 암호명 '여우 사냥' 작전을 펼쳤다. 1895년 10월 8일 새벽 5시경, 의심을 피하기 위해 흥선 대원군을 가마에 태워 궁궐 문을 열게 한 일본 자객들이 경복궁에 들이닥쳤다. 왕비의 침실인 건청궁을 습격해 왕비를 살해하고 시체에 석유를 뿌려 불사른 뒤 뒷산에 묻어버렸다. 증거를 완전히 없앴다고 생각했지만 고종과 황태자, 미국인 교관, 러시아인 관리, 그 외 많은 조선인이 참혹한 현장을 모두 보고 말았다. 이로 인해 명성 황후 시해 사건은 국내는 물론 국제적으로 알려졌다.

> **시해한 칼을 보관하고 있는 일본**
>
> 명성 황후 시해 때 사용된 칼이 일본의 쿠시다 신사에 보관되어 있다. 칼의 이름은 '히젠토'이고, 칼집에는 '일순전광자노호(一瞬電光刺老狐)'라는 일곱 글자가 적혀 있다. 이 말은 '늙은 여우를 단칼에 베다.'라는 뜻이다. 당시 시해에 가담한 자들은 모두 증거 부족으로 무죄 판결을 받았다.
>
> 이 칼은 명성 황후를 시해한 자객 가운데 한 명인 토오 가츠아키가 신사에 기증한 것이다. 이후 토오는 불교에 귀의하여 그날의 일을 반성하며 살았다고는 하지만 우리 민족에게 남긴 상처는 매우 크다.

을미사변 전의 상황

조선은 일본 세력을 누르기 위해 러시아 공사 베베르와 손잡고 정치계에서 일본과 친한 세력을 없애 나갔다.

조선이 일본인 장교가 훈련시킨 군대도 해산하려 하자 일본인 공사 미우라는 낭인을 이용해 명성 황후를 죽이려고 계획했다.

치밀한 계획을 세워 일본인을 흥선 대원군의 호위병으로 들어가게 해 궁궐 출입이 쉽도록 해 놓았고, 조선 군인도 매수해 명성 황후를 시해할 수 있었다.

161 을미개혁과 을미의병

- 을미사변 후 일어난 친일파 중심의 개혁과 이에 반대하는 의병 항쟁.
- 명성 황후를 시해한 이후 일본은 친일 내각을 세우고 을미개혁을 실시했으나 양반 유생들은 이에 반대하며 전국적인 의병 항쟁을 일으켰다.

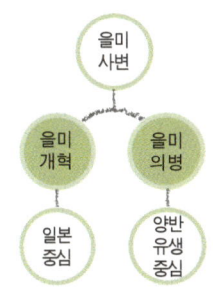

단발령을 시행한 을미개혁

명성 황후의 시해 사건이 밝혀지기도 전에 일본은 고종을 위협해 다시 조선에서 큰 힘을 얻고자 김홍집, 유길준, 서광범 등 친일파를 중심으로 개혁을 시작했다. 갑오개혁을 잇는 이 개혁을 을미개혁이라 부른다.

을미개혁은 위생과 근대 문물 수용에 초점이 맞춰진 개혁이었다. 섣불리 정치 개혁을 했다가는 일본에 대한 감정이 나빠질 것이 뻔했기 때문이다. 그래서 태양력 사용, 종두법 실시, 우체국 및 소학교 설치, 단발령 시행, 서양식 의복 착용 등이 주요 개혁 내용이었다.

하지만 너무 갑작스레 음력을 폐지하고 양력을 사용하여 일반 백성들의 불만이 컸다. 무엇보다도 단발령은 양반 유생들의 큰 반발을 일으켰다. 상투를 자르는 것은 조선의 전통을 무시하고 조선인의 혼을 없애려는 것으로, 일본의 의도가 그대로 드러나는 일이기 때문이다.

을미의병

명성 황후 시해와 단발령에 반대해 양반 유생들은 고종에게 일본을 비판하는 상소문을 여러 차례 올렸다. 하지만 고종은 자신도 시해당할까 두려워 일본에 적극적으로 대항하지 못했다. 그래서 왕을 대신해 일본을 몰아내겠다며 전국에서 근대 최초의 의병이 일어났다. 대표적 의병장은 이소응, 유인석 등이 있었다.

하지만 얼마 후 고종이 단발령을 철회하면서 의병들을 향해 해산할 것을 권하자 대부분의 의병을 자진해서 해산한 후 활동을 중단하고 말았다. 아직까지는 조선의 신분제 틀에서 못 벗어난 모양새임을 알 수 있다.

일본이 을미사변에 대해 사과했냐고?

고종은 당시 일본의 행동에 대책을 세우지 못했기 때문에 명성 황후가 실종되었다고 말하고, 장례식을 2년 2개월이나 끌었다. 이후 대한 제국을 세우고 비로소 왕비를 '명성 황후'로 격상시킨 후 화려하게 장례를 치러 주었다. 그동안 일본은 흥선 대원군과 조선 궁궐 수비대가 범인이라고 거짓말을 했지만 증인이 많아 곧 들통이 나고 말았다. 일본은 사과의 의미로 관리를 해임하고 관계자 48명을 감옥에 보냈지만 증거가 충분하지 않다며 전원 석방시켰다. 일본 정부는 현재까지 공식적인 사과를 하지 않고 있지만, 몇 년 전 시해범의 후손이 한국을 방문해 사죄했다. 일부 양심 있는 일본 사학자들도 일본이 조선의 국모를 시해했다고 인정하고 있으며, 깊은 사죄와 함께 일본 자국민의 역사 바로 알기와 반성을 촉구하고 있다.

을미사변 전의 상황

- 단발령은 위생적인데 왜 반대했어요?
- 조선에서는 '신체발부수지부모(身體髮膚受之父母)'라 해서 부모에게 물려받은 신체를 소중히 간직하는 것이 효의 가장 기본이라고 생각했거든.
- 어떻게 소중히 간직했는데요?
- 상처가 생기면 경솔하게 행동해서 상처를 입혔다고 해서 자신을 꾸짖고, 손톱을 깎을 때도 부모님께 말씀드리고 깎았지. 특히 머리는 혼이 들어 있다고 해서 함부로 자르지 않을 뿐 아니라 잘 감지도 않았어.
- 이제야 왜 단발령을 심하게 반대했는지 알겠어요.

개념쌤의 1분 특강

'을미'가 붙는 역사적 사건이 참 많죠? 힘을 잃을 것이 두려웠던 일본은 왕비를 시해했고(을미사변), 조선에서 힘을 얻고자 개혁(을미개혁)을 했지만, 우리는 이에 반대해 의병(을미의병)을 일으켰어요.

162 아관파천

- 고종이 일본의 위협을 피해 러시아 공사관으로 몸을 피한 사건(1896).
- 을미사변 이후 신변에 위협을 느낀 고종은 러시아 공사관으로 피해 살게 되었고, 주인을 잃은 조선은 이 기간 동안 막대한 이권을 빼앗겼다.

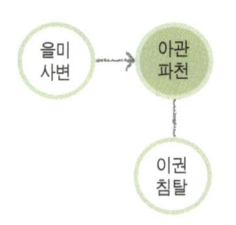

아관파천

아내인 명성 황후가 일본 자객들의 손에 죽자 고종은 불안하지 않을 수 없었다. 언제 자신도 일본에 의해 죽을지 모른다는 생각이 들었을 것이다. 그렇다고 해서 고종은 아내를 죽인 일본에 대항하여 일어난 의병도 지원하지 않았다. 의병이 일본에 순종적인 고종에게 불만을 표시할까 두려웠던 것이다. 일본과 성난 백성들로부터 생명의 위협을 느낀 고종은 비밀리에 세자와 함께 러시아 공사관으로 자리를 옮겼다. 조선의 임금이 궁을 버리고 러시아 외교관이 머무는 곳으로 피해 버린 것이다. 이 사건을 '아관파천'이라고 한다.

외국에 넘어간 우리의 이권

러시아 공사관으로 몸을 피한 뒤 비록 고종은 안전해졌지만, 우리나라의 자주권은 크게 손상될 수밖에 없었다. 아관파천 이후 러시아는 임금을 보호하고 있다는 구실을 대며, 고종의 눈과 귀를 막았다. 이 때문에 조선이 가지고 있던 막대한 각종 이권이 러시아와 다른 나라에 넘어가게 되었다.

조선 정부는 러시아의 중재로 여러 이권을 팔았다. 우선 러시아에는 금광 채굴권과 압록강·두만강·울릉도의 삼림 채벌권을 팔았는데, 아관파천의 대가로 헐값에 넘겼다.

미국이 운산 금광 하나만 개발하여 얻은 총 이익이 4,000만 원 정도였다. 이때까지 조선이 일본에 진 빚이 1,300만 원이었으니, 운산 금광 하나를 개발한 돈으로도 충분히 갚을 수 있는 액수였다. 물론 당시 이런 대규모 사업을 할 기술이 없는 조선으로서는 이권을 팔아 이익을 얻을 수밖에 없는 형편이었지만, 최고의 조건으로 이권을 활용했다고는 볼 수 없다. 또 미국에 운산 금광 개발권을 넘긴 돈의 일부로 고종은 자동차를 구입했다. 헐값에 판 돈도 나라를 위해 현명하게 썼다고 보기는 힘들다.

▲ 미국이 개발한 평안도의 운산 금광

고종과 러시아

삼국 간섭 당시 러시아가 프랑스, 독일과 함께 일본에 압력을 넣어 산둥 반도를 청나라에 돌려주는 모습에 고종은 충격을 받았다. 그리고 러시아라는 나라를 주목하게 된다. 이후 러시아 세력을 이용하기로 마음먹고 러시아 및 미국과 가까운 인물들을 정부에 앉히며 일본을 견제하기 시작했다. 이때부터 조선에서 러시아 세력은 일본이 위협을 느낄 만큼 커져갔다.

개념쌤의 1분 특강

조선 말기에 사람들은 러시아를 아라사(俄羅斯)라고 불렀어요. 아관의 '아'는 여기서 나온 것이죠. 아관은 곧 러시아 관청을 뜻해요. 파천은 임금이 피난을 가는 걸 말하고요.

163 독립 협회

- 서재필을 중심으로 설립된 근대적인 사회 정치 단체.
- 민중의 지지를 얻어야 개혁이 성공한다고 생각한 독립 협회는 독립신문을 발간해 자주독립과 근대 개혁의 필요성을 민중들에게 알렸다.

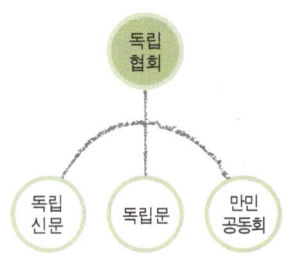

민중 계몽의 중요성

독립 협회는 1896년 7월에 서재필, 윤치호, 이상재 등이 중심이 되어 만든 단체이다. 서재필은 갑신정변에 참여했던 사람 중 한 명이기도 하다. 갑신정변 실패 후 미국에서 공부하다 조선에 자유와 독립의 이상을 실현시키려는 마음으로 귀국했다. 이후 같은 생각을 가진 사람들과 신문을 간행하고 단체를 설립해 활동했는데, 그것이 바로 독립신문과 독립 협회이다.

서재필이 하고자 했던 일은 국민을 계몽시켜 나라를 부강하게 만드는 일이었다. 그래서 제일 먼저 한 일이 독립신문을 만든 것이다. 가장 먼저 신문을 발간한 이유는 조선에서 근대 개혁이 성공하기 위해서는 민중을 계몽하고 그들의 지지를 얻어야 한다고 판단했기 때문이다. 당시 대부분의 신문은 한문으로 쓰인 데 반해 독립신문은 한글로 되어 있어 누구나 신문의 내용을 이해할 수 있었다.

독립신문 덕에 많은 사람들이 개혁의 필요성을 느끼게 되었고 나랏일을 자세히 알게 되었다. 정부도 국민들의 생각을 잘 이해하게 되었으며, 영자판 덕분에 외국 사람들도 조선을 둘러싸고 벌어지는 일을 자세히 알 수 있었다.

신문의 날
우리나라 최초의 신문은 한성순보이다. 하지만 신문의 날은 한성순보를 만든 날이 아니라 독립신문을 만든 날로 정해졌다. 그만큼 독립신문이 신문으로서의 역할을 제대로 했기 때문이다. 한글로 쓴 독립신문과 달리 한성순보는 정부의 일을 지식인들에게만 알리기 위해 한문으로 쓴 신문이었다.

사대주의로부터의 독립

독립 협회는 독립 정신을 높이고 우리나라의 영구 독립을 선언하기 위해 '영은문'을 헐고 그 자리에 '독립문'을 세웠다. 영은문은 조선 정부가 중국 사신을 맞이하던 곳으로, 우리나라의 사대주의 외교를 상징하는 문이다. 독립 협회는 독립신문을 통해 기금을 모아 영은문 대신 독립문을 세웠다. 더 이상 중국에 기대는 외교를 하지 않겠다는 자주독립의 의지를 보여 준 것이다.

▲ 독립문

▲ 독립신문

개념쌤의 1분 특강
아관파천 이후 우리 이권을 빼앗기는 모습에 분노한 민중들이 독립협회의 활약으로 자신들의 의견을 본격적으로 표현하기 시작해요.

164 만민 공동회

- 독립 협회가 국민 계몽을 위해 연 토론회와 연설회.
- 나라의 이권이 열강으로 넘어가는 것을 본 지식인들은 민중들도 상황을 알아야 함을 느끼고, 민중 계몽 운동을 실시하기 위해 만민 공동회를 열었다.

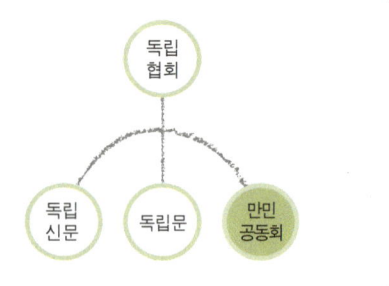

만민 공동회

독립 협회는 처음 만들 때부터 '만민 공동회'라는 토론회와 연설회를 열었다. 종로에서 열린 이 집회는 시민, 정부 관료 등 많은 사람들이 참여했다. 처음에는 러시아의 간섭을 비판하는 연설회가 주로 열렸다. 당시는 고종이 러시아 공사관에 있던 터라 우리나라의 각종 이권이 싼 가격에 외국으로 팔리고 있어 이를 분통해 하는 목소리들이 높았다.

당연히 고종이 어서 궁으로 돌아오기를 바랐고, 러시아 관리를 돌려보내자는 주장도 했다. 러시아를 통해 헐값에 팔아넘긴 이권을 되찾아 오자는 주장도 나왔다.

1898년 10월, 종로 네거리에서 6일 간 대규모 만민 공동회가 열려 고종에게 올릴 '헌의 6조(獻議六條)'를 만들었다. 헌의 6조는 '일본인에게 기대지 말 것, 외국과의 이권 계약에 신중할 것, 언론·집회의 자유를 보장할 것' 등의 내용을 담고 있다. 고종도 '헌의 6조'를 받아들이고 실천할 것을 약속했으며, 조선의 자주독립을 위해 활동하는 독립 협회를 긍정적으로 생각했다.

▲ 외국에 넘어간 이권들

만민 공동회에 나타난 안창호

1898년 평양 쾌재정(快哉亭)에서 만민 공동회가 열렸다. 연사는 당시 20세의 안창호였다. 이날의 연설로 안창호는 스타가 되었다.
안창호는 연설의 본론에서 단상에 앉은 고관들을 하나씩 거론하면서 이들이 잘못하고 있는 정치에 대해 강하게 비판하고, 이를 고칠 수 있는 방법을 제시하였다. 청중들은 안창호의 정연한 논리와 용기 있는 연설에 감동하였고, 이 소문은 전국 각지로 퍼져나갔다.

의회 민주주의의 등장

독립 협회는 서양의 의회 제도와 같은 의회식 중추원을 만들었다. 중추원 의원은 황제와 독립 협회가 임명한 사람이 각각 절반을 차지했는데, 이 의회를 통해 민주적인 정치를 하고자 했던 것이다.

하지만 독립신문에 정부에 대한 불만의 내용이 많아지자 이를 못마땅하게 여긴 몇몇 세력이 고종 황제에게 독립 협회가 황제를 없애고 공화정(왕이 없는 정치)을 수립하려 한다고 거짓말을 했다. 놀란 고종은 독립 협회의 주요 회원을 체포한 후 해산시켜 버렸고, 헌의 6조도 폐지되었다.

개념쌤의 1분 특강

신분에 관계없이 모든 사람들이 다 참석할 수 있었기 때문에 만민 공동회예요. 신분제는 없어졌지만 여전히 차별은 있었기 때문에 당시로서는 획기적인 모임이었답니다.

165 대한 제국

- 광무개혁으로 바뀐 조선의 국호.
- 대한 제국(1897~1910)은 조선이 중국과 동등한 황제국이고, 조선의 국왕이 중국의 황제와 동등한 지위에 있다는 것을 표명한 것이다.

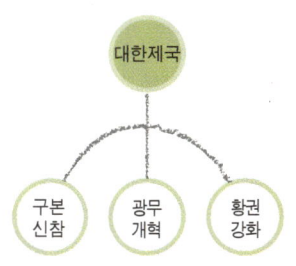

대한 제국의 설립

아관파천 후 계속된 백성들의 환궁 요구로 고종은 러시아 공사관과 가깝게 위치한 경운궁으로 돌아왔다. 고종은 땅에 떨어진 나라의 명예를 드높이고 자주 국가임을 알리기 위해 나라 이름을 '대한 제국'으로 바꾸고 연호를 '광무'라 하였으며 본인은 황제의 자리에 올랐다. 모든 권한이 황제에게 있는 강력한 국가를 꿈꾼 것이다.

그리고 고종 황제는 대한 제국을 발전시키기 위한 광무개혁을 시행했다. 광무개혁의 핵심은 근대적인 제도와 상공업 진흥 정책을 펴 부유하고 강한 나라가 되는 것이었다. 주변의 강대국들에게 당했던 서러움에서 벗어나고자 한 것이다.

광무개혁의 내용

광무개혁의 기본 정신은 옛 법을 바탕으로 삼아 새로운 것을 첨가한다는 뜻의 '구본신참'이다. 즉 기존의 틀을 완전히 바꾸는 것이 아니라 황제에게 권한을 집중하고 서구의 기술 문명을 받아들이는 개혁이었다.

우선, 전국에 있는 토지의 주인을 확실히 밝히고 권리를 인정하는 토지 개혁을 실시했다. 상공업 진흥을 위해 각종 공장을 만들고, 여러 금융 기관도 세웠다. 이밖에도 통신 시설 개선, 병원과 학교 설립 등 조선의 발전을 위한 기초 사업에 주로 투자했다. 군대 제도도 적극적으로 개혁했다. 서울의 방어와 국왕의 호위를 담당하는 부대 및 군사 업무와 관련된 부서를 만들고 본격적으로 여러 제도를 마련했으며 무관 학교도 새로 세웠다.

대한 제국으로 나라 이름을 정한 이유

고조선의 마지막 왕인 준왕은 위만에게 나라를 빼앗긴 후 남쪽으로 도망가서 한왕(韓王)이 되었다는 기록이 있다. 고종은 중국에서 온 위만에 대항한 정통 후계자 준왕과 같은 존재가 되고 싶었던 것이다. 조선이란 이름을 쓰는 한 중국의 간섭을 받던 이미지를 벗을 수 없어 고민 끝에 찾은 이름이 대한(大韓)이다. 현재 대한민국도 같은 이름을 사용하고 있다. 하지만 북한은 고조선과 한말의 조선을 정통으로 보고, 그것을 이었다고 생각하기 때문에 나라 이름을 '조선 민주주의 인민 공화국'이라 하고, 우리를 '남조선'이라 부르고 있다.

고종 황제가 사회 개혁을 하지 못한 이유

개념쌤의 1분 특강

제국은 황제가 다스리는 나라를 말해요. 왕이 다스리던 조선은 제국이 아니었어요.

166 러일 전쟁

- 한반도 지배력을 놓고 일본이 러시아와 벌인 전쟁(1904~1905).
- 아관파천 이후 러시아와 일본은 한반도에서의 지배력을 놓고 러일 전쟁을 벌였으며, 승리한 일본은 한국을 지배할 힘을 얻었다.

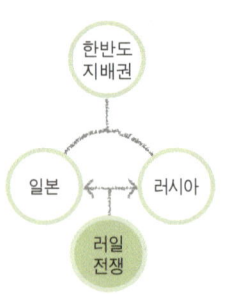

조선을 둘러싸고 다투는 나라들

우리나라를 두고 눈독을 들인 나라는 여럿 있었다. 우선 과거부터 사대 관계를 유지했던 청나라는 조선을 끝까지 놓지 않으려 했다. 하지만 청나라도 영국, 프랑스, 독일 등의 침입으로 정신을 차릴 수 없었고, 국력도 이빨 빠진 호랑이 격이라 조선에 손을 뻗칠 수가 없었다.

처음부터 조선을 지배하려던 야욕을 가진 일본은 치밀하게 조금씩 한반도에 대한 지배력을 쌓아나갔다. 한때 청나라에 정치력을 빼앗겼지만 경제 쪽으로 눈을 돌려 시장을 장악하면서 여러 방면에 걸쳐 지배욕을 드러냈다.

조선을 놓고 청나라와 일본은 부딪힐 수밖에 없었다. 거대한 땅덩이와 화려한 문명을 자랑하던 중국과 서양식 근대화에 성공한 일본과의 싸움에서 승리를 거둔 것은 일본이었다. 이 전쟁이 바로 '청일 전쟁'이다. 하지만 일본은 또 하나의 싸움 상대가 생겼다. 바로 러시아이다.

러일 전쟁과 독도

러일 전쟁 기간 중 일본은 바다에서 러시아와 해전을 벌였다. 이때 땅에서 지원을 하면 전쟁에서 승리할 확률이 커질 것이라 판단한 일본은 울릉도와 독도에 전쟁용 망루 등을 건설하였고, 이를 계기로 일본 의회에서 독도가 본격적으로 일본 영토로 등장하게 되었다. 이후 지금껏 일본은 독도를 자신의 영토라 주장하고 있다.

▲ 독도

러일 전쟁

러시아는 얼지 않는 항구를 찾아 한반도에 눈독을 들였고, 을미사변 이후 일본을 멀리하게 된 고종과 마음이 맞아 한동안 조선에서는 러시아가 힘을 쓰게 되었다. 일본은 러시아를 몰아낼 궁리를 하였고, 이 둘은 러일 전쟁을 통해 맞붙게 되었다. 전쟁을 치르며 대한 제국의 중요한 군사적 요충지를 장악한 일본이 승리하였고, 이제 한반도는 일본의 수중에 떨어졌다.

전쟁에서 승리한 후 일본은 러시아와 포츠머스 조약을 체결했다. 이 조약은 한반도에서 일본이 우월적인 지위를 갖는다는 내용을 포함하고 있었다.

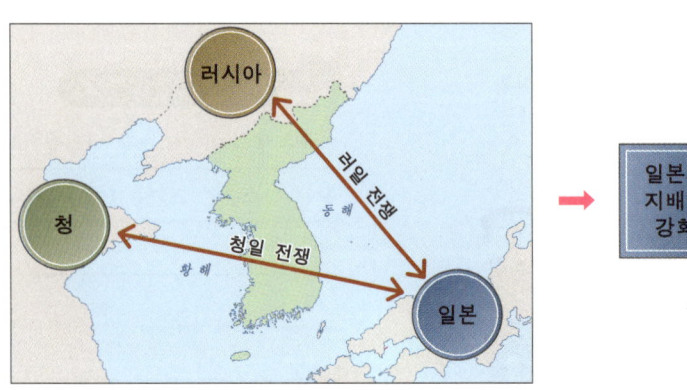

▲ 한반도를 둘러싼 국제 정세

개념쌤의 1분 특강

러일 전쟁으로 확실하게 승기를 잡은 일본은 이제 본격적으로 조선의 주권을 빼앗을 궁리를 하게 된답니다.

167 을사조약

- 일본이 대한 제국의 외교권을 빼앗아가기 위해 체결한 조약(1905).
- 을사년(1905)에 러일 전쟁에서 승리한 일본이 대한 제국의 외교권을 박탈하기 위해 강제로 체결한 조약이다.

러일 전쟁 → 일본 승리 → 을사조약

간악한 일본의 의도

을사조약은 조선의 주권을 무시하고 서양의 강대국들이 일본의 한국 침략을 인정한다는 내용의 조약이다. 게다가 일본은 이토 히로부미를 파견하여 조선을 보호하기로 결정했다.

처음 우리나라 사람들은 이토 히로부미를 열렬히 환영했다고 한다. 왜냐하면 러시아까지 이긴 일본에서는 조선을 침략하여 완전히 차지하자는 사람들이 많았는데 이토는 동양 평화를 위해 서로 노력해야 한다고 주장했기 때문에, 순진하게 우리가 일본의 속국이 되지 않을 것이라고 생각했다.

하지만 이토 히로부미의 생각은 우리를 안심시키기 위한 수단일 뿐이었고, 결국 우리나라를 집어삼키는 것이 목적이었다. 다만 이토는 서서히 조선을 합병해 가겠다고 주장한 것뿐이다.

말 못하는 나라, 대한 제국

을사조약의 핵심 내용은 '외교권 박탈'이다. 즉 조선이 맺는 모든 조약이나 협정을 일본이 대신 맺어준다는 것이다. 당장 나라가 넘어간 것은 아니지만, 자신의 의견을 제대로 말할 수 없는 나라가 된 셈이므로, 세계에서 한민족을 위한 말을 할 입이 없어진 것이다.

이토는 이 을사조약 문서를 들고 세 번이나 고종을 알현하고 허락을 요청했지만 고종은 계속 거부했다. 힘이 없는 고종은 '정부에서 협상을 조처하라.'고 책임을 피했다. 결국 일본은 조선의 외교권을 빼앗고, 통감부를 설치하여 조선에 노골적으로 간섭하게 되었다. 통감부는 모든 분야의 정책을 좌지우지할 수 있는 권리를 갖게 되면서 조선 최고의 기관이 되었다.

을사조약은 무효이다!

고종은 을사조약에 결국 도장을 찍지 않았다. 을사5적의 사인만 있을 뿐이다. 1906년 프랑스의 레이 교수는 을사조약이 국제 조약에 필요한 형식적인 요건을 갖추지 못한데다가 첫머리에 조약의 명칭조차 비어 있어 국제 조약으로 인정하기 어렵다고 지적했다. 하지만 일본은 법적으로 아무 문제가 없다고 주장하고 있다. 을사조약이 무효화된다면 이후 일본이 우리나라를 대신해 중국이나 다른 외국과 맺은 모든 조약은 힘이 사라지게 되는 것은 물론이고, 1910년 우리 주권을 빼앗아 간 한일 합병 조약도 무효가 된다.

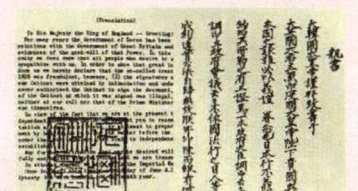
▲ 고종이 영국에 보낸 을사조약 무효 문서

▲ 을사조약의 체결 일본 헌병 수십 명이 둘러싸고 강압적으로 진행된 회의에서 한규설과 몇몇 대신은 끝까지 거부했다. 하지만 을사5적으로 불리는 대신들은 모든 책임을 고종에게 넘기면서 찬성했다.

> **개념쌤의 1분 특강**
> 이 시기는 조약들이 많아 헷갈리죠? 을사의 첫 자음 ㅇ과 외교권의 첫 자음 ㅇ이 같다고 연결시켜 보세요.

168 을사의병

- 을사조약 체결 소식을 듣고 이에 반대하며 시작된 의병 활동.
- 을사조약으로 인해 우리 외교권이 없어진다는 것을 알게 된 민중들은 전국적으로 을사의병을 조직해 을사조약에 반대하는 투쟁을 벌였다.

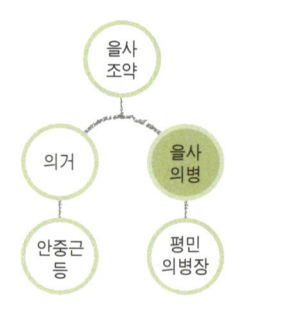

들불처럼 일어난 의병

을사조약의 소식을 접한 국민들도 참지만은 않았다. 전라도에서는 최익현이, 경상도에서는 신돌석이, 강원도와 충청도에서는 유인석이 의병을 일으켰다. 이 시기에는 의병 활동이 전국적으로 일어났으며, 평민 의병장이 나타나는 등 본격적인 의병 활동이 시작되었다.

활발한 의거 활동

안중근 의사가 만주 하얼빈 역에서 이토 히로부미를 사살한 것이 대표적 의거 활동이다. 안중근 의사는 1909년 10월 26일 일본인인 체하며, 하얼빈 역에 들어가 이토 히로부미를 사살하고, 러시아 경찰에 자진해서 체포되었다. 자신이 한 일이 죄가 아니라고 생각했기 때문이다. 체포되어서도 당당했던 안중근 의사는 재판에서 자신은 살인을 한 것이 아니라 국가의 적을 사살한 것이라 말했고, 감옥에 갇혀 있는 동안에도 《동양 평화론》이라는 책을 썼다. 20세의 청년 이재명은 1909년 12월 명동 성당에서 벨기에 황제의 추도식에 이완용이 참석한다는 것을 알고 이동수, 김병록과 함께 기다렸다. 이재명은 인력거에 올라타는 이완용의 어깨를 찔렀고, 그 와중에 인력거꾼도 죽이고 말았다. 여러 번 이완용을 찔렀으나 이재명 자신의 두루마기에 가려 거꾸로 찌르는 바람에 이완용의 엉덩이와 허리에 부상을 입히는 데 그쳤다. 재판정에 선 이재명은 "나라를 위한 죽음은 평생 소원이니 두렵지 않다. 그러나 이 일은 끝나는 것이 아니다. 수천 명의 이재명이 나올 것이다."라고 말했다.

아들만큼 위대한 안중근의 어머니

"네가 만일 늙은 어미보다 먼저 죽는 것을 불효라 생각한다면, 이 어미는 온 나라의 웃음거리가 될 것이다. 너의 죽음은 한 사람의 것이 아니라 우리나라 국민 전체의 분노를 짊어지고 있는 것이다."

안중근 의사가 이토 히로부미를 사살한 뒤 중국의 뤼순 형무소에 갇혀 있을 때 어머니 조마리아 여사가 보낸 편지이다. 조 여사는 1910년 2월 14일 재판에서 사형을 선고받은 아들 안중근 의사에게 '살려고 몸부림치는 인상을 남기지 말고 의연히 목숨을 버려라.'고 말했다.

전명운, 장인환의 의거

전명운과 장인환은 서로 모르는 사이였지만 일본의 앞잡이 역할을 하던 미국인 스티븐스를 암살하려는 마음은 같았다. 그리고 우연히 같은 날 암살 계획을 세웠다. 먼저 전명운이 총을 쏘지만 실패하고 뒤이어 장인환이 총을 쏴 스티븐스를 사살했다.

개념쌤의 1분 특강

을사조약 이후에는 매우 다양한 항거가 일어나요. 평민 의병장과 안중근의 의거 활동은 꼭 기억하세요.

169 헤이그 특사

- 을사조약의 부당함을 알리기 위해 파견된 고종의 특사(1907).
- 고종은 이준, 이상설, 이위종을 헤이그에서 열리는 만국 평화 회의에 보내 일본의 부당함을 알리고자 했으나 실패하고 말았다.

을사조약의 부당함을 알리다

을사조약 체결 소식은 전국으로 퍼져 나갔다. 〈황성신문〉에는 장지연의 〈시일야방성대곡(오늘은 우리가 목놓아 울어야 하는 날이다)〉이라는 글이 실렸고, 국민들도 한마음으로 일어나 조약을 거부하고 일제에 대항하였다.

관리들과 양반 유생들은 강한 뜻이 담긴 상소를 올렸고, 고종을 호위하던 민영환은 국민에게 나라가 처한 상황을 경고하는 유서를 남기고 스스로 목숨을 끊었다. 뒤이어 조병세, 홍만식, 이상철, 김봉학, 이한응 등의 관리도 죽음으로써 일본에 항거했다. 언론은 매일 일본을 비난했고, 장시도 열리지 않았으며, 학생들도 휴교로 맞섰다. 전국 각지에서 의병 운동이 전개되었고, 이토 히로부미와 을사 5적을 처치하려는 움직임도 일어났다.

헤이그 특사

고종은 일본의 옳지 못함을 여러 나라에 알리기 위해 외교적인 노력을 펼쳤지만 모두 실패했다. 1907년 네덜란드의 헤이그에서 26개국 대표가 참석하는 '만국 평화 회의'가 열리자 고종은 일본 몰래 특사를 파견했다. 을사조약은 불법적이며 강제로 체결된 조약이지 결코 황제가 인정한 조약이 아니라는 것을 알리기 위해서였다. 특사는 고종의 측근인 이준, 이상설, 그리고 러시아에서 근무하던 이위종이었다.

회의장에 도착한 특사들은 을사조약이 의미가 없음을 인정해 줄 것을 요구했다. 하지만 회의에 참석한 국가들은 골치 아픈 문제를 피하기 위해 일본인이 이미 대표로 와 있다고 말했다. 한편, 특사를 보냈다는 소식이 국내에 알려지자 일제는 고종을 가두다시피 하고, 한국 대표가 회의에 참석하는 것을 방해했다. 또 막상 회의장에서는 다른 나라들도 이미 을사조약을 인정했으니 한국 정부의 요구를 들어줄 수 없다고 했다. 결국 우리 대표는 회의에 참석하지도 못했고, 우리의 의견을 알리는 데에도 실패하고 말았다.

▲ 헤이그 특사인 이준, 이상설, 이위종
일본의 방해로 성과를 얻지 못하자 이준 열사는 결국 분을 이기지 못하고 헤이그에서 사망하였고, 나머지 두 사람은 고종의 얼굴을 뵐 수 없다며 돌아오던 길에 중국에 남아 독립운동을 계속했다.

헤이그에서는 무슨 일이 있었을까?

당시 일본뿐 아니라 다른 서구의 나라도 식민 지배를 하고 있었던 상황이었기 때문에 세계 여러 나라들은 대한 제국의 특사를 돕지 않았다. 특히 영국은 인도 지배를 인정받는 대신 일본의 한국 지배를 인정하는 영일 동맹에 따라 일본을 지지했다. 그러나 러시아는 러일 전쟁 이후 일본을 견제할 목적으로 특사 파견을 적극적으로 도왔다.

개념쌤의 1분 특강

헤이그 특사 자체보다는 왜 고종이 헤이그에 특사를 보냈는지, 또 특사를 보내고 나서 고종에게는 어떤 일이 닥쳤는지 연결 고리를 아는 것이 더 중요해요.

170 정미의병

- 군대 해산을 계기로 군인들이 의병에 참여하며 일어난 의병 전쟁.
- 해산된 대한 제국 군대의 군인들이 자신들이 소유했던 무기를 들고 정미의병에 참여하면서 의병의 질이 높아졌다.

정미의병

을사조약 이후 일제는 헤이그 특사 사건을 구실로 고종을 강제로 황제 자리에서 내려오게 하고, 대한 제국의 군대를 해산시켜 버렸다. 해산된 군인들은 대장 박승환이 스스로 목숨을 끊은 것을 계기로 무장 봉기를 하는 한편, 무기를 가지고 의병 부대에 참여하였다.

의병은 해산 군인의 참여로 무기와 병력이 크게 좋아지고, 싸우는 기술도 나아졌다. 특히 일본군이 조선의 지형에 어두운 점을 이용하여 산이 많은 곳을 중심으로 유격전을 벌여 일본군을 무력화하는 데 크게 이바지했다. 을사조약 이후 힘이 약해진 의병은 해산된 군인이 참여하면서 다시 한번 크게 일어날 수 있었다. 의병에 참여하는 사람들도 다양해져 천민 의병장도 나왔다.

서울 진공 작전

전국의 의병들은 공동 작전을 펼쳐서 서울을 지키려는 계획을 세웠다. 이인영 의병장을 중심으로 '13도 창의군'을 만들어 통감부를 무너뜨리고 국권을 회복하기 위해 서울을 향해 올라갔다. 13도 창의군 중 먼저 출발한 300명이 서울 동대문 밖 30리 떨어진 곳까지 진격하여 일본군과 전투를 벌였다.

일본군에 밀려 일단 후퇴하던 중 이인영의 아버지가 죽자 이인영은 지휘권을 부대장인 허위에게 맡기고 고향으로 내려가 아버지의 장례를 치렀다. 서울 진공 작전에 실패하고 총대장이 없어진 군대는 전국으로 흩어지고 말았다.

최초의 평민 의병장, 신돌석

신돌석은 을미의병 당시 재산을 털어 의병을 일으켜 곳곳에서 큰 성과를 올렸다. 을사의병 당시에도 많은 공을 세워 사람들은 그를 '태백산 호랑이'라 불렀다. 주변의 의병들이 속속 그의 부대로 들어와 경상도 일대에서 가장 큰 부대를 이끌었다. 서울 진공 작전에도 경상도 대표로 참여하려 했으나, 평민이라는 신분 때문에 참여하지 못했다. 하지만 이후에도 계속 동해안을 중심으로 꾸준히 의병 활동을 했다. 그러나 신돌석은 일본에게 매수당한 부하에게 암살당하고 말았다. 가슴에 도끼를 맞은 상태에서도 벽을 부수고 세 번이나 높이 뛰어 올라 담장을 넘어 피했지만, 결국 죽고 말았다고 한다.

의병 토벌대

서울 진공 작전 이후에도 의병 활동이 계속되자 화가 난 일본은 1909년 9월 1일 '남한 대토벌 작전'을 시작했다. 대규모 부대를 동원해 의병이 모여 있는 곳을 완전히 없애는 작전이었다. 일본군에게 수많은 의병들이 사형당했다. 결국 남은 의병들은 북쪽 국경선 밖으로 나가 훗날을 도모하게 되었고, 이들은 국권을 빼앗긴 후 독립군으로 활동했다.

개념쌤의 1분 특강

의병들이 일어난 계기를 정리해 볼까요?

을미의병 = 명성 황후 시해

을사의병 = 을사조약

정미의병 = 군대 해산

171 애국 계몽 운동

- 일본을 이기기 위한 활동 중 무력을 사용하는 방법을 제외한 모든 활동.
- 정치 단체를 만들어 일본에 반대하는 활동, 경제적·문화적으로 우리 것을 지켜 나가는 운동, 교육 활동 등을 애국 계몽 운동이라 한다.

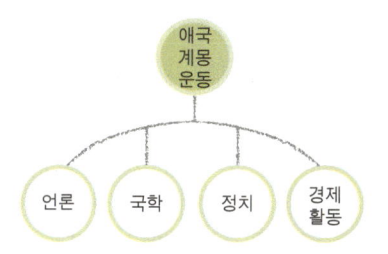

언론 활동

애국 계몽 운동은 다방면에서 진행되었다. 그중 민중들을 무지에서 깨어나도록 애쓴 것으로 신문을 들 수 있다. 가장 활발히 활동한 신문은 〈대한매일신보〉로, 러일 전쟁을 취재하기 위해 한국에 왔던 영국인 베델이 양기탁 등의 도움을 받아 창간한 신문이다. 이 무렵 일본은 한국이 만드는 신문이나 잡지를 철저히 감시하고 억눌렀는데 〈대한매일신보〉는 발행인이 영국인 베델이었기 때문에 일본의 검사를 받지 않고 신문을 낼 수 있었다.
〈황성신문〉과 순한글 신문인 〈제국신문〉도 국권을 지키기 위해 활약했다. 국민들은 이런 신문을 통해 나라 안팎의 소식을 알고 의견을 표현했다.

▲ 대한매일신보 창간호

국학 연구

자기 나라의 고유한 역사나 전통, 신앙, 언어 등을 국학이라 한다. 일본은 우리나라의 전통이나 말 등이 일본에 비해 수준이 낮다며 무시했기 때문에 우리 민족은 그에 맞서기 위해 국학을 연구했다.

특히 신채호는 을사조약이 체결되자 〈황성신문〉과 〈대한매일신보〉에 우리 민족의 우수성을 알리는 논설을 쓰고, 민족 영웅을 다룬 이야기나 역사 논문을 발표해 일본 사람들의 주장처럼 우리 민족의 수준이 낮지 않다는 것을 알리려 애썼다. 또 적극적인 항일 운동을 벌이다 1914년 중국으로 망명해 우리 민족의 활동 무대를 답사하면서 우리 고대사를 다시 생각하게 하는 역사책을 썼으며 1919년에는 대한민국 임시 정부에서 활동하기도 했다. 이처럼 뚜렷한 역사관을 가진 그는 '독립이란 주어지는 것이 아니라 쟁취하는 것이다.'라고 생각하였고, 이런 생각은 이전까지 별로 중요하게 생각하지 않던 '고조선(古朝鮮)'과 '묘청의 난' 등을 새롭게 바라보게 했다.

▲ 애국 계몽 운동 중 교육 활동

푸른 눈의 한국인 베델

한국을 정말 사랑해 이름도 한국식인 '배설'로 바꾸고 활동했던 베델은 조선의 독립을 위해 헌신적으로 노력했다. 〈대한매일신보〉가 일제의 만행을 하나의 거짓도 없이 그대로 전달할 수 있었던 것은 그가 영국인이었기 때문이다. 베델이 너무 미웠던 일본은 영국과 외교 관계에서 마찰을 빚으면서까지 베델을 쫓아내고 싶어했다. 하지만 베델은 일제에 대항하는 것이라면 한 치의 양보도 하지 않았다. 일본과 재판을 하는 과정에서 건강을 해친 베델은 이른 나이에 죽었지만 그의 죽음을 안타까워한 조선 사람들은 전 국민이 푼돈을 보태 비석을 세웠고, 현재 그는 양화진 외국인 묘지에 묻혀 있다.

개념쌤의 1분 특강

언론 활동, 교육 활동, 정치 활동 등이 모두 애국 계몽 운동이에요.

172 신민회, 국채 보상 운동

- 비밀 정치 단체인 신민회와 경제적 국권 회복을 위한 국채 보상 운동.
- 애국 계몽 운동 중 정치 분야에서는 신민회가 활약하였고, 일본에 맞서 경제적인 주권을 확립하고자 국채 보상 운동이 전개되었다.

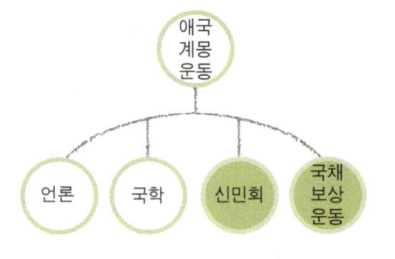

신민회

정치 단체 중 가장 활발히 활동한 것은 1907년부터 활동한 신민회로, 일본에 반대하여 비밀리에 만든 단체이다. 안창호, 이승훈, 양기탁 등이 중심이 되었고, 목표는 국권을 회복하여 자유 독립국을 세우고 공화정의 새 국가를 세우는 것이었다. 엄격한 심사를 통해 전국에 걸쳐 800여 명의 회원을 받아들였고, 누가 회원인지 서로 알지 못하는 철저한 비밀 단체였다.

신민회는 일제가 애국자들을 심하게 탄압하면서 활동이 줄어들기 시작했다. 일본이 철저히 감시하던 안창호를 비롯한 이갑, 이동휘, 신채호 등은 미국과 러시아의 연해주 등지로 망명했으며, 이회영, 이시영 등 6형제와 일부 회원들은 독립군 기지가 있는 만주로 옮겨갔다. 일찍부터 신민회를 없애고 싶었던 일본은 1911년 '105인 사건'을 꾸며 무너뜨리고, 국내에 남아 있던 애국자들을 모조리 잡아들였다. 하지만 신민회는 일제 강점기 초기까지 활발히 활동한 거의 유일한 정치 조직이었다.

국채 보상 운동

1907년 시작된 국채 보상 운동은 국채(국가의 빚)를 갚아 국권을 회복하자는 운동이었다. 1907년 한국 정부가 짊어진 외채는 총 1,300만 원이나 되었지만 당시 정부는 이렇게 큰 금액의 빚을 갚을 능력이 없었다. 대구에서 시작된 국채 보상 운동은 언론들의 적극적인 홍보에 힘입어 전국적으로 퍼져나갔고, 4만여 명이 참여하여 230여 만 원을 모금했다. 깜짝 놀란 일본 정부는 교묘히 방해하기 위해 양기탁 등 핵심 인물을 구속하고, 재판이 진행되는 동안 더 많은 외채를 들여와 국채 보상 운동을 무의미하게 만들어 버렸다.

돌아온 경천사지 10층 석탑

경천사는 경기도 개풍군 광덕면 부소산 기슭에 있던 고려 시대의 절이다. 그런데 이 절터에 있는 탑의 아름다움에 반한 일본인 관리 다나카가 탑을 불법으로 일본으로 가져가 자기 집 정원에 두었다. 이를 알게 된 언론인 베델과 선교사 헐버트는 〈대한매일신보〉를 통해 이 사실을 알리고 여론을 형성하여 결국 10년 만에 돌려받게 되었다. 하지만 이미 탑은 말할 수 없는 상처를 입은 후였다. 13m가 넘는 큰 탑을 일본으로 가져가느라 급히 해체하면서 상할 대로 상했다. 재료 또한 단단한 화강암이 아니라 대리석이어서 상처는 더욱 컸다. 국내로 돌아온 후 경복궁에 있던 이 탑은 최근에야 세밀한 복원 작업을 거쳐 서울 용산의 국립중앙박물관 실내에 멋진 자태로 자리를 잡게 되었다.

신민회의 활동

▲ **교육 활동** 대성 학교, 오산 학교를 비롯해 100여 개에 이르는 학교를 세웠다.

▲ **강연 및 출판 활동** 국민들을 깨우쳐 주기 위해 강연이나 책과 잡지를 출판했다. 특히 〈대한매일신보〉를 이용해 일본을 비판했다.

▲ **실업 장려 운동** 경제적 독립을 이루기 위해 다양한 회사를 세웠다. 그러나 일제의 경제력에 밀려 큰 성과를 보지는 못했다.

▲ **독립군 지원 활동** 의병 운동을 지원했다. 또 의병의 현대화를 위해 국외에 무관 학교와 독립군 기지를 만들었다.

173 간도와 독도

- 일본 때문에 중국에 빼앗긴 간도와 일본이 자신의 땅이라 우기는 독도.
- 식민 지배 이후 간도는 중국에 빼앗긴 채 되찾지 못하고 있고, 터무니없게도 독도는 일본이 자신의 땅이라고 우기고 있다.

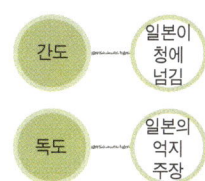

외교권을 잃어 빼앗긴 땅, 간도

간도는 백두산 위쪽에 있는 땅으로 우리 영토였던 곳이다. 일본이 중국에 넘겨주는 바람에 지금은 중국 땅이지만 옛날에는 고구려와 발해가 있던 곳이었으며 일제가 국권을 빼앗은 이후 우리 교민의 생활 근거지가 되었고, 항일 운동의 핵심지이기도 했다.

대한 제국 당시 '백두산 정계비'에 적힌 국경선의 경계를 두고 청나라와 다툼이 있었다. 하지만 일본이 남만주 철도를 건설하는 권리와 푸순 탄광의 채굴권을 얻는 대가로 조선의 땅인 간도를 청나라에 넘겨주는 간도 협약을 맺어 버렸다. 을사조약으로 외교권을 빼앗아간 일본이 멋대로 체결한 협약이었다.

간도를 돌려달라고 하지 않는 이유

한국 전쟁 이후 우리나라는 남한과 북한으로 나뉘어 각각 자유 민주주의 국가와 사회주의 국가로 발전했다. 그런데 간도와 영토가 맞닿은 북한은 한국 전쟁 당시 큰 도움을 받은 중국과 마찰을 일으키지 않으려 했다. 그래서 간도 지역의 소유권을 주장하기 힘들었던 것이다. 때를 놓친 간도의 영토권 분쟁은 우리에게 점점 더 불리해지고 있다.

신라 시대 이후 줄곧 우리 땅인 독도

독도는 신라 지증왕이 울릉도를 점령하면서 신라 땅이 된 이후 계속 우리 땅이었다. 고려 때 울릉도와 주변 섬을 관리했던 기록과 고려 말에는 왜구의 침입을 막기 위해 울릉도에 사람들을 이주시킨 기록이 있다.

일본은 조선 시대 울릉도를 비우는 공도 정책(왜구의 침입으로부터 주민의 안전을 지키기 위해 섬을 비우는 정책)을 펼친 것을 꼬투리 삼아 그 시기에 자기네 땅으로 편입했다는 억지 주장을 펼치기도 했다. 하지만 이는 잘못된 주장으로 조선의 문서에 따르면 3년에 한 번씩 울릉도와 그 주변의 섬에 관리를 파견해 살폈다는 기록이 남아 있기 때문이다. 이렇게 명백한 증거에도 불구하고 일본이 독도를 자기네 땅이라고 주장하며 불법적인 활동을 일삼자 1900년 10월 대한 제국은 칙령을 반포해 울릉도 군수가 독도까지 관리하게 했다.

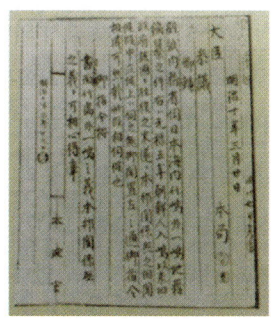
▲ 태정관 문서

▲ 독도

태정관 문서는 독도가 우리 땅임을 알 수 있는 중요한 문서이다. 일본의 태정관에서 작성한 문서에 "울릉도와 그 외 1개 섬인 독도는 일본과 관계없다는 것을 마음에 익힐 것"이라는 내용이 쓰여 있다.

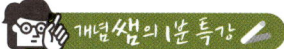

독도에 관한 문제는 우리 영토와 관련된 민감한 문제이기 때문에 시험에 한 문제 정도 출제되는 경우가 많답니다.

174 한일 병합

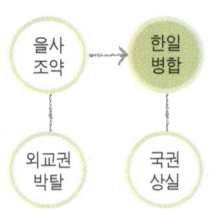

- 나라의 국권을 잃고 일본의 식민지로 전락하게 된 사건(1910).
- 을사조약으로 외교권을 빼앗긴 후 1910년, 조선은 완벽하게 일본의 식민지가 되는데 이런 내용이 담긴 조약이 한일 병합 조약이다.

한일 병합

한일 병합이라는 강제 조약을 맺어 우리의 국권을 빼앗은 일본은 우리 민족을 그야말로 무지막지하게 억압하기 시작했다. 최고 기관인 조선 총독부의 관리는 전부 일본인이어서, 우리 의견과 상관없이 모든 결정을 내렸다. 당연히 조선의 주권을 빼앗는 것에 반대하는 의병 전쟁과 애국 계몽 운동을 억압했다. 이제 국제 사회에서 더 이상 조선은 존재하지 않게 되었고, 식민지로 전락해 버리고 말았다.

독립운동의 시작

일제에 의해 한일 병합이 되자 우리 민족은 나라 안팎에서 항일 투쟁을 벌여 나갔다. 우리 민족의 자주성을 눈치 챈 일본은 미리 '남한 대토벌 작전'을 벌여 항일 투쟁의 중심지인 호남 지방에서 의병의 씨를 말려 놓았다. 그래서 한일 병합이 있었던 1910년대의 민족 운동은 작은 규모로 비밀리에 진행될 수밖에 없었다.

일제 강점기 이전부터 활동하던 신민회는 1911년까지도 활발히 항일 운동을 전개했고 이밖에도 많은 비밀 단체들이 무력이나 교육을 통해 독립운동을 펼쳤지만, 전국적인 조직으로 발전하지 못한 채 일본의 억압을 받았다. 결국 독립운동의 중심은 국외로 옮겨질 수밖에 없었고, 많은 항일 무장 세력이 만주와 연해주로 이동하여 독립운동 기지를 건설했다.

대표적인 독립운동 기지는 신민회가 중심이 되어 건설한 서간도의 삼원보, 헤이그 특사로 갔던 이상설 등이 세운 북만주의 한흥동, 그리고 러시아 연해주의 신한촌 등이다. 일본의 지배를 피해 넘어온 수많은 조선인들이 만든 마을을 배경으로 수십 개의 학교와 군사 학교가 세워지면서 독립운동 기지도 같이 들어섰다. 규모가 큰 곳에는 임시 정부가 들어서기도 했다.

▲ **한일 병합 후 일본의 태도** 일제는 한일 병합 조약을 맺은 후 우리를 식민 지배하기 위해 경찰과 헌병을 동원했다. 1910년 헌병과 경찰이 7,900명이던 것이 다음해에는 14,000명으로 증가했다.

곤장을 악용한 일제

태형이라고 하는 곤장은 조선 시대부터 내려오던 형벌의 하나로, 굉장히 흔한 벌이었다고 생각하는 사람들이 많다. 그러나 조선 시대에는 곤장을 그리 자주 때리지 않았다. 정치범이나 아주 못된 짓을 한 사람에게만 태형을 내렸지만 일제 시대에는 조선인에게만 태형을 적용해 아주 작은 잘못만 해도 '벌금 얼마에 태 몇 대'라는 식으로 곤장을 때렸다. 못된 아이를 다루듯 매일 때린 것이다. 일본이 얼마나 우리 민족을 우습게 봤는지 짐작이 가는 부분이다.

개념쌤의 1분 특강

병합은 두 개나 세 개를 하나로 만드는 것을 말해요. 결국 한일 병합은 두 나라가 합쳐졌다는 의미로, 우리나라가 식민지가 되었다는 뜻이에요.

175 무단 통치

- 일본이 헌병을 동원해 조선을 지배한 시기(1910~1919).
- 군인들을 다스리는 헌병을 동원해 우리 민족을 칼과 총으로 다스리던 시기를 무단 통치 시기라고 한다.

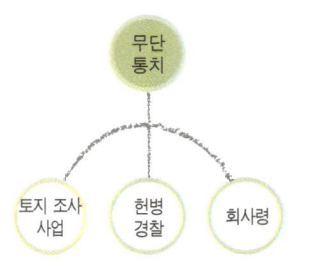

무단 통치

한일 병합 이후 정치 단체를 만들거나 의견을 내는 것은 금지되었다. 협조하지 않는 사람들은 강제로 끌고 가 고문하거나 죽이기도 했고, 민족 신문은 폐간되었다. 이처럼 무조건 무력으로 밀어붙였기 때문에 한일 병합 이후 일제의 통치 방법을 무단 통치라고 한다.

작은 죄를 지은 사람들은 헌병이 직접 벌을 내릴 수 있는 즉결 심판권도 가지고 있었다. 헌병에게 잘못 보이면 재판도 없이 당장 잡혀 들어가 벌을 받으니까 사람들은 벌벌 떨었다. 학교에서는 선생님들이 군복에 칼을 차고 교실에 들어왔다. 물론 교사는 조선인이 대부분이고 조선말로 수업이 진행되었지만 일본어와 일본의 역사를 가장 많이 배워야 했고, 한국어는 중국어와 함께 선택 과목이었다. 또 조선인은 초등학교는 4학년까지만 있었고, 중등학교에서는 주로 실업 교육만 했으며 고등 교육 기관을 없애 버려 조선 왕조 오백 년 내내 지식인을 길러내던 성균관도 없어졌다.

토지 조사 사업

이 시기에 일본은 특히 우리나라의 토지를 집중적으로 빼앗아갔다. 이렇게 해서 우리나라 전체 토지의 40%가 일본에게 넘어가 버렸다. 빼앗은 땅은 '동양 척식 주식회사'라는 회사를 통해 팔거나 빌려 주었다. 그 결과 많은 일본인들이 조선으로 이주해 와서 살게 되었다. 또 '회사령'을 발표해 회사를 설립할 때 반드시 조선 총독부의 허가를 얻도록 했다. 우리나라 사람들이 큰 돈을 모아 경제를 발전시켜 나갈 수 없도록 법으로 막아버린 것이다.

조선 총독부

일제가 우리나라를 지배하기 위해 만든 조선 총독부는 일부러 경복궁을 가로막으며 세워졌다. 조선의 기를 막기 위해서였다. 그런데 총독부 건물은 광복 후에도 '중앙청'이란 이름으로 계속 사용되었다. 그것을 대신할 만한 큰 건물이 없었기 때문이다. 박정희 대통령 때에는 정부 종합 청사 등이 생기면서 총독부 건물을 국립중앙박물관으로 개조하여 사용했다. 그러다 1995년 광복 50주년을 맞이하여 총독부 건물에 우리 유물들을 전시하는 것은 부끄러운 일이라는 여론이 높아지면서 드디어 철거됐다.

▲ 토지 조사 사업 처음에는 땅의 주인이 누구인지를 근대적인 방법으로 확인한다며 시작했지만 왕실의 땅, 가문이나 마을의 공동 경비를 마련하기 위한 공동의 땅은 주인이 없다며 가져갔다. 공동의 땅이라고 아무리 설명해도 막무가내로 가져갔다. 일본에 대해 감정이 좋지 않아 기간 내에 신고하지 않은 사람의 것은 문서가 있어도 무조건 빼앗아 갔다.

개념쌤의 1분 특강

무력이나 억압을 써서 강제로 행하는 것을 무단이라 해요. 무단 통치의 뜻을 알겠지요?

176 3·1 운동

- 일제 강점기에 일본에 항거하여 일으킨 비폭력 만세 운동(1919).
- 민족 자결주의와 2·8 독립 선언, 고종의 승하 등을 배경으로 발생한 3·1 운동은 전 국민이 참여한 대규모 독립운동이다.

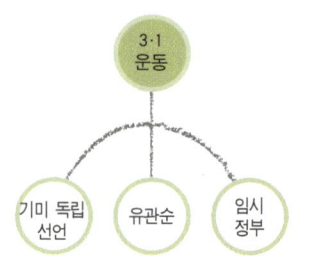

3·1 운동의 배경

3·1 운동은 전 세계를 놀라게 한 대규모 저항 운동이다. 국내의 항일 운동이 거의 없어지다시피 한 시기에 이런 대규모 민족 운동이 일어날 수 있었던 첫 번째 이유는 세계적인 변화를 꼽을 수 있다. 제1차 세계 대전이 끝나고 열린 파리 강화 회담에서 미국의 윌슨 대통령이 세계 여러 민족은 자신의 운명을 스스로 결정해야 한다는 '민족 자결주의'를 주장했다. 식민지 지배를 받던 세계 여러 나라들은 큰 희망을 가지게 되었다. 해외에서 활동하던 우리 독립운동 지도자들도 좋은 기회라 생각하고 속속 국내로 들어왔다.

국내에서는 주로 종교계를 중심으로 독립운동을 준비하고 있었다. 그러던 중 일본 도쿄 한가운데에서 유학생들이 모여 '2·8 독립 선언'을 외쳤다. 일본의 강제 해산으로 실패했지만 국내 독립운동 지도자들은 크게 감동 받았다. 또 1919년 1월 22일 급작스럽게 서거한 고종의 죽음에 독살설이 제기된 것이 3·1 운동의 직접적인 계기가 되었다.

▲ 미국 대통령 윌슨의 민족 자결주의는 우리 독립운동에 큰 자극을 주었다.

왜 3월 1일을 택했을까?

1919년 1월 22일, 일본의 압박과 감시 속에 살았던 고종 황제가 죽었다. 하지만 시체의 색이 변하는 등 독살되었을 가능성이 매우 높은 증거가 속속 나오면서 일본에 의한 독살이라는 소문이 돌았고, 조선의 백성들은 분노한 상태였다. 또 3월 3일에 예정된 고종의 국상 때문에 지방에서 많은 유생들도 올라와 있었다. 그동안 어떤 모임도 가질 수 없었던 우리 민족은 전 국민의 분노와 단합을 바탕으로 대규모 민족 운동을 계획하게 된 것이다.

기미 독립 선언

1919년 3월 1일 천도교, 기독교, 불교 등 종교 지도자들을 중심으로 33인의 대표자가 구성되어 〈독립 선언문〉에 서명했다. 3월 1일에 태화관에서 선언문을 낭독한 민족 대표들이 체포되고, 뒤이어 종로 탑골 공원에서 학생 대표들이 다시 선언문을 낭독하며 3·1 운동이 본격적으로 시작되었다. 서울, 평양 등의 7개 도시에서 동시에 시작된 독립운동은 약 10일 만에 평안도, 황해도, 경기도, 함경도 등에 있는 도시로 퍼져나갔다.

3월 중순 이후 일제의 탄압으로 도시 지역에서 만세 운동을 하기 힘들어지자 농촌으로 빠르고도 넓게 퍼져나가 5월 중순까지 독립 만세 운동이 계속되었다. 참가한 사람들도 처음에는 학생과 종교인이 중심이 되었지만 나중에는 다양한 계층의 사람들이 참여하게 되었다.

개념샘의 1분 특강

3·1 운동은 시험 출제 비율이 매우 높아요. 그러니 배경, 전개, 한계 등을 꼼꼼히 공부해야 한답니다.

176 3·1 운동

끝나지 않은 3·1 운동

3·1 운동은 국내에서만 일어난 것은 아니다. 전국적인 만세 시위 소식을 들은 해외 독립군 기지에서는 10여 년의 외로운 싸움이 결코 헛된 것이 아니었음을 기뻐하며 만세 시위에 동참했다. 3월 10일 이후 만주, 미국, 중국, 일본 등지에도 만세 운동이 일어났다.

일본은 만세 시위를 무자비하게 진압하고 세계 여론도 잠재워 버렸지만 3·1 운동은 우리 민족의 독립에 큰 영향을 끼쳤다. 무엇보다 3·1 운동은 우리 민족에게 독립할 수 있다는 희망과 자신감을 안겨 주었다. 만주 지역에서는 항일 무장 투쟁을 벌였고, 국내에서는 민족 실력 양성 운동이 시작되었다. 학생과 민중도 민족의 독립운동에 자신들의 역할이 중요하다는 것을 깨닫고 학생 운동과 농민 운동, 노동 운동을 벌였다. 무엇보다 3·1 운동 이후 독립운동이 체계적으로 발전하게 되었다. 3·1운동을 계기로 대한민국 임시 정부가 수립된 것이다.

3·1 운동은 일제가 우리나라를 지배하는 방식을 바꾸는 계기가 되기도 했다. 단체 및 언론 활동을 허락하고 초등 교육도 확대했다. 3·1 운동으로 독립의 의지를 전 세계에 알린 것도 중요한 점이다. 세계 사람들이 조선이 독립하기를 염원하고 있다는 사실은 확인하게 되었으며 우리나라의 독립에 관심을 갖게 되었다.

▲ 온 국민이 참여한 3·1 운동

해외에 영향을 준 3·1 운동

3·1 운동은 우리 민족에게만 역사적 의미가 있는 것은 아니다. 중국, 인도, 동남아시아와 중동 지역의 약소 민족들이 제국주의에 대항해 민족 운동을 일으키는 데 큰 영향을 주었다. 특히 중국에서는 3·1 운동보다 조금 늦게 5·4 운동이 일어났는데, 그들의 선언문에 '힘없는 조선 민중도 용감히 나서고 있는데, 중국인들은 무엇을 하고 있느냐'며 3·1 운동의 영향을 받았음을 밝히고 있다.

또한 인도의 독립운동가이자 초대 총리를 역임한 네루는 옥중에서 자신의 딸인 인디라 간디에게 쓴 편지에서 조선의 비폭력 항일 운동인 1919년의 3·1 운동에 대해 높이 평가하고, 깊은 감동을 받았다고 밝혔다.

▲ 해외에서의 독립운동 1919년 4월 14일, 미국 본토, 하와이, 멕시코 등지의 한국인 교포들은 필라델피아에 있는 미국 독립 기념관에서 '한인 대회'를 열고 독립에 대한 의지를 다졌다.

외국에서 본 3·1 운동

3·1 운동은 세계 혁명사의 신기원을 이룩하였다. 그 까닭은 독립 의지를 표시할 때 민중이 스스로의 뜻을 표시하였을 뿐 어떤 폭력도 사용하지 않았기 때문인데, 이 태도야말로 반제국주의, 반침략주의에 가장 알맞은 위대하고 비장한 운동인 것이다. (중국 잡지, 〈조선 독립의 감상〉)

일본은 처음 얼마간 개혁을 하였으나 곧이어 본뜻을 드러냈고, 조선 민족은 항일 독립 투쟁을 줄기차게 계속했다. 그중에서 중요한 것은 1919년의 독립 만세 운동이었다. 조선의 청년들은 맨주먹으로 적에 대항하여 용감히 투쟁하였다. (중략) 젊은 여성과 소녀가 투쟁에 중요한 역할을 하였다는 것을 듣는다면 너도 틀림없이 깊은 감동을 받을 것이다. (인도 독립운동가 네루가 옥중에서 딸 인디라 간디에게 쓴 편지)

177 유관순

- 천안의 만세 운동을 주도한 한국의 여성 독립운동가(1902~1920).
- 유관순은 3·1 운동이 시작되자 고향에 내려가 만세 운동을 주도하다 체포되어 서대문 형무소에서 고문을 받으며 수감되어 있다 사망했다.

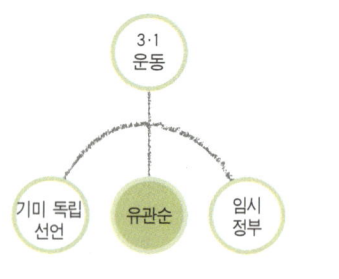

이화 학당의 소녀 유관순

충청남도 천안에서 태어난 유관순은 1915년 선교사의 소개로 이화 학당에 들어가 열심히 공부하며 꿈을 키우던 평범한 소녀였다. 하지만 3·1 운동이 일어나자 학생들과 함께 거리로 나가 시위를 벌였고, 학교가 휴교하자 만세 운동을 지휘하기 위해 고향인 천안으로 내려갔다.

유관순과 뜻을 같이 한 학생들과 함께 천안, 연기, 청주, 진천의 학교와 교회 등을 찾아가 만세 운동을 상의하고, 4월 1일 아우내 장터에서 3,000여 명의 군중에게 태극기를 나눠 주며 시위를 이끌다 체포되었다. 유관순뿐 아니라 이 시위에 참가했던 유관순의 아버지와 어머니는 일본 헌병에 잡혀서 죽고, 집은 불에 타버렸다. 오빠 유관옥도 다른 지역에서 만세 운동을 하다 체포되고 말았다.

수백만의 유관순

유관순은 3·1 운동에서 가장 유명한 사람 중 하나이다. 그래서 마치 유관순이 3·1 운동을 주도했고, 유관순만 죽음을 당한 것 같지만 사실은 그렇지가 않다. 수백만 명의 유관순이 함께 만세 시위를 벌였고, 수천 명의 유관순이 당당하게 죽음을 맞았다.

3·1 운동을 처음 접한 일본의 태도

처음 일제는 만세 시위를 강하게 진압하지 못했다. 갑자기 너무 많은 사람들이 태극기를 들고 만세 시위를 하니까 '파리 강화 회의'에서 정말 조선의 독립이 결정된 것이 아닌가 의심했기 때문이다. 그러나 일주일 정도 흐르고 사실을 확인한 후에는 무자비하게 진압하기 시작했다. 우리 민족의 거족적인 운동에 놀란 만큼 일제는 더욱 더 잔인하게 진압에 나섰다.

3·1 운동 주요 시위 지도

- **평남 강서군 사천 장터 시위(3월 4일)**: 3·1 운동 이후 가장 규모가 큰 시위였다. 3월 4일 약 3천여 명의 군중이 모였다. 헌병 소장 사토와 친일 헌병 보조원들이 미리 숨어 있다가 행진하는 시위대에게 아무런 경고도 없이 총을 쏴 참가자 수십 명이 죽고 주동자는 사형당했다.
- **천안 아우내 만세 운동(4월 1일)**: 교회 학교 교사 김구응이 지역 주민, 젊은 청년, 학생들과 함께 준비한 만세 운동이다. 독립 선언문을 발표한 김구응과 그의 어머니 최씨가 총에 맞아 그 자리에서 죽었으며, 유관순을 포함한 많은 참가자들이 부상당하거나 감옥에 잡혀갔다.
- **합천 학살 사건(3월 16일)**: 지역 주민들과 해인사의 승려가 시위를 벌였는데, 그 참가자가 1만여 명에 이르렀다. 일본군이 총을 쏘는 바람에 3명이 죽고 많은 사람들이 부상당했다. 22일 주변 마을까지 연합해 3만여 명이 모여 다시 한번 시위를 벌였다. 질서를 지키는 평화 시위였음에도 불구하고 일제에 의해 42명이 죽고 100여 명이 큰 부상을 당했다.
- **제암리 학살 사건(4월 15일)**: 3월 말~4월 초에 수원 제암리에서 장날을 이용해 만세 운동이 일어났다. 일제는 만세 운동을 뿌리 뽑는다는 구실로 4월 15일 제암리 교회에 마을 주민들을 모조리 가둬 놓고 불을 질러 죽여버렸다. 이 소식은 전 세계에 알려지게 되었고, 평화 시위를 잔혹하게 진압하는 일본을 거세게 비판하는 세계 여론이 생겨나는 계기가 되었다.

178 민족 분열 통치

- 우리 민족을 이간질해 일본의 식민 통치를 긍정하도록 유도한 정책.
- 3·1 운동 이후 일본의 통치 정책은 문화 통치로 그 모습을 바꾸었다. 이 정책은 친일파를 길러 민족을 분열시키려는 의도가 담겨 있다.

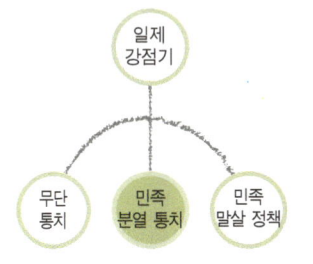

민족 분열 통치

3·1 운동 후 무단 통치 방식으로는 조선의 저항을 불러온다고 생각한 일본은 조선의 전통과 문화를 존중하는 통치 방식으로 바꾸겠다고 선언했다. 이를 '문화 통치'라고 한다. 조선 총독으로 군인이 아닌 문관도 임명할 수 있게 하고, 헌병 경찰 제도를 폐지하여 보통 경찰 제도를 시행하며, 인권을 보장하는 여러 법을 만들겠다고 했다.

하지만 광복을 맞이할 때까지 문관 총독은 한 명도 임명되지 않았고, 보통 경찰제 또한 달라진 점이 없었다. 경찰의 권한은 이전과 다름없었고, 오히려 경찰 수는 1919년에 비해 1920년에 3.2배 증가했다. 장비와 경찰 유지비도 증가했으며 치안 유지법을 제정해 우리 민족에 대한 감시와 탄압을 더욱 강화했다. 한마디로 3·1 운동으로 독립 의지를 불태운 우리 민족을 일단 진정시키고, 친일파를 길러 민족을 분열시키려는 의도가 깔린 것이었다.

사이토 총독

민족 분열 통치기에 조선의 총독으로 온 사이토 총독은 이런 말을 한다. "귀족, 양반, 유생, 부호, 교육가, 종교가에게 침투하여 각종 친일 단체를 조직하게 한다. 친일적 민간 유지들에게 편의와 원조를 주고 수재 교육의 이름 아래 우수한 한국 청년들을 친일 분자로 양성한다." 결국 일본의 의도는 친일파 육성이었음을 알 수 있다.

민족 분열 통치의 내용

이 시기에는 이전과 달리 조선인도 총독부에서 일할 수 있고, 정치 단체도 만들 수 있으며, 신문을 창간하고, 교육도 받을 수 있게 되었다. 일본은 민족 신문을 발행할 수 있게 하고, 학교를 세워 우리 민족에게 교육의 기회를 제공하겠다고 알렸다. 실제 〈조선일보〉, 〈동아일보〉 등의 신문이 창간되었지만 너무 심하게 감시하면서 마음에 들지 않는 내용은 없애버리거나 얼마 동안 신문이 나가지 못하게 하고 심한 경우 신문을 발행하지 못하게 했다. 교육 제도도 나아지긴 했지만 조선인은 기초 학문과 기술 교육만 받을 수 있게 해 일본의 식민지 지배에 도움이 될 사람을 키우는 것에 중점을 두었다.

문화 통치의 실제 모습

179 친일파

- 일제 강점기에 일본에 협조하며 지지하고 따른 사람들.
- 일본은 계획적으로 각종 이권을 제공하며 친일파를 길러내 우리 민족을 이간질했다.

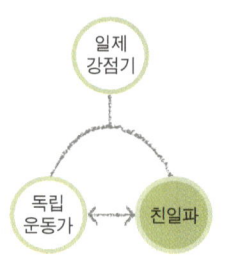

일본에 아부하는 사람들

1920년대에 들어 일본은 본격적으로 체계적 방법을 통해 친일파를 길러냈다. 친일파가 종교 단체의 지도자가 되게끔 하고, 친일적인 사람에게는 편의를 제공해 친일을 하도록 부추겼다. 이렇게 길러진 친일파들은 자신을 조선 사람이 아닌 일본 사람이라고 생각했고, 친일 관리가 되어 일본 정부에 충성을 바쳤다. 독립운동가들을 잡아들이는 과정에서 차마 눈뜨고 볼 수 없는 온갖 나쁜 짓을 한 조선인 경찰도 많았다. 친일파로 인해 우리 민족은 서로 갈라지게 되었다. 결국 문화 통치는 우리 문화와 전통을 존중하는 척하며 우리 민족을 분열시키려는 고도의 정책이었다.

사라지지 않은 친일파

광복 후 친일파 처벌을 두고 논란이 벌어졌다. 국가의 안정이 가장 중요하다며 친일파에 대한 처벌을 차일피일 미룬 것이다. 친일파 처벌에 대한 여론이 높아지면서 1948년 9월 드디어 '반민족행위처벌법'이 국회에서 통과되어 친일파 처벌에 들어갔지만 이미 친일파가 사회 지도층으로 자리 잡아 제대로 처벌하기 힘들었다. 징역 이상의 처벌을 받은 사람은 겨우 14명이었다. 형을 받은 사람들도 1950년 다시 한 번 재판을 받으면서 형이 줄어들거나 집행이 정지되어 모두 석방되었다. 결국 친일파는 한 명도 처벌받지 않은 것이다.

친일파 후손의 땅 찾기 소송

1997년 친일파 이완용의 후손들이 국가를 상대로 토지를 돌려달라는 소송에서 이긴 후, 욕을 먹더라도 재산을 챙기겠다는 친일파 후손들이 늘어났다. 하지만 2009년 친일파 송병준의 후손이 제기한 땅 찾기 소송에서 재판부는 "대한민국은 일제에 항거한 독립운동가의 공헌과 희생을 바탕으로 세워진 나라이고, 적어도 일제 강점기에 얻은 재산에 대해서는 이를 법이 보호할 수 없으며 일제의 남은 찌꺼기를 없애는 것도 국가의 의무이다."라고 판결했다. 더 이상 친일파 후손의 손을 들어주지 않겠다는 재판부의 의지가 드러난 판결인 것이다.

▲ 친일파의 종류

180 신간회

- 민족주의 지식인들은 실력을 키워 독립을 준비하는 실력 양성 운동 전개.
- 1920년대에는 우리의 실력을 키워 독립을 준비하자는 목적의 실력 양성 운동을 비롯하여 신간회 등 다양한 민족 운동이 전개되었다.

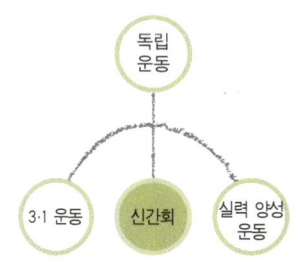

물산 장려 운동과 민립 대학 설립 운동

3·1 운동 이후 일본의 통치 방식이 무단 통치에서 문화 통치로 바뀌었다. 비록 심한 감시가 계속되었지만 숨통이 트인 우리 민족은 국내에서 민족의식을 키우는 활동을 할 수 있게 되었다. 이 시기에 활발하게 이루어졌던 것이 민족 실력 양성 운동이다. 우리의 힘을 키워 독립을 이루고자 했던 운동으로 주로 경제 및 교육 부문에 집중되었다.

대표적인 실력 양성 운동인 '물산 장려 운동'은 국산품을 애용해 민족의 자본을 형성하자는 취지의 경제적 민족 운동이다. '내 살림 내 것으로, 조선 사람 조선 것으로' 같은 구호를 내세웠다. 3·1 운동 이후 교육의 기회는 늘었지만 여전히 일본은 고등 교육 기관의 설립을 방해했다. 이에 우리 스스로 대학을 세우기 위한 '민립 대학 설립 운동'이 벌어졌다. 그 밖에도 민족 기업 육성 운동, 한글 보급 운동도 있었다.

광주 학생 항일 운동 (1929)

일본인 학생이 광주여고보 3학년 박기옥 등을 희롱하는 것을 목격한 박기옥의 사촌 동생 박준채 등이 일본 학생과 시비가 붙었는데, 개인 간의 싸움이 일본 학생과 조선 학생의 싸움으로 번졌다. 며칠 후 다시 조선 학생과 일본 학생의 싸움이 벌어졌는데 일방적으로 조선 학생에게 불리한 처벌이 내려지자 이에 분노한 광주 지역 학생들이 연합하여 항일 운동을 벌였다. 이것이 바로 광주 학생 항일 운동이다. 이 운동은 신간회의 활동 덕분에 전국적으로 퍼져나갔다. 광주 학생 항일 운동은 3·1 운동 이후 최대 규모의 항일 운동으로 기록되었다.

실력 양성 운동

자본가들을 중심으로 물산 장려 운동이 일어났는데, 기왕이면 우리 것을 써서 우리 민족의 자본이 형성되게 만들자는 취지였고 많은 호응을 얻었다.

일본이 끝까지 허락하지 않는 고등 교육 기관을 우리 스스로 세우기 위한 민립 대학 설립 운동이 일어났다.

신간회

신간회는 친일파들이 많아지면서 독립하려는 의지가 약해져가는 1927년 결성된 대표적인 정치 단체이다. 많은 민족 운동가들이 '독립'보다는 '자치'를 주장하는 쪽으로 바뀌어가는 중에 설립된 단체이기에 더 큰 의미가 있다. 자치는 식민지임을 인정하고 국내 문제만 우리 스스로 결정하자는 생각이다. 하지만 신간회는 끝까지 '독립'을 주장하며 자치를 주장하는 사람들을 비판했다.

▲ 신간회 초대 회장인 월남 이상재 선생

개념쌤의 1분 특강

너무나 헷갈리는 신민회, 신간회……. 민간인으로 외우세요. 신민회가 먼저랍니다.

한국사 개념사전 223

181 대한민국 임시 정부

- 중국 상하이에 대한민국의 광복을 위해 임시로 세워진 정부(1919).
- 3·1 운동 이후 우리 민족의 힘을 한 곳에 집중시킬 필요성을 느낀 민족 지도자들은 중국 상하이에 임시 정부를 세웠다.

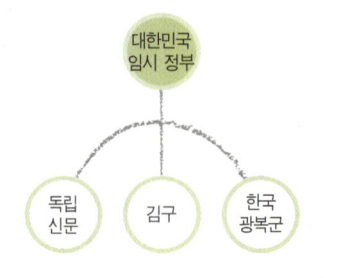

중국 땅에 들어선 우리 정부

3·1 운동 이후 해외의 독립운동은 더욱 활발해져 1919년 4월에는 상하이에 대한민국 임시 정부가 수립되었다. 당시 해외에서 활동하던 중요한 사람들이 대부분 참가했다. 3·1 운동에서 민족 전체의 힘을 본 독립운동가들은 왕을 내세우는 '대한 제국'이 아니라, 국민이 국가의 주인이 되는 '대한민국'을 건설하기로 했다. 초대 대통령은 이승만 선생이 맡았고, 안창호 선생이 많은 일들을 해 나갔다. 국내에는 '연통제'라는 비밀 연락망을 두어 활동을 전하고 자금을 모았다. 또 〈독립신문〉을 발행하여 임시 정부와 독립군의 활동을 국내외에 알렸다.

1920년대 후반, 일본의 방해로 국내에서의 지원도 끊기고 독립운동가들의 생각이 하나로 합쳐지지 않으면서 임시 정부는 중심을 잃었다. 이때 김구 선생이 다시 임시 정부를 강화시키고 해외에서 자금을 모았으며, 각종 군사 활동과 의거 활동을 지원하면서 다시금 독립운동의 중심으로 자리 잡았다.

임시 정부의 시련

일본이 중국에 쳐들어오자 임시 정부도 일본군을 피해 상하이를 탈출해야 했다. 남경과 장사를 거쳐 1940년에는 중국 내륙 깊숙한 곳에 있는 충칭으로 본거지를 옮겼다. 본국과의 연결은 쉽지 않았지만 중국 국민당과 미국의 도움을 받아 군사력을 키웠다.

임시 정부는 광복군 총사령부를 만들고, 제2차 세계 대전이 본격적으로 시작된 1941년 12월 연합군에 가담해 일본에 선전 포고를 했고, 연합군의 일원으로 일본군을 공격했다. 그러나 많은 준비를 했음에도 불구하고 변변한 군사 작전 한 번 치르지 못한 채 1945년 일본의 항복을 맞게 되었다.

여러 개가 있었던 임시 정부

임시 정부는 헌법에도 나올 정도로 우리 역사에서 중요한 역할을 하고 있는데 책을 읽다 보면 여러 개의 임시 정부가 등장한다. 3·1 운동 직후 상하이에 세워진 대한민국 임시 정부 외에도 한성, 만주, 연해주, 미국 등에 임시 정부가 있었다. 그러나 여러 개의 임시 정부는 1920년대 초반 대한민국 임시 정부로 합쳐졌고, 이후 더욱 일관성 있게 독립운동을 진행할 수 있었다. 1920년대 후반부터 다시 여러 임시 정부가 생겼지만 대한민국 임시 정부는 단 한 번도 끊기지 않고 중심 역할을 했다. 광복 후에도 대한민국은 상하이 대한민국 임시 정부를 계승한 정부임을 밝히면서, 임시 정부의 정신을 이어받고 있다.

▲ 1920년 대한민국 임시 정부의 신년 축하 기념 사진

개념쌤의 1분 특강

임시 정부가 우리 역사에 끼친 영향은 정말 커요. 당연히 시험에도 잘 나오겠죠? 중학교와 고등학교에는 더 중요하게 다루고 있어요.

182 김구

- 광복과 통일을 위해 헌신적으로 애쓰다 암살당한 민족 지도자.
- 백범 김구는 임시 정부의 구심점 역할을 하며 다방면으로 활발한 독립 운동을 했다. 또 광복 후에는 분단만은 막고자 혼신의 힘을 다했다.

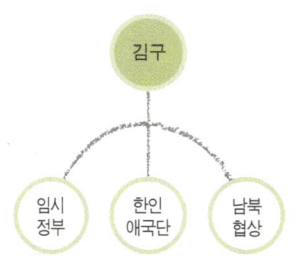

임시 정부의 문지기

백범 김구는 1876년 황해도 해주에서 가난한 평민의 아들로 태어났다. 그의 호도 백정의 '백', 일반 백성을 뜻하는 '범부'의 '범'을 따서 만들 정도로 나라와 민족을 사랑하는 마음 하나로 평생을 살았다. 젊은 시절에는 동학 농민 운동을 지휘하다 쫓겨나 만주에서 의병 활동을 했고, 을미사변 때에는 명성 황후를 시해한 군인을 살해하여 사형 선고를 받기도 했다. 고종의 특명으로 겨우 풀려난 뒤에는 신민회에 참가하여 항일 운동에 앞장섰고, 105인 사건으로 감옥에 들어가 고생하다 3·1 운동 후에는 상하이 임시 정부에 참여하였다. 초기에는 임시 정부에서 다른 사람들에 비해 배운 것이 많지 않아 중요한 직책을 맡지 못했지만 곧 능력을 인정받아 임시 정부의 중심이 되었다.

한인 애국단과 한국 광복군

1920년대 후반 임시 정부가 침체기를 겪을 때 김구는 이를 극복하기 위해 '한인 애국단'을 조직하였다. 한인 애국단의 이봉창 의사는 일본 국왕을 암살하려는 시도를 했고, 윤봉길 의사는 상하이에서 열린 일본군 상하이 점령 축하 기념식장에서 폭탄을 던져 일제에 큰 피해를 주었다. 윤봉길 의사의 의거에 깜짝 놀란 중국은 임시 정부를 적극적으로 지원하였다.

1940년에 들어서면 김구는 대한민국 임시 정부의 정식 군대인 '한국 광복군'을 만들어 항일 전쟁 준비를 했다. 광복 후에는 신탁 통치 반대 운동과 통일 정부 수립을 위해 남북 협상을 추진하던 중 1949년에 암살당하고 말았다.

김구의 목숨을 살린 전화

김구는 명성 황후를 살해한 것으로 짐작되는 사람을 칼로 찔러 죽였는데 얼마 후 일본 경찰에 잡혀 사형을 선고 받았다. 당시 사형과 같은 큰 처벌은 임금이 꼭 검토하는 것이 조선 왕실의 법칙이었기 때문에 고종도 김구의 사형과 관련된 문서를 접하게 된다. 살인죄는 물론 큰 죄이지만 그 의도가 기특하게 생각되었던 고종은 사형을 면죄시켜주었다. 만약 전신 시설을 이용하는 전화가 없었다면 김구는 사형을 당했을 것이다. 왜냐하면 고종이 명령을 내린 날이 사형 집행일이었기 때문이다. 전화를 이용해 명령을 전달하여 김구는 간신히 사형을 면할 수 있었다.

김구 선생과 윤봉길 의사

윤봉길 의사는 김구 선생의 낡은 시계를 보고 곧 죽을 자신의 시계와 바꾸자고 말한다.

말없이 시계를 받은 김구 선생에게 차 안에 앉아 있던 윤봉길 의사는 자신의 돈마저 주었다.

윤봉길 의사는 중국 상하이의 훙커우 공원에서 물병 모양의 폭탄을 던졌다.

윤봉길 의사는 모진 고문 끝에 총살형을 당했다. 하지만 그의 의거는 우리 민족의 가슴에 남아 있다.

183 대표 독립운동가

- 일제 강점기에 우리 민족의 독립을 위해 애쓰던 사람들.
- 이승만은 임시 정부 초대 대통령을 지냈고, 안창호는 여러 방면에서 독립운동에 헌신했으며, 여운형은 국내에서 활발히 독립운동을 전개했다.

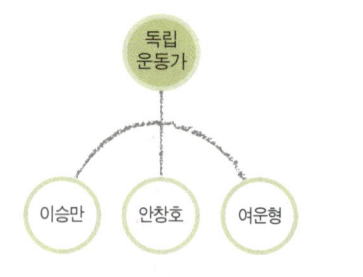

우남 이승만

독립 협회에서 적극적으로 활동하던 중 사형 선고까지 받았지만 풀려나 선교사의 도움으로 미국으로 유학을 가게 되었다. 미국과 국내를 오가며 활동하던 그는 외교력을 인정받아 상하이 임시 정부의 초대 대통령으로 임명되었는데, 지나치게 미국에 의존적인 태도 때문에 문제가 되기도 했다. 광복 후에는 대한민국 초대 대통령으로 취임했다.

▲ 이승만

남에서도 북에서도 잊혀진 김원봉

김원봉은 똑똑할 뿐더러 외모도 빼어나 인기가 많았다고 한다. 의열단을 조직해 꼭 암살해야 할 사람을 정한 후 폭탄을 던지거나 총을 쏴 죽이는 활동을 했다. 일제는 김원봉을 잡기 위해 혈안이 되었는데, 뛰어난 변장술로 번번이 일본 경찰의 포위망을 뚫고 도망갔다. 광복된 조국에 돌아왔지만 친일파 경찰에 의해 백주 대낮에 공산당으로 몰려 뺨을 맞은 후 분을 참지 못해 북으로 올라갔다. 하지만 그곳에서도 본인의 강직한 성격 탓에 김일성에 의해 숙청을 당했다. 김원봉은 남에서는 북으로 갔다는 이유로, 북에서는 김일성에 반대했다는 이유로 잊혀진 독립운동가이다.

도산 안창호

▲ 안창호

도산 안창호는 한학과 신식 학문 모두 잘했다. 독립 협회에서 활동하다 미국으로 건너가 유학하던 중 을사조약 소식을 듣고 고국으로 달려와 신민회를 조직하여 항일 운동에 참여하였다. 한일 병합 이후 국내 활동이 어렵게 되자 미국으로 망명하여 그곳에서 독립운동을 계속했다. 초기 임시 정부에서 이승만과 마찰을 빚었지만, 끊임없이 독립운동을 계속하다 일본 경찰에 체포되었고 옥살이를 하던 중 병을 얻어 1938년에 사망했다. 안창호 선생은 교육·경제·정치·군사 등 분야를 가리지 않고 독립운동에 최선을 다했다.

몽양 여운형

몽양 여운형 선생은 해방 당시 민중에게 가장 인기 있고 영향력 있는 독립운동가였다. 여론 조사에서 대통령 후보 1위를 했는데 온갖 압박에도 불구하고 국내에서 당당하게 독립운동을 해나갔기 때문이다. 3·1 운동과 상하이 임시 정부에서 활발히 활동했다. 1929년 체포되어 옥살이를 하고 풀려난 뒤 〈조선중앙일보〉 사장으로 취임하여 일본을 비판하는 활동을 하다 총독부가 반드시 쓰라고 지시한 기사까지도 빼버리곤 했다. 일장기를 지워버린 손기정 선수의 사진을 처음으로 실은 것도 〈조선중앙일보〉로, 결국 폐간되었다.

▲ 여운형

개념샘의 1분 특강

우리가 기억해야 할 독립운동가들은 무수히 많아요. 그중에서도 주도적인 역할을 했던 분들이 도산 안창호 선생, 몽양 여운형 선생 등이에요.

184 봉오동 전투

- 독립 전쟁 사상 우리가 일본을 상대로 처음으로 승리한 전투(1920).
- 3·1 운동 이후 국내에서의 독립운동이 힘들어지자 국외로 이주한 독립군은 일본을 상대로 봉오동에서 큰 전투를 벌여서 승리하였다.

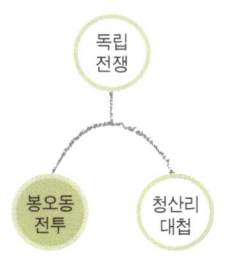

봉오동 전투

3·1 운동의 영향으로 만주 지역의 독립군이 크게 늘어났다. 1920년대에는 만주 지역에만 450여 개의 무장 독립 단체가 만들어져서 일본의 군인이나 경찰과 치열한 전쟁을 벌일 정도로 수도 많아지고 강해졌다. 또 각 지역의 독립군들은 서로 힘을 합쳐 국내로 들어오려는 작전을 시도했다.

이 중 빛나는 전투가 바로 봉오동 전투이다. 이 전투로 일본군은 전사 157명, 중상 200여 명, 경상 100여 명을 내고 패했으나, 독립군 측의 피해는 전사 4명, 중상 2명이었다. 이것이 독립군 사상 첫 승리인 봉오동 전투의 성과이다. 이 승리로 독립군의 사기는 크게 높아졌고, 계속 독립 전쟁을 수행하기 위해 병력 보강과 군비 확충에 힘을 쏟게 되었다.

안타까운 홍범도 장군

지금의 러시아 영토인 연해주 지역에 살며 독립운동을 하던 홍범도 장군은 구 소련의 한인 이주 정책에 의해 지금의 우즈베키스탄으로 강제 이주를 당했다. 우리 독립운동사에 한 획을 그었던 홍범도 장군은 그곳에서 극장 직원으로 일하다 조국으로 돌아오지도 못하고 죽음을 맞아야만 했다.

봉오동 전투의 전개 과정

홍범도 장군의 지휘하에 우선 30명 규모의 자그마한 부대가 두만강을 건너 국내로 몰래 들어와서 일본 헌병 순찰 부대를 무찌르고 무사히 돌아왔다.

일본군은 복수를 한답시며 두만강을 건너 공격해왔지만 독립군을 찾지 못하자 죄 없는 조선족들을 무참히 죽이고 돌아가고 있었다. 이때 숨어 있던 독립군이 나타나 무찔렀다.

일본군은 독립군을 완전히 없애기 위해 많은 부대를 이끌고 독립군을 공격했다. 일본 부대가 봉오동 입구에 접근한다는 보고를 접한 홍범도 장군과 최진동은 마을 곳곳에 군사를 숨겨두었다.

우리 부대는 일본군이 도착할 때까지 기다리다 3면에서 사격을 퍼부었다. 일본군은 3시간 정도 전투를 벌이다 후퇴했지만, 이를 예상한 우리 군대는 도망치는 일본군을 쫓아가 쳐부수었다.

개념쌤의 1분 특강

봉오동 전투는 다윗과 골리앗의 싸움이라고 생각하면 되요. 낡은 무기에 군사 수도 적은 우리가 최신 무기에 엄격한 훈련을 받은 일본군을 이겼으니까요. 그리고 독립 전쟁 사상 첫 승리랍니다.

185 청산리 대첩

- 청산리 일대에서 일본을 상대로 승리한 우리의 독립 전쟁(1920).
- 만주의 독립군 부대를 소탕하려는 일본군 부대에 맞선 독립군 연합 부대는 만주 청산리 일대에서 전투를 벌여 승리로 이끌었다.

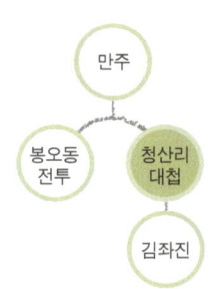

청산리 대첩

봉오동 전투에서 크게 패한 후 자존심이 상할대로 상한 일본군은 독립군을 완전히 소탕하겠다며 1920년 10월 엄청난 수의 군대를 만주에 보냈다. 일본군의 의도를 일찌감치 알아챈 김좌진 장군을 비롯한 독립군 부대들은 정면 대결을 하기보다 불필요한 희생을 줄이자는 결론을 내렸다. 그러나 일본군이 한국인 마을을 불사르고 동포들을 무참히 죽이는 것을 보고는 일본군에 맞서 싸우기로 했다.

전투를 위해 모인 병력은 김좌진 장군의 북로 군정서군, 홍범도 장군의 대한 독립군 등의 독립군 연합 부대로, 독립군 부대로서는 최대 규모였지만 일본군에 비하면 1/20 수준이었다. 게다가 일본군은 철저하게 훈련받은 정식 부대였고, 독립군은 민간인 부대였다.

10월 20일부터 6일 간에 걸쳐 치러진 10여 차례의 전투에서 독립군 부대는 일본군 부대를 크게 이겼다. 청산리 전투의 승리는 독립군 병사들의 죽음을 두려워하지 않는 정신, 지형을 적절히 이용한 지휘관들의 우수한 작전, 간도 지역 조선인들의 헌신적인 지지와 성원이 함께 어우러져 거둔 성과이다.

자유시 참변

간도 참변으로 만주에서 활동 근거지를 잃은 독립군은 소련 영토의 자유시로 이동했다. 당시 소련은 적색군과 백색군으로 나누어 내전 중이었다. 독립군은 일본의 지원을 받는 백색군에 대항하여 맞서 싸우는 적색군을 도와 내전을 승리로 이끌었다. 그러나 적색군은 내전에서 승리한 뒤 독립군을 강제로 무장 해제시키려 했으며, 이에 반발하는 독립군을 공격해 무수한 사람이 죽었다. 이를 자유시 참변이라 한다.

▲ 청산리 대첩 직후의 기념 사진

청산리 대첩 이후의 상황

청산리 대첩에서 크게 패한 일본은 그에 대한 보복으로 약 두 달에 걸쳐 독립군의 근거지라고 여겨졌던 간도 지역의 조선인 마을을 잔인한 방법으로 초토화시켰다(간도 참변. 1920). 한편, 청산리 대첩은 중국에도 큰 영향을 미쳤다. 청일 전쟁 패배 이후 자신감을 잃었던 중국은 청산리 대첩을 보고 일본을 이길 수 있다는 자신감을 다시 불사를 수 있었다.

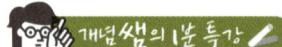

봉오동 전투의 주역은 홍범도 장군이고, 청산리 대첩의 주역은 김좌진 장군이에요. 자랑스런 전투이니 두 사람 모두 꼭 기억해 두세요.

186 민족 말살 정책

- 우리 민족의 정신과 혼을 없애기 위해 일제가 실시한 악랄한 정책.
- 세계 대공황으로 위기에 빠진 일본은 제2차 세계 대전에 참전하면서 우리나라를 전쟁 도구로 이용하려고 민족 말살 정책을 실시하였다.

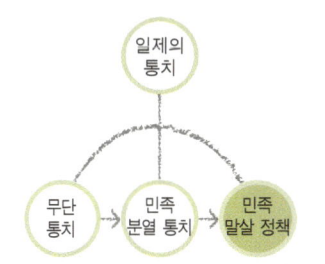

민족 말살 정책

1931년 만주를 침략한 일본은 1937년 중일 전쟁, 1941년 태평양 전쟁을 일으키면서 중국과 동남아시아 일대까지 침략했다. 힘든 전쟁을 치르며 일제는 식민지인 조선의 사람들과 모든 자원을 전쟁 도구로 이용했다. 이 시기에 일본은 우리 민족을 완전히 일본인으로 만드는 '민족 말살 정책'을 실시해 우리말과 글의 사용은 물론 우리 역사의 연구와 교육도 금지했다.

우리 민족은 일본 천황에 충성을 다짐하는 '황국신민(일본 천황이 다스리는 나라의 신하된 백성)의 서'를 외워야 했고, 곳곳에 세워진 일본 신사에 참배해야 했다. 심지어 일본과 조선은 조상까지 하나라고 가르쳤다. 더 나아가 강제로 일본식 성과 이름으로 바꾸도록 했는데, 거부할 경우에는 입학과 취직이 금지되었고, 경찰에 끌려가기도 했다. 모든 민족주의 단체는 해산되었고 신문도 폐간되었으며, 정치·경제 등 어떤 분야에서도 우리 민족의 활동은 허락되지 않았다. 또 그런 일을 하려는 사람은 모두 체포되었다.

병참 기지화 정책

병참 기지화란 전쟁을 위해 우리나라를 일본의 창고로 썼다는 의미이다. 그동안 우리나라를 일본인들을 위한 식량 창고로 써먹다 이제 전쟁을 위해 필요한 물자를 대는 곳으로 이용한 것이다. 공장을 세워 군수 물자를 만들고, 지하자원을 캐냈으며, 놋그릇이나 수저까지 거둬가 무기를 만들었다. 우리나라 사람들은 강제로 끌려가 광산이나 공장 등에서 일해야 했고, 군대에 끌려간 사람들은 목숨을 걸고 싸워야 했으며, 여자들은 위안부로 끌려갔다.

성과 이름도 일본식으로! 창씨개명

'창씨'란 일본식 성으로 새로 만드는 것을 말한다. 조선 총독부는 창씨를 하지 않은 사람의 자녀는 학교에 들어가지 못하게 하고, 강제로 끌고 가 일을 시켰으며, 식량도 주지 않았다. 그럼에도 불구하고 완전히 일본식으로 성을 바꾸는 사람은 극소수였고, 대개는 고향 이름을 따거나 장난식으로 지었다. 성(姓)을 가는 놈은 개자식이라 해서 '견자(犬子=개)'라고 창씨하는 사람도 있었다. 정해진 기한까지 창씨를 한 가구는 약 80%에 이를 정도로 독하게 강요했다.

개명은 이름을 일본식으로 고치는 것으로, 반드시 해야만 했다. 개명을 하지 않으면 외국인 취급을 받았지만 그래도 끝까지 개명하지 않고 우리 성과 이름을 고집하는 사람도 있었다.

일제는 학교에서 벌을 주는 것도 이렇게 인격을 존중하지 않는 잔인한 방법을 택했다.

187 한국 광복군

- 일제에 무력으로 대항하기 위해 임시 정부에서 창단한 군대.
- 임시 정부는 본격적인 전쟁을 위해 정식 군대가 필요해져 한국 광복군을 만들었으며, 국내로 진입할 작전까지 짰으나 뜻을 이루지 못했다.

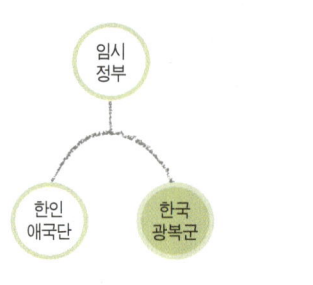

우리 민족의 저항

민족 말살 통치 시기에는 국내에서의 독립운동이 불가능했지만 우리 민족은 수많은 비밀 단체를 만들어 활동했다. 여러 명이 움직이는 무장 투쟁은 꿈도 꿀 수 없는 상황이었기 때문에 주로 일본인을 암살하거나 주요 건물을 파괴하는 의거 활동이 곳곳에서 일어났다.

우리의 저항은 주로 국외에서 진행되었다. 임시 정부의 도움을 받아 1932년에 이봉창은 일본에서, 윤봉길은 중국에서 의거 활동을 했다. 특히 윤봉길은 상하이에서 폭탄을 숨겨 가지고 들어가 일본 장교를 죽였다. 그는 사형되었지만 침체에 빠진 항일 투쟁에 새로운 기운을 불어넣었고, 한국인의 목숨을 건 독립 투쟁에 감동한 중국인들은 임시 정부를 도와주었다.

한국 광복군

임시 정부는 정식 군대를 만들 필요를 느껴 1940년 9월 중국의 충칭에서 '한국 광복군'을 만들었다. 1941년 태평양 전쟁이 일어나자 임시 정부의 이름으로 일본 제국에 선전 포고를 하고 중국과 동남아시아에서 싸웠다. 1944년 한국 광복군은 국내 진공 작전을 준비했는데 일본의 패망이 가까워진 당시 우리 손으로 직접 수도를 탈환하는 것은 매우 중요한 일이었다. 만반의 준비를 하고 1945년 9월 작전을 실시할 예정이었지만, 8월 15일 광복이 너무 일찍 찾아와 실행되지 못했다. 김구는 광복의 기쁨에도 '한국 광복군이 한 일이 없기 때문에 이후 우리가 말할 수 있는 자격이 약하다.'며 걱정했다.

윤봉길 의사의 유서

〈강보에 싸인 두 아들, 모순과 담에게〉
너희도 만일 피가 있고 뼈가 있다면 반드시 조선을 위해 용감한 투사가 되어라. 태극의 깃발을 높이 드날리고 나의 빈 무덤 앞에 찾아와 한 잔의 술을 부어라. 그리고 너희들은 아비 없음을 슬퍼하지 마라.

〈고향에 계신 부모 형제 동포여〉
더 살고 싶은 것이 인정입니다. 그러나 죽음을 택해야 할 오직 한 번의 가장 좋은 기회를 포착하였습니다. 백 년을 살기보다 조국의 영광을 지키는 이 기회를 택했습니다. 안녕히, 안녕히들 계십시오.

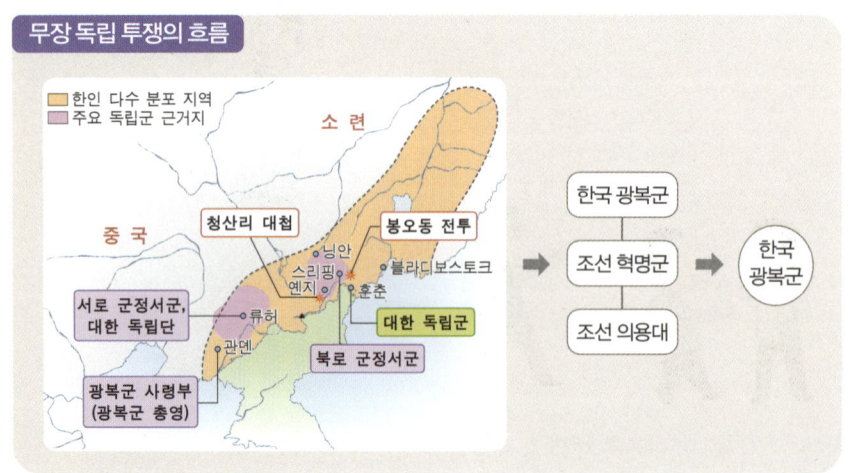

무장 독립 투쟁의 흐름

개념샘의 1분 특강

여러 무장 독립 투쟁 단체가 있지만 한국 광복군은 꼭 기억해 두세요.

188 일본군 '위안부'

- 전쟁 때 군대에서 남자들을 성적(性的)으로 위안하기 위해 동원된 여자.
- 제2차 세계 대전을 치르며 일본은 군사들을 더 쉽게 다루기 위한 방법으로 군 '위안부'를 생각해 내고, 우리나라 여성들을 강제로 끌고 갔다.

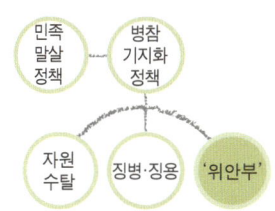

일본군 위안부

'위안부'는 일본 군인을 위해 강제로 성노예 생활을 해야만 했던 여성을 말하는데, 오랫동안 '정신대(挺身隊)'라고 불려왔다. 정신대란 나라를 위해 몸을 바친 부대라는 뜻으로, 여자들이 스스로 자원했다는 의미이지만 '위안부'는 결코 자원해서 간 부대가 아니었다.

오랫동안 전쟁을 치르게 된 일본은 괴상한 생각을 하게 된다. 바로 여성들이 부대와 함께 이동하며 일본 군인들의 성적 '위안부'가 되는 것이다. 처음에는 일본에서 자원한 여성들이 이 일을 했다. 효과가 좋다고 생각한 일본은 우리나라와 중국, 동남아시아 여성들을 속이거나 강제로 끌고 가 이런 끔찍한 일을 시켰는데 당시 식민지였던 우리나라에서 가장 많은 수가 동원되었다.

반성하지 않는 일본

일본이 전쟁에서 지자, 일본군은 '위안부'를 숨기기 위해 죽이기까지 했다. 살아남은 여성들은 포로 수용소에 있다가 돌아오거나 개별적으로 힘겹게 돌아왔지만 고국으로 돌아오지 못한 경우도 많았다. 또 스스로 목숨을 끊는 경우도 있었다.

일본 정부는 1990년까지 '위안부'들이 머물던 위안소는 일본군이 세운 것이 아니라고 말했다. 그러나 일본 방위청 도서관에서 위안소 관련 자료가 발견되고, 미국에서 일본군이 '위안부'를 모집한 문서를 찾아내자 어쩔 수 없이 '위안부' 강제 동원을 부분적으로 인정했다. 그러나 마지못해 사과만 할 뿐 배상은 하지 않고 있다.

모두 나쁜 일본인?

일본 사람들은 모조리 나쁜 사람들이라고 생각하면 안 된다. 일본 사람들 중에서도 자신들이 저지른 과거의 행동이 얼마나 잔인했으며 이웃 나라에 얼마나 큰 아픔을 주었는지 반성하는 사람들도 많다. 그중 한 부부는 '위안부' 할머니들이 일본에 가서 증언을 하거나 시위를 할 일이 생기면 생업을 미룬 채 할머니들의 손발이 되어 잠자리와 음식도 도와주고 통역도 해 주고 있다. 또 교과서에서도 일부러 다루지 않는 '위안부'에 대해 가르치다 해직된 양심적인 일본인 교사들도 있다.

'위안부'로 끌려간 사람들

반장 부인이 동네를 돌아다니며 한 집에 적어도 딸 한 명씩은 내놓아야 한다고 말하며 다녔다. 나는 내가 식모로 있던 집의 딸을 대신해 어떤 일본 사람의 인솔 아래 기차를 타게 되었다.

시골에서 너무 가난해 매일 배가 고팠다. 어느 날 어떤 조선인 남자가 우리 시골 마을까지 와서 일본 공장에 취직할 여자를 모집한다며 돌아다녔다. 나는 배고픔을 면하기 위해 따라나섰다.

친구 집에 갔다가 돌아오는 길에 파출소 앞을 지나다가 순경에게 붙들려 그 길로 위안소로 끌려갔다.

한국사 개념사전

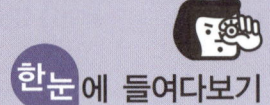

대표 독립운동가

이회영(1845~1932)

서울의 명문가에서 태어났다. 나라를 빼앗긴 후에는 지금으로 치면 수백억 원대의 재산을 모두 정리해 만주로 가 독립운동에 평생을 바쳤다. 자신뿐 아니라 형제와 자식들도 모두 독립운동을 해 우리에게 큰 교훈을 주고 있다.

이승만(1875~1965)

임시 정부의 대통령을 지냈다. 외교 분야에서 탁월한 능력을 발휘했다. 해방 이후 독재와 부패를 저지른 면도 있지만 독립운동가로서의 면모도 잊지 말아야 한다.

▶▶ 1850 ▶▶ 1860 ▶▶ 1870 ▶▶

곽낙원(1859~1939)

김구 선생의 어머니이다. 자식 뒷바라지뿐 아니라 직접 독립운동도 했다. 곽낙원의 환갑 때 같이 독립운동을 하던 사람들이 돈을 모아 옷을 사려 하자 꼭 필요한 것을 살 테니 돈으로 달라고 한 후 그 돈으로 총을 사서 독립운동가들에게 쥐어주었다고 한다.

김구(1876~1949)

우리 민족의 독립운동을 대표하는 분이다. 임시 정부에서 일했고, 해방된 조국에서는 분단을 막기 위해 최선을 다해 노력했다. 윤봉길과 이봉창의 의거도 김구의 지휘 하에 이루어졌다. 하지만 불행하게도 안두희에게 암살당했다.

안창호(1878~1938)

임시 정부뿐 아니라 신민회 등 우리의 독립을 위한 곳이라면 어디든 빠지지 않고 일을 했다. 고문도 숱하게 당할 정도였다고 한다. 민족 교육에 큰 열의를 가지고 흥사단을 창단했다.

안희제(1885~1943)

독립운동 자금을 모으기 위해 평생을 보낸 독립운동가이다. 온갖 방법을 다 동원해 경제력을 키우고 돈을 모아 임시 정부로 보냈다. 김용환 선생에게서 받은 돈을 전달한 장부가 나왔는데, 김용환 선생이 줬다고 한 돈과 임시 정부가 받은 돈이 1원 한푼도 틀리지 않아 안희제 선생의 청렴함이 널리 알려졌다.

김용환(1884~1933)

안동 일대 종가집에서 태어났다. 물려받은 재산을 모두 독립운동 자금으로 보냈는데, 일제에 들키지 않으려고 노름꾼처럼 평생을 살았다. 노름에 진 것처럼 위장하고 돈을 보낸 것이다. 심지어 결혼할 딸의 시댁에서 보낸 돈조차 보내버려 딸은 큰어머니가 쓰던 헌 장롱을 지고 울면서 시집을 갔다고 한다. 가족들에게도 철저히 비밀로 하다 죽은 이후에야 이 사실이 알려졌다.

김원봉(1898~1958)

의열단을 조직해 일제에 맞선 독립운동가이다. 조직원들끼리도 서로를 잘 모를 정도로 철저하게 관리했고, 조선으로 단원들을 보낼 때도 철저히 준비시켰다. 의열단원이 의거를 위해 조선에 들어온 후 김원봉에게 보낸 편지에는 '~잘 도착했습니다. 하늘은 맑습니다. 마음도 기쁩니다. 하지만 벗을 다시 볼 수는 없을 것 같네요.~'라는 눈물 나는 대목이 있다.

한용운(1879~1944)

일본인 재판관은 한용운에게 앞으로도 계속 독립운동을 할 것이냐고 물었다. 한용운은 만일 몸이 없어지면 정신만이라도 영원토록 독립운동을 하겠다고 말했다. 변절한 친구 최남선이 찾아오자 돌아누운 채 나는 최남선을 모른다고 말할 정도였다.

여운형(1886~1947)

다른 사람들이 모두 해외에서 독립운동을 할 때에도 국내에 남아 꿋꿋하게 독립운동을 했다. 여운형을 친일파로 만들려고 일부러 일제는 도쿄로 불러들였지만 여운형은 일본 국회에서 왜 조선의 독립이 필요한지를 역설했고, 기립 박수를 받았다. 정말 똑똑했고 리더십까지 갖추었지만 암살당하고 말았다.

현대 사회

- **189** 광복
- **190** 신탁 통치
- **191** 통일 정부 수립 노력
- **192** 대한민국 정부 수립
- **193** 6·25 전쟁
- **194** 3·15 부정 선거

- **195** 4·19 혁명
- **196** 5·18 민주화 운동
- **197** 6월 민주 항쟁
- **198** 한강의 기적
- **199** 통일
- 한눈에 들여다보기

189 광복

- 빼앗긴 나라의 주권을 도로 찾아옴(1945).
- 우리 민족의 끊임없는 노력과 국제 정세의 변화 덕에 우리는 일본의 식민 지배에서 벗어나 자주권을 회복할 수 있었다.

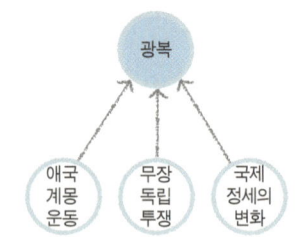

광복의 기쁨

1945년 8월 15일 정오, 라디오에서 일본 천황이 연합군에게 무조건 항복한다는 방송이 흘러나왔다. 그 날 사람들은 기쁨에 겨워 거리로 뛰쳐나왔다. 집 안에 몰래 숨겨두었던 태극기를 꺼내 들고, 거리로 뛰쳐나와 만세를 외치며 기뻐했다. 사람들의 물결이 온 나라를 뒤덮었고 당시의 광경을 본 외국인들은 끝없는 흰 바다가 흔들리며 들끓듯 했다고 표현할 정도였다.

광복은 우리 민족이 꾸준히 독립운동을 벌인 결과이지 연합군의 승리에 따라 저절로 얻어진 것은 아니다. 1941년에 이미 대한민국 임시 정부는 '건국 강령'을 발표하여 정부를 꾸릴 계획을 세웠고, 국내에서도 여운형을 중심으로 광복 이후를 대비하는 모임이 있었다. 이 모임은 광복 후 '조선 건국 준비 위원회'가 되어 갑자기 일본이 본국으로 떠나 치안이 없어진 상태에서도 세계가 놀랄 정도로 안정된 모습을 보여 주었다.

일본의 항복과 대한민국의 광복

일본은 당시 제2차 세계 대전을 일으켰다. 이에 맞서기 위해 미국, 소련, 영국 등이 연합군을 만들었으므로, 일본은 당연히 연합군한테 항복한 것이다.

그런데 일본이 항복하면서 패전국의 식민지는 다시 원래의 상태로 돌아가게 되었다. 일본은 패전국이고 우리는 일본의 식민지였기 때문에, 일본이 전쟁에서 무조건 항복하면서 우리는 다시 원상태인 독립의 상태로 돌아가게 된 것이다.

고국으로 돌아오는 사람들

해방이 되자 감옥에 갇혀 있던 독립운동가들이 석방되고, 외국에서 독립운동을 하던 사람들이 돌아왔다. 일제에 의해 군대, 공장, 광산에 강제로 끌려갔던 사람들도 고국으로 돌아왔다. 국내에 있던 사람들은 조선 건국 준비 위원회에서 활동했다. 우리 손으로 나라를 세울 수 있다는 희망에 가득 차 다시는 외국의 지배를 받지 않겠다는 각오로 새 나라 건설에 온 힘을 다했다.

광복의 기쁨

190 신탁 통치

- 자치 능력이 부족한 나라를 대신해 다른 나라가 일정 기간 통치하는 것.
- 광복 후 한반도를 점령한 미국과 소련은 모스크바 3상 회의에서 한반도를 5년간 신탁 통치할 것을 결정하였다.

모스크바 3상 회의 → 신탁 통치 결정 → 반탁 운동

분할 점령

일본이 항복을 선언한 후 38도선을 경계로 북쪽은 소련, 남쪽은 미국이 일본의 항복을 받아내기로 하면서 우리의 힘으로 새로운 국가를 만들려는 노력에는 큰 어려움이 생겼다. 일본의 항복을 받아낸 소련과 미국이 그대로 한반도를 점령했기 때문이다. 만약 한국 광복군이 계획했던 국내 진공 작전만 실행되었어도 승전국의 권리를 누리며 자주독립 국가를 건설할 수 있었을 것이다. 일본이 물러가면 우리의 국가를 세우겠다는 희망에 부풀어 있던 우리 민족은 큰 충격을 받았다.

전쟁 후 강력한 경쟁자가 된 미국과 소련은 우리 민족과는 관계없이 각자 자기 나라에 유리한 정부를 세우려고 했다. 이런 배경 속에 원래 하나였던 한반도는 미국과 소련에 의해 38도선을 경계로 나뉘게 되었다.

김구의 신탁 통치 반대

김구는 신탁 통치가 결정되자 즉시 신탁 통치 반대를 결정했다. 1945년 12월 29일 경교장에서 열린 정당 대표자 회의 중 김구는 눈물을 흘리면서 목멘 소리로 "우리 민족은 다 죽는 한이 있더라도 신탁 통치만은 받을 수 없으며 우리들은 피를 흘려서라도 자주독립 정부를 우리 손으로 세워야 한다."라고 부르짖었다.

이승만도 신탁 통치에 강한 반대 의사를 표시하여 처음에는 한반도 전체가 신탁 통치 반대 운동으로 들끓었다.

한국이 있고야 한국 사람이 있고, 한국 사람이 있고야 민주주의도 공산주의도 또 무슨 단체도 있을 수 있는 것이다. 마음 속의 38도선이 무너지고야 땅 위의 38도선도 철폐될 수 있다. (중략) 나는 통일된 조국을 건설하려다가 38도선을 베고 쓰러질지언정 일신에 구차한 안일을 취하여 단독 정부를 세우는 데는 협력하지 아니하겠다. 3천만 동포, 자매, 형제여! 건전한 조국을 위하여 한 번 더 깊이 생각하라.

신탁 통치 반대 운동

1945년 12월 모스크바에서 제2차 세계 대전 뒤 일본의 점령 지역에 관한 관리 문제를 다루기 위해 미국, 영국, 소련의 외무장관 회의가 열렸다. 이를 모스크바 3상 회의라 한다. 이 회의에서 한반도를 최고 5년 동안 미국, 영국, 중국, 소련 4개국이 신탁 통치를 할 것을 결정했다. 신탁 통치는 스스로 나라를 다스릴 능력이 없는 정부를 대신해 일정 기간 동안 통치하는 것을 말한다. 독립을 위해 그동안 무수히 많은 목숨을 바쳐가며 노력한 우리 민족은 스스로 나라를 다스릴 능력이 부족하다는 평가를 결코 받아들일 수 없었다. 우리 민족은 신탁 통치를 식민 지배의 또 다른 형태로 여겼고, 신탁 통치 결정을 모욕으로 받아들였다. 그래서 신탁 통치를 반대하는 반탁 운동이 전국적으로 번졌다.

개념쌤의 눈 특강

신탁은 믿고 맡긴다는 뜻이랍니다. 외국에게 우리의 자치권을 맡긴다는 의미로 생각하면 되요.

191 통일 정부 수립 노력

- 분단 위기에 처한 한반도의 상황을 개선하기 위한 김구 등의 노력.
- 김구와 김규식은 좌우의 대립이 심해지자 좌우 합작 위원회를 만들어 남한 단독 정부 수립을 막고 통일 정부를 만들려고 노력하였다.

모스크바 3상 회의 → 미·소 공동 위원회 → 좌우 합작 위원회

미·소 공동 위원회

신탁 통치에 한꺼번에 들고 일어나 반대하던 우리 민족의 분위기가 어느 새 바뀌고 있었다. 소련의 지시를 받은 세력들이 신탁 통치를 찬성하고 나선 것이다. 모스크바 3상 회의(1945)의 결정에 따라 임시 정부 수립을 의논하기 위한 미·소 공동 위원회가 열렸지만 미국과 소련의 의견이 부딪혀 성과를 보지 못하자 우리 민족은 의견이 갈리기 시작한 것이다.

통일 정부 수립 노력

나라 분위기가 서로 나뉘어 어수선해지자 김규식과 여운형을 비롯한 중간 입장을 가진 사람들이 좌우 합작 위원회를 만들었다. 당시 사회가 혼란해지는 것을 두려워한 미국도 이들의 노력에 찬성을 표시하였다.

한편, 두 차례의 미·소 공동 위원회가 성과 없이 끝나자 미국은 한반도 문제를 유엔에 맡기기로 결정했다. 유엔 총회에서는 상의 끝에 한반도에서 남한과 북한이 동시에 총선거를 치를 것을 결정하였다. 하지만 이 결정을 북한이 받아들이지 않자 유엔은 선거를 남한 지역에서만이라도 실시하라고 했다.

이 소식을 들은 김구와 김규식은 남한에서만 선거를 치르면 나라가 분명 둘로 나뉠 것이라 생각하고 통일 정부 수립을 논의하기 위해 남북 협상을 제의했다. 하지만 이것도 별 성과 없이 끝나고 말았다.

일본을 몰아내고도 미국과 소련이 나가지 않은 이유

미국과 소련의 군대는 일본군의 무장 해제를 위해 한반도에 들어왔다. 하지만 속으로 미국과 소련은 한반도에 각자 자기 나라에 유리한 정부를 세우려는 목적도 있었다. 그래서 38도선을 경계로 한반도를 나누어 점령하게 된 것이다. 원래 38선은 미국과 소련이 한반도를 나눠서 점령하기 위해 임시적으로 만든 것이었다. 우리 민족의 뜻과는 전혀 상관없이 그어진 38선은 6·25 전쟁 때 조금 옮겨져서 지금의 휴전선이 되었다.

안녕하세요. 오늘 김구 선생님과 이승만 선생님을 모시고 남한에서만이라도 정부를 수립하는 것에 대해 어떻게 생각하시는지 들어보도록 하겠습니다. 먼저 이승만 선생님께 여쭈어 보겠습니다.

저도 당연히 통일을 원합니다. 하지만 미국과 소련도 이 문제를 해결하지 못하고 있는 어려운 상황이니 사실상 통일 정부 수립은 물 건너갔다고 봅니다. 그러니 우선 남한만이라도 정부를 세우고 북한에서 소련이 물러나도록 세계 여론에 널리 알려야 한다고 생각합니다.

네, 알겠습니다. 그럼 김구 선생님은 이승만 선생님의 의견을 어떻게 생각하십니까?

지금 전 세계가 미국편, 소련편으로 나뉘어 싸우고 있습니다. 이런 상황에서 조국이 분단된다면 다시 통일하기는 매우 어렵습니다. 나는 끝까지 통일 정부를 위해 노력할 것입니다. 38선을 베고 쓰러질지언정 단독 정부 수립은 반대합니다.

개념쌤의 1분 특강

'통일 정부 수립 노력 =김구'로 정리하시면 좋아요. 실제로 김구 선생의 예언대로 우리는 분단의 아픔을 겪게 되었어요.

192 대한민국 정부 수립

- 광복 후 우리나라에서는 남한만의 총선거로 정부가 수립됨(1948).
- 사상 때문에 대립이 심각하던 한반도는 결국 남한에서만 총선거를 실시하여 이승만을 초대 대통령으로 하는 대한민국 정부가 수립되었다.

모스크바 3상 회의 → UN에 한반도 문제 상정 → 총선거 → 대한민국 정부 수립

대한민국의 수립

1948년 5월 10일, 유엔의 한국 임시 위원회가 감시하는 가운데 총선서가 실시되었다. 북한은 제외하고 남한에서만 실시된 총선거였다. 이 선거에서 우리나라는 처음으로 만 21세 이상의 성인 남녀가 투표권을 가지고 대표자를 뽑았다. 선거를 통해 구성된 제헌 국회는 나라 이름을 대한민국이라고 정하고, 7월 17일에 대한민국 임시 정부의 독립 정신을 계승한 헌법을 만들었다. 이 헌법은 우리나라가 대통령 중심제를 기본으로 하는 민주 공화정임을 밝혔다. 국회에서 초대 대통령으로 뽑힌 사람은 이승만이었다. 이승만 정부는 광복 3년만인 1948년 8월 15일에 대한민국 정부 수립을 세계에 알렸다.

북한 정부의 수립

광복 이후 북한에서 활동하던 김일성은 소련을 등에 업고 핵심 인물로 떠올랐다. 결국 권력을 손에 쥔 김일성은 북한에서 단독 정부를 세웠다. 겉으로는 통일 정부를 세우려고 노력하는 김구와 김규식 등을 받아들이는 것처럼 행동했지만 마음 속에는 자신만 권력을 차지하기 위한 계획이 서 있었다. 북한에서도 김일성을 중심으로 1948년 헌법을 만들고 같은 해 9월 9일에 김일성을 수상으로 하는 조선 민주주의 인민 공화국을 세웠다. 이제 김구가 걱정했던 대로 남과 북이 나뉘어 정부를 세움으로써 분단은 현실이 되고 말았다.

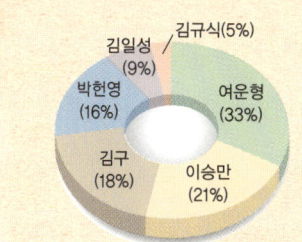

조선을 이끌어갈 양심적 지도자
- 여운형 (33%)
- 이승만 (21%)
- 김구 (18%)
- 박헌영 (16%)
- 김일성 (9%)
- 김규식 (5%)

백범 김구가 3위에 그친 이유는 그가 미 군정의 반대로 인해 임시 정부의 대표로 떳떳하게 국내에 들어오지 못하고, 개인 자격으로 돌아왔기 때문이다. 우리가 잘 모르는 여운형은 국내에서 독립운동을 해서 사람들에게 널리 알려져 있었고, 일본이 항복할 것을 미리 알고 광복 후 나라의 건국을 준비했던 '준비된 지도자'의 이미지로 1위를 했다. 이승만이 2위를 한 것은 대한민국 임시 정부의 초대 대통령 이미지가 강했기 때문이다.

대한민국 정부 수립

1945년 – 8·15 광복
- 일본 패망
- 38도선을 기준으로 미군과 소련군이 각각 남쪽과 북쪽을 점령

1945년 – 모스크바 3상 회의
- 좌익 : 신탁 통치 지지
- 우익 : 신탁 통치 반대
- 미·소 공동 위원회가 성과없이 끝남

1947년 – UN 개입
- 소련측 : 유엔 한국 임시 위원단이 들어 오는 것을 거부
- 남한 : 유엔의 건의를 받아들여 남한에서만 선거 실시를 결의함.

1948년 – 5·10 총선거
- 남한만의 총선거
- 제헌 국회 구성
- 대한민국 정부 수립
- 북한은 공산주의 정부 수립

193 6·25 전쟁

- 1950년부터 1953년까지 같은 민족인 남한과 북한이 싸운 전쟁.
- 북한의 남침으로 시작된 6·25 전쟁은 휴전 협정을 맺을 때까지 약 3년간 지속되었다. 이 전쟁으로 많은 사람이 죽고, 시설이 파괴되었다.

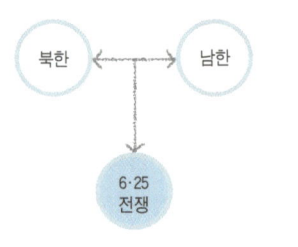

남북간의 적대감

일제로부터 해방되었다고 기뻐한 것도 잠시, 38도선을 경계로 한 민족 안에서 두 개의 국가가 세워지면서 같은 민족이 서로 다른 길을 걷게 되었다. 이후 남북은 서로 경쟁하며, 같은 민족이라기보다는 서로를 적으로 여기게 되었다. 북한은 남한을 미국이 친일파를 내세워 다스리는 식민지라며 적대시했고, 남한에서는 '북진 통일'이라는 말이 나올 정도로 북한을 적대시했다.

소련과 중국의 개입

1949년 3월, 김일성과 박헌영 등 북한의 핵심 인물들이 평양을 떠나 소련을 방문하여 스탈린을 비롯한 소련의 지도자들과 만났다. 이때 소련은 북한이 남한을 공격하는 것에 동의하고, 긴밀한 협력을 약속했다. 김일성은 이어서 중국 공산당의 마오 쩌둥과 만나 남침에 대한 동의를 얻어냈다. 중국은 중국에서 활동하고 있는 조선인 부대를 귀국시키고 보급품을 공급하겠다고 약속했다. 이후 1948년 12월, 소련은 북한에서 군대를 철수시키고 미국에게도 남한에서 군대를 철수시킬 것을 강력히 요구했다. 1949년 6월, 미군이 철수하자 북한의 전쟁 준비는 더욱 활기를 띠게 되었다.

이 와중에 북한이 남한을 공격하기 좋은 상황이 마련되었다. 미국이 극동 방위선에서 한반도를 제외하겠다고 발표한 것이다. 이 말의 뜻은 북한이 남한을 공격하더라도 남한을 돕지 않겠다는 것이었다. 북한은 남한을 공격할 절호의 기회라고 판단했다. 1950년 6월 25일 새벽 북한이 남한을 공격한 것으로 민족 최대의 비극인 6·25 전쟁이 시작되었다.

6·25와 관련된 영화

6·25와 관련된 영화는 많이 있다. 대표적인 영화가 장동건, 원빈 주연의 '태극기 휘날리며'이다. 이 영화를 보면 낙동강 전선, 인천 상륙 작전, 중국군의 개입 등 6·25 전쟁 과정을 볼 수 있다. 또한 6·25 전쟁이 우리에게 남긴 비극까지 엿볼 수 있다. 2011년 개봉한 영화 '고지전'에서는 38도선을 사이에 두고 치열한 전투를 벌였던 시기를 엿볼 수 있다. 휴전 협정을 앞두고 하루가 멀게 고지의 주인이 바뀌는 상황에서 한치의 양보도 없는 대치 상황에 놓인 남북한 병사들의 상황을 그려내고 있다. 그 밖에도 '포화 속으로', '웰컴 투 동막골' 등이 있다.

전쟁을 일으킨 김일성과 북진 통일을 주장하는 이승만

6·25 전쟁의 과정

〈북한군의 진격(1950.6.25.)〉

1950년 6월 25일 새벽 4시 북한은 38도선 전 지역에서 총공격을 시작했다. 그 전에도 38도선 부근에서 종종 크고 작은 군사 충돌이 있었기 때문에 총소리를 대수롭지 않게 여겼다. 그 사이 북한군은 서울을 향해 밀고 내려왔다. 전혀 예측을 하지 못했던 까닭에 전투가 시작된 지 사흘 만에 서울이 북한군에게 점령당했다.

〈유엔군의 참전(1950.7.27.)〉

마음이 다급해진 이승만 대통령은 미국에 도움을 청했다. 미국은 빠르게 군대를 보냈고, 유엔군도 보냈다. 유엔은 북한이 남침한 즉시 안전 보장 이사회를 열어 북한의 남침을 불법 군사 행동이며 침략 행위로 판단하고 대한민국에 도움의 손길을 보냈다. 유엔 스스로 대한민국을 합법 정부로, 북한을 불법 정부로 규정했기 때문에 당연한 일이었다. 미군과 16개국의 군대로 구성된 유엔군이 개입했지만 북한군은 낙동강까지 밀고 내려왔다. 그러다 9월 15일 새벽, 미군의 '인천 상륙 작전'이 성공하면서 9월 28일에 드디어 서울을 되찾게 되었다. 기세를 몰아 북진을 시작한 한국군과 유엔군은 10월 20일 평양을 점령하고, 10월 26일에는 압록강에 이르렀다.

〈중공군의 개입(1950.10.25.)〉

북한이 중국에 도움을 요청하자 중국은 18만 명의 어마어마한 중국군을 이끌고 압록강을 넘었다. 중국군의 개입으로 전세는 역전되었다. 1951년 1월에는 서울이 다시 북한군의 손에 넘어갔고, 3월 5일에는 다시 서울을 되찾았다.

〈38도선 중심의 치열한 전투(1951.3.~1953.7.27.)〉

38도선을 중심으로 밀고 밀리는 치열한 전투가 계속되었다. 전쟁 1년 만에 최초의 출발점으로 돌아온 것이다. 남북한은 물론 미군이나 중국군의 피해도 만만치 않았기 때문에 휴전의 필요성을 느꼈다. 2년 동안 휴전 회담이 이뤄지고 있는 동안에도 산봉우리 하나라도 더 차지하기 위한 전쟁이 계속 되었다. 이 시기의 전투가 가장 치열해서 사망자도 많았다. 결국 1953년 7월 27일 휴전 협정을 맺었다.

전쟁이 남긴 상처

전쟁이 남긴 상처는 엄청났다. 남한의 사상자만 150만 명에 이르렀고, 1천만 명 이상의 이산가족이 발생했다. 국토는 황폐화되었고, 산업 시설이 잿더미가 되었다. 전쟁으로 농업 생산이 어려워져 식량이 모자라고, 수많은 공장과 도로, 철도의 파괴로 공업 생산량은 크게 줄어들었다. 가장 심각한 점은 민족 간의 적대감이 더욱 심해졌다는 점이다. 한국군은 북한과 관련된 자들을 '빨갱이'로 몰아 죽였고, 북한군은 남한과 관련된 자들을 '반동 분자'로 몰아 죽였다. 임시로 나뉜 38도선은 휴전선으로 굳어지고 남북 분단은 오늘날까지 이어지고 있다.

개념쌤의 1분 특강

6·25 전쟁은 전쟁의 과정을 지도와 함께 잘 파악해 두어야 중학교에 가서도 공부하는 데 도움이 된답니다. 지도를 섞어 놓고 바르게 나열하는 문제가 종종 나오거든요.

194 3·15 부정 선거

- 이승만이 권력 연장을 위해 부정을 저지른 선거(1960).
- 6·25 전쟁 중에도 법을 바꿔가며 대통령이 되었던 이승만은 부정 선거를 저지르면서까지 이기붕을 부통령으로 당선시키려 하였다.

이승만 → 권력 연장 야욕 → 3·15 부정 선거

이승만의 끝없는 권력 욕심

대한민국의 첫 대통령이었던 이승만과 이승만을 따르는 자유당은 12년에 걸쳐 3번이나 대통령을 계속하며 독재 정치를 했다. 이 과정에서 이승만은 권력을 연장하기 위해 헌법을 두 차례나 바꾸었다. 결국 독재 정치에 대한 불만과 당시 국민들의 어려운 생활 형편 때문에 이승만과 자유당에 대한 불만은 높아질 수밖에 없었다.

1960년 3월 15일의 부정 선거

민심을 무시한 이승만 대통령은 1960년 대통령 선거가 실시되자, 85세의 나이에도 불구하고 이기붕을 부통령으로 하여 다시 후보로 나왔다. 이에 맞서는 민주당은 조병옥과 장면을 후보로 내세웠다. 그런데 선거를 한 달 앞두고 조병옥이 미국에서 질병 치료 중에 사망해 버리면서 이승만은 자연스럽게 당선될 수 있었다.

그런데 문제는 부통령 선거였다. 부통령 선거에서 자유당이 이길 수 없을 것 같자, 각종 부정을 저지르면서까지 이기붕을 당선시키려 했다. 선거일 전날 투표하게 하거나, 투표함 바꿔치기 등 온갖 불법을 동원했다. 그렇게 해서 이승만과 이기붕이 당선되었다.

하지만 국민들은 이승만의 독재가 연장되는 것을 원치 않았다. 선거 전부터 유권자 수 조작, 투표함 교체, 사전 투표 등의 부정 선거가 있었고 이 사실을 안 국민들은 항의하기 시작했다.

사사오입 개헌

이승만은 1954년 헌법을 바꾸고자 하였다. 헌법에는 같은 사람이 3번 연속 대통령을 하는 것을 금지하고 있어서 이 조항을 없애기 위해 개헌을 추진한 것이다. 법 조항을 바꾸기 위해서는 국회 재적 의원의 2/3가 찬성을 해야 했는데 당시의 인원 수로는 135.333…명으로 136명이어야만 했다. 그런데 찬성 135명으로 개헌을 할 수 없게 되자 이승만은 억지를 부렸다. 반올림의 원칙에 따라 135.333은 0.333을 버리면 135명만 찬성하면 된다며 개헌안을 통과시켜 버린 것이다.

3·15 부정 선거의 유형

▲ 4할 사전 투표(40%)

▲ 3인조, 9인조 공개 투표

▲ 완장 부대 활용

▲ 야당 참관인 내쫓기

195 4·19 혁명

- 이승만의 독재 정치를 물리친 민주주의 혁명(1960).
- 3·15 부정 선거에 항의하다 실종된 학생이 시체로 떠오르자 시위가 더 격해졌고, 결국 4월 19일에는 혁명이 되어 타올랐다.

4·19 혁명의 전개

3·15 부정 선거 이후 국민들의 시위가 불타오르자 이승만 정권은 공산주의자들이 선동하는 것이라며 거짓말을 해서라도 국민들을 달래려 했다. 하지만 시위에 참석하는 사람들의 수만 늘어날 뿐이었다. 4월 18일에는 시위를 벌이고 집으로 돌아가던 고려대학교 학생들이 정부가 보낸 폭력배들에게 흠씬 두들겨 맞는 사건이 발생했는데, 이를 본 국민들은 더 분노하게 되었고 다음날인 4월 19일에는 서울의 중·고등학생, 대학생, 시민 등 수십만 명의 시위대가 거리를 가득 메웠다.

시위대 행렬은 "독재 정권 물러가라."를 외치며 이승만이 있는 곳으로 향했다. 경찰은 아무런 무기도 없는 시위대를 향해 총을 쏘아대 하루 동안 많은 사람들이 죽고 다쳤다. 이에 더해 정부는 국민들을 탄압하는 계엄령을 발표하고 군대를 동원해 시위를 막으려 했다. 국민들의 목숨을 하찮게 여기는 정부의 행동에 사람들은 분노했고, 시위대의 규모는 전국으로 번졌다.

▲ 4·19 혁명

4·19 혁명의 배경

3·15 선거 당시 마산에서도 부정 선거에 반대하는 시위가 있었다. 그런데 4월 11일 그 시위에 참여했다가 행방불명된 고등학교 1학년 학생 김주열 군의 시체가 마산 앞바다에 떠올랐다. 시신의 모습은 처참했다. 오른쪽 눈에는 경찰이 쏜 최루탄이 박혀 있었고, 시신을 남몰래 없애고 싶었던 경찰은 시신의 발에 돌을 매달아 바다에 던져버린 것이었다. 마산 시민들의 분노는 폭발하고 말았다.

4·19 혁명의 결과

시위가 걷잡을 수 없게 되자, 이승만 정권은 부정 선거로 당선된 부통령 이기붕을 물러나게 하는 정도로 마무리하려고 했다. 그런데 4월 25일 대학교수 400명이 "학생의 피에 보답하라!"며 시위에 나섰다. 이를 계기로 시위는 더욱 더 거세게 일어났다. 결국 이승만은 대통령직에서 물러나 미국으로 도망가게 되었고 자유당 정권도 무너졌다. 독재 정권을 시민들의 하나된 힘으로 무너뜨린 이 역사적인 사건을 4·19 혁명이라고 부르며 아직까지도 해마다 이를 기념하고 있다.

4·19 혁명은 학생을 비롯한 각계각층의 사람들이 시위에 참여하여 독재 정권을 물리친 민주주의 혁명으로, 우리나라가 민주주의 국가로 발전하는 데 큰 역할을 하였다.

> 개념쌤의 1분 특강
>
> 4·19 혁명을 보고 외국인들은 부패한 한국에서 놀라운 일이 벌어졌다고 했어요. 심지어 쓰레기통에서 장미꽃이 피었다고 한 사람도 있었지요. 그만큼 이 혁명이 갖는 의미가 크다는 증거랍니다.

196 5·18 민주화 운동

- 광주시민과 전라남도민이 중심이 되어 전개한 민주화 운동(1980).
- 5·18 민주화 운동은 새로운 군부 세력에 대항해 항거한 대규모 민주 항쟁이다. 전두환은 공수 부대를 투입해 폭력적으로 진압하였다.

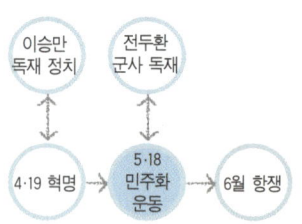

군사 정권 시대의 개막

4·19 혁명 후 1년이 지난 1961년 5월 16일 다시 한 번 총소리가 서울의 새벽을 뒤흔들었다. 박정희를 중심으로 한 군인들이 쿠데타를 일으킨 것이다. 쿠데타에 성공한 이후 군사 통치가 시작되었다. 박정희는 정치인들의 활동을 금지하고, 사회 단체를 해산시켰으며, 방송과 신문의 보도 자유를 막았다. 게다가 '유신 헌법'을 만들어 대통령의 권한을 누구도 견제할 수 없게 해 놓고, 개인의 자유와 민주주의 정치 활동을 막는 독재 정치를 펼쳤다. 박정희는 1979년 총격으로 사망하기까지 무려 18년 동안 대통령 자리에 있었다.
박정희가 죽자 사람들은 민주주의가 꽃필 것을 기대했지만 전두환, 노태우 등의 새로운 군인 세력이 1979년 12월 12일 다시 군사 쿠데타를 일으켰다.

총칼을 겨눈 전두환 정권

새로운 군사 정권에 반대한 시민들의 민주화 시위가 거세지자, 전두환은 군대를 보냈다. 1980년 5월 18일 광주의 대학생들은 이에 굴하지 않고 군인들에 맞서 싸웠다. 군인들은 학생과 시민들에게 마구잡이로 폭력을 휘두르고, 수많은 사람들을 끌고 갔다. 군인들은 이에 항의하는 시민들에게도 마구 폭력을 휘둘렀다. 심지어 시위대를 향해 총을 쏘기까지 했다.
더욱 분노한 시민들의 시위는 광주의 전 시가지로 확대되었다. 계엄군은 시위대에 총격을 퍼부었고, 시위대는 계엄군에 대항하기 위해 무기를 들고 대항했다. 시위대는 도청을 중심으로 마지막 저항을 했지만 5월 27일 새벽 계엄군의 기습 공격으로 5·18 민주화 운동은 끝을 맺었다. 당시 사망 또는 실종자는 224명이었고, 부상자는 3,028명에 달했다.

5·18 민주화 운동을 알린 기자

독일 기자 위르겐 힌츠페터는 5·18 민주화 운동 당시 현장을 영상에 담아 언론 통제로 인해 국내에서는 보도될 수 없었던 광주의 참상을 외국에 최초로 알렸다. 그래서 그는 '푸른 눈의 목격자'로 불린다. 위르겐 힌츠페터는 군인들이 광주로 들어가는 길을 차단해 놓았기 때문에 밤길을 틈타 농로를 이용해 광주에 들어갔다. 민주주의를 외치며 죽어가는 광주 시민들의 모습을 담은 필름을 가지고 서울로 돌아와서는 검열을 피해 쿠키 상자 밑에 필름을 몰래 넣어 일본에 보내 전 세계로 소식을 전했다. 2004년 일시적으로 생명이 위독했던 그는 사후 국립 5·18 묘지에 묻히고 싶다는 소망을 밝혔을 만큼 광주에 대한 사랑이 지극하다.

▲ 광주시 경계를 방어하고 있는 계엄군

▲ 광주 시가지를 가득 메운 시위대

개념쌤의 1분 특강

현대 사회를 뒤흔든 중요한 사건들을 순서대로 나열해 볼까요? 4·19 혁명 → 5·18 민주화 운동 → 6월 민주 항쟁의 순서랍니다.

197 6월 민주 항쟁

- 대통령 직선제를 요구하며 일어난 민주 항쟁(1987).
- 박종철 군 사망 사건과 전두환의 호헌 조치로 시작된 민주 항쟁이다. 직선제를 요구한 시민들의 뜻이 받아들여져 군사 정권이 막을 내렸다.

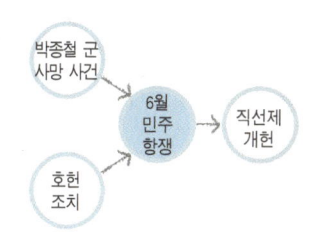

전두환 대통령의 군사 독재

국민의 민주화 열망을 무자비한 폭력으로 억누른 전두환은 박정희의 유신 체제 못지않은 독재 정치를 펼쳤다. 국민 몇 명이 모여 투표하는 방식의 간접 선거로 대통령이 된 전두환은 국민의 기본권마저 무시했다. 하지만 4·19 혁명부터 5·18 민주화 운동으로 이어져 온 민주주의를 향한 국민의 열망은 식지 않았다.

전두환 정권은 민주 세력을 공산주의자로 몰아부치고, 북한이 사회 혼란을 틈타 지금이라도 당장 쳐들어올지 모른다면서 민주화 운동을 막으려 했다. 민주화 운동을 한 사람들은 모두 체포되고, 감옥에 갇혔으며, 고문으로 인한 죽음이 이어졌지만, 그 죽음마저 숨기는 일이 많았다. 원인을 밝힐 수 없는 죽음이 꼬리에 꼬리를 물고 일어났다.

박종철 군 사망 사건

1987년 1월 조사를 받던 박종철 군이 고문을 받다가 사망한 사건이 발생했다. 하지만 정부는 이에 대해 "책상을 탁 치니, 억 하고 쓰러졌다."며 사실을 숨기려 했다. 천주교 정의 구현 사제단의 폭로로 고문 사실이 드러나자 시민들의 분노가 폭발하였고, 이는 6월 민주 항쟁으로 이어졌다.

직선제를 요구한 6월 항쟁

독재 정치가 계속되자 민주화 세력과 국민들은 대통령을 직접 뽑는 직선제로 법을 바꾸자고 요구했다. 하지만 전두환은 간선제로 대통령을 뽑는 당시의 헌법을 그대로 유지하겠다는 호헌 조치를 발표했다. 자신과 함께 쿠데타를 일으킨 노태우를 새 대통령으로 뽑으려는 속셈이었다.

그러자 전국에서 독재 타도와 대통령 직선제로 헌법을 개정할 것을 요구하는 시위가 일어났다. 전국에서 날마다 수백만의 시위대가 소리 높여 외쳤다. 도시에서는 넥타이를 맨 수많은 직장인들이 참여했고, 중소 도시에서는 평범한 시장 상인이나 농민들의 모습도 볼 수 있었다. 일부 학생이나 민주화 세력이 주도한 것이 아니라 전 국민이 참여한 시위였다.

전두환은 결국 국민들의 요구를 받아들일 수밖에 없는 상황이 되었다. 6월 29일 마침내 헌법 개정과 민주 선거를 약속했다. 이것이 바로 6·29 선언이다. 드디어 박정희 통치 이후 30년간이나 계속된 군사 독재를 국민의 힘으로 끝낸 것이다.

▲ 이한열 군의 장례식 모습 6월 민주 항쟁 당시 연세대학교 학생이던 이한열이 최루탄에 맞아 중상을 입은 사건은 시위의 불길을 더욱 거세게 타오르게 했다. 이한열은 끝내 회복하지 못하고 죽었다.

개념쌤의 1분 특강

6월 민주 항쟁 때에는 회사원까지 나와 시위를 할 정도로 많은 사람들이 시위를 해 민주주의의 역사를 다시 썼어요.

198 한강의 기적

- 온 국민의 노력과 희생 속에서 일궈낸 우리나라의 경제 발전.
- 노동력 기반 산업을 바탕으로 우리나라는 경제가 급성장했지만 빈부 격차가 커지고 농촌이 급속히 무너지는 등의 피해가 발생했다.

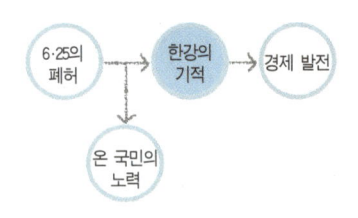

경제 발전

일제의 식민지 기간 동안 우리는 식량과 공업 원료를 일본에게 빼앗기고, 회사와 은행의 설립은 일본인이 거의 도맡게 되면서 경제 성장이 어려웠다. 그 후 얼마 안 돼 6·25 전쟁이 일어나면서 우리나라는 1인당 국민 소득이 60달러 정도 밖에 안 되는 무척 가난한 나라가 되었다. 그래서 다른 나라들로부터 많은 도움을 받아야만 했다. 하지만 우리는 이를 악물고 모두가 노력해 세계가 놀라며 '한강의 기적'이라 부르는 빠른 경제 성장을 이루어 냈다.

IMF 외환 위기

1997년 말 우리 경제는 외환 위기라는 큰 어려움을 겪었다. 기업은 외국에서 돈을 빌려 무리하게 사업을 늘렸고, 정부는 잘못된 정책으로 경제를 이끌어 결국 위기가 찾아온 것이다.

이 위기를 해결하기 위해 정부는 1997년 12월 국제통화기금(IMF)에서 돈을 빌렸다. 이때 많은 기업들이 문을 닫았고, 많은 근로자들이 일자리를 잃었다. 경제 위기를 극복하기 위해 금 모으기 운동, 달러 모으기 운동 등을 펼치며 모두가 노력한 결과 4년 후 우리는 IMF의 돈을 모두 갚을 수 있었다. 이 모습을 본 외국인들은 우리 민족의 단결된 모습에 혀를 내둘렀다.

한강의 기적

1970	경부 고속 국도 완공
1971	수출 10억 달러 달성
1973	포항 제철 설립 중화학 공업 발전
1975	우리나라 최초의 조선소 설립 세계적인 수준의 조선술로 발전
1979	1단계 새마을 운동(1970~79) 농촌 근대화에 이바지
1988	서울 올림픽 대회(1988) 우리의 국력을 전 세계에 과시
1995	국민 소득 1만 달러 달성(1995)

경제 성장의 흑과 백

- 경제 성장에 힘입어 학교가 늘어나고, 고등 교육을 받는 인구가 늘어났다.
- 의료 시설이 많아지면서 국민들의 평균 수명이 늘어났다.
- 장애인을 위한 복지 시설이 늘어났다.
- 쾌적한 환경을 갖춘 주택이 늘어났다.

- 빈부 격차가 커졌다.
- 경제만 우선적으로 생각하니까, 물질 만능주의가 생겨났다.
- 환경오염이 심각해졌다.
- 인구의 도시 집중으로 도시 문제가 발생하고, 농촌은 일손이 모자르게 되었다.

개념쌤의 1분 특강

IMF 외환 위기 당시 있었던 금 모으기 운동은 일제 식민지 시절에 있었던 국채 보상 운동과 많이 닮았어요.

199 통일

- 분단의 아픔을 딛고 민족의 하나됨을 염원하는 것.
- 과거 사상 대결을 하는 동안에는 같은 민족이어도 적처럼 지냈지만 이제 통일은 당연하게 생각하고 있으며, 이를 위해 노력하고 있다.

분단의 역사

▲ 1945년 38도선을 그냥 잠시 그은 선이라 생각했다.　▲ 1948년 하나의 국가를 만들려는 노력은 실패로 돌아갔다.　▲ 1950년 6·25 전쟁으로 이젠 감정적으로 틀어져버렸다.

통일을 해야 하는 이유

첫째, 남과 북은 서로 싫어서 나누어진 게 아니다. 냉전 때문에 우리 민족의 바람과는 다르게 분단되었다면, 이제는 되돌려 놓아야 할 때가 되었다.

둘째, 남한과 북한은 경제 구조가 크게 달라 교역이 꼭 필요하다. 남한의 풍부한 식량, 자본, 기술력과 북한의 풍부한 지하자원, 미개발 지역, 노동력이 결합된다면 엄청난 경제적 이득을 취할 수 있다.

셋째, 남한과 북한은 분단되어 있기 때문에 서로 경쟁적으로 국방비 지출을 늘리고 있다. 실제로 전쟁이 일어나지 않음에도 불구하고 언제 전쟁이 일어날지 모른다는 불안 때문에 남한이나 북한 모두 경쟁적으로 무기를 사들이기 때문이다. 무기뿐 아니라 군대를 유지하기 위해 남자라면 누구나 의무적으로 군대에 가야 하는데 이런 꼭 필요하지 않은 지출을 줄일 수 있는 방법은 바로 통일이다.

넷째, 우리는 후삼국 통일 이래 천 년 이상 하나의 민족으로 살아왔고 갈라져 살아온 세월은 70년 정도이다. 반만년 동안 이어져온 한민족의 역사를 위해서도 통일은 꼭 필요하다.

다섯째, 고향이 평안도인 83세 할아버지는 6·25 전쟁 때 남한으로 내려와 살고 있다. 가족들은 북한에 있는 데 말이다. 이 할아버지가 돌아가시기 전에 북한에 있는 가족들을 만나게 해 줘야 하지 않을까? 인간적으로 이산가족 문제를 해결하기 위해서라도 통일은 시급한 일이다.

한눈에 들여다보기 민주주의 지도

민주주의는 피를 먹고 자라는 꽃이라는 말이 있다. 지금 우리가 아무 생각 없이 누리는 자유와 평등은 앞선 세대들이 바친 피의 대가이다. 열정이 가득한 우리 민족은 독재 앞에 기죽지 않고 언제나 단결하여 이를 물리쳤다. 현대사에서 민주주의가 고비를 겪을 때마다 항상 국민들의 힘으로 난관을 극복할 수 있었다.

서울

4.19 혁명

1960년 우리 국민은 이승만의 부정 선거를 더 이상 참을 수가 없었다. 심각한 독재 정치로 정당 활동마저 힘들어지자 이제 국민들이 나선 것이다. 일반인은 물론 중학생까지 나서서 '독재 정권 물러가라.'를 외쳤고, 그 힘으로 독재자인 이승만을 국민의 손으로 내쫓을 수 있었다.

6월 민주 항쟁

전두환 정부의 강압적 통치는 국민들의 반발을 불러올 수밖에 없었다. 게다가 1987년에 대학생 박종철 군이 고문 끝에 죽는 사건이 벌어지자 전국은 전두환의 독재에 술렁이게 되었다. 드디어 서울에서 민주 항쟁이 일어났다. 독재에 맞설 수 있는 헌법 개정을 요구하며 서울 시민들이 다 같이 시위에 나섰다. 결국 전두환은 정권을 내놓았다. 시민의 힘으로 민주주의의 불씨를 되살린 6월 민주 항쟁은 우리 민주주의 역사에 한 획을 그었다.

황해

광주

5·18 민주 항쟁

박정희가 죽고 최규하가 대통령이 되었지만 신군부의 핵심 세력인 전두환이 권력을 잡고 드디어는 대통령이 되었다. 전두환은 비상 계엄령을 내리고 학생들과 주요 정치인을 구속하는 등 민주화 운동을 탄압했다. 그러자 전국의 주요 대도시에서는 민주화 요구 시위가 벌어졌다. 그중에서도 광주는 다른 도시들에 비해 더 강하게 민주화 요구 시위를 벌였다. 전두환 정권은 공수 부대를 광주에 파견해 시위를 진압했고, 군 병력 앞에서 시민들은 힘을 잃고 결국 무너지고 말았다.

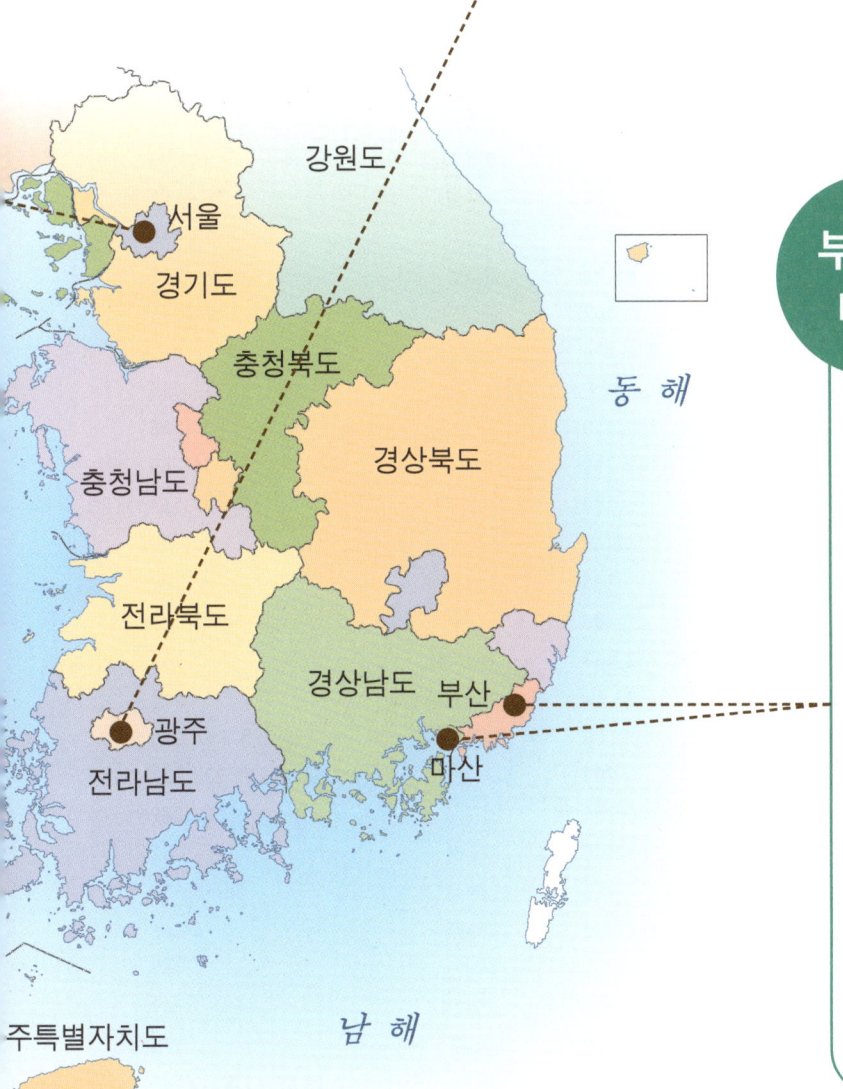

부산과 마산

부마 항쟁

1979년 부산과 마산에서 민주화 항쟁이 일어났다. 박정희 독재 정권이 더 극심한 탄압을 가해오자 부산과 마산의 시민들이 들고 일어난 것이다. 박정희가 정치인들을 가두고 김대중과 김영삼을 비롯한 야당 의원들을 탄압하자 시국 선언문을 낭독하며 도시 전체가 한마음으로 민주화 항쟁을 벌였다.

이름순 찾아보기

ㄱ

가야	37, 44, 47, 53
가족 공동 묘	22
간도	215
간석기	16
간의	131
갈돌	16
갑신정변	195, 198, 201, 205
갑오개혁	199, 203
갑자사화	137
강감찬	90
강경책	105, 128
강동 6주	89
강화도 조약	190, 191, 193
강화도	190
개경파	93
개로왕	38
개항	200, 201
개화	192, 194
개화당	195
개화파	195
객주	167
거란	89, 90
거란족	89, 105, 108
거중기	164, 175
견훤	78, 79, 81, 82
경국대전	133, 134
경문왕	69
경세유표	175
경순왕	82
경애왕	81
경운궁	200, 207
경천사지 10층 석탑	214
계림 도독부	60
계백	43, 60
고구려	21, 22, 28, 34, 35, 41, 43, 47, 49, 51, 53, 59, 110, 118
고국원왕	37
고려	81, 82, 83, 84, 86, 87, 88, 89, 90, 91, 92, 93, 94, 95, 96, 98, 99, 100, 101, 102, 104, 105, 106, 107, 110, 111, 116, 118, 119, 120, 121, 122
고려사	91, 103
고려청자	104, 109
고부 민란	196
고분 벽화	34, 35
고이왕	36
고인돌	17, 19, 20
고조선	18, 19, 21, 23, 118
고종	171, 186, 190, 192, 194, 200, 202, 203, 204, 206, 207, 208, 209, 211, 212, 218, 225
곤여만국전도	174
골품제	47, 51, 58
공납	161
공녀	102
공노비	141, 170
공도 정책	215
공명첩	170
공민왕	100, 101, 102, 103, 111, 116, 121
공신전	136
공양왕	116
공음전	86, 92
공인	167
공화정	206, 214
과거	85, 86, 94, 100, 107, 140, 143, 144, 169, 170
과전법	117, 132
곽재우	148
관산성	42, 48
관습법	134
관직	186
관찰사	135, 142, 143
광개토 대왕	30, 31, 34, 39, 44
광개토 대왕릉비	30
광무개혁	207
광복	224, 230, 236
광종	84, 85
광주 학생 항일 운동	223
광해군	151, 153, 154, 186
광혜원	201
교린 정책	128
교린(交隣)	127, 128
교정도감	94
교종	70, 85
구가	21
구본신참	207
9서당 10정	63
구석기 시대	15, 16
9주 5소경	63
국내성	28, 31
국자감	87, 100
국채 보상 운동	214
국학	63, 177, 213
군국기무처	199
군사 정권	244, 245
군장	18, 22, 23
군정	169
군포	161, 162, 169, 187
굴식돌방무덤	34, 35
궁예	78, 79, 80, 81
권문세족	98, 100, 103, 117, 118
권율	149, 150
귀주 대첩	90
귀주성	96
규장각	163, 176
균역법	162
근정전	121
근초고왕	37
긁개	15
금 모으기 운동	246
금관가야	44, 45
금난전권	167
금동 대향로	42, 54
금속 활자	109
금와왕	28, 36
기묘사화	137
기미 독립 선언	218
김구	224, 225, 230, 232, 237, 238, 239
김규식	239
김무력	42
김부식	38, 93, 110
김수로	44, 46
김시민	149
김알천	49
김옥균	195
김유신	42, 43, 45, 49, 59, 60, 62
김일성	239, 240
김정호	177

김종서	126, 128, 132	담징	53	마라난타	41
김좌진	228	당나라	87, 134	마한	23, 37
김춘추	49, 59, 60, 62	당백전	186, 193	막집	15
김홍도	172, 173	대가야	44, 45	만리장성	90
껴묻거리	52	대동법	161	만민 공동회	206
		대동여지도	177	만석보	196
		대막리지	33	만적	95
		대성 학교	214	만파식적	63

ㄴ

나당 연합군	43, 71	대원군	186, 188, 189, 190, 192, 193, 194, 202, 203	망이·망소이의 난	95
나제 동맹	39, 59			메이지 유신	199
낙성대	90	대조영	71, 72	명도전	20
남대문	122	대한매일신보	213, 214	명량 대첩	147
남부여	41	대한민국	239, 241, 242	명성 황후	190, 192, 194, 201, 202, 203, 225
남북 협상	225, 238	대한 제국	207		
남북국 시대	71	덕만	58	명심보감	143
남진 정책	31	도교	83	모내기법	165, 170
남한 대토벌 작전	216	도림	31, 38	모스크바 3상 회의	237, 238
남한산성	154, 155	도요토미 히데요시	145, 147, 148	목민심서	175
내물왕	46	도침	43	몽골	96, 97, 98, 102, 107, 108
냉전	247	독도	215	몽촌토성	36, 41
널무덤	20	독립 협회	205, 206	묘청	93, 100
노국 대장 공주	102	독립문	205	묘호	118
노량 대첩	147	독립신문	205, 206, 224	무과(武科)	86, 94, 144, 146
노리사치계	41, 53	독무덤	20	무관	142, 144
노비	84, 88, 92, 95, 98, 103, 103, 125, 131, 141	돌무지 덧널무덤	52	무단 통치	217, 223
		돌무지무덤	34	무령왕	39, 40, 54
노비안검법	84, 85	동래성	145, 146	무령왕릉	40, 54
노비환천법	88	동북 9성	91	무반	140
노태우	244, 245	동성왕	39	무신	86, 94, 98, 100, 108
논개	149	동아일보	221	무신 정변	94, 95
놋다리밟기	101	동양 척식 주식회사	217	무역항	106
농민 봉기	79, 181	동양 평화론	210	무열왕	59, 62
농민들의 난	181	동예	22	무오사화	136, 137
농업 중심 개혁론	175	동의보감	151	무왕	72
농종법	166	동인	138	무용총	35
능산리 고분	42	동학 농민 운동	197, 198	무천	22
		동학	179, 196, 197, 198	문과	85, 94, 140, 144
		두문불출	117	문관	144

ㄷ

다보탑	66	뗀석기	15, 16, 25	문무왕	60, 62, 63, 69, 74
단군 신화	18, 110			문반	140
단군왕검	18			문벌 귀족	92, 93, 94, 98, 100, 110

ㄹ

단궁	22	러일 전쟁	213	문수산성	188
단발령	193, 203			문신	86, 94

ㅁ

단심가	120	마가	21	문왕	72
단오제	23			문종	132
단종	132, 136, 137, 156			문주왕	39
				문화 통치	221, 222, 223

문희	59
물산 장려 운동	223
물시계(자격루)	126, 130, 131
미·소 공동 위원회	238, 239
미륵	81
미송리식 토기	19
민간 신앙	83
민립 대학 설립 운동	223
민며느리제	22
민영환	211
민족 말살 정책	229, 230
민족 분열 통치	221
민족 융합 정책	83
민족 자결주의	218
민화	172

ㅂ

박승환	212
박정희	244, 245, 249
박제가	176
박종철	245
박지원	176
박헌영	239, 240
박혁거세	46
반계수록	175
반달 돌칼	17
반민족행위처벌법	222
발해	71, 72, 73, 74, 177
배수진	145
배재학당	201
백두산 정계비	215
105인 사건	214, 225
백제	28, 30, 31, 33, 36, 37, 38, 39, 40, 41, 42, 43, 45, 51, 53, 59, 60, 79, 110, 118
법흥왕	45, 47
베델	213, 214
벽란도	106
변발	102
변한	23
별기군	192, 194
별무반	91
병인박해	188
병인양요	188, 189, 190
병자호란	154, 155
병참 기지화 정책	229

보부상	141, 168
보장왕	33
복신	43
봉오동 전투	227, 228
봉화	142
부곡	87
부산진성	145
부산포 해전	146
부여	21, 22, 28, 36, 41, 42, 51
부족 국가	22
북로 군정서	228
북벌 정책	155
북진 정책	81, 83, 93, 128
북학의	176
북학파	176
분황사	58
불교	29, 47, 64, 83, 99, 107, 108, 139, 148
불국사	66, 150
붕당	138, 162, 169, 170
비담의 난	58
비류	36
비변사	160
비파형 동검	19
빈공과	73
빗살무늬 토기	16, 25

ㅅ

사간원	137, 142
4군 6진	126, 128
사노비	141
사대 관계	127, 208
사도 세자	163, 164
사림파	136, 137, 138
사발통문	196
사부학당(四部學堂)	143
사비	41, 60
사사오입 개헌	242
사서삼경	143
사신도	35
사육신	136
사이토 총독	221
4·19 혁명	243, 245
사직단	122
사헌부	137, 142
사화(士禍)	137

살수 대첩	32, 53
삼강오륜(三綱五倫)	123
삼국 간섭	202
삼국 시대	123, 134
삼국 통일	59, 60, 62
삼국사기	38, 46, 110
삼국유사	63, 110
삼도 수군통제사	147
삼별초	94, 97
삼사	137
삼원보	216
3·1 운동	198, 218, 220, 221, 224, 225, 226, 227
3·15 부정 선거	242, 243
삼전도의 굴욕	154
삼정의 문란	174, 178, 180, 181
삼한	23
상경	72
상공업 중심 개혁론	176
상대등	51, 63
상민	141, 170
상인	167, 168, 176
상좌평	51
상평통보	168
샤머니즘	16
서경 천도 운동	93
서경파	93
서당	143, 171
서민	171, 172
서얼	140, 170
서옥제	21
서울 진공 작전	212
서원(書院)	138, 143, 187
서인	138, 139, 153
서재필	205
서학	179, 197
서희	86, 89
석가탑	66
석굴암	67
선덕 여왕	58, 62, 65
선사 시대	15, 16
선왕	72
선조	138, 145, 149, 151, 186
선종	70, 78, 83
선죽교	120
설계두	70
설총	63

성골	51, 58, 59
성균관	100, 137, 143, 144
성덕 대왕 신종	67
성리학	99, 100, 117, 136, 139
성왕	41, 42, 48
성종	87, 88, 89, 133, 134, 136, 137
세도 정치	169, 178, 180, 181
세속 5계	61
세조	132, 133, 135, 136, 137
세종	126, 128, 129, 130, 131, 132
세형 동검	17
소도	23
소서노	36
소수림왕	29
소현 세자	154, 155
속오군	160
솟대	23
송병준	222
송상	167
송악	80, 81, 106
쇄국 정책	188
수궁가	171
수렵	20
수신사	192
수양 대군	132, 133
숙종	162, 168
순조	169, 170, 179
숭례문	121, 122
승과	85, 107
시모노세키 조약	202
시무 28조	88, 100
시호	118
신간회	223
신검	82
신돈	103
신돌석	210, 212
신라	30, 31, 33, 38, 39, 42, 43, 45, 46, 47, 48, 49, 50, 51, 52, 53, 58, 60, 62, 64, 65, 66, 67, 78, 80, 118
신문고	124
신문왕	63
신미양요	189, 190
신민회	214, 216, 226
신분 해방 운동	95
신사 유람단	192
신사임당	139
신석기 시대	16
신숙주	136
신윤복	172, 173
신진 사대부	100, 117, 118, 120, 121
신채호	213, 214
신탁 통치	225, 237, 238
신한촌	216
신흥 무인 세력	101
실력 양성 운동	219, 223
실학	174, 175, 176, 177
13도 창의군	212
쌍성총관부	102
씨족	16, 22

ㅇ

아관 파천	204, 207, 208
아스카 문화	53
안시성 싸움	33
안압지	69
안중근	210
안창호	214, 224, 226
알영	46
앙부일구	130, 131
애국 계몽 운동	213, 216
애니미즘	16
양기탁	213, 214
양녕 대군	126
양만춘	33
양민	95, 103, 125
양반	125, 129, 133, 140, 141, 142, 143, 170, 171, 173, 176, 179, 180, 181, 187
양반전	176
양인	84, 85, 87, 88
어영청	155
언문	129
언문지	177
여운형	236, 238
역모	153
역사	14
연개소문	33, 59, 60
연등회	83, 88, 106
연맹 왕국	21, 44, 45
연산군	129, 133, 136, 137, 138
연통제	224
연행사	174
열하일기	176

염장	68
영고	21
영류왕	33
영선사	192
영업전	175
영일 동맹	211
영정법	161
영조	162, 163, 173
예종	133
5·4 운동	219
5·10 총선거	239
5경 박사	53
5군영	160
5·18 민주화 운동	244, 245
옥저	22, 28
온조	34, 36, 41
왕건	78, 79, 80, 81, 82, 83, 84, 106, 107
왕도 정치(王道 政治)	123
왕릉	81
왜란	145, 150, 162
외환 위기	246
요동 정벌	116, 119, 160
요동	28, 30
요석 공주	64
우가	21
우륵	45
우산국	46
우정국	195
운요호 사건	190, 191
웅진	38, 39, 40, 41, 43
원술	50
원효	63, 64
위례	36, 38
위만	19
'위안부'	229, 231
위안소	231
위정척사	193
위화도	111, 116, 117, 119
윌슨	218
유관순	220
유교	83, 85, 87, 88, 107, 110, 123, 126, 133, 138, 140, 142, 143, 186
유신 헌법	244
유인석	210
유학	87, 99, 100, 139, 143
유형원	175
유화	28

유희	177
6두품	51, 70, 78
6·29 선언	245
6·25 전쟁	240, 246, 247
6조	122, 135, 142, 160
윤관	86, 91
윤봉길	225, 230
윤치호	205
율령	29, 47, 134
을미개혁	203
을미사변	204, 225
을사사화	137
을사의병	210
을사조약	209, 210, 211, 212, 213, 226
을지문덕	32, 53
음서제	86, 92
읍군	22
의병 토벌대	212
의병	148, 149, 193, 203, 210, 212, 216
의상	62, 64
의자왕	43, 59, 60
의정부	122, 135, 142, 160
이갑	214
이기붕	242
이동휘	214
이방원	120, 121, 124, 132
이봉창	225
이상설	211, 216
이상재	205, 223
이색	99, 100, 120
이성계	100, 101, 111, 116, 117, 118, 119, 121, 122, 124, 142
이순신	146, 148, 150
이승만	224, 226, 238, 239, 242, 243
이승훈	214
이시영	214
22담로	39
이앙법	165, 166
이양선	188, 193
이완용	210, 222
이위종	211
이이	138, 139
이인영	212
이자겸	92, 93
이재명	210
이준	211
이중환	177
이차돈	47
이토 히로부미	209, 210, 211
2·8 독립 선언	218
이황	138, 139
이회영	214
인내천(人乃天)	179
인조	153, 154, 156
인조반정	153
인종	92, 93, 110
인천 상륙 작전	241
일연	110
임술 농민 봉기	181
임시 정부	219, 224, 225, 226, 230, 236, 239
임오군란(壬午軍亂)	194, 195
임진왜란	139, 145, 146, 148, 149, 150, 152, 155, 160, 161, 166, 186, 190

ㅈ

자격루	130, 131
자산어보	177
자유당	242
장군총	28, 34
장보고	68, 70
장수왕	31, 38, 39, 45
장시	168
장영실	126, 130, 131
장용영	163
장인환	210
장지연	211
저가	21
적벽가	171
전두환	244, 245
전명운	210
전민변정도감	100, 103
전봉준	196, 197, 198
전시과	92
전정	169
전주 화약	198
정감록	178
정도전	99, 100, 117, 119, 120, 121, 124
정림사지 5층 석탑	42
정몽주	99, 100, 120, 121
정묘호란	154
정미의병	212
정사암 회의	51
정약용	164, 175
정유재란(丁酉再亂)	148, 150
정조	163, 164, 169, 173, 176
정족산성	188
정종	84
제가 회의	51
제가	21
제국신문	213
제국주의	188
제너럴셔먼호	189
제물포 조약	194
제중원	201
제천 행사	21, 23
제헌 국회	239
조개껍데기 가면	16
조공	91
조광조	136, 138
조마리아	210
조병갑	196
조병옥	242
조선 건국 준비 위원회	236
조선 의용대	230
조선 총독부	216, 217
조선 통신사	152
조선 혁명군	230
조선	103, 111, 118, 119, 121, 122, 123, 124, 125, 126, 128, 129, 130, 131, 132, 133, 134, 136, 139, 140, 141, 142, 143, 144, 148, 151, 152, 153, 154, 160, 161, 162, 163, 165, 166, 171, 172, 173, 174, 175, 177, 178, 179, 180, 181, 186, 188, 189, 190, 191, 194, 198, 199, 203, 207, 208
조선왕조실록	150
조선일보	221
조선중앙일보	226
조선책략	192
조식	138
조총	145, 149, 155
족보	140, 170
족외혼	22
족장	22
졸본	28
종두법	203
종묘	121, 122, 130
주먹도끼	15
주몽	28, 36, 46

주자학	99	청동 거울	17	팔관회	83, 88, 106
주화파	154	청동기 시대	17	팔만대장경	107, 108
준왕	19	청산리 대첩	228	8조법	19, 21
중계 무역	19, 23	청일 전쟁	198, 202, 208	평양성 전투	37
중립 외교	151	청자	104	폐비 윤씨	133, 137
중앙군	142	청해진	68	폐정 개혁안	197
중원 고구려비	31	초조대장경	107, 108	포석정	69, 81
중인	140, 170	최무선	111	포츠머스 조약	208
중일 전쟁	229	최승로	88, 100	풍납토성	36
중종	136, 137, 138	최영	101, 111, 116	풍속화	172
중추원	206	최익현	210	풍수지리설	78, 83, 93
즉결 심판권	217	최제우	179		
지증왕	46, 48, 215	최진동	227	**ㅎ**	
직지심체요절	109	최충헌	94, 95		
진골	48, 59, 68, 70	최치원	70, 71	하멜 표류기	155
진덕 여왕	58, 59	충렬왕	99, 102, 110	하백	28
진성 여왕	58	측우기	130, 131	하여가	120
진주 대첩	149	치외법권	191	학익진 전술	147
진평왕	58	친명배금 정책	153	한강	30, 31, 34, 36, 37, 38, 39, 42, 48
진한	23	친일파	203, 222, 240	한국 광복군	225, 230
진흥왕	42, 48	칠지도	37	한글	126, 129, 137, 171, 177, 199, 205
집강소	197	침류왕	41	한명회	132, 133, 136
집현전	126, 129, 130, 133	칭기즈 칸	96	한반도	202, 208
찍개	15			한산도 대첩	147
		ㅌ		한성 조약	195
ㅊ				한양	121, 122, 133, 142, 145
		탕평책	162, 163	한인 애국단	225
창경궁	186	태정관 문서	215	한인 이주 정책	227
창덕궁	186	태조왕	28	한일 병합	216, 217, 226
창씨개명	229	태종	124, 125, 126	한전론	175
책화	22	태평양 전쟁	229	한중록	164
처인성 전투	96	태학	29	한흥동	216
척사파	192	택리지	177	함흥차사	124
척화비	189	톈진 조약	195, 198	항일 운동	198
척화파	154	토기	16, 20, 45, 53, 104	해동성국	72, 73
천군	23	토지 조사 사업	217	해모수	28
천도교	198	토테미즘	16	해시계(앙부일구)	126, 130, 131
천리장성	33, 89, 90	통감부	209	행주 대첩	149
천마총	52	통상 수교 거부 정책	190, 194	행주산성	149, 150
천문박사	53	통신사	151, 152	행주치마	149
천민	95, 125, 141, 170	통일 신라	78, 80, 81, 82, 87	향	87
천자문	143			향·소·부곡	95
천주교	154, 179, 188, 189	**ㅍ**		향가	110
철기 시대	20			향교	87, 143
철종	169, 181	파리 강화 회담	218, 220	향리	87, 100, 140
첨성대	58, 65	파발	200	향약	138
청나라	153, 154, 155	판소리	171	향촌	136, 138, 170

한국사 개념사전 255

허균	171, 172	호포제	187	황국신민의 서	229
허생전	176	호헌 조치	245	황룡사	58, 69
허위	212	혼천 시계	174	황성신문	211, 213
허황옥	44	혼천의	131	황토현 싸움	197
헌병 경찰 제도	221	홍건적	101, 103, 111, 119	회사령	217
헌의 6조(獻議六條)	206	홍경래	180	회유책	128
헌종	169	홍경래의 난	180, 181	효종	155, 174
헤이그 특사	211, 212, 216	홍길동전	171, 172	후고구려	78, 79, 80, 81, 83
혜공왕	69	홍문관	133, 137, 142	후백제	78, 79, 81, 82, 83
혜원	173	홍범도	227, 228	후삼국	78, 79, 80, 81, 82
혜자	53	홍의장군	148	훈구파	136, 137, 138
혜종	84	화랑도	48, 50	훈련도감	155, 160
호국 불교	107	화령	118	훈민정음	129
호란	155, 160, 161, 162	화백 회의	49, 63	훈요십조	83
호류사	53	화성	164, 175	흑치상지	42
호우명 그릇	30	화성행차도	164	흥덕왕	68
호우총	30	화약	111	흥보전	171
호족 융합 정책	83	화의	150	흥부가	171
호족	70, 78, 79, 80, 81, 83, 84, 85, 86, 87, 88, 92, 98, 100	화척	93	흥선 대원군	186, 189, 190, 192, 193, 194, 202
호질	176	화통도감(火筒都監)	111	흥인지문	121, 122
호패	125	환곡	169, 187	흥화진 전투	90
호패법	124	환관	93, 98, 102		
		환도 산성	28		

사진 제공

국립중앙 박물관 제공

p15 주먹도끼, 긁개, 찍개

p16 갈돌과 갈판, 빗살무늬 토기, 조개껍데기 가면

p17 세형 동검, 청동 거울, 반달 돌칼

p20 명도전, 반량전의 거푸집

p24 주먹도끼, 덧무늬 토기

p30 호우명 그릇

p44 가야의 금동관

p45 가야 집모양 토기, 가야 토기, 가야 토기 접시

p54 판갑옷, 가야 토기, 연가 7년명 여래 입상

p112 고려 청자

p168 상평통보

p170 자리짜기, 공명첩

p173 김홍도의 씨름도, 신윤복의 연못가의 여인

p205 독립신문

국립 공주 박물관 제공

p43 진묘수, 발받침, 관장식, 오수전

p54 무령왕릉 내부